The Contentious
FRENCH
Four Centuries of Popular Struggle

Charles Tilly

四个世纪、五个地区的历史

[美] 查尔斯·蒂利 著   汪珍珠 译

北京大学出版社
PEKING UNIVERSITY PRESS

著作权合同登记号 图字：01-2015-2913

图书在版编目（CIP）数据

法国人民：四个世纪、五个地区的历史 / (美) 查尔斯·蒂利（Charles Tilly）著；汪珍珠译.—北京：北京大学出版社，2019.12
（培文·历史）
ISBN 978-7-301-29298-3

Ⅰ.①法… Ⅱ.①查… ②汪… Ⅲ.①革命史–研究–法国 Ⅳ.①K565.4

中国版本图书馆CIP数据核字(2018)第036392号

THE CONTENTIOUS FRENCH by Charles Tilly
Copyright © 1986 by the President and Fellows of Harvard College
Published by arrangement with Harvard University Press
through Bardon-Chinese Media Agency
Simplified Chinese translation copyright © 2019 Peking University Press
ALL RIGHTS RESERVED

书　　名	法国人民：四个世纪、五个地区的历史 FAGUO RENMIN：SIGE SHIJI、WUGE DIQU DE LISHI
著作责任者	[美] 查尔斯·蒂利（Charles Tilly）著　汪珍珠 译
责任编辑	张文华
标准书号	ISBN 978-7-301-29298-3
出版发行	北京大学出版社
地　　址	北京市海淀区成府路205号　100871
网　　址	http://www.pup.cn　新浪微博：@北京大学出版社 @培文图书
电子信箱	pkupw@qq.com
电　　话	邮购部 010-62752015　发行部 010-62750672　编辑部 010-62750883
印　刷　者	三河市国新印装有限公司
经　销　者	新华书店
	660毫米×960毫米　16开本　36.5张　491千字
	2019年12月第1版　2019 年12月第1次印刷
定　　价	89.00元

未经许可，不得以任何方式复制或抄袭本书之部分或全部内容。
版权所有，侵权必究
举报电话：010-62752024　电子信箱：fd@pup.pku.edu.cn
图书如有印装质量问题，请与出版部联系，电话：010-62756370

目 录

序言 iii

图片目录 vii

致谢 ix

缩略说明 x

第一章　民众斗争的挑战 1
第二章　勃艮第战役 15
第三章　四个世纪的法国 55
第四章　安茹的危机 113
第五章　钱袋、刀剑、面包和十字架 163
第六章　图卢兹、朗格多克与启蒙时代的法国 217
第七章　国家构建、资本主义和民众抗争 267
第八章　从大革命到第一次世界大战的佛兰德 325
第九章　革命与社会运动 363

第十章　法兰西岛的节庆和斗争 413

第十一章　政党、政权和战争 463

第十二章　四个世纪的斗争 503

资料说明 535

参考文献 543

序 言

我是从什么时候开始创作这本书的呢？这取决于如何界定"开始"。从 30 年前[1]还是研究生的我第一次接触法国史，到 1974—1975 年的那个潮湿冬季，脑中构思着这本书的我埋首于档案资料，这期间的任何一刻都可能是"开始"。

然而，要回答这项研究什么时候结束或者如何结束，就比较容易。1984 年 1 月，我回到法国国家档案馆（Archives Nationales），想去查有关人民阵线（Popular Front）的罢工、集会和示威的那几箱资料，这几箱资料在前一年 6 月被"外借拍照制成缩微文献"，而我这次正好又赶上档案管理员罢工，没法再看档案，于是我的研究也就提早终结了。如今也不知道在那最后三箱资料中是否有一份档案能廓清所有问题或是证伪本书的主要论点。这份不确定加剧了这类研究本该有的紧张感。实际上，我一直都惴惴不安。

多年以来，很多人都在帮助我查找必需的资料、组织材料并整

---

[1] 本书英文版首版于 1986 年，此处"30 年前"指 1956 年。——译注

理书稿。朱迪思·威廉-波利特（Judith William-Powlett）是1962—1963年在普林斯顿第一个为我提供帮助的人。次年，卢茨·伯克纳（Lutz Berkner）、詹姆斯·多蒂（James Doty）、琳恩·利斯（Lynn Lees）、特德·马格当（Ted Margadant）、安德烈斯·普拉康（Andrejs Plakans）、詹姆斯·鲁尔（James Rule）、爱德华·肖特（Edward Shorter）、杰拉尔德·索立德（Gerald Soliday）、赛勒斯·斯图尔特（Cyrus Stewart）和我一起在剑桥位于塞奇（Sage）杂货店楼上的图书馆里埋头苦干。[他们中大部分人最早是戴维·兰德斯（David Landes）为我引荐的，为此我一直对他心怀感激。]自那时起，总是有些人在为我收集、整理或分析资料。我要感谢每一位合作者，绝不可能只提及几个人而忽略另一些人的贡献。

不过，我要单独感谢一个研究机构，那就是密歇根大学的社会组织研究中心（Center for Research on Social Organization）。就在佩里学院（Perry School）那座简陋但雅致的大楼里，我的研究课题持续了15年之久。在研究中心，我的同事、合作者和朋友们合力营造了一种适合研究、讨论和学习的良好氛围。最近几年，既是中心研究员又是密歇根大学社会学系系主任的迈耶·扎尔德（Mayer Zald）给予了研究中心不可或缺的各种支持。研究中心的工作人员希拉·怀尔德（Sheila Wilder）优雅亲切地处理各种日常事务，并时常为本书的成书提供帮助。还有其他许多教职员工和研究生都积极投身于研讨会、基金筹集、排球比赛、深夜讨论会和各项研究。在此谨向研究中心的所有人表达我的友爱和谢意。

我还要感谢对本书不同部分提出批评意见的罗恩·阿明扎德（Ron Aminzade）、罗德·阿雅（Rod Aya）、威廉·贝克（William Beik）、大卫·比恩（David Bien）、朱莉安·登特（Julian Dent）、琳恩·伊登（Lynn Eden）、史蒂夫·弗雷泽（Steve Fraser）、沙伦·凯特林（Sharon Kettering）、迈克尔·基梅尔（Michael Kimmel）、M. J. 梅恩斯（M. J. Maynes）、莱斯利·莫克（Leslie Moch）、罗贝尔·施奈德（Robert Schneider）和厄让·韦伯（Eugen Weber）。（他们中没人完整地读过本书，所以书中如有任何谬误，都由作者本人负责。）弗兰克·史密斯把自己的写作和一大摞亟待回复的学生论文搁置一边，先为我写了一篇精彩的读者评论。艾达·唐纳德（Aida Donald）给我提供了优秀的编辑指导意见。安·霍索恩（Ann Hawthorne）娴熟地梳理了我在文本中出现的错误。特西·刘（Tessie Liu）、约翰·梅里曼（John Merriman）和路易丝·蒂利（Louise Tilly）分别将他们所做的有关曼恩-卢瓦尔（Maine-et-Loire）、军队和诺尔（Nord）档案的研究记录借给我参考。至于研究基金的支援，我要感谢古根海姆基金会（John Simon Guggenheim Foundation）、国家科学基金会（National Science Foundation）、美国的德国马歇尔基金（German Marshall Fund of the United States）、密歇根大学历史系、密歇根大学霍勒斯·拉克姆研究生院（Horace Rackham School of Graduate Studies）。

本书第一章和第二章最早以《勃艮第的聚众事件》（"Getting It Together in Burgundy"）为题发表在期刊《理论与社会》[*Theory and Society* 4（1977），479-504]上。第五章的部分材料出现在论文《法国17世纪的日常冲突和农民叛乱》["Routine Conflicts and Peasant Rebellions in Seventeenth-Century France," in Robert Weller and Scott Guggenheim, eds., *Power and Protest in the Countryside*, (Durham, N.C.: Duke University Press, 1982)]中。第十二章的某些部分改编自论文《欧洲的群体行动和暴力：历史性比较和思考》["Violenza e azione colletiva in Europa. Riflessioni storico-comparate," in Donatella della Porta and Gianfranco Pasquino, eds., *Terrorismo e violenza politica. Tre Casi a confronto: Stati Uniti, Germania e Giappone* (Bologna: Il

Mulino, 1983）]和《没有选举、调查或社会运动也要说出你的心声》["Speaking Your Mind Without Elections, Surveys, or Social Movements," *Public Opinion Quarterly* 47（1983），461-478]。除非特别标注，本书中所有法语资料的英文翻译都由作者本人完成。

路易丝·蒂利忙于自己的著作，无暇给予本书直接关注。但是她和我都明白，这本书的完成得益于她的宽容、合作和精神支持。为此，也为其他种种，我感激她。

图片目录

1 17 世纪法国地区分布图 …… 18
2 17 世纪的勃艮第 …… 19
3 17 世纪的第戎 …… 25
4 17 世纪针对群体行动的警令：
   1683 年 8 月由第戎高等法院颁布的法令 …… 26
5 17 世纪河滩广场周边图 …… 58
6 17 世纪巴黎鸟瞰图 …… 59
7 17 世纪巴黎及周边图 …… 64
8 1615 年河滩广场上的庆典 …… 65
9 1868 年前后市政厅广场上的泥瓦匠雇佣市场 …… 79
10 20 世纪的市政厅广场 …… 80
11 20 世纪的法国和五个地区 …… 95
12 17 世纪的法兰西岛 …… 96
13 17 世纪的佛兰德和皮卡第 …… 102
14 17 世纪的朗格多克 …… 103

15　17世纪的安茹地区 115
16　17世纪昂热鸟瞰图 116
17　18世纪的图卢兹 260
18　阿迪描述的"攻占巴士底狱" 315
19　19世纪的里尔 328
20　19世纪的佛兰德 329
21　1871年3月18日巴黎公社在市政厅广场宣告成立 403
22　1885年5月25日拉雪兹神父公墓示威 404
23　20世纪的巴黎和法兰西岛 416
24　1890年五一劳动节《佩纳爸爸报》的海报 417
25　1947年老年工人在市政厅前示威 492
26　1955年诺尔农民示威 493
27　1983年巴黎的五一劳动节 518
28　1982年6月巴黎的和平游行 519

致 谢

特别致谢以下机构和个人提供以上图片并允许我复制：国家地图和规划馆（Bibliothèque Nationale Cartes et Plans）提供图1、2、3、5、6、7、12、13、14、15、16、17、19、20、23；第戎市档案馆（Archives Municipales, Dijon）提供图4；国家版画馆（Bibliothèque Nationale Estampes）提供图8、9、21、22、25、26；国家手稿馆（Bibliothèque Nationale Manuscrits）提供图18；国家档案馆提供图24。图10、27和28由查尔斯·蒂利提供。

缩略说明

AA	Archives Historiques de l'Armée, Vincennes
ADA	Archives Départmentales de l'Ariège, Foix
ADCO	Archives Départmentales de la Côte d'Or, Dijon
ADH	Archives Départmentales de l'Hérault, Montpellier
ADHG	Archives Départmentales de la Haute-Garonne, Toulouse
ADIL	Archives Départmentales de l'Indre-et-Loire, Tours
ADML	Archives Départmentales de Maine-et-Loire, Angers
ADN	Archives Départmentales du Nord, Lille
ADPO	Archives Départmentales des Pyrénées-Orientales, Perpignan
AMA	Archives Municipales, Angers
AMD	Archives Municipales, Dijon
AML	Archives Municipales, Lille
AMT	Archives Municipales, Toulouse
AN	Archives Nationales, Paris
BN	Bibliothèque Nationale, Paris
Fr	Fonds Français (Bibliothèque Nationale)
NA	Nouvelles Acquisitions Françaises (Bibliothèque Nationale)

档案馆缩写后的数字是卷宗号，斜线后是页码。例如，AMA BB 72/97 就是昂热市档案馆，BB 72 卷，第 97 页。

第一章

民众斗争的挑战

在勃艮第公爵那座庞大的旧城堡里,第戎市档案馆占据了几间零落的房间,档案馆的正门对着解放广场(Place de la Libération)的雅致半圆。该广场建于17世纪晚期,当时被称作皇家广场(Place Royale)。高敞的阅览室里,研究者们很容易就能知道有人在进进出出,因为只要外面的门一开,刺耳的铃声就会在阅览室响起。刚来的访问者关上朝街的大门,穿过接待室,摸索着走到内门,然后走进阅览室,整个过程通常延续五到十秒钟。天气不好的时候,刚来的访客会造成更大的干扰。门铃长时间响过之后,就听到有人在跺脚、脱靴子、挂雨衣,然后就走进来接受大家的审视。出口处的干扰也一样,因为离开的人会精确地再现入口处的情形:"砰"的关门声、拖沓声、跺脚声和铃声。

门铃声并不经常响起。平常的日子里,读者只包括几个公务员、一两个古文物研究员、偶尔来访的几个大学生和外来的历史学者。然而这些为数不多的读者却找到了丰富的馆藏资料。第戎市档案馆收藏了勃艮第首府第戎的幸存资料,从勃艮第作为一个独立的政权实体时期到成为法国的一个主要大省。馆藏资料非常丰富,直到大革命时期的中央集权化将政权和文档资料都转移到了国家机构。

在几千卷大革命之前的卷宗中,大约有167卷是关于"警方"(police)的,这个词语沿用了旧制度下的广泛含义,意指对所有公共恶行的防卫。这些卷宗关注卫生、公共健康、防火、庇护所,关注对乞丐、流浪者和罪犯的追捕,关注对游戏、集会和公共庆典的管控。19世纪的档案管理员先按主题、大概的时间段,然后再按当时整理这些记录的机构所用的类别,例如事件、活动、会议等,对这些文献进行分类。

这一系列卷宗里有驱逐官(chassecoquins)的活动报告。驱逐官是17世纪的官员,其字面含义就是受命将无赖和游手好闲之辈(coquins)逐出城市的官员。卷宗里有自1290年开始政府在这个广阔的葡萄酒生产地区对葡萄丰收季节的监控记录,其详细程度令一般人都不大愿意去读;还有四个世纪以来有关公众资助之庆典的大量记载(甚至还有发票等票据)。通过研读这些文献,我们可以看到时人对各种活动的精心准备,从每年一度的圣约翰节前夜的烟火庆典、城里的宗教节日,到市长的选举日。1642年的一条记录提到"一群犯罪分子燃放了本应由市长亲自点燃的烟火"(AMD I 43)。我们可以看到1711年在一支人数众多的送葬队伍中,60名乐者边弹边唱为王太子创作的安魂弥撒曲。我们能读到盛大的举市庆典,例如1766年为孔代(Condé)亲王举办的市政厅音乐会,主要演奏者是声名远扬的来自萨尔茨堡(Salzburg)莫扎特家族的孩子们(AMD I 48, B 400)。我们还能看到一连串声势浩大的进城仪式,包括1387年查理六世、1470年大胆的查理公爵(Duke Charles the Bold)、1595年亨利四世、1674年路易十四及其王后,直到大革命时期其他许多人的进城仪式(AMD I 5-36)。(1564年为迎接查理九世进城,几百人受雇协助准备"国王莅临所必需的作品和装饰",其中画匠不少于23人。AMD I 18.)简单地说,我们可以一窥第戎公共生活的风情图。

相比于关注君王,更关注普通百姓如何参与公共生活的读者,在这些文献中也能发现很多值得思索的内容。例如,有一卷文献记录了1639年至1775年几次干扰公共秩序的"煽动"行为和严重违抗事件。在大革命之前的一百年中,这些事件通常被称作"煽动""激动""哗变",而后来的观察家则将其称作"暴乱"或"骚乱"。这些观察家都缺乏同情心。不管是"煽动""激动""哗变",还是"暴乱"和"骚乱",都有否定含义,都是当权者的词汇。

1975年春季的某一天,我坐在第戎市档案馆的阅览室,孜孜钻研17世纪的报告,档案管理员萨武雷(Savouret)先生、雅凯特(Jacquette)女士和伯努瓦(Benoist)先生正忙于他们的工作。这时,有个模模糊糊的声音逐渐变得清晰起来,原来有人在咏唱。我问同伴:"发生什么事了?"我们走向高大的窗户,透过城堡的栅栏大门看向解放广场,原来有人在游行。

我冲向出口,不休的门铃宣告我从17世纪回到了20世纪。数以百计的年轻男女踏着并不整齐的步伐行进在街道上,有些拿着一个男人形象的人偶,有些举着标语和旗帜,一路大声歌唱。其中一个游行者塞给我一张传单,原来这次游行关系到那些预备教授运动与体育课程的学生们的未来。那个人偶是指青年、体育和休闲部的部长马佐(Mazeaud)先生,他只给体育教育非常微薄的经费预算,还提议削除公共学校的体育必修课。这将严重影响那些学生未来的工作。同法国其他城市里的学生一样,这支示威队伍也是前往共和广场(Place de la République)集会。大约一小时后,示威的队伍再次经过档案馆,然后回到大学区。本来就不整齐的队伍更加混乱,也不再有整齐的合唱,但示威者还在大声喊着口号。慢慢地,他们的声音被街上的日常喧嚣淹没。我的思绪又回到了三个世纪前的 1675 年。

1675 年和 1975 年的骚动事件是否属于同一长绳上的不同环节呢？档案馆里和街道上的事件都是群众基于共同的不满、希望和利益而集结在一起的行为。这种集结——我们姑且称之为"群体行动"（Collective action）——有着自身的历史。因为激发群体行动的不满、希望、利益和机遇不同，群众行动的方式也会不同。

在利益与机遇之间还有一个因素：组织。无论是 17 世纪的酿酒农，还是 20 世纪的学生，卷入到群体行动后，都没能抓住所有机遇为自己的利益展开行动。他们对每个机遇的反应也不尽相同。他们如何团结在了一起，哪些共同行动的方式已为他们所熟知，他们对哪种消息比较警惕，所有这些因素都会影响他们行动的频率、方式和效果。

1675 年和 1975 年的事件呈现了一个特殊种类的群体行动：不连续性的、抗争性的群体行动。我们可以简单地将其称为"抗争"（contention）。在这些事件中，人们不仅因为利益集结在一起，而且他们的行动方式还直接、直观、显著地影响他人，从而实现他们的利益诉求。这种行动还有一个特点，就是人们行动的不连续性：他们投入相当多的努力，然后就完全停顿。如果我们只关注煽动、哗变、暴乱和示威，就会忽视那些以社交、娱乐、自我提升或仪式为目的的群体行动，除非它们发展成了抗争。我们还会忽视工坊、教堂、帮会或其他组织处理事务的常见方式，除非它们也具有抗争性。但是，对抗争的研究还是要求我们对上述常见的、以自我为中心的群体行动予以必要的关注，毕竟它们是情境的一个重要组成部分。尽管如此，我们还是将冲突作为研究焦点。

冲突，不是无序。当权者和欠考虑的历史学者通常将群众抗争描述成无序。在 17 世纪的勃艮第，他们就使用"煽动""激动"和

"无序"来描述老百姓为某种诉求所采用的方式。然而，我们越仔细审视这些抗争，就越能发现其中的有序。我们可以从两个方面看到这种有序：一是群体行动扎根于社会日常生活的惯例和组织，二是向利益受触动之团体的示意、协商和斗争是一个持续性过程。

抗争形式自身就彰显了这种有序。在以下这些被当局称为无序的行动中，我们就发现人们其实是在重复一些数量有限的行为。在17世纪的法国，普通民众并不知道如何示威、集会或罢工，但他们在驱逐收税人出城、厌弃贪官污吏、羞辱伤风败德者时还是会遵循一定的惯例。在接下来的内容中我会详细描述这些惯例。

在这些行动中，每一次都将某个特殊群体与其他某个个人、团体或几个团体相联系，每一次都是在与其他团体的持续互动——斗争、合作、竞争或兼而有之——中开始和变化的。对某一特殊团体而言，我们可以将其向不同个人或团体提出各种诉求所采用的整套方法看作其抗争的剧目（*repertoire*）。因为相似团体通常拥有相似的剧目，所以对于某一时期某一地区之人民的抗争，我们可以笼统地讨论其一般性抗争剧目，其中就包括17世纪法国的某一时期、地点和人群。

抗争剧目其实限制了人们的行动。人们通常倾向于已然熟谙的惯例，所以革新无法突破惯例，即使原则上某些非熟谙的行动形式可能更有助于实现其利益。那么，我们可以笼统地设定一种抗争剧目，这种将真实的人们彼此联系的剧目囊括了各种形式的抗争，并在利益、机遇和组织的变迁中形成并变化。

资本主义、国家构建和民众抗争

然而，本书并不打算对所有抗争进行整体性叙述，而是提出了一个更具体的问题：就法国而言，从 17 世纪至今，资本主义的发展和民族国家的权力集中如何影响了普通民众为利益抗争——或无法抗争——所采用的方式？对于这个问题，并不是某个单一地点、人群或事件就能回答的。审慎地比较自 1598 年至 1984 年不同地区的民众抗争，或许可以为这一问题提供解答。本书就是要进行这项比较工作。

我们要在资本主义和国家构建的框架内追踪重大变化自 1598 年以来如何影响了普通民众中不同群体的利益、机遇和组织，然后再去看这些利益、机遇和组织的变化又如何重塑了这些人的抗争。我们追踪变化，但并不对所有抗争行动，更遑论对所有群体行动提供完整的解读；我们只是竭力去理解这两种庞大又相互依存的力量对群体行动产生了怎样的影响和转变。这才是本书的主要任务。

资本主义生产就是掌握资本的人对土地、劳动力和资本的使用做基本决策，然后利用以出卖劳动力为生的劳动者来生产商品，简单地说就是资本集中和有偿劳动。民族国家的成长则使某种组织能够加强对共同疆域内资源的控制。与其他组织不同，这种组织形式上自主、集权、内部能够相互协调，并具备主要的集中化高压手段，简单地说就是集权和疆域掌控。

资本主义的发展和民族国家的成长都暗示或导致了复杂的社会变化，例如日常生活质量的变化。四个世纪以来，法国人民的生活中最重要的一个变化可能就是劳动的无产阶级化——家庭逐渐失去了对自身生产工具的控制，而日益依靠出卖劳动力为生。无产阶级化是资本主义发展的重要组成部分。从某种意义上来说，国家劳动力和商品市场的发展、工厂化生产的转向、城市人口的阶级分化，以及其他许多社会生活的变化，至少部分是由无产阶级化进程造成的。

至于国家构建，我们很难确定此进程的哪个部分对日常生活产生了更深远的影响，是国家机构的壮大和繁复，还是其高压和榨取力量的渗透。其实这两者彼此扶持，没有必要进行比较。规模的壮大增强了任何一项国家行动对普通民众的福利可能造成的影响。压制力量的渗透使小规模的社会生活越来越难以摆脱国家的监控和干预。用警察维护治安的常规化、兵役制的普及、财政和人口统计报告制度的创建、政党和压力集团（pressure groups）的出现等，这些日常生活中的变化都或多或少源自民族国家的成长。

无论是资本主义的发展还是民族国家的成长，都不是线性的、连续的、一帆风顺的，两者都经历了发轫、行进、危机、反复和高潮。这也正是抗争的历史会如此不规则的主要原因，因为相比于其他因素，法国抗争史中的主要变化和波动都是在回应国家构建和资本主义发展中的起伏。17世纪正处于迅速构建期的好战的法国，掠夺并占用了人民的权利和资源，因而激起了广泛的反抗。19世纪，大工厂里部门化和精细化的劳动力分工使生产的发展更加迅猛，也使得以工厂为单位的罢工更加显著。种种事例都显示，抗争的波动与资本主义和国家构建的起伏之间有着直接又密切的联系。

当然，并不是所有抗争都与国家构建和资本主义有着直接的联系。20世纪70年代布列塔尼和奥克西坦民族主义（Breton and Occitan nationalism）的兴起无疑与国家构建和资本主义有关系，然而，地区性和民族性运动并不像工人组织与纳税人抗税运动那样紧紧跟随国家构建和资本主义的逻辑。

这是怎样的逻辑呢？国家构建和资本主义的根本结构到底以何种方式促进了某些形式的抗争呢？为了能简洁地回答以上难题，我们必须理顺时间并忽视法国历史上的一些偶发事件。认为抗争有其自身的历史记忆，一次抗争的结果会影响下一次抗争的形态，这种简约化的处理方式是有风险的。然而，简约化分析能够提供一条基线，我们可以此一探历史真实。这种回报值得我们去冒险。

总的来说，资本主义的发展引发了三种基本冲突，这三种都可能催生公开的抗争。第一种最显著，即资本与劳动力的对立。在其他条件相同的情况下，资本主义发展越完善，这种对立就越尖锐。（事实上，其他条件不可能总保持相同，这也是通常对马克思主义两极化加剧之预测的批评所在。例如，组织化劳动者和组织化资本家在劳动力无产阶级化进程中会相互协商妥协。）第二种冲突源自对生产要素的集中化掌控，这也是资本主义的固有特征。在此过程中，资本家必然面临其他已占有土地、劳动力、商品和资金之人对集中化的对抗。第三种冲突是在相同市场内的彼此对抗。因为商品、劳动力和土地的买者与卖者在相同的市场内相互竞争，各自的利益驱使他们彼此对抗。

国家构建的逻辑也有三个面向。第一个是从被统治的人民身上抽取资源，这必然会在国家执行者与其他已占有这些资源的组织、家庭、工厂、社群等之间造成对抗。第二个是疆域内外的国家政权与敌对政府（包括准政府）之间为争夺对人口、疆土和资源的控制而引发的竞争。第三个是名义上臣服于既有国家的组织之间，为争夺已处于此国家代理人掌控之下的资源和设施而展开的竞争。

历史上，资本主义的发展与民族国家的成长彼此交叠、互动，但并不是自动地相随而动。事实上，极端情况下两者会彼此相悖：极端的资本主义将所有生产要素都归于资本家，任其支配，国家无任何资源可享；而极端的国家构建则从其他社会单位榨取所有资源，不给资本家任何自主权。然而，如果资本主义与国家构建同时进行的话，我们还是可以看到两者之间会发生一定的妥协。我们可以设想一下这种顺序：

初期：资本家在集聚财产，国家构建者在致力于汲取资源和击败对手；抗争的主题是榨取、国家控制、资本控制，以及对以上这些的抗拒。

后期：在资本主义所有制和已有国家政权的框架下，抗争的主题是资本与劳动力的斗争、市场内的竞争、控制国家政权及其资源的企图。

当然，这种分期只是相对的，毕竟我们没理由认为资源的汲取和抗争会终结，而且我们相信资本与劳动力的斗争在资本主义初期就已然存在。再者，当资本主义与国家构建不同步时，还会出现不同的模式。例如，当国家构建早于资本主义的发展时，我们就很可能发现对国家汲取资源的强烈对抗。原因很简单，就是资本家还不能通过自己征收生产要素的方式来促进这种对资源的汲取。随后我们可以在本书中读到在法国不同地区出现的不同模式。不过，作为宽泛的概括，这种两段式分期的体系还是比较适用于约公元1500年以来的法国历史。初期到后期的过渡发生在1789年之后的一百年。

各种组合和可能性从未停止过。在研究国家构建和资本主义如何影响抗争模式的变迁时，我们面临着一个选择：在翻查历史记录之前就在理论上搭建可能的模式，还是让历史记录指引理论上的探究。本书选择了后者：具体详实地阅读普通民众抗争活动的历史记录，以丰富我们对资本主义和国家构建如何转变抗争模式这一问题的认识。

此外，我还希望本书能对另两个方面有所裨益。首先，法国抗争史的研究应该激发有关抗争所发生的时代、地区、团体和事件的洞见，例如应该有助于我们发现17世纪政治纷争中的主要问题。其次，法国抗争史的研究还应该提升我们对一般性抗争的认识，例如应该让我们更加明了如何改善现有的一些呈现出焦虑、愤怒或意识形态的抗议模式。本书所采用的分析方式选择研究重大社会变化对普通民众之利益、机遇和组织的影响，并进一步探究这些利益、机遇和组织的变化又如何影响普通民众普遍的群体行动模式。我们必能从中受益。

利益、机遇、组织和行动是一组庞大且内涵丰富的历史学议题。法国幸存的 17 世纪治安档案中记录的骚动事件显然是所有抗争事件中的特殊样本，因而也是展示利益、机遇和组织如何运作的样本。然而，这些事件也直接显示出 17 世纪抗争行动的面貌与 20 世纪的抗争行动迥然不同。

历史分析面临的挑战

法国 17 世纪以来的抗争经验向历史分析发起了挑战。志存高远的历史学家已经对这一时期的政权、战争、危机和转折做了大量研究，我们的研究必须以此为基础。我们采用的材料多是政治史的标准史料，比如警方和地区行政长官的报告、有关叛乱的记叙和当权者的描述，但是我们的参照点与大多数政治史截然不同。我们会认识到，新时代并不是肇始于新的精英掌权或者新的宪法出现，而是始于普通民众为争取自身的利益而以新的方式开始抗争。当然，抗争的改变可能主要还是因为精英或宪法发生了改变。迎接挑战，我们要做的就是去验证这种假设，而不是想当然地就认定其正确性。

下文会对政体和宪法至高无上的重要影响提出质疑。这种质疑来自史料，也来自对抗争特征的一般性思考。严格地从历史来说，重要的政治危机和政体的更迭连绵不断，以致我们不可能在政体与宪法之间建立简单的因果关系，法国大革命就是典型的例子。同样，抗争模式因生产关系的转变而出现的变化多于因宪法、政体或革命而出现的变化。起起伏伏的反资本主义抗争就能充分说明这一点。

对抗争特征的一般性思考也让我们有理由跳出狭隘的政治解释。如果抗争确实随着利益、组织和机遇而改变,这三者也不可能同时发生变化,而且它们更不可能主要因政体的转变而改变。一般来说,我们可以预期,新政体和新掌权者会对普通民众采取行动的机遇产生即时而直接的影响,但是对利益和组织呢?在这两方面,我们预期政体变化的影响会更弱、更慢,而且更加间接。而生产关系的变化则会造成更强有力、更即时的影响。当然,我们不能简约地将抗争都归因于政体转变或生产关系变化的即时影响,还要考虑其他不可忽视的因素,诸如人们认识自身的方式和世界观的转变、人口的增长或下降、技术革新等。

此外,如果可用的群体行动剧目本身确实限制了谁能参加行动以及如何行动,那么我们就不能认定造成行动方式变化的唯一原因是政体的转变。现存行动剧目的产生可能基于以下因素:

1. 民众的日常生活和内部组织(例如,抢粮行动是因为存在周期性的公共集市和依赖市场生存的人群)

2. 当时盛行的有关权利和公正的标准(例如,工厂发生罢工是基于一个预设:人们有权利决定自己是否劳动)

3. 民众累积的群体行动经验(例如,示威之所以成为抗争的一种标准形式,是因为人们发现,如果抗争者有大批意志坚定的群众作为后盾,某些官员会更有可能倾听这些抗争者的诉求)

4. 当前的压制模式(例如,是否采用公共集会作为抗议方式取决于当局打击公共集会的力度)

以上这些也不是毫无争议的。"剧目"有可能仅仅是人们为实现共同目标而采用的种种方式而已，而且当出现新的需求或机遇时，人们还会毫不犹豫地采用新的策略。再者，即便真有一种剧目会限制人们的行动，它也有可能是由政权按照制定选举或当政规则的方式来设计和安排的。所以，面对历史分析方面的挑战，我们的一部分任务在于明确抗争剧目是否确实限制了潜在抗争者的可能选择，剧目是否真的因抗争者之间的斗争而发生了变化，剧目对抗争者的限制与政体的性质有多大关系。

狭义的政治分析不能解释群体行动的涨落，但这并不说明政治不重要。恰恰相反，政治很重要，不过我们需要一个更广义的政治概念，一个超越政党、派系和国家领袖的概念。这种政治与所有形式的权力有关。我们必须研究权力的日常运用、为权力而展开的持续斗争以及权力结构的变化，因为权力与地方社群和普通民众的命运息息相关。

有时候，权力的这些表现与狭义的国家政治正好契合。但更多时候，这种联系很复杂，而且不是那么直接。从国家的角度来看，地方社群和普通民众的斗争是问题，也是机遇，必须予以处理，但这并不是政治的核心。从地方社群和普通民众的角度来看，国家政府对资源的索求和垄断，往往加剧他们日常生活的艰辛，但偶尔也为他们提供进行策略性合作和大赚一笔的机会。我们的另一部分任务就是要探寻重大社会生活的转型对群体行动的影响，同时又不忽略日常权力斗争的复杂性和特殊性。

为了应对历史分析方面的挑战，本书将纵览17世纪至20世纪法国五个地区的抗争史。首先要提出的问题是，资本主义的发展和强大民族国家的兴起如何妨碍普通民众的抗争。具体一点说，就是要考虑资本主义和民族国家对民众利益、组织和行动机遇的影响。当然我们还可以探讨诸如工业化、城市化、法国国家政治的变迁之类的影响。

然而，首要的问题还是国家构建和资本主义如何影响普通民众为共同利益而采取群体行动的方式——或者，如何使得普通民众无法采取群体行动。

本书大致采用编年体顺序。为方便起见，本书自1598年亨利四世执掌全国政权开始，并将之后的法国史分成四个时段：

"17世纪"：自1598年至1715年前后，以反抗民族国家的扩张为主；

短暂的"18世纪"：大概终止于1789年，以越来越激烈的反对资本主义财产关系的抗争为主要特征；

漫长的"19世纪"：从法国大革命早期直至约1906年，以革命斗争和新的抗争剧目的出现为标志；

"20世纪"：从1906年前后直到现在，19世纪就已开始的斗争仍在延续，并伴随着资本主义、高压统治和抗争的日益加剧。

我们可以看到，这种编年史的划分并不一定准确，但还是能区分法国人民抗争史上不同的经验形式。例如，通过这种划分，我们很容易就看出大约发生在17世纪中叶基本抗争剧目中的重要转型，以及19世纪中叶更富戏剧性的转型。

在上述大致划分的每一世纪中，我们将集中比较法国的五个地区：勃艮第、安茹（Anjou）、朗格多克（Languedoc）、佛兰德（Flanders）和巴黎大区 [region of Paris，法兰西岛（Ile-de-France）的俗称]。本书的十二个章节可以看作六对。第十二章是第一章的补充说明，从历史分析的角度回顾了相同的问题。中间的十章，每两章有关一个历史时段，其中一章讨论特定地区，另一章比较同一时期所有五个地区的不同经验。第二章写的是17世纪初至20世纪末的勃艮

第。第三章讨论四个世纪里五大地区乃至法国全国的情形。这两章综述了社会组织和民众抗争的变迁，详细讨论则在随后的章节中展开。第四章写的是17世纪的安茹。第五章比较17世纪安茹、勃艮第、佛兰德、法兰西岛和朗格多克的经验。接下来的章节也是这样按编年史排序的成对结构。

时间和地区的重叠意味着我们会不止一次提到相同的事件。1648—1653年的投石党运动、1789—1799年的法国大革命、1905—1906年有关政教分离的斗争，以及其他一些不那么引人瞩目的事件在书中不同的地方出现，但它们每次再出现时会有新的角度和新的细节。我希望，在严格的编年史叙事上做出一点牺牲，能丰富我们对事件之间的联系的认识。最后一章将时间和空间再次重叠在一起——首先从整体上回顾法国人民抗争的长时期变迁，然后反思有关抗争史的学说。

第二章
勃艮第战役

1668年，第戎。7年前枢机主教马扎然（Mazarin）去世时，路易十四就已经完全控制了中央政府。他的首席大臣 J. C. 科尔贝（J. C. Colbert）野心勃勃，协助他策划并执行了旨在扩张国家权力和发动战争的计划。这两个强悍的搭档发动了遗产继承战争（War of Devolution），以实现路易十四对欧洲大陆的野心。这场与西班牙的战争由路易十四挑起，他要求以其西班牙籍妻子的名义继承西属尼德兰（Spanish Netherlands）。战争的主要战场在西属佛兰德和弗朗什－孔泰（Franche-Comté），遭殃的是法国村镇里的居民。之前连绵二三十年的叛乱和内战如今已消退，只有居住在近期从西班牙手里抢过来的比利牛斯（Pyrenees）山区的山民们还在反抗盐税的征收。路易十四和科尔贝为了筹集战争经费，正致力于加强国家税收系统。

王权与地方冲突

勃艮第的首府第戎也不能幸免。1668 年,御前会议(royal council)对第戎市政委员会的自治权施了重击。在此之前,第戎市政府规模大、自我延续性强,并享有许多税收的豁免权。20 名市政官(échevins)各自负责估算自己辖区内的王室税收。新法令削减了市政府的一半规模,缩短了市政官的任期,将官员任命权收归王室,并集中掌管赋税的征收。当然,这一切都以提高效率为名。

接着,王室任命的市政委员会不点名警告了一批造谣生事之人,这些人说主要的财产税——土地税(taille)——即将增加;市政委员会还禁止民众"以任何借口在白天或夜晚集聚,或煽动民众叛乱,违者处死"。据传,造谣者声称"他们需要发动一次'朗丢尔吕'(Lanturelu)"(AMD I 119)。

"朗丢尔吕"是 17 世纪 20 年代的一首歌曲,后来成为 1630 年 2 月爆发的一次民众抗争事件的代名词。当时,黎塞留(Richelieu)和路易十三宣布取消勃艮第的税收优惠权。酿酒农阿纳托瓦·尚热内(Anatoire Changenet)率领一百余名身负武装的男子,加上一些赤手空拳的男女老少[市府官员后来称他们为"下等人"(gens de bas étage)],聚集在第戎的街头。尚热内刚刚在第戎市封斋前的狂欢节(Mardi Gras festivities)[1] 中扮演了愚人王的角色,他穿着艳俗的戏服就加入了对王室象征及代表的羞辱行动之中。

当时的《法兰西信使报》(Le Mercure François)将此消息传播到了法国其他地方:

---

1 天主教封斋前的周二。——译注

2月28日临近傍晚时分，第戎市爆发骚乱。一群酿酒农袭击了某人的住宅，不过在冲破外门之后就停了下来，他们威胁说会于次日（3月1日，周五）卷土重来。当天，这群人未遭到任何抵抗，轻易地冲入了许多王室官员的宅邸，甚至包括高等法院第一主席的宅邸。他们攻入室内后将家具焚烧一空。(*Le Mercure François* 1630: 148-149)

第戎的这群人据说还焚烧了一张路易十三的画像，并高呼"皇帝万岁！"——他们指的是神圣罗马帝国的皇帝，也是勃艮第公国之大胆的查理在哈布斯堡（Habsburg）家族中的后裔和法国国王的死敌。第戎市长犹豫了一整天才召集武装镇压。镇压部队驱散了人群，杀死了10—12名骚乱者。国王下令戒严，要求对财产遭受损失的受害者进行巨额赔偿，并进一步压缩第戎市的特权，还在1630年4月的接见中羞辱了当地显要。勃艮第议会对国王做出回应：判处骚乱的两名首领绞刑。这就是"朗丢尔吕"。

1668年威胁要发动的"朗丢尔吕"事实上并未发生。圣尼古拉（St.-Nicolas）堂区的妇女们袭击了当地的一名收税人，并威胁要烧毁他的房屋，但运动最终消退了下去，只剩下牢骚和谣言。第戎当局轻松平息了一波新的抗争。

然而，17世纪的第戎还是发生了一些被当时的政府当局称为"煽动、激动和哗变"的民众公开诉求事件。1684年2月，酿酒农再次起事。第戎的公共检察官如此描述这次事件：

> 城里许多酿酒农（在他的另一份叙述中，说是有300—400人）胆大包天，集聚成群，不仅边击鼓边环城游行，还张狂傲慢地行进到城前那片属于加尔都西会（Carthusian）修道院的

图1　17世纪法国地区分布图

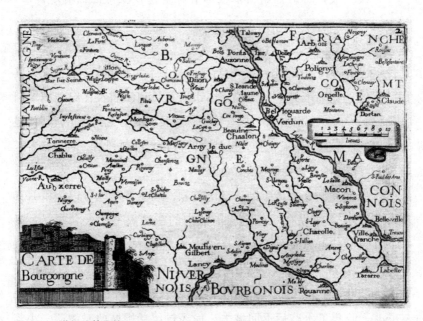

图2　17世纪的勃艮第

树林中的大橡树下。这些粗野无礼的酿酒农胆大妄为，在未经许可的情况下继续击鼓，在城里制造骚乱和丑行。他们的行为该当最严厉的惩罚，本检察官特申请授权对他们提起诉讼。（AMD I 119）

这份叙述中的其他细节显示，游行者大概只有100余人。这份夸大其词的叙述还提到了另一个情况：当市府官员和酿酒农在纪尧姆城门（Guillaume Gate）相遇时，"如有神助，官员们无一受到袭击，即使是上述那位检察官也毫发未损，虽然当时冲在人群前列的一名示威者正挥舞着剪枝刀准备向他动手"（AMD I 119）。

示威的酿酒农击鼓集结，选出首领，井然有序地行进。和1630年一样，首领中也有一位名叫尚热内的酿酒农［此人名叫让·尚热内（Jean Changenet），自述是"第戎酿酒农，居沙努安街（rue Chanoine），29岁，信奉罗马天主教"。AMD I 119］。示威队伍行进到属于附近加尔都西会修道院的香普默隆树林（Champmoron Wood），收集了木柴后返回城去，途经过纪尧姆城门时遭遇一小支前来阻挡他们的官员。伊莱尔·爱德华·迪芒什（Hilaire Edouard Demouchy，王室顾问兼法国财务主管，关键他还是香普默隆树林的承租人）正式起诉这批酿酒农，要求他们就收集木柴的行为进行赔偿，追究他们的责任，并对这种行为发出正式拒绝。政府当局将包括让·尚热内在内的几名游行首领关进了监狱。

这批闯入树林的人声称他们有权在香普默隆树林砍伐木柴，"因为这是勃艮第公爵赐予酿酒农的特权，过去天气不好或者冬季严寒的时候他们都是这么做的，如今对木柴需求量较大的时候当然也可以这么做"（AMD I 119）。对40岁的皮埃尔·雷尼奥（Pierre Reignaut）的审讯记录部分内容如下：

问：如果你们有权在那里砍伐木柴，为什么你们还要成群结队去呢？

答：我们一大批人一道去那个树林，是因为最早去的那些人都被加尔都西会神父的侍从赶了出来，为避免受到相同的待遇，我们结伴前去，为的是捍卫在那个树林砍伐木柴的权利。

（AMD I 119）

在监狱里待了几周之后，这12个人保证今后会循规蹈矩才被释放。他们的行为显然震动了市政府，第二年市政府就向加尔都西会提起诉讼，以强制执行酿酒农收集木柴的权利。

第戎市的神父们对此忧心忡忡。在勃艮第全省，木材紧缺的问题越来越严重，因为森林转归私有，小型燃木锻造厂却在剧增。在1661年路易十四亲政肇始时，勃艮第新任监察官（intendant）布许（Bouchu）写信给科尔贝，说："本省的森林恢复工作值得您多关注，因为森林正濒临毁灭。考虑到这里人们对木柴的需求，这项工作也将越来越重要。"（BN Mélanges Colbert 103，1661年10月21日信件）较之于第戎市其他穷人团体，酿酒农不仅在地方经济中举足轻重，而且享有组织严密的优势——日常的接触、相对有效的领导力量和共同行动的经验为他们建立起了广泛的联系。虽然检察官将酿酒农的游行称之为"骚乱"，但市政官员还是得认真对待才行。

我们也必须认真对待，因为1684年酿酒农闯入香普默隆树林的事件经典地展现了民众在对资本主义发展做出反应的过程中，利益、机遇和组织之间的互动。教会和贵族的财产出租给资产阶级经营者，公共使用权让位于独占所有权，农村里诸如燃木锻造厂之类的小型工业企业的激增等，这些在法国早期资本主义发展中都扮演着重要的角色。因此，资本主义的发展对酿酒农的利益威胁就不只是这一个方面。

即使如此,我们无须否认,某些酿酒农也可以从城市市场的扩张中获利。我们无须声称酿酒农是在非常自省地对抗资本主义财产关系的发展。我们也无须断言寒冷的气候、加尔都西教会的贪婪和其他因素造成了酿酒农与修道院侍从之间的冲突,而这些因素在一定程度上都是资本主义导致的后果。我们只需要探究资本主义是否已经发展到一定程度,使得普通民众感受到自身利益已然受到某种威胁,于是采取一些共同的方式来应对这些威胁。

答案是肯定的。第戎市17世纪关于"煽动、激动和无序"的记录显示,每隔三四年就会有事件导致群众走上街头,与政府当局对峙。大部分事件是为了反抗资本主义财产关系的扩张或国家日益增长的需求,或是两者兼有。

17世纪勃艮第的抗争

15世纪末,路易十一打败勃艮第公爵大胆的查理后,第戎和勃艮第划归法兰西王国。查理的继任者——哈布斯堡家族的皇帝们——继续以书面和武力的方式不断争取对这些地区的主权。勃艮第临近哈布斯堡家族所属的弗朗什-孔泰,是军事前沿,在16世纪成为大家首选的战场。来自外部的直接军事威胁消退之后,勃艮第内部出现了分裂:16世纪的新教徒与天主教徒之间的战争使勃艮第血流成河。宗教战争之后,对公爵领地的激烈争夺也融入到三十年战争(Thirty Years' War)中。而民众抗争也从朗丢尔吕的动荡岁月一直延续到17世纪中期的投石党之乱。

投石党之乱早期,勃艮第的许多贵族都同情发动叛乱的勃艮第总督孔代亲王，甚至与之合谋，孔代亲王就是他们对抗雄心勃勃、致力于中央集权之君王的堡垒。1651—1653年，孔代亲王的支持者发动了一次武装叛乱，但结果却是第戎被王室军队围困，瑟尔（Seurre）的贝勒加德（Bellegarde）要塞被攻陷。路易十四和马扎然平息了投石党之乱，也终结了勃艮第地区的战争及大规模叛乱。

于是，17世纪中期不仅是勃艮第地区一般政治史的重要转折点，也是该地区民众抗争史的重要转折点。在此之前，每一次民众运动都为某一部分统治阶级提供了与王权对抗的机会。勇士们或反叛者的基本单位往往由某个大贵族的扈从组成。例如，1630年阿纳托瓦·尚热内率领群众反对王室的强取豪夺，获得了地方当局的同情，甚至支持。

17世纪后期，地方官员绝对效忠王权，官员与反叛平民结成隐秘或公开联盟的可能性就减少了。普通民众仍然在采取行动。但随着王权的增强，跨阶级联盟的可能性却在减少。这种转变使普通民众只能以自身某种权利和特权为名独自抗争。地方当局或受制于王权，或受王权拉拢，越来越倾向于视民众集聚为"骚乱"的开始。

因此，在17世纪，勃艮第地区普通民众的利益、机遇、组织和群体抗争行动都在发生变化。随着发动战争的王朝压榨普通民众，增加赋税以维持不断增长的军队，第戎市的资产阶级占据了该地区越来越多的土地，对经济活动的主导也越来越强，普通民众的利益发生了改变。他们为争取这些利益的机会也发生了改变，大部分时候是变得更糟糕了，因为获得当地掌权者的支持和与之结盟的可能性都减少了。而随着无地工人所占比例的增加和农村社群的分层加剧，普通民众的组织也在变化。结果，民众抗争也就发生了变化。

在酿酒农闯入香普默隆树林之后的几年里，民众对国家强征的反抗仍在继续。1690年，王室颁布了一条法令，设立并出售一些官职，目的是为王室敛财。其中有两个公共丧葬登记官（*jurés crieurs des obsèques et enterrements*）的职位，每个售价 6,000 里弗尔。1691 年，为了不使买官这笔买卖蚀本，新上任的公共丧葬登记官开始采取行动，将垄断经营扩张到所有公开通知的丧葬仪式，从丧葬过程的各个环节——"坟墓、棺材和搬运"——中敛财，无论葬礼公开通知与否，都为他们所谓的服务收取高额费用。有传言说，穷人将难以负荷上涨的高额丧葬费用。"几个贫妇"诉苦说，新上任的公共丧葬登记官扣住了她们的孩子和丈夫的尸首，要挟她们缴纳欠缴的费用。于是，群众集结在公共丧葬登记官的住所外，羞辱他们，威胁着说要再次发起"朗丢尔吕"（AMD B 329; AN G^7 158）。

1696 年，木柴再次引发争端，纪尧姆城门又一次成为紧张对峙的发生地，不过这次的主要行动者是运送木材进城的农民。第戎市的起诉书是这么叙述的：

> 5 月 30 日，周三。一群农民推着满载木柴的货车聚集在纪尧姆城门，俨然一副收费站主人的派头。他们用拨火棒和木棒砸开门锁，强行通关，拒付国王陛下于去年 3 月下发并得到高等法院批准的敕令所规定的每捆木柴应付的 8 苏过关费。一些从城内赶来的人也集结于纪尧姆城门处，煽动农民拒付通行费，引发民众骚动。（AMD I 119）。

其中有两个人尤其显眼，立即遭到逮捕。一个名叫艾蒂安·皮奥（Estienne Piot），21 岁，是附近弗勒里（Fleury）一个耕农的儿子，之所以显眼是因为他一头红发，而且当时正赶着一辆货车。另一个是名叫安德里耶特·沙莱（Andriette Chalet）的寡妇，丈夫曾是一名车夫兼日薪劳动者。她之所以显眼是因为当时她敲着一只儿童鼓，不过她争

图 3 17 世纪的第戎

图 4　17 世纪针对群体行动的警令：1683 年 8 月由第戎高等法院颁布的法令

辩说那个鼓是"碰巧"落到她手上的。之后发生的余波中又有一批人被捕，包括安托万·沃朗（Antoine Vollant，第戎市的一名轿夫）、菲利普·菲特（Philippe Fiet，郊外圣皮埃尔区的一名园丁）、让·吉尔贝［Jean Gilbert，佩里尼（Perrigny）的一名农夫］、伊丽莎白·布瓦瑟利耶（Elizabeth Boisselier，第戎市邮政局长的"侄女和女仆"）、弗朗索瓦·科潘（François Caupin，也是邮政局长的仆人）、安托瓦内特·德沃（Antoinette Devaux，第戎市一个裁缝的妻子）和皮埃尔·戈梅吕埃［Pierre Gomeruet，来自拉耶（Laye）的耕农］。从被捕者名单来看，相比于城外的农民，政府当局更担心城内的对手。

高等法院迫于监察官布许的压力，宣判如下：

> 安德里耶特·沙莱被处以鞭刑，肩部烙百合花印，罚款100里弗尔，并永久驱逐出境。
> 艾蒂安·皮奥被判在船上服劳役9年，并处罚款100里弗尔。
> 皮埃尔·鲁瓦耶（Pierre Royer，第戎市的一名马车夫，已逃）缺席审判，并象征性地被处以绞刑，所有财产充公，罚款100里弗尔。

其他人似乎都被释放了。监察官之所以要求严厉审判，一方面是为了威吓民众，另一方面是为了提醒不愿合作的高等法院严格执行王室的税收新政。目的达到后，他又替沙莱和皮奥求情（AN G[7] 159）。

在路易十四与哈布斯堡家族开战之际，木材税只是王室新强征的赋税之一。在17世纪的最后几年里，在前线阵地庆祝王室胜利的感恩赞美颂（*Te Deums*）中，勃艮第的民众对征兵、强征入伍、征舍和征用粮草的控诉与反抗也在上涨。这些反抗大部分规模比较小，例如1696年，太子军团的于西厄·达热古（Hussieu d'Angencourt）

上尉为安全起见，在收到出发令之前将三名征募的"新兵"关在瑟米尔（Sémur）的王室监狱；但等他回来时却发现，这三名新兵明显在狱卒的共谋之下将自己反锁在监狱内并拒绝出来，最后迫于武力才出来（ADCO C 114）。在这些年中，虽然新的强征很普遍，但公开对抗王室索求的行为却不多。王权在不断增强。

反资本主义和农村抗争

在勃艮第的农村地区，18世纪的抗争行动有着强烈的反资本主义特征。民众反资本主义最常见、最显著的表现形式是对粮食的抢夺，即被政府当局和历史学者称为食物暴动（food riot）的事件。从17世纪90年代到19世纪40年代，与法国其他地方一样，在勃艮第，规模在酒吧斗殴之上的最普遍的暴力冲突，当属为争夺市场上粮食控制权而展开的斗争。1693—1694年期间，勃艮第爆发的无数斗争中，主要形式有以下三种：民众清查并抢夺中间商和私有团体囤积的粮食，强制谷物或面包低于市场价出售，阻止本地或经本地中转的粮食流向其他市场。

1693—1694年期间，粮食歉收，加上为在德国作战的法国军队供应粮食的压力，勃艮第的粮食市场几乎被掏空，价格上涨，穷人受挤压严重。第戎市及其他城市的政府当局做出反应，采取了类似于所谓暴民的行动：清查并霸占手边的粮食，封锁运输，低于市场价公开出售食物。政府当局与群众的行动有两个主要区别：第一，政府当局还是会驱赶未获居住权的穷人、乞丐和流浪汉出城；第二，政府当局拥有采取这些措施的合法权利和义务，群众则没有。

大部分时候，"暴民"代替或者逼迫当局去行使他们的职责。但有些时候群众会抗争或者威胁要报复。1693年8月20日，第戎市高等法院张贴了一张通告，上面写道："由于本市的粮食储量太少，难以满足所有人的需要，昨晚8点到10点，许多酿酒农和劳工的妻子聚集在一起，威胁说要杀人并放火焚烧房屋。"这张通告照旧在下文中严禁"第戎市居民在街头或其他任何地方集结，不论性别或年龄，无论白天还是夜晚；严禁诉诸威胁、暴力或煽动性言论，违者处死"（AMD I 119）。

在随后的18世纪，因食物而起的冲突愈演愈烈。仅仅16年以后的1709年，爆发了法国历史上因食物引发的最激烈的斗争之一。同样，粮食歉收和国外部队的庞大需求给地方上的粮食供应造成了巨大压力，危机使商人和地方官员面临艰难选择：要么优先照顾本地贫民，征用地方存粮，以可控的补助性价格出售给他们，要么满足有官方财力支持的、高价格的外部需求。勃艮第的压力来自驻扎在比热（Bugey）、布雷斯（Bresse）和热克斯（Gex）的武装部队、正在附近多菲内（Dauphiné）作战的部队和贪得无厌的里昂市场。1709年5月第戎市高等法院的总检察长（attorney general）汇报道："我刚注册通过王室关于禁止群众集结和阻止粮食运输的通告，一大群里昂人就来圣让-德洛讷（St.-Jean-de-Losne）买光了所有粮食。这很可能导致大规模骚乱。"（AN G^7 1641）实际上，1709年和1710年勃艮第发生的"骚乱"规模不大且仅局限于当地，但其威胁依旧存在。

整个18世纪，王室政策越来越优先考虑军队和全国市场，并卓有成效。商人和官员对当地穷人的体谅随之减弱。1770年5月9日，"一大群妇女"抢夺了途经第戎从巴勒迪克（Bar-le-Duc）到索恩河畔沙隆（Chalon-sur-Saône）的五车粮食。妇女们将货车拖到第戎的中心市场，但市场经理拒绝开门——他后来解释说，他是担心妇女们会抢夺储存在里面的其他商品。妇女们威胁说要撞破大门，并开始朝大门砸铺路石，最终经理妥协。2,000多名妇女将货车拖进市场，然后离开再去寻觅粮食。等她们回来时，经理又拒绝开门，她们再威胁，经理再次妥协（AMD I 119）。

显然这次事件到此结束。但五天后，5月14日，勃艮第高等法院颁布法令，该法令与该时期的其他法令一样，禁止任何人"在道路、市区、镇或村里结伙阻拦装载小麦或其他粮食的货车，违者严惩"（ADCO C 81）。阻断粮食运输反映了老百姓的诉求，即地方民众的需求应当优先于市场需求。同理，他们还呼吁要限制王室官员所谓的"自由贸易"，不准生产者和商人将粮食运往能获得最高利润的市场上销售。

高等法院的这次行为颇具讽刺意味。实际上，在18世纪的很多时候，高等法院都在后方抵抗国王的大臣们"自由化"粮食贸易的做法。例如在食物短缺的1770年，一方面，高等法院试图阻止粮食输出；而另一方面，身处第戎的王室监察官和身处凡尔赛（Versailles）的财政总监（contrôleur général）却竭力想用勃艮第的粮食去供应里昂、巴黎和驻扎在东部边防的军队。为达目的，他们向地方享有优先支配当地生产的粮食的法律原则发出挑战，提出全国性粮食市场有利于全国的福祉。大商人乐于接受这种既便利又有利可图的说法，因此王室促进了商业资本主义的发展，而高等法院和普通民众都对抗商业资本主义的兴起。

同一时期，无地穷人在一般民众中所占比例增加。结果，尽管农业生产有缓慢增长，但地方社区所面临的压力却在增长，18世纪因粮食而起的广泛斗争加剧了这种压力。强抢、阻拦、低于市场价出售等争夺粮食的常见方式明显表示，这种行动是迫使商人和官员相对于军队和全国市场，优先照顾地方需求的一种方法。

1775年4月全国性生存危机爆发，第戎的周三市场上爆发了一连串面包商与市民之间的小规模冲突。财政总监远在舒适距离之外的巴黎，他写信指责说市政府对面包店的"轻率搜查"导致了这些纷争（AN H^1 187）。其中规模最大的那次发生在4月19日，超出了以往粮食抢夺的范畴。有传言说，磨坊主卡雷（Carré）和高等法院法官菲让（Fijan）准备联合起来垄断粮食市场。那天下午2点，卡雷正走在波旁街（rue de Bourbon）上，

> 一群妇女开始追赶他，他被迫躲在检察官波特乐（Potel）的家里……（直到市长带领队伍驱散了人群）。后来有许多男人也加入进来，护卫们被人群用鹅卵石袭击，不得不撤退。随即波特乐家被攻入并被洗劫。接着，不断壮大的人群兵分两路，一路朝高等法院法官菲让先生的家进发，据说他是卡雷的同伙，另一路则去卡雷的磨坊。人们将这两处的所有东西毁坏、劫掠一空……在骚乱中，这批暴徒胆敢威胁说要去抢劫军事长官的指挥部、市长的宅邸和所有市府官员的家。民众们叫嚣着，都是粮食的高价格逼他们造反的。（AMD B 409）

民众明白谁才是他们的敌人。而且，他们的威胁虽然粗鲁，但有效。在1775年4月的冲突中，市政府很快暂停了粮食和面粉税，而且对面包进行限价（AMD B 409，1775年4月26日）。

单次事件的结构不足以说明抢粮行动也阻碍了商业资本主义的发展。抢夺粮食的人并没有这么说，他们只是看到商人和官员未能恪尽其责，穷人的权利被侵犯，所以采取行动自卫。只有现今回过头去看，我们才意识到，他们攻击的是迅速膨胀的体系中最显而易见的组成部分，这个体系就是我们现今所谓的资本主义的一种财产关系体系。面对资本主义不可阻挡的步伐，抢粮行动至多只是使其延缓了一

小步而已。

　　17世纪末出现的抢粮行动，很好地例证了利益、机遇和组织的变化在改变抗争形式方面各自所起的作用。随着国王和大商人将地方市场的粮食推向自由化市场的企图进一步增强，地方上穷人（一定程度上还包括他们的庇护主）捍卫粮食供应地方优先权的决心就越发坚定。穷人的机遇基本上是负面的，因为地方政府奉命干预地方市场，但未能取得真正成功。组织的变化在抢粮行动中不那么重要，尽管有迹象显示一些团体（例如第戎的酿酒农）对自身独特的阶级地位及所遭遇的威胁有更清楚的意识。真正重要的是，穷人对粮食供应提出诉求时所仰赖的地方组织能够坚持多久。利益、机遇和组织之间的不同组合导致了抢粮运动，正如其他不同组合也会引发抗议征税和征兵的运动以及对圈地地主的攻击事件一样。

　　另一种常见的反资本主义行动不是很有规律，且令人困惑，那就是地方上抗议地主占用土地和土地所有权的行动。之所以令人困惑，是因为我们习惯于将地主归入反对资本主义的阵营，而在这里，地主却成了反资本主义行动的目标。正如伟大的区域史学家皮埃尔·德·圣雅各布（Pierre de Saint-Jacob）所指出的，那个时期勃艮第的地主——包括"老"贵族和新封爵的官员及商人——玩得一手资本主义好牌，他们抢夺森林，强占公共土地，圈占田地，坚持对所有使用其领地的行为收取费用。农村民众对这些资本主义做法进行了反击，起诉地主的官司与日俱增。圣雅各布解释说这不仅证实了封建领主的强取豪夺，也表明农民逐渐走出了传统的束缚。

　　如果无法提出诉讼或诉讼无效的话，农民就强行占据公共土地以对抗地主的抢夺，拆毁树篱或栅栏以对抗地主的圈地。圣雅各布描述如下：

阿蒂（Athie）的看守人因禁止一名牧羊人入内而受到维塞尔尼（Viserny）居民的攻击。圣欧班（Saint-Aubin）的领主皮埃尔·塞萨尔·迪·克雷（Pierre César du Crest）组织了一次不寻常的远征，来到贝尔纳·德·丰泰特（Bernard de Fontette）的土地上。他率领17名配备"枪支、棍棒和木桩"的男子，拆毁围栅，在"携带着枪支和猎狗"的2名护卫的保护下牵进去40头牛，却阻止丰泰特的佃农将他们的牛带进来。在沙尔穆瓦（Charmois），一群农民在两名妇女的怂恿下拆毁了格勒南（Grenand）的监视员搭起来的围栏，监视员眼睁睁看着围栏被拆，还得忍受人群的奚落。在庞捷（Panthier），一名商人获得地方法庭的许可，将他的牧场圈了起来。人们聚集在广场上，决定将连夜搭起来的树篱拆掉。他们把马领进了牧场。商人想赶走人群，但负责保护人群的年轻人拦下了他，"表示他们这是在自己的产业上，因为这是公共牧场。他们拆毁围栏，并声称如果有人再树起围栏，他们可以再拆毁"。（Saint-Jacob 1960: 370-371）

民众抗争针对的不是拥有土地的贵族，而是侵吞乡村社区集体权利的地主，包括1764年在隆日库尔（Longecourt）那个要求瓜分公共土地的地主，以及两年后在达鲁瓦（Darois）企图瓜分公共森林的圣礼拜堂（Sainte-Chapelle）教士们。另外，1769年，在维利勒布吕莱（Villy-le-Brûlé），一个农场主兼公证员圈围了一座牧场，当地民众填平了他挖的沟渠（ADCO C 509, C 543, C 1553）。

走向革命

许多反资本主义斗争持续到1789年大革命。作为18世纪标准抗争形式的抢粮运动在1789年有了新的意义,因为民众现在的目标是要推翻旧政权或颠覆新政权。农村民众继续努力,争取重获公共权利。对圈地地主的攻击随之加剧。民众攻击城堡的事件也屡有发生,他们不仅搜寻囤积的粮食,还烧毁地主用来证明收取租金和费用、享受特权及服务合法的法律文件。

在马孔(Mâcon)南部的小村庄塞尔西(Sercy),村民们反对当地地主克洛德·佩鲁瓦·德·拉·福雷斯蒂耶(Claude Perroy de la Forestille)。他是勃艮第审计法庭(Chambre des Comptes)的首席顾问(这是个只有贵族才能购买的职位),在1787年买了地,成了地主。十年前,这块地当时的主人维亚尔·德·塞尔西(Viard de Sercy)想铲平他在埃皮奈(Epinay)的一片树林,并出售林中的橡树。无人质疑他处置橡树的权利,但村民们提出要行使在树林中收集木材、橡子及其他植物的公共权利。维亚尔及之后的地主们施展一系列手段削弱村民的权利,村民们也进行了反击。这次,新地主福雷斯蒂耶更进一步,圈围树林,不准村民进入。于是,围绕是否能进入地主的牧场和田地的斗争又开始了——地主企图将这些牧场和土地转变为私有财产;村民们则进行抗争,希望保留他们进牧场放牧、到田里拾落穗的权利。

大革命开始后,村民们获得教区牧师的支持,通过控制市政府和在更高级别与革命政府联盟的方式,压缩福雷斯蒂耶施展伎俩的空间。因此,福雷斯蒂耶也毫不隐瞒其对革命的敌意。到共和二年芽月(1794年春),他因持反革命观点被带到革命委员会接受质询,后来被批捕,送到巴黎的革命法庭上,最后于牧月21日(1794年6

月9日）在安托万门（Porte Antoine，去宗教化后的圣安托万城门）被送上了断头台（Rebouillat 1964）。地主和村民双方都发生了转变：地主开始时企图趁着资本主义扩张的机会谋利，最后却效忠于旧政权的特权；村民们开始时是为了捍卫某种权利，最后却投身于反对特权的革命。

在上述这个案例中，双方的利益都未因革命的到来而发生很大改变。他们的组织也没有很大变化：村民们还是作为同一个村庄的成员参加行动，地主的身份还只是大地主而已，尽管地方革命委员会和重组市政府的出现对双方的行动能力都产生了一定的影响。然而，他们各自因利益而行动的机遇却发生了很大转变。革命法律反对特权，巴黎政府日趋激进，各种委员会、俱乐部和军事组织组成了广泛的革命网络，所有这一切都为村民们提供了前所未有的支援。

在其他地方，大革命带来的地方组织变化则在重塑抗争形式方面起着重要作用。例如在处于大革命早期的第戎市，一名国民卫兵的报告叙述如下：

> 今晚（1790年8月23日）11点左右，一些市民向驻扎在罗伊居所（Logis du Roy）的志愿队长官抱怨，说在市府官员弗朗坦（Frantin）先生的府邸外，有人（这些人都是思维不正常的疯子）在乐器的伴奏下高唱着一首包含悼念法夫拉（Favras）侯爵内容的浪漫曲或者控诉曲。我们罗伊居所志愿队的指挥官让-巴蒂斯特·雷伊（Jean-Baptiste Rey）上尉，认为应当立即组织一支巡逻队对这群表演者实施跟踪。我们得到情报，说他们正朝政府街（rue du Gouvernement）前进，所以我们带领巡逻队前往那条街，后来果然在半夜12点发现他们正逗留在市长沙特雷尔（Chartraire）先生的府邸门前。在人群中，我们认

出了律师罗什（Roche）先生，他正在一把吉他和几把小提琴的伴奏下演唱，拉小提琴的有普罗皮亚克（Propiac）和帕基耶（Pasquier）先生，以及其他一些不认识的人。在关于法夫拉侯爵的控诉曲歌词里，我们听出了反对大革命的言辞，因为控诉曲的词作者大胆谮妄，竟然说巴黎人民是一群疯子，并预言新政权必定会被推翻。这样的歌词恬不知耻地赞颂人民的敌人和国王的朋友，而且在不恰当的时间在最喧闹的居住区演唱，其目的只能是诱使人民闹事。考虑到应当防止可能发生事故，我们当即向总部汇报。（ADCO L 386）

在市府大厅岗哨执勤的队友汇报说："第戎市的一些市民跟随一群唱歌的人经过市府大厅门前。市府岗哨的八名配枪士兵被歌曲吸引，追随这群人，最后来到市长府邸门前。接着，这群唱歌的人就地坐下，开始演唱控诉曲或浪漫曲，但这首歌曲似乎不太适合那几个士兵，因为其中包含可能引发公共秩序混乱的内容。"（ADCO L 386）"煽动性歌曲"到底怎么唱的呢？残存的档案中可以读到这样的文字：

> 盲目残忍的人啊，
> 假如你一定需要受害者，
> 那么来吧，我原谅你的罪过。
> 然而，为免永世的悔恨，
> 你必须从疯狂中清醒过来；
> 当你厌倦了新制度，
> 你就会看到我的无辜，
> 并在我的坟墓上痛哭。

法夫拉侯爵曾协助策划劫持国王，然后将其偷偷带走，使其逃离革命者的控制。但因为同谋者的叛变，侯爵最终于 1790 年 2 月 19 日在巴黎的河滩广场（Place de Grève）被处以绞刑。要再找一个像他这样的反革命英雄还真是很难。遇到如此反动的行为，国民自卫军总部越过市政委员会直接向省主管部门汇报，而且有证据显示，参加夜间演唱的就有市政委员会成员。

这起反革命音乐事件与第戎市一系列反对革命领袖和革命象征物的示威活动都有关联。例如在 11 月，有 40 多人结队在里夏尔咖啡馆"扯下了象征共和国的帽章（即红、白、蓝三色缎带）"，并"煽动咖啡馆内的所有市民"（ADCO L 386）。两天后，在"旧修道院"（Old Monastery）夜总会，一群顾客坚持要求三个年轻人摘下三色帽章才能享受接待（ADCO L 386）。当时，国民自卫军、市府卫兵为了公共安全和出于革命情感，正在推广佩戴三色帽章的运动。（市政委员会在 1790 年 11 月 8 日的会议上宣称，要求市政委员在胸口佩戴三色帽章是"非法的，带有骚扰性质"。AMD I D.）

然而，我们不能从这些小吵小闹中就得出结论，说第戎是一个反革命的避风港。作为勃艮第首府的第戎在 1789 年正经历着一场地方革命。7 月 15 日，巴黎巴士底狱于前一天被攻占的消息还未传到第戎市：

> 警报响彻圣菲利贝尔（St.-Philibert）这个人口最密集、居住着大量酿酒农的堂区。……人们立即集结并自我武装了起来。城里的年轻人好像早就建立了初步的组织，这时都列队站在脾气火爆的领队巴西尔（Basire，省三级会议的书记员）和律师维亚尔多（Viardot）的身后。军事指挥官德·古韦尔内（de Gouvernet）先生竭力安抚民众、恢复秩序，但力量不够，因为

他身边没有军队……古韦尔内遭到羞辱，并被要求交出军事补给站中的武器。后来他又被带回其家中，有30人护卫他，但这些人与其说是保护他，不如说是为了防止他逃跑，也就是说他被关押了。与此同时，民众抢占了圣尼古拉塔（St.-Nicolas Tower）以及藏于其中的所有火药。总参谋部宣告成立，由维亚尔多任首领，他们成为市民兵组织的基础。贵族和牧师被要求待在家中（这种做法在其他地方好像没有发生过）。监察官逃跑了，虽然不可能确切得知他何时逃跑。地方当局一无所剩，整个城市都落入获胜的第三阶级的手中。（Millot 1925: 41-42）

一个完美的资产阶级革命委员会，在城里工人的强劲支持下，从过去紧密依附于高等法院以及旧制度体制的市政委员会手中夺过了政权。相同的故事在法国其他许多地方的市政革命中同时发生着。

1790年1月的选举中，一个相对保守的市政府走马上任。它面对的是一个积极为国民自卫军领袖和1789年革命委员会代言的爱国俱乐部（Patriotic Club）。以下事件也都体现了第戎市的革命精神：1790年4月民众集结起来反对一个名叫"和平之友"（Amis de la Paix）的反革命俱乐部；1790年12月发生了类似的街头集会，反对"宪法之友社的第五分部"（Fifth Section of the Amis de la Constitution）；1791年3月工人们在以工代赈计划公布时聚集在市府办公室周围；1791年4月群众"集结在马德莱娜（Madeleine）教堂和圣母显圣（Visitation）教堂的门口，然后在市区穿梭，并损毁私人住宅和公共建筑物上的盾徽、立柱和装饰物"（AMD I D；另见 ADCO L 444）；1791年5月，一群人游行时拿着一个教皇的木偶像，并在莫里蒙广场（Place Morimont）将之焚毁。直至共和三年果月，第戎市还有群众高呼"山岳派万岁！雅各宾派万岁！"——这在当时已经是"煽动性口号"了（ADCO L 387）。

然而，保守势力并没有消除。1792 年 12 月，愤怒的群众聚集，反对关闭神学院。在 1793 年 12 月恐怖统治正在强化之时，第戎市民众走上街头，要求释放 1790 年 1 月当选的保守派市长沙特雷尔。这场"骚乱"始自民众对市场物价高的不满，新市长出面安抚，却遭到在场一些群众的辱骂。然后，人群"来到监狱，要求释放沙特雷尔。狱卒表示没有命令不能释放他，于是人群迫使省政府下达命令。后来沙特雷尔被释放，像凯旋的英雄一般被群众抬着。然而，市政府召集武装力量，驱散了暴民，并逮捕了许多人，这些人同后来又被抓回来的沙特雷尔关在了同一间监狱"（AMD I D）。总之，第戎是个分化的城市，正如当时许多其他的法国城市。大革命并不是源自法国人民全体一致的愿望，而是产生于各个不同地方的残酷斗争。它们的形式、战斗和结果随着地方社会结构的不同而发生变化。1789 年 7 月爆发于巴黎的革命开启了加强中央政治集权的努力，为资产阶级组织提供了大好机遇，激发了史无前例的群众动员，并鼓励了各种冲突的政治化。但巴黎以外的大革命支流在每个地方所遭遇的问题却各有不同，这些特定问题取决于当地现有的利益和组织。

例如，卢瓦尔（Loire）省内的根本性分歧导致该省参与了反对雅各宾派联盟的叛乱，也催生了两个泾渭分明的派别：一是由大量工人和少量资产阶级组成的山岳派；二是主要由该省土地所有者组成的多数派联盟（Lucas 1973）。在香槟（Champagne），特鲁瓦（Troyes）的司法官员在大革命早期仍掌握地方权力，所以遭到民众联盟的广泛反抗；而在兰斯（Reims），资产阶级和工人都对掌管地方权力的教会不满，所以联合起来支持革命（Hunt 1976a, 1976b, 1978）。在旺代（Vendée），商人和制造商组成的紧密核心遭到了由贵族、牧师、农民和乡村工人组成的庞大联盟的对抗（Mitchell 1968）。在勃艮第，资产阶级则要同时应对高等法院拥护者的反抗和酿酒农比较激进的要求。

虽然这些联盟各有不同，但产生的深刻后果却大致相同：普通民众积极参与政治的状态持续了几年；牧师和贵族的影响力（尤其是官方地位）在很长一段时间内都在下降；地方资产阶级的政治影响力上升；有利于资本主义财产权和生产的条件得到改善；民众对地方冲突与国家权力斗争之间的联系有了更敏锐的意识；随着中央集权化程度越来越高，权力更加集中到国家手中。1790年第戎市发生的"小夜曲"（serenade）事件就是对这种大转型所做出的应对。

虽然小夜曲明显是革命斗争的一部分，但显然也是从之前几个世纪流传下来的。我们已经从朗丢尔吕中注意到了歌曲在民众表现情绪方面的重要性，但我们还没有考察与1790年小夜曲非常相像的一种广泛流传的行动方式——"夏力瓦里"（charivari）。这个词在美式英语中演变为"闹洞房时的嘈杂乐"，在英式英语中常被称作"粗俗音乐"。

夏力瓦里和小夜曲

夏力瓦里值得特别关注，因为它例证了一种已定型的群体行动方式如何从其发源地扩展到新领域。在19世纪上半叶，法国民众经常使用夏力瓦里及其他日常行动方式，来表明自身在国家政治中的立场。这种创新一直保留着，直到诸如示威和公共集会之类更有力的形式出现，它才过时。

夏力瓦里式行动的基本流程是这样的：在街上一座房屋外聚集；随手找来平底锅和洗衣盆来充当乐器，在这些"乐器"的伴奏下边唱边喊，制造喧闹声；要求屋内的人家做出示弱的表示；只有示弱了，人群才会离开。这种歌词和行为都极尽嘲讽，而且还淫秽。人群描绘并谴责屋内人家的恶行。就其基本形式而言，夏力瓦里在18世纪是由一群明确肩负特殊职责的团体负责，他们的责任就是以这种方式嘲讽那些违反道德准则的人。

最有名、可能传播范围最广的事例都是有关家庭、性和婚姻道德的，其中的典型例子就是对一个娶了年轻女人的年老鳏夫的公开批评。实施夏力瓦里的是这个社区里普通的年轻未婚男子。他们往往加入了某个有明确立场的排他性协会，例如青年修道院（youth abbey）之类。如果嘲讽对象违反的是道德原则，示弱的表示就不仅仅是一件礼物或几轮饮酒而已。有时小夜曲的表演者还会要求败德的个人或情侣离开这个社区，而且有时候这些个人或情侣也确实离开了。

与欧洲其他大部分地方相似，勃艮第的夏力瓦里具有自身的特点，并与当地的地方组织有关联。在勃艮第的乡村，"单身汉协会"（*Compagnies de garçons*）的会员包括所有年龄在20岁以上的未婚男子。地方单身汉协会要求未婚男青年达到最低年龄线后就向协会缴纳现金会费，关注他们的恋爱情况，甚至告知他们有权追求哪些年轻女子。协会还要防止村里的未婚女子被协会之外的男人看上。协会筹集了大笔资金，包括现金会费，以及已婚男青年尤其是那些胆敢娶了本地姑娘的外来者和其他不妥之人所上交的礼金。最后这种婚姻是促成夏力瓦里和喧闹的主要诱因。

在勃艮第，这个单身汉协会还负责在每年大斋节（Lent）和其他宗教圣时照看公共篝火。他们通常要为此收集木柴，并有权从每家每户收取礼物作为报酬。因此，在地方上，单身汉协会就是一个提供服务、团结年轻人、真正执行社会控制的重要组织。这种既古怪又浅薄的夏力瓦里深深根植于地方文化中。

在旧制度下，地方政府对夏力瓦里一般采取宽容的态度，但保持着密切关注，以防失控。例如在1655年，勃艮第高等法院宣布：

> 现控告已经被捕入狱的神职人员弗朗索瓦·布维（François Buvée）和塞巴斯蒂安·泰耶（Sebastian Theilley），在逃的皮埃尔·莱热（Pierre Léger）、路易·瓦谢（Louis Vachet）、路易·卡雷（Louis Quarré）和多尔铎（Dordaud）先生的仆人，以及皮埃尔·居约（Pierre Guyot）、纪尧姆·德·瓦雷纳（Guillaume des Varennes）、尼古拉·比松（Nicolas Buisson）、夏尔·布兰（Charles Brun）和加斯帕尔·马尔格拉（Gaspard Malgrat）等在夜间携带武器对他人实施侮辱、暴力及其他行为。这群人集聚在药剂师珀蒂（Petit）的店门口实施夏力瓦里，煽动民众情绪。他们冲进药店后打伤了药剂师的职员，还朝他妻子的仆人发火。他们还恶毒地污蔑检察官尼古拉大人及其妻子安妮·雅祖（Anne Jazu）的家族荣誉。法庭宣布将莱热、瓦谢、卡雷和那个仆人逐出勃艮第，并罚款60里弗尔；布维和泰耶罚款30里弗尔，其他人罚款20里弗尔；另外，所有人支付600里弗尔用以赔偿珀蒂先生所遭受的损失和利息。（AMD I 106）

相同性质的判决书在大革命之前的一个世纪里经常出现。例如，1757年4月底，第戎市市政委员会开庭审判"寡妇迪蒙（Dumont）的女仆玛丽·巴兰（Marie Baland）、制窗工拉努瓦（Lanoix）的仆人、裁缝蒂利耶（Tillier）的仆人及其儿子、弗朗索瓦丝·格兰（Françoise Gueland）、贝尼涅·让达姆（Bénigne Gendarme）、夏洛特·让达姆（Charlotte Gendarme），以及雕刻匠迪朗（Durand）的仆人，因为他们于25日（周一）在贝里亚杰（Bailliage）的检察官西厄尔·卡杰欧

（Sieur Cageot）的家门口施行夏力瓦里，制造混乱"（仆人们大多年轻，而且几乎都未婚，所以参与夏力瓦里的可能性大）。巴兰和拉努瓦的仆人由于连带责任被判处无期徒刑，并处以20里弗尔的罚款（AMD B 391）。在1655年和1757年这两起档案保存完整的案件中，犯事者胆敢对政府检察官实施夏力瓦里，当然会受到指控。肯定还有其他许多夏力瓦里事件并没有引起政府当局的注意，所以在官方记录中无迹可寻。

大革命期间，夏力瓦里的使用慢慢减少，至少那个时期遗留下来的文献几乎没有提及。也许是革命政府对这种明显非政治性的行动形式不是很关注，也许人们已经转向了其他的抗争形式。无论是哪种情况，夏力瓦里在大革命之后还是原封不动地保持了下来。在七月王朝（July Monarchy, 1830—1848）统治期间，有关夏力瓦里的报告充斥着第戎市的警方档案。例如，在1834年7月，"本月22日晚将近9点，一些年轻人向一对并未举办任何舞会的新婚夫妇——裁缝博德里（Baudry）和奥迪（Ody）小姐——实施夏力瓦里，在圣尼古拉街上造成大批群众聚集，不过好在没有引起骚乱。实施夏力瓦里的人见宪兵（gendarmes）来后就逃走了"（ADCO 8 M 29）。将夏力瓦里看作警察应该管的事这一点并不新鲜，毕竟即使是在17世纪，如果夏力瓦里噪音太大，持续时间太长，或太接近权力中心的话，市警察都会进行干预。然而，警察对非暴力的夏力瓦里进行干预，显示出资产阶级法律与大众风俗之间出现了矛盾。

在七月王朝统治期间，夏力瓦里也开始用于明显的政治目的。1833年9月8日的一份警方报告这么写道：

> 昨晚（本月7日）9点，在花园酒店（Hôtel du Parc）发生了一起夏力瓦里，实施对象是从巴黎前往索恩河畔沙隆，途经

并逗留本市的议员德拉绍姆（Delachaume）先生，他原本计划逗留至今天凌晨4点。夏力瓦里持续的时间不长，开始的时候发生在邦桑方街（rue des Bons Enfans），因为据说是共和主义者的组织者们得到错误情报，以为德拉绍姆先生在那里与友人共餐。后来他们又赶到花园酒店，共有300多人集聚在现场。其中一个名叫加罗（Garrot）的狂热共和主义者请求大家安静，接着高喊"打倒削减预算的家伙！打倒这个愚蠢的议员！"以及一些我们未能分辨的不合时宜的口号。这群人高呼口号后离开，围观这起闹剧的民众也散去。加罗先生是这些年轻人的头领，大部分参与者都是工人和一些穿着工作服或头戴草帽的乔装者。他们先行散去，后又聚集到坐落在兵器广场（Place d'Armes）上千柱咖啡馆（Thousand Columns Café）里的共和主义者俱乐部。（ADCO 8 M 29）

33 这是夏力瓦里吗？应该是夏力瓦里的一种变形。它保留了一些传统特征，但不同之处在于这次针对的是政治敌人，而且领导者是一个以咖啡馆的私人包厢作为指挥部的共和主义者俱乐部。这些都是19世纪夏力瓦里的特征。但是，从第戎市宪兵队长的专业眼光来看，这就是一起夏力瓦里。

10天以后的另一份报告也展现了19世纪夏力瓦里的新特征："18日晚，据说有人要为王室副检察官珀蒂先生献上一首小夜曲，因为他为了拒绝搜查《科多尔爱国者报》（*Patriote de la Côte d'Or*）的办公室而辞职。而对于颁发搜查令的王室检察官，他们则要实施夏力瓦里。宪兵巡逻队得到消息后被派往珀蒂和王室检察官的宅邸，好在后来没有发生骚乱。"（ADCO 8 M 29）小夜曲和夏力瓦里的并置显示出这种行动方式的另一个重要特征：表演方式存在从极度负面到极度正面的等级之分。一种友善的夏力瓦里就是小夜曲。这两种形式与19世纪后来越来越多的示威不同，通常发生在晚上，在实施目标的住所附近，而不是工作场所。当议员兼哲学家埃蒂耶纳·卡贝（Etienne Cabet）于1833年11月抵达第戎时，"许多年轻人"立即为他献上了小夜曲。在欢庆的时候，小旅店老板莫尔蒂勒（Mortureux）因为高喊"共和国万岁"等"煽动性口号"而被逮捕（ADCO 8 M 29）。

在随后的20年里，有关夏力瓦里的报告仍旧充斥着第戎市的警方档案——而且，在法国其他城市，情况也是如此。不过在1848年革命之后，夏力瓦里不可逆转地开始减少。法兰西第三共和国的档案保留了许多引起警方关注的工人和农民运动的资料，但一度风靡的夏力瓦里，无论是其道德形式还是政治形式都无迹可寻。夏力瓦里是旧制度下普通民众采用的一种行动方式，它随着不同的境况和广泛的社会变化出现了一些调整，是旧的群体行动剧目的基本形式。然而，夏力瓦里在联盟、工会和政党的时代退出了舞台。

用音乐来实施处罚这一点为我们提出了一系列有趣的问题。首先是仪式化与灵活性吊诡地组合在了一起。也就是说，在每次大家所熟悉的、界定清晰的表演中，表演者在尊重基本原则的同时也在进行一些修改、即兴发挥、详述，甚至创新。大革命之后，表演者将夏力瓦里从其道德基地延展到了国家政治领域。夏力瓦里肯定是一种群体抗争方式，在这一点上与示威、请愿、罢工和选举相同。与其他群体行动方式一样，夏力瓦里具有自身的运作方式和特定的历史。但是在历史上的某一段时间里，它是为普通民众所熟知并任由他们处置的群体行动剧目之一。群体行动剧目的变迁方式主要有两种：一是大的结构变化会重塑人们所能够采用的群体行动方式，二是民众对每种具体的行动方式进行改造以应对新利益和新机遇。在勃艮第地区的城市里，我们发现这两种方式都存在。

变化的剧目

在勃艮第的乡村，抗争形式同样发生了重要变化，当然有些早期形式也从18世纪延续到了19世纪。抢粮行动就一直延续到19世纪中期。例如，1829年4月，沙蒂永（Châtillon）有一群人强迫一家面粉磨坊的经营者博杜安（Beaudoin）先生以每2蒲式耳5法郎25生丁的价格出售小麦，而他之前张贴的价格却是5法郎30生丁（ADCO M 8 II 4）。后来就有几支宪兵队被派驻在市场上，以防止此类"混乱"事件的发生（ADCO 8 M 27）。

尽管抢粮行动仍常有发生，但大革命之后的抗争却很少是反抗地主。相反，它们关心的是国家政策，尤其是财政政策。在19世纪，比较活跃的团体成员主要是小地主和完全资本主义性质的商业化葡萄园里的工人。1830年革命刚结束，

9月，对酿酒农产业中的红酒库存重新开始清查盘点的通知在博讷（Beaune）引起了激烈的示威，几近暴动。9月12日，就在国民自卫军进行审查的时候，"反对税收管理部门（la Régie）的愤怒高喊响彻各个阶层"。市长得知郊区的居民谋划着前往税务办公室，要像1814年那样烧毁登记簿，为慎重起见，他决定当晚召集炮兵连来护卫，并于次日早上5点召集了部分国民自卫军。13日早上将近8点，"一大群酿酒农和工人"占据了市政厅广场，高喊"打倒饿狼""打倒消费税（excise tax）"。为安抚示威者，市长只得立即遣回国民自卫军。"然后人群才慢慢散去。"（Laurent 1957: I, 484-485）

尽管这次示威最后以和平的方式遣散了，但政府当局还是暂缓了对葡

萄酒的盘点。在默尔索（Meursault），示威就没那么和平了，酿酒农生生将收税人赶了出去。

正如每次法国革命刚结束后的情况一样，抗税斗争在1830年之后仍旧持续。1831年9月3日，在博讷，一群人聚集在税务办公室外，"将一堆文件和登记册付之一炬"。然后这群人又前往该市的另一个税务办公室，但博讷市市长和博讷区区长（subprefect）最终说服他们放弃了焚烧的打算（*Journal Politique et Littéraire de la Côte d'Or* 1831年9月7日：2）。在勃艮第，七月王朝统治时期的所有抗税运动都没有超过这个标准。但是，酿酒农的抗税行动是整个19世纪勃艮第地区乡村抗争的主要形式，也是1848年革命期间勃艮第地区抗争运动的主要组成部分。

而且，抗税行动与国家政治运动直接相关。酿酒区，尤其是第戎和博讷的腹地，因其共和主义倾向而表现抢眼。事实上，我们对勃艮第的共和主义倾向已经早有体会。那次引发小夜曲和夏力瓦里骚动的搜查报社办公室事件提到了《科多尔爱国者报》，这家报社之所以被查就是因为支持抗税。葡萄园地区的议员埃蒂耶纳·卡贝发起捍卫报社的运动。在前文描述的发生于1833年11月的卡贝小夜曲骚动事件中，人们高喊的口号不仅有"共和国万岁！"，还有"打倒消费税！"

综上所述，我们可以发现，勃艮第的抗争剧目出现了具有重要意义的转型。可以确定的是，19世纪早期的抗争还是显示了从旧制度而来的重要延续性：夏力瓦里、抢粮行动和传统抗税运动延续了下来；民众宁愿坚持反抗国家和市场需求以保护地方利益，而不愿为美好未来有所创新。然而，行动方式本身还是有所变化，并随新情况而有所调整；另外，所有抗争形式都出现了部分政治化的趋势。新的抗争形式在兴起，其中最引人注目的就是示威和罢工开始作为争取利益的成熟形式粉墨登场。跨越法国大革命的百年，也是抗争形式发生转型和成长的百年。

然而，抗争的变迁并未终于1850年。虽然相比于17世纪30年代的朗丢尔吕，19世纪30年代发生在第戎市的酿酒农示威行动对我们来说更为熟悉，但还是有着鲜明的时代特征。现今，那些酿酒农的后继者们通常是集结在相关部门总部外，周围是表明其所属组织和简述其诉求的海报和横幅。旧时的夏力瓦里和抢粮行动，以及许多仍延续到19世纪的其他抗争形式都消失不见了。相比于19世纪30年代，如今的大规模行动甚至更加紧密地集中到第戎、博讷和其他城市里。工会和政党经常出现在行动当中。尽管价格和税收仍旧是造成民愤的最常见起因，但是诸如美国在越南开战、运动和体育专业学生的前景之类的问题也会引得群众集结。世界在变，抗争形式也在变。

20世纪的剧目

随着大革命的发生，尤其是拿破仑统治下国家警察机构的建立，三个重要变化发生了。首先，对大众群体行动的监督、管控和镇压成为中央政府的专业化地方代表的事务，诸如警察、检察官和暗探等。其次，监督、管控和镇压的过程逐渐官僚化、常规化，并成为官员进行日常汇报和接受审查的内容。最后，预见性监督大大增加，政府当局密切观察各群体，预见他们可能会在将来采取怎样的群体行动，并为此做好准备。

1914—1922年期间第戎的地区警方巡长（commissaire de police）的文档清楚地体现了以上几点。对20世纪的人来说，相比于旧制度下的文档，这些文档显得没那么遥远生疏。17世纪的文档多是些密密麻麻的手写记录和整齐漂亮的钢笔写就的布告，而20世纪的文档中却包括很多打字机打印的报告、一些电报、偶尔一见的电话通话记录、零散的剪报，以及一些打印的标准表格。作为考古学样本，它们显然是属于我们这个时代的。

以上这些都只是与20世纪的表面联系而已。警方的这些档案还留下了有关重要事件的清晰痕迹：关于第一次世界大战，档案记载了1914年的反战示威和1918年7月4日将人民广场（Place du Peuple）更名为威尔逊总统广场（Place du Président Wison）的庆祝仪式。档案中也提及俄国革命：第戎市有220名俄国士兵脱离部队，这起事件同第戎市的一些俄国平民一道被认为"宣扬了布尔什维克"。工人运动在全国分裂成共产主义和社会主义两大阵营这一历史事件，在1922年行业工人联盟的派系分裂中得到体现。政治史上的重要事件可以在当地警方监控的抗争行动中找到直接的对应。1914年7月28日的报告有着我们熟悉的调子：

> 当日傍晚将近6点的时候，大约有100名工人在人民广场上自发集结成游行队伍。这些工人主要是西班牙人和意大利人，也有从城里来的16—18岁的年轻人，但几乎都是小贝尔纳（Petit Bernard）玻璃厂的工人。他们穿过沙博·沙尔尼街（Chabot Charny street）和自由街（Liberté street），行进到达西广场（Place Darcy），高喊着"不要战争！要和平！"因为示威游行随时都可能扩大，而且很有可能会在街道上制造混乱并激发民众情绪，所以我当即采取必要的措施，在可用的警力协助下终止了示威游行，并设法驱散了达西广场和塞维涅大道（boulevard de Sévigné）上的人群。到7点20分的时候，恢复了平静。

巡长的助手捡到了游行队伍的行动指令:"冷静。不要对抗警方,分散行动。如果被驱散,就到《镜报》(Le Miroir)报社拐角处再集合。如果再次被驱散,就到《进步报》(Le Progrès)前集合,再下次则到《共和报》(Le Bien Public)。不高喊,不歌唱。在《进步报》报社前,只有一个人高喊:和平万岁!"(ADCO SM 3530)

对于任何一个参加过20世纪示威活动的人来说,来自这起事件双方的叙述都是很熟悉的。尽管第戎市警方巡长暗指这次事件是"自发"的,但他认定这是一次未经核准的示威,所以要采取标准程序对其进行管控。作为另一方的玻璃工厂工人们预见到了警察的应对,制订了应急计划,而且,他们竭力确保同情他们的报纸会刊载他们行动的口号。演员们都知道舞台指示,虽然剧本仍留有即兴发挥的充足余地,但没人能确保结局会如何。示威者希望在一个可见的、有重大象征意义的公共空间聚集尽可能多的人。他们希望展示他们对某项定义清晰之问题的共同投入。这起事件与1630年的朗丢尔吕、1790年的小夜曲和1833年的政治性夏力瓦里存在共同点,但与1830年酿酒农的抗税斗争更相似。这是一次成熟的示威运动,是萌芽于19世纪、盛开在20世纪的一种抗争形式。

到1921年的巴士底日(Bastille Day),被第一次世界大战冲销的和平与国际主义主题再次凸显。当日上午,第戎市的"共产社会主义者"组织了前往该市公墓的游行。150—200人(包括大约20名妇女)在威尔逊总统广场集合。年轻人一边行进一边散发传单。走在队伍最前列的是劳工阵营的三大显要人物:一名社会主义报纸的编辑、一名前议员和一名省政府委员会委员。"接下来是20名孩子,他们手持鲜花和三面分别代表老兵共和协会(Association Républicaine de Anciens Combattants,一个亲共产主义的老兵团体)、工会联合会和社会主义政党的旗帜。接下来是六幅标语,上面分别写着:以战反战;消灭仇恨；特赦；跨国境牵手；你们不可杀戮（耶稣）；他们对我们有要求[克列孟梭（Clemenceau）]。"游行的领袖在1870—1871年战争纪念碑前发表演讲，参加游行的群众郑重其事地分别向法国、意大利和德国的阵亡者献上鲜花。警方巡长报告说："上午11点30分，旗帜被收起，人群离开公墓，未引起任何骚乱。"（ADCO SM 3530）

在这一系列报告中经常会出现对地方"公共精神"（*Esprit Public*）的颂扬。公共精神指的就是不同人群开展群体抗争行动时可能发生的强度和方向。"好"的公共精神不会给政府当局带来什么麻烦，"坏"的公共精神则可能导致抗争行动的扩大化。警方雇用的间谍、通风报信者和监督者们的职责就是要判断并记录下这些可能性。1918年，警方巡长向公共检察官汇报如下：

> 工厂工人和商店雇员都在抱怨生活成本太高，但到目前为止，他们在新的管制之下还未遭受沉重打击。不管怎么说，他们还是愿意好好工作……铁路系统的三个工人团体（火车、路基和操控）正秘密集会，讨论工作问题。他们希望之前对他们的承诺能够得到兑现。在我看来，这可能就是一个关键点，如果他们不能得到满意的答复，那么在将来可能会引起骚乱。我认为还是尽快解决特别补偿的问题为好。（ADCO SM 3530）

以上并没什么特别的地方。关键在于，在1918年以前就存在一支警方力量，对工人、学生和政治积极分子进行例行勘查，查看是否有任何"骚乱"和群体行动的迹象。这批警力已经发展出了一套标准做法，用以监视、遏制和必要时驱散集会、示威和罢工。其任务就是镇压。

与19世纪相比，20世纪的行动在规模上更大，与追求某种公共利益的正式组织有紧密联系，同时也被警方严密监视。行动的变化形式和色彩似乎在减少。例如，夏力瓦里以及类似的街头表演形式就从民众抗争剧目中消失了。民众抗争的形式只有集会、罢工、示威和一些相关的聚会。这些改变趋势其实在19世纪中叶就已经清晰可见。发生在19世纪的利益、组织和机遇的变化在20世纪仍旧继续：国家对根本决策和资源的控制在加强，特殊利益协会的重要性在提高，政府监控的范围在扩大等。从最近这三四百年的情况来看，1848年革命之后的时间段就是浑然天成的一个整体。

抗争的长期变化

勃艮第的抗争史中有令人讶异的地方。我们一般都将重大的革命看作历史上的主要转折点，并预期人们的生活在此之前和在此之后会有很大不同。这样的预期当然适用于群体抗争行动的形式和内容，从1789—1799年的法国大革命前后，我们确实可以发现抗争团体的显著变化以及抗争目的的某些变化。在大革命早期那几年，群体行动不断出现创新之处，但现在回顾起来，那几年的集会和游行似乎与19世纪末的有些行动相似。而且，创新倏然停止，新形式也随即消失。总之，抗争形式——为争取利益、表达哀伤、寄托希望而采取的抗争剧目——在18世纪到19世纪表现出明显的延续性。

从这种意义上来说，意义不如1789年大革命重大的1848年革命却是一个更重大的转折点。它几乎根除了诸如抢粮、抗税之类旧形式的抗争行动，大大推动了集会、示威和罢工等方式的采用。类似的转折点还有17世纪中叶的投石党运动。当时与19世纪的情况相似，国家权力的扩张和集中改变了抗争行动的特征，抗争行动所要争取的利益范围更广。

勃艮第和其他地方一样，转折点也是最早、最显著地出现在一系列反抗新税和增税的斗争中。1630年的朗丢尔吕是个典型的例子。从那时起，勃艮第就和法国其他大多数地区一样，进入了断断续续长达两个世纪的对抗国家权力扩张和资本主义财产关系增长的民众抗争运动之中。反征兵运动、抢粮、闯入田园和抗税是民众抗争的主要形式。

早在1650年之前，人们就开始了抗拒税收和兵役的斗争，但17世纪中叶在抗争史上却是一个转折点。在此之前，地方政府和当地显要往往愿意与民众结盟，在民众反叛中他们看到了可以保留自身自由或扩张自身权力的方式。17世纪的大型抗争运动都是与地方政府和当地显要的同谋，或者得到了他们的积极支援。正因为如此，这些抗争行动有时才能团结一个城市或一个地区的所有民众来对抗王权。

从镇压投石党运动开始，路易十四及其大臣就在核查、收编、替换或清算地方上的大部分政敌。民众抗争在17世纪由于地方政府和当地显要的支持得以成长，在之后的两个多世纪则依靠自身继续坚持，随着利益、组织和机遇的变化而改变形式。例如，17世纪末，在王室官员的支持下，要求地方将当地储存的粮食贡献给全国市场的压力增加，抢粮行动也随之持续升温。地主企图加强对自身财产的掌控，专享自身的不动产，而农民们则要捍卫公共采集和放牧权，彼此之间的斗争也就随之增加。这种反抗国家强征和资本主义需求的斗争延续至19世纪。

19世纪的转折点使绵延两个世纪的反抗国家构建和资本主义的斗争大大衰退。尽管1789年大革命中的群众动员和政治化行动已经预见了一些结果，但是1848年革命却标志着——并协助产生了——一个巨大转变：1848年之前，民众是为了捍卫地方利益而反抗国家和资本主义的扩张；1848年之后，民众则是竭力围绕一种较大规模的利益而组织起来，企图对国家和生产方式有所掌握。抢粮行动和旧形式的抗税斗争几乎消失殆尽，随之而起的是罢工、示威和公共集会等抗争方式。在我们现今这个时代，1968年5—6月的学生和工人运动、布列塔尼人（Bretons）和其他少数文化族群断断续续的抗议都让我们看到了法国抗争模式可能发生的变化。然而，20世纪80年代的勃艮第和法国都是在一个19世纪中叶就清晰可见的框架内延续其抗争行动的。

第三章
四个世纪的法国

在蓝色胶轮地铁列车上,一名乘客奋力挤出人群,在市政厅站下了车。他走上杂乱的楼梯,夏季正午的阳光和废气让他一时难以睁眼,接着他发现自己站在一个相当于一个半足球场那么大的广场上。出租车、公共汽车、卡车和摩托车沿着广场中央椭圆形的花床绕行,有些从广场以南塞纳河(Seine)沿岸的热夫斯雷码头(Quai de Gesvres)拐进来,有些沿着广场北边的里沃利街(rue de Rivoli)西行,有些则从勒纳尔街(rue du Renard)向南朝塞纳河方向前行。许多车都是观光车,载着德国人、英国人、比利时人、荷兰人、意大利人,有时还有来自外省的法国人。这些车时不时会停下来,乘客们就可以从窗口向外观看,对他们来说,这还是挺有看头的。

上述地铁乘客现站在里沃利街的路边,面朝南向着塞纳河。来来往往的购物者、生意人和外出吃午餐的人几乎要将他撞出人行道,推到高速运行的车道上。人流在这名观察者与一排排咖啡馆和商店之间穿行,很多人从他左手边的巴诗威百货商场(Bazar de l'Hôtel de Ville)进进出出。朝着那个方向,他看到一排排办公室、商店和咖啡馆沿着里沃利街一直延伸到与圣安托万街（rue St. Antoine）的交汇处；再往东，目力不及的地方，他知道街道会经过孚日广场（Place des Vosges），然后到达巴士底广场（Place de la Bastille）。实际上，越过圣安托万街上的屋顶，他还能看到七月圆柱上展开双翼的雕像。

再往前走，从塞纳河中间西堡岛（Ile de la Cité）上的六层楼楼顶看去，可以看到巴黎圣母院的塔楼。假如他朝右转，朝宽阔的大道看去，越过圣雅克塔（Tour St.-Jacques），就可以看到卢浮宫。他只要朝那个方向走三十步，在勒纳尔街的拐角处停下，在广场上向后转，朝北看，他就可以看到蓬皮杜中心（Centre Georges Pompidou）蓝、红、绿三色艳丽的外观。这个庞大的展览中心大约在他以北500米的地方，巴黎圣母院则在他以南500米处，连接它们的街道汇合在里沃利街，看上去就像是搁在里沃利街上的一个歪歪扭扭的跷跷板。

巴黎的广场

上述广场的远端是阿尔科莱桥（Pont d'Arcole）和河岸边的石墙。右边坐落着两幢办公大楼，中间隔着绿荫覆盖的街道。左边以东的位置，耸立着华丽的巴黎市政厅。节庆的日子里，大厦就会布置上彩旗，可移动的路障排好备用，成群的警察守在大楼门口。游客们当即就发现，市政厅是交通、庆典和管辖的中心。

巴黎的常客们可以帮助上述这名地铁乘客确定这个广场的年代：不会早于1977年，因为蓬皮杜中心在1977年才开馆；也不会晚于1980年，因为这一年巴黎市长雅克·希拉克（Jacques Chirac）发布禁令，严禁机动车进入广场，并开始建造大型步行街。于是市政厅广场又一次转型——同历史上大多数时候一样，再次成为属于行人的交通地。

这个广场在历史上面积要小得多，名字也不同，当时巴黎人称它为"河滩广场"。这个名称来自"河滩"（grève），直到19世纪，这个河滩都是巴黎粮食水运的主要进口港。这个名字还有其历史渊源：法语中表示"罢工"的单词也是 grève，这可能和工人的行为有关，因为工人们通常一大早就到河滩广场等待雇佣的机会。工作机会不多或者工资太低的时候，工人们就聚集在河边。因此，拒绝工作就称作 faire la grève，罢工的人就是 grévistes。至少，传说都是这么讲的。

　　在大革命期间，为了与市政厅的革命称呼相匹配，河滩广场被改名为公社广场（Place de la Maison Commune）。但这个名字事实上并没有深入人心，人们仍然称它为河滩广场。1802年，市政厅广场（Place de l'Hôtel de Ville）正式取代了河滩广场这个旧名称，但还是花了半个世纪的时间才让人们真正接受。19世纪50年代，路易·拿破仑（即拿破仑三世）任命规划师-行政长官乔治·欧仁·奥斯曼（Georges Eugène Haussmann）大规模改造巴黎市。为了实现奥斯曼的宏大设计，这个区域四分之三的旧街道和房屋被拆除。从那时开始，市政厅面对的就是一个交通繁忙的超大公共广场，而河滩广场随之消失。

　　几个世纪以来，市政厅都是相当于市长和市政委员的商会会长（prévôt des marchands）和市政官（échevins）的办公地。从这两个官职名称就可以看出，他们既是商业部门的执行官员，也是日常治安和维护的主要负责人。这种商业组织与市政府相交叠的现象并不是巴黎所独有，在欧洲其他成百上千的贸易中心很普遍。在这些城市，通常都是商人在负责运作。除了面积和影响力之外，巴黎与众不同的地方在于，商人不仅与正处于扩张时期的强大王国中的主要代理人共存，还与财力雄厚的教会显要共存。在巴黎，教会掌管着主要圣地、大修道院和一所举世闻名的大学。从巴黎市地图大致可以看到这三

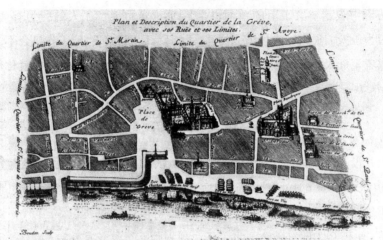

图 5　17 世纪河滩广场周边图

图6　17世纪巴黎鸟瞰图

股势力的区域分布：王室机构集中在西堡岛和右岸（Right Bank）的西部，教会和大学在左岸（Left Bank）和西堡岛的一隅，商业和市府机构则聚在右岸的中部和东部。河滩广场在巴黎市就是连接王室、教会、商业机构和市政府的枢纽。

这种综合商业、行政和学术的特点使17世纪的巴黎成为欧洲最重要的城市之一，也使它成为当时极具扩张性的一个大城市。当时一个热情的支持者在合上整个巴黎市建筑物的清单后，总结道：

> 巴黎市及其近郊地区共有656条街道、190座教堂和女修道院、12家医院、42栋贵族府邸、4座宫殿、38所学院、11座桥［包括卢维耶岛（Isle Louviers）上的船桥］、23,223栋房屋（不包括背朝街道的房屋）。以每栋房屋只住4人来计算，共计居民92,892人，以每栋住所、房屋、学院、大学、旅馆和宗教场所可容纳10个配备武器之人来计算，共计232,230人。另外还有45座公共喷泉和1座水塔。圣母桥（Pont Notre-Dame）和新桥（Pont-Neuf）边的水泵通过长约11,640突阿斯（toise，或英寻，1突阿斯大约相当于6英尺）的铅管将水输入巴黎市区及近郊，这些水通过长约6,600突阿斯的或开放或被遮蔽的排水管道川流于市区及其近郊的大街小巷。（BN Fr 22388: "Estat et Répartition de la Ville de Paris," vol. 2, 1684）

作为刚清点完23,000多栋房屋以及多所教堂、学院、桥梁和水泵的作者来说，对数据的执迷是情有可原的。1684年的巴黎大约拥有40万居民，是当时世界上最大的城市之一。

集会和路过

在这个大城市里,河滩广场是主要的集会场所。来巴黎参观的人往往通过巴士底狱旁边的圣安托万城门进城,然后沿着圣安托万街走到市政厅。这也是大使和亲王们的标准路线。按照礼仪,皇家卫队通常在巴黎城外的某处路段迎接来访的大使和亲王,然后再陪他们穿过城门,经过市政厅,前去觐见国王。

从巴士底狱前往市政厅的路上会经过很多惹眼的房屋。这个名为玛黑区(the Marais)的区域一度是大贵族的主要居住区。从14世纪到16世纪,法国的国王们先住在圣保罗宫(Hôtel St.-Paul),后来搬到图内勒宫(Hôtel des Tournelles),但都没有远离市政厅东边这块区域。后来,王室的注意力转移到位于圣安托万街远端的皇家广场(如今的孚日广场)。在17世纪50年代,卡特琳·贝利耶(Catherine Bellier)在市政厅附近的圣安托万街上建造了雅致的博韦宫(Hôtel de Beauvais)。贝利耶是安妮王后的贴身女侍,在王后与枢机主教马扎然的情事中是王后可靠的参谋,而且据说她还夺走了王后的儿子——日后的路易十四——的童贞。在17世纪的巴黎,奴颜媚骨和风流堕落显然是有所回报的。

在19世纪,贝利耶的博韦宫一直优雅地矗立在玛黑区,尽管原来的主要街道已经改了名[人们现在称它为弗朗索瓦·米龙街(rue François Miron)]。除了博韦宫,如今还有巍峨的贝蒂讷-叙利宫(Hôtel Béthune-Sully)、漂亮的桑斯府邸(Hôtel de Sens)和壮观的卡纳瓦雷宫(Hôtel de Carnavalet),它们都见证玛黑区的昔日辉煌。市政厅东边的圣热尔韦(St.-Gervais)教堂在17世纪是一座贵族教堂,从中世纪开始,库伯兰(Couperin)音乐家族中的许多人就在这里担任管风琴师。直到将近1700年,随着王室迁往凡尔赛,市政厅北部和东部这些区域的精英地位才逐渐失去。

45　　贵族区与河滩广场的商业和无产阶级色彩之间形成了强烈的反差。河滩广场是巴黎市批发贸易的重要所在地，附近的圣让市场（St.-Jean market）是重要的果蔬市场。埃米尔·马涅（Emile Magne）生动地呈现了1644年河滩广场的风貌：

> 广场左边有一个安放在金字塔式底座之上的石制十字架，再往前走就来到了葡萄酒市场。市场上到处都是满载着大小不等的酒桶、酒坛的货车，一直绵延至塞纳河畔。大供应商在特许经纪人和计量员的陪同下开始拍卖，商人和酒店老板竞相出价，争购来自勃艮第、波旁（Bourbonnais）和西班牙的红白葡萄酒。衣衫褴褛的乞丐、面目狰狞的流氓、游手好闲的人和小册子作者在人群中流窜，试图得到一点施舍，瞄上某个待抢的钱包或者什么小道消息。（Magne 1960: 10-11）

再远一点，可以看到车夫、小商人、运水工、仆人和跑腿打杂的小厮。在马涅的风情图中，我们还可以在熙熙攘攘的人群中看到神情肃穆、身穿黑色长袍的市政官员在来回巡视。在17世纪的蚀刻版画中，河滩广场上到处是游客、小贩、工人、商人、官员和旁观者。

河滩广场上的工人有很多是按日雇用的临时工，也有一些已经形成了固定的行业，并在这个区域的某一角落有了长期的一席之地。一旦同一行业的工人们需要集结，准备向老板们提出集体诉求时，他们就会聚集在河滩广场。早在18世纪，就有15种不同行业在广场上或邻近地区建立总部，这些行业是马具及皮件工、制钱包工、制绳工、制皮带工、制烛匠、车匠、鞋匠、鞣革工、配件工、马上通报员、酒商、制革工、制陶工、箍桶匠和车工（Constant 1974: 9）。所有这些人，再加上建筑工人都在河滩广场上聚会、喝酒、找工作、建立组织、争取利益。工作、娱乐和政治的原因使河滩广场成为巴黎各个地区各行各业的人聚集的地点。

市政权力、商业活动和日常集会使河滩广场成为举行游行、庆典和骚乱的理想场所。巴黎市投石党运动的中心就是市政厅和河滩广场。马扎然夺取并拖延兑付受到市政财税收入担保的债券，激起了巴黎市许多食利人（rentiers）对政府的不满，所以他们在1648年和 1649年发动了一系列反叛性集会。发动反叛的王亲贵族们在1649年进驻市政厅，隆格维尔（Longueville）公爵夫人还在市政厅生下一个儿子，取教名为查理－巴黎，并将市府官员都列为其教父。1649年，莫尔洛（Morlot）因印发小册子批评已面临四面楚歌的马扎然而获罪，被判在河滩广场上处以绞刑。但广场上围观的民众发动骚乱，强行释放莫尔洛并砸毁绞刑架及梯子。随后，在投石党运动期间，巴黎的市府官员、资产阶级与亲王们之间的分歧加剧，占据市政厅仍然是叛乱的主要目标。1653年7月，叛乱失败，巴黎市举行盛大庆典，在形式上宣告投石党的终结，并庆祝王室权威的重新确立。自然，举行庆典的地点还是市政厅。

经历了投石党运动之后，国王在长达25年的时间里都极力避开市政厅。但他有一次却骑马穿过了河滩广场。1660年8月25日，路易十四和他的新娘——西班牙公主玛丽亚·特蕾莎（Maria Theresa）——正式进入巴黎城。当时，盛大的队伍经圣安托万街、博杜瓦耶广场（Place Baudoyer）和提色航德瑞街（rue de la Tisseranderie），穿过凯旋门来到河滩广场，一路上都是欢呼的人群。博韦宫的阳台和回廊上汇聚了各色贵族和贵妇们，新婚夫妇在其中看到了王太后奥地利的安妮（Queen Mother Anne of Austria）、王太后的老友马扎然、蒂雷纳（Turenne）元帅、英国的亨丽埃塔（Henrietta）王后、玛丽·曼奇尼

46

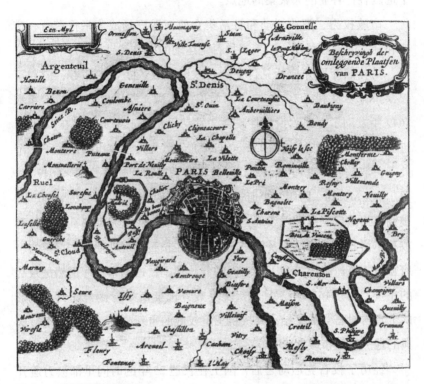

图 7　17 世纪巴黎及周边图

图8　1615年河滩广场上的庆典

（Marie Mancini）和斯卡龙（Scarron）夫人——斯卡龙夫人后来成为曼特农（Maintenon）女侯爵，并最终成为路易十四的最后一任妻子。之后，队伍从河滩广场渡河来到圣母院，最后到达卢浮宫。

走水路进城的话会稍有不同。人们往往会在河滩广场上游的圣保罗港（Port St.-Paul）下船登陆，然后穿过广场前往市内其他地区。雷蒂夫·德·拉·布雷东（Restif de la Bretonne）的《堕落的农家女》（La Paysanne pervertie）叙述了一个18世纪的农家少女于尔叙勒（Ursule）受巴黎生活的引诱而堕落的故事，书中原本纯洁无瑕的主人公就是乘船到达圣保罗港，然后马上融入巴黎这座邪恶之城的。

河滩广场上还发生了许多仪式、游行和民众运动。例如，17和18世纪的节日和庆典记录表明，每年元旦市府官员会在广场上集会，然后前去拜见国王。等到国王在凡尔赛建了壮丽的城堡之后，觐见国王就意味着乘马车赶往郊区的长距离旅程。1783年的元旦记录这么写道："接到邀请后，市府官员穿着黑色袍服于早上6点在市政厅集合，到场的还有第一书记员和另两个一般书记员（同样身着黑色袍服），以及市政府护卫队上校（身着制服）。弥撒结束后，他们于7点出发前往凡尔赛。"（AN K 1018）

临近1783年年底时，美国独立战争已结束，法国人为和平协议的达成举行庆祝活动。11月23日上午9点，一支队伍从河滩广场出发，巴黎市的主要官员都在队伍当中，走在前列的是15名警方巡长和副巡长、市政府护卫队的4个中队、市巡逻队的2个分遣队和市政府中负责王室行政的书记员——队伍排列均衡，17名王室官员在左边，17名市府官员在右边，后边分别跟着负责护卫的骑兵和另一队警方巡长。

这支壮观的队伍从市政厅出发，先后经过卢浮宫的卡鲁索广场（Carrousel of the Louvre）和司法宫（Palais de Justice），接着回到市政厅，走过新桥，来到圣奥诺雷街（rue St.-Honoré）上的特拉瓦十字（Croix du Trahoir）教堂，再穿过中央市场（La Halle）的绞刑架，一路上宣扬着和平的到来。接下来，他们分别在胜利广场（Place des Victoires）、路易大帝广场［Place Louis le Grand，现称作旺多姆广场（Place Vendôme）］、路易十五广场［Place Louis XV，现称作协和广场（Place de la Concorde），当时在巴黎市的最西边］，以及圣米歇尔桥（Pont St.-Michel）等地诵读了宣言。最后一段路程是先行进到莫贝尔广场（Place Maubert），再到皇家广场（现称作孚日广场），接着到圣热尔韦附近的博杜瓦耶广场，最后折返，回到附近的市政厅——十英里的徒步让他们既累又渴。在随后几周，还举行了更多的庆祝活动，例如诵唱赞美诗，灯火照亮整个巴黎城，在河滩广场燃放烟花等（AN K 1018）。

　　实质上，在 17 和 18 世纪，河滩广场就是烟花燃放和公共庆典的标准场地。和第戎一样，圣约翰节前夜（6 月 23 日）在巴黎也是每年燃放烟花的日子。这个基督教节日起源于异教徒的仲夏夜，类似于巴士底日的雏形。当晚，广场上会点燃篝火，燃放烟花。奥古斯丁·沙拉梅尔（Augustin Challamel）描述道："成堆的木柴中耸立着一株 30 米高的五月树，上面装饰着花束、桂冠和玫瑰花环。6 月 22 日，三支由警察、市政厅的警卫、普通员工和政府当局组成的队伍列队游行，向民众发出正式邀请。不过，点燃篝火的荣耀则属于国王本人。"（Challamel 1879: 20）据说，在 16 世纪，参加庆典的人往往会在五月树上挂上一笼猫，然后看着它们被活活烧死。后来到了 17 世纪，这种残忍的娱乐方式才消失，但人们把烟花和爆竹堆在木柴里，以图制造声与光的盛景。投石党运动之后，国王将点燃篝火的荣誉让给了他的代表——巴黎市长。即使王室从节庆中退场，圣约翰节前夜和许多其他节日仍在年年继续，将（乘车的）富人和（步行的）穷人都吸引到了河滩广场上。

　　河滩广场同样也吸引民众前来旁观公开的施刑过程。自14世纪以来,在这个广场上,异教徒被施以火刑,反叛的绅士被砍头,普通的罪犯被处以绞刑,所有过程都呈现在公众的视野当中。夏尔·索雷尔(Charles Sorel)在其1623年出版的淫秽作品《弗朗西翁滑稽故事》(Histoire comique de Francion)中提到一个小偷,"他们将他送到了河滩广场上,在那里,他的头终于可以知道他身体其余部分到底有多重了"。同一时期,对上帝大不敬的诗人泰奥菲勒·德·维奥(Théophile de Viau)在耶稣会的督促下被送进了巴黎裁判所的附属监狱。泰奥菲勒写道,当军队朝他走过来时,他不知道这是要抓他下监狱还是要砍他的头("Requeste de Théophile AU ROY," 1624):

> 以国王的名义,人们使用着
> 武力和圈套。
> 魔鬼路西法看似正在着手
> 将我绳之以法。
> 我一到巴黎,
> 就隐约听到了谣传,
> 所有的一切都是为了要引我入局,
> 于是我疑惑,
> 这些人是将我
> 带去河滩广场还是丢入监狱。

　　河滩广场上血腥暴力的场面不仅仅出现在文学作品中。1610年,刺杀亨利四世的狂热天主教徒拉瓦亚克(Ravaillac)在河滩广场上受尽折磨和拖拽,最后被肢解。当时记载如下:

最终，马匹们努力了整整一个小时，拉瓦亚克在被肢解之前就断了气。行刑者将其尸首切割成四块，各阶层民众手拿刀剑和棍棒冲向了这四块尸体。情绪激动的他们将尸块从行刑者手中抢走，不仅对其进行击打、砍割和撕扯，还将其拖到街道上。群众的怒火这么强烈，无人可以阻挡。（Le Mercure François 1610: 457）

接着，群众在巴黎城的不同地区焚烧了手上的尸块。

就在同一世纪，在河滩广场上，卡特琳·瓦赞（Catherine Voisin）和莱奥诺拉·加利加伊（Leonora Galigai）被施以火刑，蒙莫朗西－布特维尔（Montmorency-Bouteville）伯爵、沙佩勒（Chapelles）伯爵、马里亚克（Marillac）元帅和布兰维利耶（Brinvilliers）侯爵夫人被斩首；来自普瓦图（Poitou）的三名叛乱绅士［迪·阿拉杰（du Jarrage）、谢－博班（Chef-Bobin）、尚－马丁（Champ-Martin）］则被施以绞刑而非斩首，以示羞辱；诗人迪朗（Durant）和西蒂（Siti）被肢解后，同他们的煽动性作品一起被焚烧；阿格德（Agde）的两名投机商约瑟夫·帕尔米耶（Joseph Palmier）和让·安托万·茹尔当（Jean Antoine Jourdan）虽然逃跑了，但民众还是对他们的模拟像施以了绞刑；还有许多叛乱分子、异端分子、巫师和一般的重罪犯——或其肉身或其模拟像——都以某种方式被施刑。蒙莫朗西－布特维尔在1627年的圣约翰节前夜被砍了头，所以巴黎城一连两天都像在过节。1655年，诗人、谋杀犯兼色情文学作家克洛德·勒珀蒂（Claude Le Petit）在其作品《巴黎丑闻录》（Chronique scandaleuse ou Paris ridicule）中写道：

这块伤心地

>被奉为公共绞刑台，
>
>在这里被他们处死的人
>
>远远多于死于战争中的人。

克洛德·勒珀蒂无形中为自己撰写了墓志铭。1662年8月26日，在河滩广场上，他因亵渎君王罪和著书惑众罪受刑，右手被砍后被施以火刑，骨灰被扬弃，财产被没收充公。

在河滩广场上处死别人的"他们"指的是王室刽子手及其家人和雇主。自1688年至19世纪中叶——包括大革命那几年血腥的日子——这些刽子手一般都出自夏尔·桑松（Charles Sanson）家族。桑松本人曾经是一名来自阿布维尔（Abbéville）的中尉，因为与鲁昂（Rouen）地区的刽子手之女相爱而被逐出了部队，成了刽子手这个行业中的一员。在巴黎，通常都是桑松家族里的人负责架刀、套索、戴枷、执行轮刑和斩首。而他们大部分时候都是在河滩广场上行刑。

在18世纪被行刑的人中，著名的强盗、暗杀者、叛国贼和反叛分子占一定数量，但犯"大不敬"之罪的人却少了。被处死的有奥尔恩（Horn）、卡图什（Cartouche）、达米安（Damiens）、拉利－托兰达勒（Lally-Tollendal）和法夫拉侯爵。巴黎的玻璃安装工雅克－路易（Jacques-Louis）在1750年的日志中提到一则谣言所造成的后果。这则谣言说有人绑架年轻的男孩子，为的是要取他们的血："谣言越传越烈，民众砸破了警方的窗户玻璃，殴打嫌疑人，甚至在河滩广场上烧死了一个嫌疑人。没人敢让孩子外出。三个可怜的家伙在河滩广场上被绞死，以示正义并安抚民心。"（Menétra 1982: 34）行刑本身在广场上又引起了几起意外。

不管是否引起骚乱，这些行刑过程本身就是大型的公众景观。在18世纪80年代，雷蒂夫·德·拉·布雷东有一次去广场观看三名罪犯受轮刑。他写道，观众们"边聊边笑，就像是在出席一次游行"（Restif 1930: 171）。在旧制度下，被行刑的人越有名，场面就越壮观。

革命的广场

然而在1790年，因协助安排王室出逃而被定罪的法夫拉侯爵却像一个普通罪犯一样被处以绞刑，而不是被杀头。确实，他的行刑过程保留了一些旧制度的行刑特点。例如被关在囚车里示众的侯爵穿着睡衣，脖子上套着打结的绳索，胸前挂着写有"叛国阴谋家"的牌子；他在圣母院门前向上帝、国家、国王和正义当众认罪（honorable amende）；他又在死前做了长篇陈述，继续申诉自己的清白（Cléray 1932: 102-110）。然而，法夫拉是在河滩广场被处以绞刑的为数不多的贵族之一。大革命早期整个刑罚政策朝下倾斜，所以对敌对贵族都施以绞刑。

后来大革命刑罚政策朝上倾斜，对贵族和平民都施以斩首。1792年4月，新发明的断头台在河滩广场有了第一个受刑者。虽然大革命时期的重要行刑都发生在革命广场（以前的路易十五广场，后来的协和广场），但重刑犯的公开斩首都在河滩广场进行，直至1830年的七月革命。后来政府决定，这个在几次法国革命中有着光辉形象的广场不能再容罪犯的血来玷污。

1789年大革命期间，观众、政府当局和受刑者之间的界限先是变得模糊，之后又发生了角色转移的现象。虽然河滩广场作为公共庆典和公开惩罚的场所仍保留着重要的象征意义，但它在群众动员方面的作用较之于从前变得越来越重要。普通民众屡次将法律掌握到自己手中。

1789 年第一次重大事件是所谓的四月雷韦永骚乱（Reveillon Riots of April）。据说装饰纸制造商雷韦永和火药制造商昂里奥（Henriot）发起了一次地方性政治集会，在会上轻率地表达了压低工资的想法，随后愤怒的工人开始在巴黎东部的街头聚集。4 月 27 日是周一，大部分熟练工人都不上工。当日下午，人群在左岸集结，领头的是一名鼓手和一名游行示威者。这名示威者扛着一个临时搭造的绞刑架，绞刑架上是用硬纸板做的那两个制造商的模拟像。据负责司法宫警卫的军官记载，这群人都是"来自郊外圣安托万区的工人，手上都拿着棍棒"。游行队伍中有些成员扮演镇上传达公告的人，高声宣布"郊外圣安托万区第三等级的命令，判处昂里奥和雷韦永绞刑"（BN Joly de Fleury 1103）。

　　在与政府当局经历过一番对峙和斡旋之后，工人们来到河滩广场。书商塞巴斯蒂安·阿迪（Sébastien Hardy）报告说："有 3,000 多人，他们说要将一路带来的绞刑架架起来。"（BN Fr 6687）实际上他们确实这么做了，绞死并焚烧了模拟像。随后，人群沿着圣安托万街走去，穿过城门，经过巴士底狱，朝郊区更远的地方而去——正好与进入巴黎城的庆典路线相反。他们无法突破护卫着雷韦永住所和商店的部队，于是就去了昂里奥的地盘并将其洗劫。第二天，一大群工人在河滩广场上再次集结后又回到郊区，这次他们突破了部队，砸毁了雷韦永的宅子和店铺。共计大约 300 人在冲突中丧生，包括几名士兵和大量示威者（Godechot 1965: 187）。

　　即便如此，从大多数的革命定义来看，大革命还未正式开始。然而，在随后革命事件中扮演重要角色的民众集会已经在行动了。最重要的一次是巴黎选举人在市政厅召开会议。[事实上，就在雷韦永的宅邸被洗劫的当天，会议还选举他担任委员来起草第三等级的陈情书（cahier）。] 7 月 13 日，就在市政厅，会议就国王罢免大臣内克尔（Necker）而导致的危机做出回应，成立了常设委员会（Permanent Committee），并宣布组建市民兵组织。

阿迪从他靠近左岸的窗户望出去，看到仓促组建的资产阶级民兵团（companies of milice bourgeoise）正朝着河滩广场前进：

> 晚上 7 点稍过，另一队民兵沿着圣雅克街（rue St.-Jacques）行进。这支队伍大约有 120 人，3 人一组朝着市政厅而去。他们沿路宣告，这是前往市政厅的第三等级代表，以免惊扰路人。人们惊讶地发现，这本该是公众哀悼的日子，看起来却好似欢乐的节日，因为到处是大声的喊叫和放肆的笑声，街上还有恶作剧的人，整个就像嘉年华的日子。（BN Fr 6687）

52

国民议会（National Assembly）的 80 名成员与民兵们在市政厅会师，为这个城市的行动赋予了国家意义。阿迪提道："商会会长和其他市府官员向巴黎市选举人保证，只要他们的在场对协商解决当前的困难和维护公共秩序而言是不可或缺的，他们就不会从市政厅离开。"（BN Fr 6687）

他们手头堆满了各种工作。创建民兵武装的决定命运攸关，因为民兵需要武器装备。大批群众冲到市政厅、军火库（Arsenal）、荣军院（Invalides），最后到巴士底狱搜寻武器。新任命的临时商会会长雅克·德·弗莱塞勒（Jacques de Flesselles）成为常设委员会主席，继续领导市政府。在工作范围之内，他向河滩广场上的群众分发了几百支火枪，但拒绝分发更多武器。由于他的敷衍拖延，人们开始怀疑他会叛变。

第二天，弗莱塞勒就因为这种怀疑付出了代价。14 日，一批群众从市政厅前往圣安托万街另一头的巴士底狱搜寻火药。这些人攻破了堡垒，占领了巴士底狱，并活捉了其总督德·洛奈（de Launey）。常设委员会的一些官方代表将德·洛奈从嘲笑奚落他的人群中带到了河滩广场，但在德·洛奈的护卫将他带入市政厅面见委员会之前，人群里有人用刀、剑和枪对他横加杀戮。接着人们还将他的头砍下后示众，正如以前被行刑的叛徒的头要被示众。弗莱塞勒随即离开市政厅，来到河滩广场。但是，他也被开枪打死后砍头，头颅也被游街示众。

　　河滩广场在随后一段时期内仍旧是革命行动的焦点。巴士底狱被攻占后的第二天，国民议会的成员在民兵的护卫下行进到市政厅，再次象征了巴黎市与国家的团结一致。在他们进入河滩广场的那一刻，市内教堂的钟声同时响起。7月17日，路易十六迫于民众压力，从凡尔赛来到巴黎，他的队伍也是行进到市政厅。这大概是国王最后一次接受民众的欢迎了。雷蒂夫·德·拉·布雷东记叙道："当陛下到达时，人们已经不再高喊'国王万岁'了，但当陛下要离开市政厅时，人们心中的障碍一下被冲破，顷刻间，'国王万岁'的呼喊声此起彼伏，从一个居民区到另一个居民区，响彻整个巴黎城，住在城里最遥远角落的人们也在高喊。女人们和病患们打开了窗户，同街上的人们一起高呼'国王万岁'。"（Restif 1930: 215）拥护国王的热情并没有持续多久。7月22日，就在河滩广场上，巴黎市的民众杀死了巴黎监察官贝尔捷·德·索维尼（Berthier de Sauvigny）及其岳父富隆（Foulon，国王的顾问），而且还将他们的尸体拖上街示众。雷蒂夫目睹了贝尔捷被残忍处决的过程，之后战战兢兢地回到家中，一病不起。

　　不管是有纪律的还是无纪律的，广场上的革命事件仍在继续。9月5日，瑞士雇佣军一致向法国宣誓效忠，仪式就在河滩广场上进行。10月5日和6日，一群妇女前往凡尔赛要求王室返回巴黎，她们也是从河滩广场出发,并将"国王、王后和王太子"带回了河滩广场。(这次,对民主越来越没信心的雷蒂夫宁愿相信,这群妇女虽然真的不是伪装的武装男人,但也不是她们所自称的粗蛮但老实的渔妇,应该大部分都是妓院老鸨。)在 1789 年的整个下半年,市政厅在几乎所有重大革命行动中都出了场。

无疑,1789 年大革命标志着河滩广场在国家意义上的最高点。在一段时期之内,市政厅重新恢复了自太阳王遮蔽光之城以后所丧失的光芒。随着革命在全国范围内展开,诸如革命广场(现今的协和广场,当时和现在一样,离国民议会只有几步路的距离)之类的公共空间变得越来越重要。在河滩广场上进行的最后一次政治行刑是 1792 年 10 月将九名流亡军官送上断头台。在恐怖统治时期,处决犯人选择了其他公共场所。大革命后期的大规模游行选择了重要性日益增强的新地点,而不再是河滩广场。巴黎市和河滩广场在国家意义层面上失了宠。

不过有些例外还是很重要。热月 9 日发生的政变就是一个例外,而且象征意义更显著。当时,一群反革命群众冲击市政厅,罗伯斯庇尔及其几个余党仓皇而逃。在 18 世纪乃至 19 世纪的所有革命过程中,每当主权暂时性从全国政府转至巴黎人民及其代表手中的时候,河滩广场和市政厅都一再成为这些重要时刻的发生地。这里一度曾是市政府所在地、刑罚执行地,同时又是公共集会的标准场地,还有什么地方比这里更理所当然、更合适呢?河滩广场几个世纪以来都是公共政治的最佳场所。

对于这一点,政府当局是相当清楚的。他们密切监控着广场上、附近街道上和许多实际上充当着工人阶级俱乐部的小酒馆里的工人运动。例如,1830 年 10 月 7 日警局的监控报告记载着:

几天以来，巴黎市铁匠行会的几个头领都聚在热夫斯雷码头6号的小酒馆里。在就采取行动以实现提高工资的目标达成一致意见之后，他们分头前往不同居民区，进到他们这个行业的各家店铺里，企图通过引诱或威吓的方式煽动他们的同行。由于受到监视，而且他们也深知政府当局了解他们的行动并随时准备镇压任何的风吹草动，所以他们的行动都非常谨慎。（AN F^7 3884）

然而，铁匠领袖还是鼓动了几百名工人聚集到战神广场（Champ de Mars），随后国民自卫军和骑兵才将这些示威者赶回警察局。"他们并没反抗，事实上他们一路都在高唱《巴黎人》（La Parisienne）。"（AN F^7 3884）人们在20世纪所熟知的罢工，当时还未具体成形，这种停工游行－示威（turnout-demonstration）在当时是行业内一种标准的群体行动方式。这种行动都是在河滩广场附近的角落和小酒馆里开始萌芽的。

河滩广场上的工人

到了19世纪，河滩广场及其附近的沙特莱广场（Place du Châtelet）都成为选雇码头临时工（shape-up）的主要地点。清晨，工人们都在这里等待每日的雇佣机会，主要是码头上的工作机会，也有其他工种，特别是建筑业方面的。在19世纪早期或可能更早，政府当局定期派遣暗哨混到等待上工的工人中间，这些暗哨回头会向上级汇报值得关注的问题。在复辟时期（Restoration）和七月王朝时期，警方的报告中简要叙述了诸如有多少工人出现、多少工人得到雇用、工人们在谈什么之类的问题。例如，1831年9月7日的报告这么记载着："今晨在河滩广场上有 500 余名工人聚集。无一人受雇。他们说要前往卡德朗街（rue du Cadran，那里正发生大规模劳工纠纷）。有人还说是时候搭建街垒了。"5 天后，"大约 600 名工人聚在河滩广场、沙特莱广场及附近码头。最多只有 30 人受雇。其余的人都在抱怨运气不好。有人说，既然政府明确表示不会关照他们，那么就让整件事朝不好的方向发展吧"（AN F^{1c} I 33，1831 年 9 月 12 日）。

政府当局不可能将这种威胁当作无聊的牢骚。毕竟，在 1830 年 7 月 27 日、28 日，成群的武装工人在广场上集聚，击退了派来驱散他们的皇家卫队，赶跑了市政厅的警卫，冲进市政厅大楼，高高举起革命的三色旗。在随后几天，在市政厅统领巴黎市的是另一个临时委员会。31 日，拉斐特（Lafayette）侯爵站在市政厅的露台上，向公众介绍奥尔良（Orléans）公爵，宣布公爵将成为王国的总统帅；路易－菲利普（Louis-Philippe）不久之后会登上王位。虽然河滩广场直到 1848 年 2 月才成为另一次成熟革命的发生地，但是 19 世纪 30 年代和 40 年代的骚动与巷战往往都会牵涉到广场附近的工人，而且广场经常会直接卷入其中。来自工人的威胁值得重视。

在广场附近逗留的工人是巴黎市各行业的熟练工人和半熟练工人，广场东边的街道上居住着很多从事建筑业的工匠。延伸至市政厅背面的莫德勒瑞街（rue de la Mortellerie），街名中就隐含着"砂浆"（mortar）这个词。几个世纪以来，这条街道都是巴黎市泥瓦匠的总部。泥瓦匠中引人瞩目的是冬天在利穆赞（Limousin）的农场、其余时间在巴黎市建筑工地上工作的那批人。泥瓦匠马丁·纳多（Martin Nadaud，后来成为一名议员兼作家）1830 年第一次从克勒兹（Creuse）来到巴黎，他和父亲同其他来自克勒兹的工人一起居住在提色航德瑞街 62 号的一家寄宿公寓内，正好在市政厅后面、莫德勒瑞街的北边。

泥瓦匠的生计都以河滩广场为轴心，闲暇时光则消磨在附近的

第三章 四个世纪的法国 77

小酒馆里。在每天上工之前，建筑工人们经常聚在一起喝上一杯。有工可上的时候，工作间歇就在工作地点附近的小餐馆里度过。假如无工可上，手里还有钱，他们也会待在河滩广场上喝酒，发发牢骚。就是在这种时候，警局的暗哨搜集到了绝佳的证据。如果泥瓦匠一毛钱不剩了，河滩广场仍旧是他们的总部。马丁·纳多于1833年春回到巴黎，他的朋友告诉他刚过去的那个冬天形势糟糕，生活困难。第二天他出门时看到，"在河滩广场——古老奴隶市场的最后一个遗迹——到处都是脸色苍白、形容枯槁的男人们，不过他们虽然饥饿，但脸上也没有太多悲伤。他们穿着廉价的工作服或磨薄了的外套在风中瑟瑟发抖，往石头上重重地跺脚以图御寒"（Nadaud 1976: 77）。纳多本人更幸运，或者说是更有进取心一些。他找到了工作，可以每年都从利穆赞来到巴黎。最终，同许多其他季节性移民一样，他一定程度上在巴黎市定居了下来。

　　随着纳多慢慢成为一名熟练的泥瓦匠和老巴黎人，他也深深卷入了工人组织和共和派政治当中。在这里，他与其他同事经历相似。在镇压六月起义（June Days，发生在1848年的大规模工人起义）时，政府当局对被控参与这场起义的大约12,000人建立了详细的个人档案。这些档案为我们描述了来自巴黎不同区域的工人阶级积极分子。在市政厅这个行政区，有272人被捕。其中有多达135人在建筑行业工作，其中包括94名泥瓦匠；还有18人从事服装业，13人从事零售业，11人从事金属加工业，10人从事运输业，以及85人从事其他行业（AN F^7 2586）。当时，为大规模制造业工作的工人们都居住在较边缘的地区，例如圣但尼（St.-Denis）、贝尔维尔（Belleville）和郊外圣安托万区。小商店和小行业工人们所居住的地方仍然是以市政厅为中心的区域。

图9　1868年前后市政厅广场上的泥瓦匠雇佣市场

图10　20世纪的市政厅广场

19 世纪的翻新

19 世纪 50 年代发生的两个重大变化使巴黎工人阶级的中心从河滩广场转移到了别的地方。第一个变化是大型工业的加速发展。与通常的城市工业发展模式一样，巴黎的大型工业也集中在巴黎市周边相对便宜的开阔区域。同时，一方面，市中心的小商店出现发展停滞甚至衰落。另一方面，服务业和零售业开始在闹市区繁荣起来。市政厅广场（河滩广场最后终于有了这个新名字）上的大型百货商店，即巴诗威百货商场在 1860 年前后开张，这也反映了制造业开始从中心城市转移，而资本密集型的大型组织在兴起。

第二个变化是中央政府特地对巴黎的市容市貌进行了重塑，许多人将这次重塑称为"奥斯曼化"，为的是强调塞纳省省长奥斯曼男爵在这次改造中的重要作用。奥斯曼住在市政厅附近、位于码头和河滩广场的拐角处的一套豪华公寓里。在奥斯曼的巴黎改造计划中，最初有一项就是将附近建筑物夷为平地，以拓宽原来的河滩广场，使之成为如今我们所熟知的市政厅广场。

改造计划还包括铲平市政厅后面以东街道上的建筑物，改建市政厅大厦内部，开辟宽阔坦荡的里沃利街——这条几乎笔直的大道从协和广场开始，经过杜伊勒里宫（Tuileries）、卢浮宫、皇家大宫殿（Palais Royal）、沙特莱广场和市政厅，到圣安托万街，最后来到已被夷为平地的巴士底狱原址。里沃利街如今成为市政厅广场在北边的边界线，并将广场与巴黎的其他十字路口更紧密地连接在了一起。

巴黎市这些经济和地理上的变化消解了市政厅周围的工人阶级特征，并降低了其作为工人阶级运动集合点的重要性。然而，市政厅作为巴黎市政府所在地乃至人民主权的象征，其重要性并没有完全消失。所以，在 1870 年 9 月的温和革命中，当左翼群众从协和广场闯入国民议会时,茹尔·法夫尔(Jules Favre)才会领着他们来到市政厅。在那儿,左翼和中间派的联盟组建了临时政府。

在随后的八个月里,名义上的法国政府(或是有一段时期同时存在的两个名义政府之一)就一直设在市政厅。各种改革、权宜方案和革命性实验在巴黎市风起云涌,而风暴的中心就在市政厅。"革命者无处不在。"路易丝·米歇尔(Louise Michel)写道,其实她本人后来就是最活跃的革命者之一。她还写道:"革命者的数量倍增,我们感受到了强烈的生命活力,我们就像是革命本身。"(Michel 1970: I, 72)作为临时政府所在地,市政厅广场又成为集会、示威、授权和政变的首选之地。

这些活动的高潮当然要数巴黎公社(Paris Commune)。1871年3月18日,国民自卫军中央委员会占领市政厅,巴黎公社在事实上成立。5月24日,国民自卫军撤离并焚烧了市政厅,巴黎公社实际上也随之瓦解。在此期间,各种革命行动,以及为了保卫巴黎市而展开的反抗普鲁士和敌对中央政府的斗争一直在河滩广场上演着。

3月19日,一名巴黎公社参与者提道:"2万人在市政厅广场上驻扎下来,枪杆上绑着面包。"(Lissagaray 1969: 121)但梯也尔(Thiers)宣称巴黎公社的"穷人们"不可能取得胜利。28日,

> 20万穷人来到市政厅确定他们选出的代表。一支支队伍犹如汇入大河的支流,从各条街道行进到河滩广场。他们敲着鼓,举着旗,旗上挑着自由帽,又扛着枪,枪上飘着红色绶带。宣誓效忠巴黎市的步兵、炮兵和水兵也加入其中。在市政厅中央,正对着主要入口的地方,有一个大型的观礼台,台上摆放着共和女神的半身像,她脖子上的红色绶带闪闪发亮,好像正在护卫着人民。市政厅的正面和塔顶上飘扬着的旗帜正预示着

法国的救赎。一百支队伍在市政厅前展示闪闪发亮的刺刀。未能进入广场的人们拥挤在码头、里沃利街和塞瓦斯托波尔大道（boulevard Sebastopol）上。观礼台前一排排旗帜都包含红色，大部分是红色旗，有些是三色旗，象征着人民的在场。随着队伍各就各位，歌声响起，乐队开始演奏《马赛曲》和《出发曲》（Chant du Départ），号角齐鸣，鼓舞着人们的情绪，1792年公社的礼炮响彻码头。（Lissagaray 1969: 151）

随后，节庆式活动接连上演，例如4月29日，共济会（Freemasons）盛大而多彩的游行队伍从卢浮宫行进到市政厅，以彰显这个以前的秘密协会如今与公社有了紧密的联系。（游行队伍在广场上举行仪式，发表演讲，然后朝着巴士底狱前进，绕着林荫大道，回到香榭丽舍大道。公社瓦解以后，公共仪式的地理位置和路线有了很大改变，但是在这次事件中，市民与政府当局的对峙还是发生在市政厅。）

在抵抗凡尔赛敌对政府军以保卫巴黎的战斗中，市政厅成为指挥中心，但抵抗最终还是失败了。凡尔赛的炮兵部队轰击巴黎城，政府军突进城内，公社成员一路放火以掩护撤退。正如欧仁·韦梅希（Eugene Vermersch）在1871年9月流亡伦敦时所写的《纵火者》（"Les Incendiaires"）中描述的：

> 接着，漫天的大火骤然发生，
> 就在这恐怖之城，令
> 炮火和炸雷也相形见绌，
> 将整个居民区都付之一炬。
> 墙壁震颤，接着轰然倒塌，
> 伴随着如雷的轰隆声。

> 喊声、哭声、脚步声、战斗的呼声，
> 我们看到巴黎市的伟大灵魂
> 飞向高空，星空也为之震惊……
> 无情的大火吞噬着市政大厅。

随着市政厅被焚，公社也灰飞烟灭。

自此，河滩广场，即市政厅广场，作为巴黎和全国政治活动中心的重要性开始式微。虽然从法国整体来说，巴黎政府仍旧是一支重要力量，但在大部分事务中，民族国家的光芒已经盖过了它。这种政治上的势力变化可以从庆典和抗争的地理变化中得到体现。市政厅广场现在只是市中心众多逗留点之一而已，是行政长官及委员迎接贵宾之地，是沿里沃利街的游行路线上的暂息点，也是针对巴黎行政问题的示威必然会选择的地点，但无论如何都再也不能与凯旋门、协和广场、香榭丽舍大道、国民议会甚至格朗大道（grands boulevards）相提并论了。

例如在20世纪30年代，左右派之间的争斗往往就越过市政厅，选择离权力中心更近的地点。爱国青年团（Jeunesses Patriotes）在1934年2月6日发动那场具有决定性意义的右翼示威之前，特意选择在市政厅广场举行誓师会，是因为这是一个可以体现与古老的过去有联系的地点。例外的情况还有1936年12月爆发的市政雇工罢工。当时，大约4,000名示威者（高举"加薪"和"布鲁姆[2]，行动起来"的标语），冲破警察设置的路障，占领了广场，直到示威代表向他们汇报说，政府当局已经同意"接见我们"（Le Journal des Débats，

2　安德烈·莱昂·布鲁姆（André Léon Blum, 1872—1950），法国政治家和作家，知名的文学和戏剧评论家。1936—1937年当上人民阵线联合政府的首脑，成为法国第一位社会党籍（也是第一位犹太人）总理，执政100天左右，实行了变革，提高了工人待遇。——译注

1936年12月31日)。1968年5月至6月,学生和工人与政府之间展开激烈对峙,巴黎街头到处都是路障和示威者,其激烈程度几百年来所未有。然而在市政厅只发生了几次小规模冲突,工人们沿里沃利街游行时也只是与它擦肩而过。

具有象征意义的新地标开始取代河滩广场。1971年10月,右翼分子和犹太激进分子抗议苏联总书记勃列日涅夫(Brezhnev)访问法国,一些抗议活动在市政厅进行,但主要冲突都发生在香榭丽舍大道。1974年,吉斯卡尔·德斯坦(Giscard d'Estaing)总统试图扩大7月14日国庆庆典的民众参与度,他未将庆典的主要活动安排在香榭丽舍大道,也没有选择市政厅,而是将庆典移至巴士底广场与共和广场之间的林荫大道。1978年,德斯坦再次修改路线,游行队伍又回到香榭丽舍大道。1981年,弗朗索瓦·密特朗(François Mitterrand)接替德斯坦任总统,就职游行的队伍曾在市政厅短暂逗留,但主要活动还是在香榭丽舍大道和先贤祠(Panthéon)。20世纪60年代和70年代的大致情况都如此。随着市政府的重要性下降,市政厅广场作为庆典或抗争场所的机会也越来越少。

作为缩影的河滩广场

河滩广场或市政厅广场在法国抗争史上的意义显而易见,然而它的另一面却不那么明显:广场上逐渐发生变化的日常生活也记录了法国整体社会结构的主要变化。我们在探究河滩广场上人群的多寡增减时,还发现我们现今所处的世界正在一点点浮现,这是一个城市化、工业化、商业化、官僚化、以即时交流和快速消费为导向的世界。王室巡行让位于民众示威,每周一次的集市被百货商场取代,马车和轿子被公共汽车和出租车取代，家庭作坊随着大型商业和工业组织的兴起而消逝。

并不是说法国境内的所有重要变化都会在河滩广场上一一呈现。在17世纪以来的大部分时间里，巴黎日渐庞大，而且在全国事务中的重要地位日益凸显，但如果只观察河滩广场，时间再长也很难发现巴黎市的这一变化。农业的商业化和工业规模的扩大深刻影响了广场上的生活，但这种影响却是间接发生的。法国海外帝国的扩张和失败、强大军队的建立和衰败、铁路网络的建设、农村人口的出走、城市化和富庶化的地区模式及其变迁，在这里都无迹可寻。要想看到这些变化，我们必须走到巴黎的外沿，再到法国其他地区去看看。

然而，河滩广场还是经历了全国范围内的两大主要变化：资本主义的增长和民族国家影响的增强。河滩广场在17世纪已经是小资本主义的发生地：许多重要的生产决定都由小商人和工匠做出，每天经过广场的主要人群也是薪资工人。然而，在随后三个世纪里，资本掌控者的力量增长，资本集中的速度加快，无产阶级化的步伐也在加速。这些变化导致了深层次的资本主义经济的成长。

我们还可以从河滩广场这个有利的观察点看到民族国家影响的增强，表现在市政府的式微、警力的国家化、巴黎市独立武装力量的取消、省长在该市重新规划中所承担的角色等迹象中。法国的国家构建为全世界提供了一个典范。王室的国家构建者们组建武装力量，拓展财政权力，建立规模庞大、任职时间长的全国性官僚体系，近乎垄断了国家的立法、裁决和执法体系，并形成了一个将触角深入到法国人民私人生活的中央集权式结构。

税收和国家构建

我们可以从长时段的税收增长中清楚地看到民族国家的迅猛发展。图表1中的数据包括从旧制度预算资料中得到的一些零碎数据和19、20世纪的官方数据。根据富拉斯蒂耶（Fourastié）关于外省半熟练工人（manoeuvre de province）的估计薪资，我们可以将税收负担总额以工作时数来表示，之后再换算成人均工作时数。这样计算还是比较保守的，因为实际薪资在长时段内有很大增长，而且这种计算大大低估了国家购买力的增长。然而另一方面，以个人工作时间为标准，可以让我们感受到国家对普通公民日常生活的影响日益加深。

这里讨论的是常规税收的总额。相比于最近几十年的数据，旧制度的数据误差更大，因为其数据来源不是很可靠。大约在1750年之前，国家收入的很大一部分来自所谓的特殊来源，诸如强制性借贷和官位的出售。很大一部分税收从来没有进入国家财库，而是进到了包税人、债权人和顺手牵羊的官员口袋中。最终，法国经济的商业化使估税、征税甚至交税更加便捷。所以，随着时间的推移，社会生活受规定金额税收的干扰也就越来越少（参见Ardant 1975）。综合以上因素的结论就是，早期的数据倾向于高估中央政府可直接获取的总税收，而低估法国民众面对强征所承担的压力。但不管怎么说，图表中的两条曲线还是体现了一种整体的趋势：这是一种向上的，而且几乎持续向上的趋势。

这两条曲线显示，国家需求自16世纪末至17世纪40年代急剧增长，接着进入缓慢增长期，直至七年战争（Seven Years' War, 1756—1763）。1650年之后较平直的一段曲线有一定误导性，因为它掩盖了当时包括预支收入、拒偿债务、贬值货币、强制性"捐赠"和

图表1　1597—1966年法国总税收

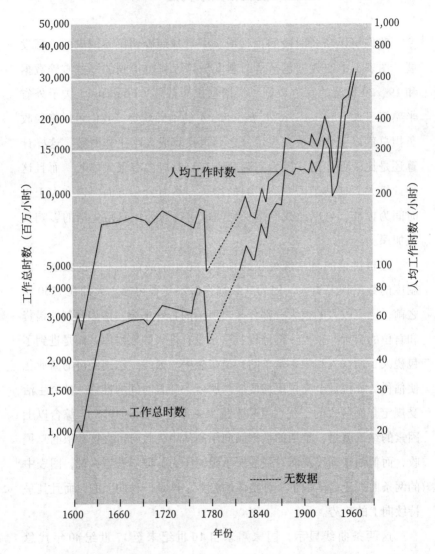

资料来源：Clamagéran 1867-1876; *Annuaire Statistique* 1966; Fourastié 1969: 44-49。
此图表及其他几张图表采用了对数坐标的方式，以透视法缩小更高值。

特别偿付、新设并贩卖官位等应急措施。（卖官其实等同于长期借贷，因为要付给买官的人薪酬，而且他们通常还能获得免税权。）但是这段较平直的曲线也对应了当时国家支出的一些变化，因为商人、官员、企业和资产人需要借钱购买官职。

曲线图在大革命时期出现了令人遗憾的大波折。大革命之后的法国面临几乎同旧制度末期一样的巨额税收负担。自19世纪早期开始，国家需求开始迅速增长，虽说在战争时期增长速度更快，萧条时期会出现减缓甚至下降的趋势，但整体上都是在持续增长，保持着与17世纪早期大致相同的走势。在之前的几个世纪里，真正进入巴黎或凡尔赛的钱大部分用于军队和王室的开销。在19、20世纪，军事和中央官僚体系的支出仍然占用很大一部分国家总税收，但用于支付政府服务、教育、福利和治安的部分也在日益增多。

人均缴税额的增长很快。1600年，为缴付税款，我们所设想的法国国民人均需要每年为国家工作约50个小时（当然，事实上肯定工作时间更长，因为人均估算值的总人口数包括儿童、老人和其他失业人员）。17世纪40年代这个数值达到150个小时，18世纪60年代大致也是这个数，一个世纪后约200个小时，20世纪初超过300个小时，近年则达到将近700个小时。到目前为止，这两条曲线还没有表现出国家增长的减缓趋势。

法国国家的确立

如果法国的国家预算持续增长，法国的疆域最终就会确定下来。16世纪末，"法国"和"法国人"的概念在中央地区很明确，但在边沿地区却很模糊。一个国界线清晰，截然不同于西班牙、意大利或瑞士的法国是在随后几个世纪的国家构建中才慢慢成形的。在法国国王辖制的广袤西部疆土上，人们说着布列塔尼语；南部疆土上的人们则说着奥克语（langues d'oc）的多种方言。教皇管辖着阿维尼翁（Avignon）周边的一大片飞地。整个东部边界线附近都是随时可能叛变的公国（duchies）和侯国（principalities）。20世纪法国大陆大约五分之一的面积——包括阿图瓦（Artois）、佛兰德、阿尔萨斯（Alsace）、洛林（Lorraine）、弗朗什-孔泰、法属阿尔卑斯（French Alps），以及普罗旺斯（Provence）的大部分区域——都在哈布斯堡家族或萨沃伊（Savoy）公爵的管辖之下。如今的勃艮第与瑞士和德国的边境线之间还有一段安全距离，但在当时作为边境省份却经常受到侵扰，入侵、骚乱和走私常常发生。

在法国国内，大贵族对王室也不是绝对心甘情愿的臣服，时常遭到阴谋、叛乱以及国外结盟的干扰。信奉新教的权贵们对信奉天主教的法国王室心存担忧，极力维护自治权，并有效控制着吉耶讷（Guyenne）、朗格多克、圣通日（Saintonge）和普瓦图的主要城市和重点区域。《南特敕令》（The Edict of Nantes, 1598）承认了这些新教区域在天主教法国的合法地位。总之，在1600年之前，法国还不是一个中央集权的君主制国家，只是一个不稳定的、以巴黎为中心的邦联制国家。

然而，一切都是相对而言的。相比于伊丽莎白一世和莎士比亚时代的英国，以及腓力二世和塞万提斯时代的西班牙，亨利四世和泰奥菲勒·德·维奥时代的法兰西王国已经是难得的统一了，毕竟疆域完整，王室强大。而且以17世纪的情形来看，法国还很富庶，人口也多。法国大约有1,800万人居住在45万平方公里的国土之上，而广袤的沙俄只有1,100万人，西班牙800万人，英国450万人，尼德兰100万人。法国的羊毛和亚麻制品通过里昂的集市被运往地中海地区。波尔多（Bordeaux）的红酒为富裕的佛拉芒人（Flemings）的餐桌增光添彩；布尔讷夫湾（Bay of Bourgneuf）出产的食盐源源不断地流向波罗的海各国。马赛（Marseille）、波尔多、拉罗谢尔（La Rochelle）、南特和鲁昂位列欧洲最重要的港口。在王国内部，巴黎和里昂的市场上充斥着来自广阔内陆各地的农产品和工业制品，热闹繁荣。法国开始赶超西班牙在商业上的优势，对抗来自英国和荷兰的商业挑战。

一个世纪以后，到1700年，出现了很大变化。如果不算西班牙，相比于英国和荷兰，法国在经济和政治上的重要性已经在衰退。英国的人口自1600年至1700年增长了约三分之一，人口总数将近600万，而法国人口只增长了约二十分之一，达到1,900万或2,000万。法国在结束奥格斯堡同盟战争（War of the League of Augsburg）后不久，又投身于西班牙王位继承战争（War of the Spanish Succession），路易十四似乎打算让法国处于永久的战争状态。法国部分地区的人们在17世纪90年代遭受了食物严重短缺的苦难，但在随后十年里又要遭受同样的磨难。17世纪整体上来说是大规模民众叛乱的一百年，其中包括投石党运动。1600年那个富庶而强大的法国并没有理所当然地发展成稳定而和平的国家。

然而，还是那句话，一切都是相对的。与17世纪最开始相比，法国的制造业还是实现了成倍增长。南特和其他几个大西洋沿岸的港口发出的商船将法国纺织品输送至非洲和美洲。莫里哀（Molière）和库伯兰等法国艺术家为欧洲艺术设立了标杆。在黎塞留、马扎然、科尔贝和路易十四的努力下，强大的军队武装和国家机器已经建立，比1600年的强大得多，规模上也是1600年的数倍。这个国家机器和军队已经征服并吞并了弗朗什－孔泰、阿尔萨斯、洛林、阿图瓦，以及佛兰德的部分地区；在东部边境，相当一部分说日耳曼语族语言的人已经生活在法国的管辖之下。18世纪初是经济繁荣和政治扩张的时期。

单从领土方面来看，法国的领土扩张在一个世纪以后的1800年达到了顶峰。在这一年，拿破仑的征战已经将法兰西第一共和国的疆界推至莱茵河（Rhine），进入萨沃伊，并将意大利许多地区纳入法国的势力范围。1800年之后的几年里，法国及其卫星国已经控制了整个意大利和西班牙、伊利里亚（Illyria）以及莱茵河以外的荷兰和威斯特法伦（Westphalia）。虽然大革命造成了这个扩张性法国政府的动摇和转型，但其在中央集权和榨取民众方面的强势还是令人惊叹。法国经济同样受到大革命的冲击，虽然对军需物资的需求增长，但无法抵消出口商品市场的流失。

虽说如此，但法国农业和工业在18世纪整体上有了较大发展：农产品出现了大约25%—40%的增长（Le Roy Ladurie 1975: 395），工业部分貌似每年有1.5%—1.9%的增幅（Labrousse et al. 1970: 521）。法国人口（不包括革命队伍刚刚夺取的领土上的居民）增至2,700万。这个数字仍然超过西班牙的1,000万或1,100万，以及英格兰、威尔士、苏格兰和爱尔兰的人口总和1,600万。但是，以普鲁士为核心、正处于成长期的德意志帝国却拥有大约2,000万人口，还拥有纪律严明的武装力量和重要的工业中心。法国的商业和工业力量已经落后于英格兰。作为一个庞大的中央集权民族国家，法国的优势已经受到了来自包括英国和普鲁士等国的威胁。

到19世纪（也就是1900年之前），欧洲版图一下子变得简洁明了。占据欧洲大陆主要地区、拥有欧洲绝大部分人口的只有九个国家——西班牙、意大利、奥匈帝国、德意志、俄国、瑞典、挪威、英国和法国。就法国而言，出现了激增。实际数据显示法国19世纪的国家预算增长了3倍，但经济的增长却没这么快。据让·马尔切夫斯基（Jean Marczewski）表示，这种情况造成的结果就是国家预算与总物质产值的比值出现小幅度上升，从 1803—1812 年的 13.7% 上升至 1905—1913 年的 14.7%（Marczewski 1965: lxx）。法国在人口上已经没有优势，相比于法国的 3,900 万人口，德国有 5,600 万，英国和爱尔兰有 4,200 万，意大利有 3,400 万。此时，法国已经将阿尔萨斯－洛林割让给了德国，但获得了萨沃伊的大部分地区，以及阿维尼翁和尼斯周边的地区。在 19 世纪，随着欧洲各国瓜分非洲大陆，法国也占据了非洲北部和西部的广大领土。

虽然农业在 20 世纪初的法国人民生活中仍然扮演着重要角色，但法国已经成为一个公认的城市－工业化国家。在 1800 年，大约 15% 的法国人口居住在城镇区域（根据法国人口普查者的定义，城镇区域指居住人口达到 2,000 及以上的居住区）；到 1900 年，这个数字上升至 41%。按劳动力分工来说，从事农业、林业和渔业的劳动力占总雇佣劳动力的比率从 1800 年的 55% 下降到 1900 年的 40%。劳动力的变化不如人口变化显著，是因为在法国 19 世纪的城镇化过程中，工业和服务业从乡村转移到了城市；1900 年的乡村相比于之前的几个世纪，更单纯地依赖农业。

到 20 世纪 80 年代，1900 年的欧洲版图仍然有迹可循。诚然，奥匈帝国已经分裂成多个国家，大部分处于俄国之后的苏联的直接或间接控制之下。在巴尔干半岛，保加利亚和南塞尔维亚等脱离了奥斯曼帝国的控制，一度处于奥匈帝国的阴影之中，最终还是成为新的国家。曾作为俄国西部领土或德国东部领土的波兰独立建国，德国自身分裂成两个敌对的国家。爱尔兰和芬兰独立。法国从德国手中收回阿尔萨斯－洛林。虽说如此，1900—1980 年期间的欧洲版图变迁还是不如 19 世纪的显著。

在法国境内，变化在继续。人口总数增长缓慢（1900 年有 3,900

万，1976 年增至 5,200 万，包括重新收回的阿尔萨斯－洛林地区的人口），然而在人口分布上有显著变化。法国人不断从内地迁出，主要前往北部和东部，并前所未有地集中到城市。1901 年有 1,600 万人居住在城镇区域，1946 年达到 2,150 万，1962 年为 2,850 万，1975 年为 3,700 万。在 20 世纪的前 75 年，根据阿尔弗雷德·索维（Alfred Sauvy）的统计，法国的实际人均收入在增长，从 1901 年的 58 法郎到 1946 年的 78 法郎，1962 年为 167 法郎，1974 年为 315 法郎（*Annuaire Statistique* 1966, 1975）。在 20 世纪初，在制造业和服务业迅速增长的同时，农业、林业和渔业只是相对下降，变化不大。然而随着时间推移，农业却彻底衰退：1901 年从事农业的人数稍低于 900 万，1921 年仍保持在约 900 万，1946 年却只有约 750 万，1962 年不到 400 万，到 1975 年就不到 200 万了。

还有一个很难用简单数据来证实但同等重要的变化，这就是整个国家通过公路、火车、飞机和大众传媒而紧密结合在了一起——所有系统都以巴黎为中心，以至于往往不经过首都巴黎就很难从一个二线地点抵达另一个二线地点。"去中心化"的说辞成为行政人员不可缺少的工具，但事实上他们仍然将活动集中在中心地区。人们所谓的"去中心化"实际上是劳动力日益显著的分化：巴黎及其周边地区专门负责监管和决策，其他城市和地区则负责生产、被榨取和娱乐。

五座城市，五个地区

所以在以上分析中，无论是从河滩广场还是从作为一个整体的巴黎来观察法国的社会变化，都注定不够远视。法国像六边形一样有着多个角度，有些从里沃利街是看不到的。接下来我们就纠正一

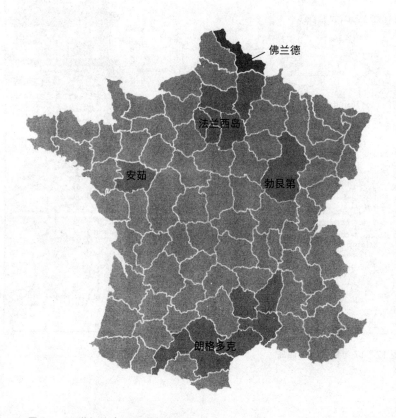

图 11 20 世纪的法国和五个地区

图 12　17 世纪的法兰西岛

下视角,从几个不同的观察点来审视相同的进程。到目前为止我们已经考察了第戎、勃艮第以及巴黎,但没有充分关注巴黎的腹地。接下来我们就规范一下这五个城市和五个地区:第戎和勃艮第、巴黎和法兰西岛、昂热(Angers)和安茹、里尔(Lille)和佛兰德[有时还包括埃诺(Hainaut)、康布雷西(Cambrésis)和阿图瓦等地的部分地区]、图卢兹(Toulouse)和图卢兹地区(有时还包括整个朗格多克)。

1652年,彼得·黑林(Peter Heylyn)出版了一本标题庄重的书:《宇宙志四册:囊括全世界和所有主要王国、省份、海洋和岛屿的地理和历史》(*Cosmographie in Four Books. Containing the Chorographie and Historie of the Whole World, And all the principall Kingdomes, Provinces, Seas, and Isles Thereof*,后简称《宇宙志》)。在题为"法兰西,此乃正名"的章节中,他这么写道:

> 法兰克人(Franks)或法兰西人(French)最初的定居地,就是这个民族称之为"法兰西"的地方,高卢绿地(*green turf of Gallick*)是他们居住和生活的第一块土地。这块区域现今东邻香槟,北接诺曼底(Normandie),西部和南部靠近拉波斯(*La Beausse*)。为了与法兰西的陆地部分有所区分,这块几乎为几条河流环绕的区域被称为法兰西岛:北边是瓦兹河(Oise),西边是厄尔河(Eure),东边是维勒河(Velle),南边则有塞纳河的支流。虽然面积没有法国许多其他省份那么大,但它的名字后来却被用于整个法国——这就是许多小而强的省份的命运,当它们征服一些比它们大的省份并将其收归麾下之后,就冠之以自己的名字。……这是个物产丰饶、风景宜人的地方[除了加斯蒂努瓦(*Gastinois*)],这里的山丘可与欧洲大部分地区的

山谷相媲美，而巴黎所在的蒙莫朗西溪谷更是鲜有可匹敌者。据说，当贝里（Berry）公爵、勃艮第公爵和其他盟友率领着10万名军士围困该地区时，无论是城外的入侵者还是城内的居民，都没有遭遇过食物短缺的情况；而城内除了军队，居民就有70万人以上。（Heylyn 1652a: 154）

所以说，当时即将终结的投石党运动为黑林提供证据，证实了法兰西岛的核心地位和富庶程度。

当黑林来到安茹公爵的领地时，他的叙述有点夸大。他写道："该地区的绝大部分丰饶宜人，尤其是图艾（Tourein），正如卢瓦河（Loir）沿岸都是如此。安茹虽然多山，但并不比图艾差，这里盛产的白葡萄酒冠绝全法国，源自此片山丘的40余条河流，蜿蜒汇入卢瓦尔河。"（Heylyn 1652a: 167）

朗格多克的情况却有所不同：

> 朗格多克毗邻奥弗涅（Auvergne）的区域，与其他地势较高的地区一样，山多，但物产不丰富；其他区域则与法国最富饶的那些省份一样，富庶而宜人，盛产橄榄、葡萄干、无花果、橙子，以及一些只有当地和邻近的普罗旺斯才出产的水果。这些物产是法国和西班牙的重要商品。这里的人民有几分古哥特人（Gothes）的特征，脾性上比其他法国人更接近西班牙人：在宗教上虔诚，比较喜欢自吹自擂，会不顾条件和资产来表现勇气；不论在工作日和居家时如何节俭，在公共场合和宗教节日时总是衣着光鲜、得意张扬；喜欢开有关女性的玩笑，但大多无伤大雅。（Heylyn 1652a: 183）

黑林觉得勃艮第不如朗格多克这么有吸引力：

> 勃艮第省拥有许多宜人且有益的河流，就像凯瑟琳·德·美第奇皇后（Qu. Catherine de Medices）说法国是欧洲拥有河流最多的国家。勃艮第是法国拥有河流最多的省，这里有阿玛肯河（Armacan）、塞卢姆河（Serum）、库里河（Curi）、特尔尼河（Terney）、瓦朗斯河（Valence）、多弗河（Dove）、布吕讷河（Brune）、塞讷河（Sein）、卢什河（Louche）和索恩河［Soasne，旧时被称作阿拉克西河（Araxis）］，而且索恩河将勃艮第分成了两个部分。然而，虽然勃艮第拥有丰沛的河流资源，但物产却不如法国其他地区丰饶，除了红酒，出产的物产几乎不足以满足当地居民的需求。（Heylyn 1652a: 193）

黑林将关于佛兰德的描述放在了第二卷有关比利时的章节中，因为在1652年，佛兰德不属于法国，而是西班牙的领土。

> 索勒（Soyle）盛产玉米和畜牧产品，空气健康，气候温和且宜人。整个地区长度不超过90英里，宽度只有60英里，但在这个面积紧凑的地区却集聚了30多个城市（他们将有城墙保卫的都称之为城市）和1,154个村庄。密度这么高（在这么逼仄的地方也只能如此），以至于西班牙人随腓力二世进入这里时就将这整个省看作了一个镇。（Heylyn 1652b: 7）

因此，这五个地区特征不同，分别是首都及其腹地、古老的农业区、文化上截然不同的广袤南方省份、拥有富庶葡萄园但相对贫瘠的边境地区，以及位于边境但人口密集的商业区。接下来，我们就要探索这五个地区的民众抗争经历，并尽可能进行阐释。

在十五至二十个可供考察的地区中选择这五个，完全是出于主观原因。难道我们可以忽视里昂、马赛、波尔多、南特、勒阿弗尔（Le Havre）和利摩日（Limoges）吗？难道我们能让这五个地区为阿尔萨斯、普罗旺斯、科西嘉岛（Corsica）、贝里、布列塔尼（Brittany）代言吗？当然不能。根本没有办法选择五个区域来概括整个法国，尤其是我们需要考察的时间跨度是四个世纪。然而，与其试图考察抗争行动在整个法国将近四个世纪的时间里的起起伏伏，不如使用科学的方法去追寻一个缩影。之所以选择五个城市及其所处的地区，一方面是为了能够实施并完成分析，另一方面也是为了确保它们彼此之间的差异可供观察。假如相同的模式出现，我们就有信心认为这些模式适用于整个法国。假如差异顽固地出现，我们就能发现是什么因素造成了这些差异。

接下来要叙述的法国抗争史将集中在第戎、昂热、里尔、图卢兹和巴黎这五个城市和相对应的勃艮第、安茹、佛兰德、朗格多克和法兰西岛这五个地区。在阐述每个阶段时，主要材料都来自这五个地区，主要的对比也在这几个地区之间展开。然而，如果证据充分，事件重要，其他学者的著作有独到见解，或者仅仅需要进一步充实我的阐释，我也会毫不犹豫地援引法国其他地区的材料。我的目标是严谨的反思，而不是刻板的均衡。

我们已经对第戎和勃艮第地区有了一定的了解。为了便于分析，我们所谓的"勃艮第"实际上只是历史上的一部分区域而已，也就是现今的科多尔省。我们有时还会提到邻近的索恩－卢瓦尔（Saône-et-Loire）省，这个省囊括了15世纪才纳入法国版图、几乎延伸至里昂的勃艮第南部区域。除了第戎，塞纳河畔沙蒂永（Châtillon-sur-Seine）、瑟米尔－昂诺苏瓦（Sémur-en-Auxois）、博讷和其他几个勃艮第城市也会一再出现在我的分析之中。

我们也了解巴黎，但对法兰西岛就不一定了解了。巴黎大区又称"法兰西岛"，就是指一块由厄尔河、约讷河（Yonne）、马恩河（Marne）、埃纳河（Aisne）和埃普特河（Epte）等河流环绕形成的区域，其中最主要的塞纳河横穿其中。博韦、贡比涅（Compiègne）、枫丹白露（Fontainebleau）和沙特尔（Chartres）位于法兰西岛外沿，也是法兰西岛与曼恩（Maine）、诺曼底、皮卡第（Picardy）、香槟和奥尔良之间展开竞争的区域。自 20 世纪 60 年代以来，法兰西岛的行政权分属于七个各自独立的省份：瓦勒德瓦兹省［Val-d'Oise，省会是蓬图瓦兹（Pontoise）］、伊夫林省（Yvelines，省会是凡尔赛）、埃松省［Essonne，省会是埃夫里（Evry）］、瓦勒德马恩省［Val-de-Marne，省会是克雷泰伊（Créteil）］、上塞纳省［Hauts-de-Seine，省会是楠泰尔（Nanterre）］、塞纳－圣但尼省［Seine-St.-Denis，省会是博比尼（Bobigny）］和巴黎。如今的塞纳－马恩省［Seine-et-Marne，省会是莫伦（Melun）］，以及瓦兹省（省会是博韦）和埃纳省［省会是拉昂（Laon）］的大部分区域，在旧制度下也属于法兰西岛。

从商业和政治的角度来看，巴黎自中世纪晚期就主导了整个法兰西岛。但很长一段时间以来，这个首都城墙之外的区域都被分成了三个截然不同的部分：显贵们（包括神职人员、贵族和资产阶级）的产业、集约型经济作物农业区（有时会与显贵们的产业相交叠）、自身拥有商业基础的小城镇。大革命之前的一百年，凡尔赛曾有一段时间取代巴黎成为法国实际上的首都。到 20 世纪，尽管出现过综合规划法兰西岛的几次尝试，一些壮观的森林、公园和城堡也都被保留了下来，但还是挡不住整个地区不断合并，最终整合到一个以埃菲尔铁塔和市政厅之间的区域作为中心的大都市之内。

昂热市位于卢瓦尔河以北几公里，横跨曼恩河，市区向南直达卢

图 13 17 世纪的佛兰德和皮卡第

图 14　17 世纪的朗格多克

瓦尔河，人口达到 10 万。1790 年，制宪议会（Constituent Assembly）重新规划各省区域，在原来安茹公爵的领地基础上新设立曼恩－卢瓦尔省，并将其与邻近的布列塔尼、普瓦图、图赖讷（Touraine）和曼恩分割开。所以本书讨论的安茹地区也大多就是现今的曼恩－卢瓦尔省。在旧制度下，昂热在法国政治结构中属于第三级，既没有高等法院也没有三级会议，在行政上隶属于驻守在图尔（Tours）的监察官。虽然与勃艮第或法兰西岛相比，安茹四个世纪以来的抗争史主要以农村为主，但索米尔（Saumur）、博福尔－昂瓦莱（Beaufort-en-Vallée）、博热（Baugé）、瑟格雷（Segré）等几个小城市也起到了一定的作用。

这段时期的大部分时间里，该地区的命运尤其仰赖于卢瓦尔河。卢瓦尔河将安茹出产的小麦输往法国各地，把索米尔、莱永（Layon）、慕斯卡岱（Muscadet）、卡本内（Cabernet）、安茹桃红（rosé d'Anjou）等河谷中酿造的葡萄酒输往出口市场。当 18 世纪南特的奴隶交易方兴未艾之时，以出口为主的纺织品工业在卢瓦尔河以北和以南的乡村中成长起来。到 19 世纪，奴隶市场开始萧条，棉纺织品又开始与安茹的亚麻制品展开激烈竞争，造成安茹的纺织工业萎缩，最后都集中到绍莱（Cholet）等几个小城市里。

里尔和佛兰德却展现出不同的图景。这个地区到 17 世纪才完全脱离哈布斯堡家族并入法国，一直以来都在比利时的边境上，一部分居民说佛拉芒语，在文化、贸易和人口流动上都与法国疆域之外的低地国家有着紧密联系。所以相比于安茹、勃艮第或法兰西岛，这个地区从更多意义上来说是从外国征服得来的领土。我们讨论的里尔地区实际上就是诺尔省，诺尔省无论在社会还是政治上都与先前的一些地区不尽相同。该地区大致相当于法国根据 1678 年《奈梅亨条约》（Treaty of Nijmegen）从哈布斯堡家族手中获得的北部领土（另外根据《奈梅亨条约》,法国还获得了弗朗什-孔泰)。佛兰德这个简称其实并不准确,因为虽然法国几个世纪以来一直在与邻国争夺对该地区的所属权,但大部分区域还是处于法国的控制之外;而且诺尔省不仅紧邻皮卡第,还包括历史上康布雷西、阿图瓦和埃诺的部分区域。

然而上述这些情况并不意味着里尔地区不重要。相反,里尔地区是法国最早、最重要的制造业地区。里尔是重要的纺织业城市,早在大革命之前,这里的乡村就遍布着小规模纺织产业。在19世纪,煤矿业虽然给昂赞(Anzin)等地带来了灰尘,但也带来了财富,而棉纺织业在给鲁贝(Roubaix)等地带来烟尘的同时也带来了财富。由里尔-鲁贝-图尔宽(Tourcoing)构成的工业三角区在19世纪开始融合并逐渐发展了起来。康布雷(Cambrai)、敦刻尔克(Dunkerque)、瓦朗谢讷(Valenciennes)、阿尔芒蒂耶尔(Armentières)等城市加入到了这一波制造业和商业的扩张之中。然而在诺尔省,农业还是幸存了下来,甚至还有所繁荣。据米歇尔·莫里诺(Michel Morineau)所说,法国各省中只有诺尔省及邻近的加来海峡(Pas-de-Calais)省"才能与欧洲农业最发达的英国、比利时和尼德兰相比"(Morineau 1971: 30)。

从里尔到图卢兹,几乎就像从英吉利海峡到地中海,完全是两个不同的世界。图卢兹的贵族早在1600年之前就臣服于法国国王的统治,然而该地区在之后很长一段时间内都保留着具有显著地中海特征的语言和文化。图卢兹自罗马时期以来就是商业和政治中心,并保留了其特有的市政自治机制——图卢兹市政长官(Capitoulat)——以此对抗贵族、主教、法官和国王。然而,朗格多克大区(generality)的行政中心不在图卢兹,而是在蒙彼利埃(Montpellier),所以监察官也不在图卢兹。我们接着要讨论的核心是如今的上加龙(Haute-

Garonne）省，大致上相当于图卢兹这个旧朗格多克的中心。朗格多克地区的整体范围很大，从地中海延伸至罗讷河（Rhône）以西和比利牛斯山脉的东北，周边毗邻鲁西永（Roussillon）、加斯科涅（Gascony）、佩里戈尔（Périgord）、奥弗涅、里昂地区（Lyonnais）、多菲内和普罗旺斯。图卢兹人本身也是地中海人、罗马人，他们住在大城镇里，除了小麦还种植橄榄和葡萄。

第戎、昂热和图卢兹在作为农业大区的商业和行政中心这一点上相似，但在一些重要方面又有所不同：它们所处的地区在文化和地缘政治上的意义不同；昂热很早就因法国王室而丧失了其政治自主权及影响力，而第戎和图卢兹直到大革命时期仍具有重要的政治影响力；不说其他的经济差异，单说勃艮第的美酒、昂热的纺织品和图卢兹的混合栽培就使它们的资本流向有所不同。巴黎与里尔在作为主要的工业中心这一点上相同，但在其他很多方面有很大不同。假如发生在这些不同地区的抗争史展现出相同特征的话，我们在一定程度上就可以确定，它们是法国普遍运作过程的结果。假如抗争史有显著不同的话，我们也希望能够找到造成这些差异的根本原因所在。

当然，有些趋势还是相同的。在所有这些地区，我们都看到了国家的兴起和资本主义的扩张。我们还看到这两个重要变化对普通民众的抗争所产生的影响。在所有这些地区，在17和18世纪，国家不断地将触角伸入地方事务和地方资源中，普通民众的抗争往往就是为了抵抗王室官员对人力、钱、食物和劳役的贪婪索取。这种抵抗一直延续到20世纪。然而，除了抵抗，民众对国家的诉求也变多，这种新趋势与政治权力的国家化和决策权力的中央化密切相关。

在所有这些地区，我们还注意到资本主义财产关系日益普遍：公用权利被破坏；生产主要以出售为导向；包括土地在内的所有生产环节都会影响价格的制订；薪资劳动力越来越关键；相比于拥有土地、劳动力或技术专长的人，资本拥有者的权力在增长。这些趋势延续至 19 世纪，又出现了一个新趋势：资本日益集中，生产单位的规模也相应扩大。但这些趋势并不都是一条线贯穿到底的。例如到 19 世纪中叶，公用权利已经被破坏得所剩无几，但政府仍在缓慢创建一些新的公共设施，譬如学校和医院。另外，1900 年之际，随着薪资劳动力开始离开乡村，家庭农场重获了一定的重要性。

而且很可能自第二次世界大战以来，随着一些工业国有化和国家有意介入经济政策之中，相比于政府官员，资本家的权力开始减弱。但这一点并不是不言而喻的，只是存在这种可能，问题在于政府官员在多大程度上仍然为资本家的利益服务。无论如何，本书所讨论的这个时代整体上是以无法阻挡的趋势朝着资本主义发展，而且资本主义程度越来越高。总体而言，我们发现普通民众是抗拒这种发展的，然而效果并不明显——试图阻碍资本家权力的增长，试图维持自身对使用土地、劳力、庄稼和商品的集体优先权，抵制有组织的大规模生产的发展。我们时不时就会发现他们试图扭转这种进程，例如在 19 世纪零星出现的小范围的空想社会主义。伟大的革命时期总是暂时性地综合了对现实的反抗和对未来的向往。例如我们发现，在 1789 年，人们在反抗国家日益增长的压榨的同时，也描绘了一个将私有财产作为享有权利的唯一基础的世界。

最后，在所有这些地区，当人们共同行动时，他们的行动基础发生了大改变。整体而言，他们从社群（community）转变成了社团（association）。在 17 世纪，当昂热人、图卢兹人、勃艮第人、佛拉芒人和巴黎人聚集在一起时，他们通常来自村庄、行会、同龄会等社群。这些社群拥有公认的集体身份和特殊权利，但往往所涵盖的利益范围比较广泛，之所以集结在一起并不是特意组织在了一起，而只是相当于我们现今所认为的群体行动而已。到 19 世纪，我们就看到具有专门利益的组织特意成立并运作起来，这些组织包括工厂、工会、俱乐部、政党等。社群没有消失，但不再是最重要的群体行动基础。在这个过程中，组织和行动的规模在增长。平均来说，来自几十个地方且人数达几千人的罢工、示威、联合抵制和选举宣传等共同行动越来越普遍。专门社团和大规模群体行动在共同增长。

频繁组织行动的专门社团从单一的社会阶级中吸收成员，并只代表这一阶级的利益。工会和政党是最显著的代表，俱乐部、市民协会，甚至娱乐团体的情况也是如此。既然如此，为什么不能说这是阶级社会的出现呢？毕竟，许多观察家都这么看19世纪。

拒绝贴上阶级社会这个标签的原因很简单，早在19世纪之前的几个世纪里，社会阶级就存在并有所行动。只不过当时他们并不是资本家和工人，他们称彼此为地主、食利者、农民、农业劳动力、工匠等。正如在我们这个时代，与资本的关系决定了人与人之间的差异，在那个时期，与土地的关系决定了这种差异，与某块土地有着共同关系的人就很可能围绕这种共同关系而展开共同的行动，也就是说，相同阶级的人可能形成社群。与同一块土地的共同关系不仅意味着要一起工作，还意味着共同的居住环境、谋生之道、权利、福利、宗教认同、婚姻网络和所臣服的政权。这些共同点彼此纠结，就形成了社群。

由于资本的流动性及其在空间上的不连续性，与同一资本的共同关系通常不能像与同一土地的共同关系一样产生社群。当然，这种差异是程度上的问题：固定于某一大型工厂的资本会促使工厂主、管理人员和工人因相同的工作和居所联合起来，形成同类的社群。但一般来说，资本促成的社群少于土地促成的社群。与资本拥有共同关系的人们组织起来的话，往往规模上会超过那些以阶级为基础而形成的社群。他们往往通过特意建立专门的社团而组织起来。作为重要区分标准的资本的增长，将促使社团增加，群体行动的规模扩大。发生在安茹、勃艮第、佛兰德、朗格多克和法兰西岛的抗争模式的变迁，就清晰地展现了从社群到社团、从小规模到大规模的变化。

群体行动不仅在规模上发生了变化，在特征上也发生了变化。这种特征上的变化已经很明显。首先，群体行动与每日、每周或每年的日常行为的关系在变化。在17世纪，很大一部分群体行动发生在一些日常的、得到认可的公共集会场合，例如市场、集市、游行、节庆、行刑、地方性选举集会等。到20世纪，日常的、得到认可的公共集会场合在重要性上相对下降。相反，特意组织的集会、动员会、罢工、示威和其他有准备的行动成为常见方式，民众为共同利益聚集在一起并展开行动。它们打破了日常行为的惯例。结果，它们要求每个个人必须果断地选择要不要参加群体行动，这种抉择要比17世纪的民众所面临的选择更困难。集会或示威的组织者也不能够想当然地认为其成员一定会参与其中。

假如我们只关注19和20世纪，那么很可能会误解这种变化。从现代组织者的眼光来看，好像普通民众当时都是被动的、未被动员的、不愿与政治有牵连的——看似在19世纪需要花费巨大的组织力量才能动员群众。但事实并非如此，实际上是权力的集中化反动员（demobilize）了普通民众，使其日常行为无法成为群体行动的方式，即使成为群体行动也产生不了多大效果。源自权力集中化的政治国家化，的确为围绕选举及其他类似制度而展开的群体行动创造了一些新机遇，但也产生了动员的"问题"，当然也为专业组织者提供了前所未有的解决这个问题的机会。于是，社会运动——一种以某种更大利益为名对现存结构或权力运作做出的持续的、有组织的挑战——开始初具雏形。整个群体行动剧目有了变化。

群体行动剧目开始脱离地方性日常行为，一些民间特色也随之消失。仪式性的嘲讽、模拟像、笛鼓声、歌谣、艳俗的象征都从抗争形式中隐退。然而这个问题也不是那么容易就能分清。朗丢尔吕或扛着绞刑架上的傀儡游行等形式，之所以现在看起来像是民间风俗，部分原因是 20 世纪的我们认为任何有 17 或 18 世纪特点的事物都是古董，毕竟其语言是古代的，服装是博物馆式的，人的名字、商店和行业都不是现代人所熟悉的。一个在 22 世纪研究 20 世纪 60 年代美国示威运动的学生，无疑也会将雅皮士和头戴鲜花的孩子们看作民间风俗。然而，现代抗争剧目由于其专门化和与日常生活的脱离，不大会采用某些特定的地方人群所采用的仪式和象征形式，这一点与诸如抢粮和夏力瓦里之类如今已被遗忘的抗争形式不同。至少，在一定程度上，法国抗争史为我们展现了民间传统的式微。

相同的变化还有着另一个面相。许多旧的抗争形式还包括群众有时拙劣地模仿，有时狂热地实施一些本该属于政府当局的惯常行为。对傀儡实施绞刑，抢夺囤积的粮食并以低于市场时价的价格出售，将叛国者斩首示众，在征税人提供能够充分证明其征税权的文书之前不允许其征税等，都是标准的政府常规做法，这些也成为"骚乱"和"骚动"的重要特征。这种借用政府当局的场所和行动的情况到 19 和 20 世纪并未消失，但不如以前普遍或显著。在一定程度上，群众及其行动的自主性提高了。然而，群众力量和行动效果却并没有随之提高，实施或借用已有的常规行为往往是争取共同利益的有效方式。关键性的变化是为群体行动创造了自主的、专门化的形式和组织。

在这些基本变化中，我们所讨论的三个主要因素，即利益、组织和机遇有着什么样的变化呢？在接下来的章节中将对这个问题做完整的解答。我们已经看到，民族国家的兴起和资本主义的扩张大大改变了哪些人会将共同利益的诉求加入群体行动当中，也改变了他们共有利益的性质。例如，随着政治联盟和专门化行业团体成为显著的利益群体，行业联会和自给自足的宗教社群就几乎销声匿迹了。显然，这种利益的特色组织发生了变化。最明显的变化是各种形式的、有专门目的的社团的兴起。伴随这种变化，职业组织者的重要性也提高了，无论是坚定的革命者还是能言善辩的基金筹措人。

群体行动的机遇也发生了剧烈变化。到目前为止，关于这种变化，我们所能看到的最明显的就是权力和政治的国家化。大型组织和民族国家的行动（或者因为某种原因而采取的"无行动"）产生了一些威胁和机遇，任何利益行动者都会对这些威胁或机遇做出应对。国家政治提供渠道，供行动者有效地处理所涉及的利益。国家层面的组织，尤其是民族国家本身对特定行动者所实施的压制或促进，决定了行动者能否有效地行动。

目前还不适合比较利益、组织和机遇三方面变化的重要性，具体分析它们彼此影响的方式也为时过早。目前我们只要明确，这些都是影响深远的变化，它们同时发生而且相互依存，它们还是人们在谈论政治现代化或政治发展时所能够想到的主要内容。

从第一个方面来说，这些变化意味着一个由强大政府、大型组织和大城市主导的官僚主义和资本主义的专门化世界的诞生。从第二个方面来说，它们所导致的利益、组织和机遇的重大变化，共同控制了群体行动的强度和性质。从第三个方面来说，它们意味着普通民众所采用的抗争剧目的深刻变化。这三个方面彼此交叉重合，而我们的任务就是在接下来的章节中挖掘它们是如何重合的。

我们对五个地区进行比较，以记录并详细说明这些重大趋势。这种比较有助于我们理解这些趋势如何运作、如何互动。例如，国家权力的集中、政治的国家化、选民范围的扩大、作为政治行动主要工具的社团的兴起、群体行动越来越多地采用集会和示威的方式，这些趋势之间都有紧密的关联。这些关联为什么会发生？如何发生？有着怎样的规律？这些问题都不是很清楚，只有仔细观察18和19世纪才能厘清这些关联。

我们还要考虑一个问题。关于食物冲突的兴衰，我们已经有了太多可能的解释，例如食物成本的变化、地方官员政策的变化、穷人信仰和组织的变化、商人行事方式的变化等。所有这些因素可能在17世纪抢粮运动的兴起及其在19世纪的衰退中都起了一定的作用，但各自起到了多大的作用？彼此之间又有什么联系？对这五个地区的食物供应和食物冲突进行考察将有助于解答这两个问题。

比较还可以显示重要的差异。例如我们注意到，在勃艮第，或多或少掌握了一些葡萄酒酿造手艺的制酒商，其中许多人在19世纪成为共和主义积极分子，但在20世纪的大规模酿酒农运动中采取了疏离的态度；在朗格多克，一度有很多酿酒农是无政府工团主义（anarcho-syndicalism）的拥趸，他们越来越无产阶级化，后来还发动了同时针对大批发商和国家的大规模罢工和示威。我们还发现，社团成为显著的抗争基础这一点，在巴黎和法兰西岛出现得比在其他四个地区都要早，我们经常会好奇为什么会这样。所以，差异和相似点都将引领我们进一步思考资本主义、国家构建和抗争形式的变化之间的关系。

第四章
安茹的危机

蓬德塞（Ponts-de-Cé）位于昂热的南边，在自索米尔至布列塔尼边境的中间，城区跨越卢瓦尔河两岸及河中蜿蜒的小岛。如今，从昂热到蓬德塞一路上几乎都是单调乏味的小商店和居民楼，虽然河边的垂柳在公路两边的石块、石板和一氧化碳之外总算注入了少许清新的气息，但蓬德塞本身看起来只不过是昂热郊区的一个商业区而已。然而，17 世纪初，在昂热老城城墙与圣欧班－蓬德塞（St.-Aubin-des-Ponts-de-Cé）的河北岸堂区（north bank parish）之间，却有一片绵延四公里的开阔田野。圣欧班的双子城圣莫里耶（St.-Maurille）占据了河中的一个小岛。

蜿蜒的卢瓦尔河在涨水期常常会淹没附近的岛屿、平原和圣莫里耶小岛的部分区域。蓬德塞正像是其名字所预示的一样［"蓬德塞"在法语中有"桥"（Ponts）这个单词］，由于地势较高，城中建有几座横跨卢瓦尔河、连接昂热和安茹南部的吊桥。17 世纪的一名记者这么描述这座城市：

卢瓦尔河中的一座小岛上有一条长街，另外有两座长约八分之一里格（league，1里格约合3英里）的大桥。通往布里萨克（Brissac）的那座桥比通往昂热的那座要长三分之一。这两座桥是吊桥，所以当吊桥升起来后，只有乘船才能入城。蓬德塞在小岛的制高点上建了一座雄伟的城堡以作防卫，从城堡上可以掌控所有通往大桥的道路。小岛较低处散布着一些房屋。除了城堡之外，蓬德塞没有建城墙。两座大桥的两头还有许多房舍，算是蓬德塞的郊区。（Le Mercure François 1620: 331）

双子城是昂热沿卢瓦尔河运输货物的主要港口，正如另外一名17世纪的观察者所说，卢瓦尔河为昂热的"谷物、小麦和面包之母"（Louvet 1854-1856: 4 pt. 1, 36）。毫无疑问，这也就是为什么昂热的海关区（奥克图瓦，octroi）在扩张时要将蓬德塞包括进去的原因。在水路上，这个水上城镇是昂热与外界的主要连接点。在陆路上，穿过蓬德塞的道路是昂热与普瓦图以及更南边地区的主要通道。

蓬德塞的滑稽剧

在1620年，蓬德塞这个交通枢纽对玛丽·德·美第奇（Marie de Medici，亨利四世的遗孀，当时19岁的路易十三的母亲）来说很关键。她于1619年受命担任昂热的总督，这项任命有助于解决那场为期三年的针对她儿子的战争。为彰显入驻昂热，她于1619年10月15日在蓬德塞的城堡留宿一晚。第二天，她乘坐轿子，经过6,000名整齐列队的武装市民，穿过四座为她搭建的凯旋拱门，并倾听了昂热市官员们为她而作的一篇篇辞藻华丽的欢迎辞。（Le Mercure François

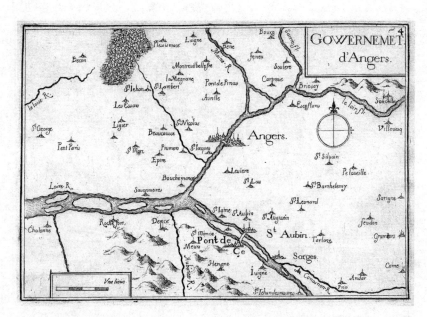

图 15 17 世纪的安茹地区

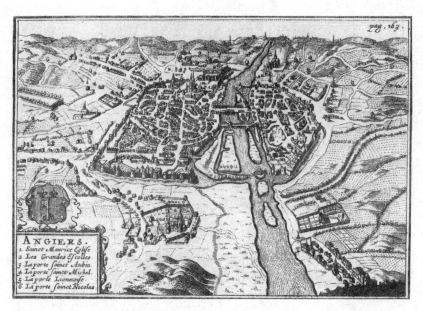

图16　17世纪昂热鸟瞰图

1619: 313-332)

九个月之后,王太后已经在昂热站稳脚跟,并成为另一场大规模阴谋的核心。她联合其顾问黎塞留以及一大拨反对路易十三及其宠臣德·吕伊纳(de Luynes)的大贵族,许多和她同谋的贵族都到昂热加入了她的队伍。城里有大约 9,000 名士兵听其号令。王太后的盟友在法国西北部许多城市都占据了有力位置,包括鲁昂、卡昂(Caen)和旺多姆。但埃佩尔农(Epernon)和马耶讷(Mayenne)公爵等几个最重要的盟友却驻军在卢瓦尔河以南待命。蓬德塞为王太后与位于昂热之外的武装支持者进行联络提供了实际可行的唯一通道。

整个 7 月,年轻的国王及其暂时的盟友孔代亲王率军在诺曼底、佩尔什(Perche)和曼恩攻占一个又一个要塞,驱逐王太后的盟军,并威逼地方政府宣誓效忠国王。接着,他们朝安茹进发。恐慌的气氛笼罩了昂热,毕竟许多昂热人依然记得刚刚结束的宗教战争中他们所遭遇的围困和洗劫。

让·卢韦(Jehan Louvet)当时正在现场。这名谦逊的昂热市初等法院(Présidial Court)书记员留下了一份日志,记录了从 1560 年到 1634 年期间昂热市每天所发生的各种事件,尤其是跟法律有关的事情。(准确地说,日志是从 1583 年开始的,因为之前的记录是事后追记的。)我们似乎可以想象,在 1620 年 7 月 24 日的晚上,让·卢韦点上蜡烛,打开笔记本,削尖鹅毛笔,蘸上墨水,然后在日志中写下:

在 1620 年 7 月 24 日,周五,曾经同王太后待在拉弗莱什(La Flèche)的旺多姆公爵来到了昂热。……同日,勒格朗(Le Grand)先生、雅南(Janin)主席以及其他几个以国王的名义来昂热看望王太后并同她商讨和平协议的代表们,在未进行任何事先通知且未达成任何协议的情况下就离开了本月12日才抵达的昂热。这一举动激起了昂热市居民的极大愤慨和不安，这预示着一场大战，预示着昂热市居民们即将面临的灾难和折磨。昂热市长拉尼耶（Lasnier）先生拒绝将布瓦内（Boisnet）大门的钥匙交给想开启大门的居民，这一点让居民们更加恐慌。（Louvet 1854-1856: 4 pt. 1, 30）

恐慌、协商和备战都在继续。

在昂热，随着叛变和破城的谣言四处蔓延，王太后开始征召居民加固城墙。国王的军队临近，王太后下令实施严格的宵禁，让居民上缴所有武器，并释放昂热监狱中的囚犯以充实自己的军队。与此同时，王太后的部队加强蓬德塞的防御工事，并依靠附近的土地供以给养。同历史上一样，民众开始从防备不足的乡村逃往相对安全、有城墙护卫的昂热城内。让·卢韦这么记录着：

> 原本住在乡村和郊区的穷人们纷纷弃家逃离，连拖带拽地带着随身物品来到了昂热城。听着他们恸哭、哀叹实在是一件令人怜悯又忧惧的事。他们哭诉着：王太后的军队肆意抢夺、殴打、勒索他们，不给他们剩下一点儿东西。他们不得不扔下刚刚开始收割的粮食，而已经收割并整理成堆的粮食也被恶意刻毒又怒气冲冲的士兵们一把火烧毁了。（Louvet 1854-1856: 4 pt. 1, 36-37）

随着国王军队的临近，恐慌和愤怒更甚了。

国王的军队穿过勒芒（Le Mans）和拉弗莱什，向昂热发起佯攻，接着朝蓬德塞冲去。战争于8月7日（周五）正式打响。在河边，王军遭遇叛军的防守，叛军还获得了从昂热前来的几千名士兵的增援。叛军前沿部队蹲守在沿河岸约 500 米长的壕沟里，其余人马则被布置在沿河边经圣欧班、大桥直至城堡的大片地区。马里亚克元帅报告说："因为没别的地方可以安置，可怜的骑兵只能驻扎在烈日暴晒下的防护矮墙上。"（Pavie 1899: 678）马里亚克元帅作为抵御王军进攻的叛军指挥官之一，完全有理由作如此抱怨。

骑兵的情况为当天的战况设定了基调：由于种种原因，叛军中许多待命的部队最后都没参加任何行动，更多的则在战事开始之前就撤退了。最严重的叛节是雷斯公爵（duke of Retz）所率部队的撤退，他领着大约 1,700 名兵士朝南穿过大桥，"单列的队伍排得那么长，敌军轻易就能发现一半的队伍"（Marillac in Pavie 1899: 679）。显然，公爵对王太后未向他咨询就同国王议和的迹象非常愤怒。由于两个团以上兵力的撤退，叛军防守线中段出现了缺口，使得王军对叛军的攻击和击溃都更容易了。这场战役双方悬殊太大，以至于在历史上被称作"蓬德塞的滑稽剧"。迪·普莱西-莫尔奈（du Plessis-Mornay）写道："两个小时的小规模战斗就终结了法国几个世纪以来兵力最多的一次叛乱。"（Bazin 1838: 115）

不管是战役、小规模战斗，还是滑稽剧，发生在卢瓦尔河边的冲突使路易十三得以走进蓬德塞城堡，开始为期几天的协商，最终产生了《昂热和约》（Peace of Angers）。8 月 13 日，在位于通往普瓦捷（Poitiers）的路上、卢瓦尔河以南 10 公里的布里萨克城堡，玛丽王太后和路易十三挥泪重聚，并在和约上签章，于是所谓的"第二次母子之战"（Second War of the Mother and the Son）宣告落幕。剩下的事情就是掩埋死者，抚恤伤者，偿付军饷，遣散部队，确保部队迅速撤离和不到处劫掠，然后就要重建被烧、被炸的昂热郊区。

不对，还有一件事必须要做，那就是为战争买单。战争从来就是最昂贵的人类活动之一，会给参与战争的国家造成巨大的财政压力。然而17世纪欧洲的情况还是让我们感到很惊讶。17世纪欧洲的战争发展不仅迅速而且范围广，超出了已有政府的财政能力，国家构建者不得不仓促颁布一条又一条战时政策，从已有财政资源中榨取更多钱财，创建并实施新的税收形式，去求，去借，甚至去偷。法国也不例外。1614—1622年的内战将国家预算从大约2,700万里弗尔提升到了约5,000万里弗尔（Clamagéran 1868: II, 453-454）。这意味着8年内增长了近85%。

为了筹措这笔大大膨胀了的巨额预算，王室大臣们提高基本的土地税；增加盐税、国内的各种关税和营业税（sales taxes）；出售更多官职；借贷；强制借贷；耍花招将以前所欠债务贬值；甚至还使用了一些古老的卑劣伎俩，比如正式将犹太人驱逐出法国国境，为的就是向能付得起钱的犹太人征收特别的居留费。在此过程中，王室对财政官员和包税人（tax-farmers）的仰赖日渐增高，因为这些人残酷无情又心思缜密，能够更快地征收到钱财。作为回报，他们也得到了更多权势、更大利润，以及对今后王室收入更多的索取机会。随着这些包税人（traitants）和征税官（partisans）的权力日益增长和对普通纳税人的压榨日益增强，现有收税官员的利益也就受到了威胁。

然而，财库还是经常空虚。1620年在前往蓬德塞的路上，路易十三不得不在勒芒停留，宣布对一些有利可图的职务重新征收年度税（droit annuel），为的是"迅速征收到大笔所需钱财"（Mousnier 1971: 636）。路易十三的这项敕令导致了与高等法院长达八个月的斗争。一项新的款项收入总是会遭遇抗争。

因此，战争机器磨蚀了国家的资源。这台机器时常停机，有时是因为自身负担过重，有时是因为自身结构出现裂缝，有时仅仅是因为燃料耗尽，有时则是由于外界的阻挠。专制主义的自命不凡、战争机器的增强、包税人的兴起、各种财政权宜之策的增多，以及激烈民众叛乱的爆发等，都是同一国家构建过程中的重要组成部分，即使它们彼此之间存在明显的矛盾。

从内战到民众叛乱

母子战争肯定不是民众叛乱，甚至"叛乱"这个词也不能随便使用，因为这明显暗示国王是拥有正当性的权威当局，其母后则是不具合法性的挑战者。那么"民众"这个词呢？王太后及其同谋在一些城市拥有热情的支持者，但这些支持者大部分都是反对王室的权贵。对于其他人来说，这场战争意味着强制劳役、被烧毁的田地、牲口和房舍被征用、妇女被强奸，以及征税和更多的征税。军队，与当时其他部队一样，由雇佣兵、扈从和大贵族的家仆组成。战争是精英与精英的对抗，但付出代价的却是普通老百姓。

然而，这场精英之间的内战在最后战役中却因一场协商而引发了一次小规模的民众叛乱。8月5日，国王的军队逼近昂热，玛丽王太后下令让市民上缴武器至市卫兵队。更确切地说，市民被要求将所有武器都放置到所在教区长官的家中或城堡门口。王太后期望以此防止老百姓在城内发生争斗，或与城外的敌人联合。近三周后，到了市民领回火枪和刀剑的时候，却有消息说有一名长官打算留下一部分武器，可能是要卖给占城的军队。消息是真的，这个坏蛋叫皮埃尔·马尔尚（Pierre Marchant），是一名市政官，参与其事的还有他的女婿马蒂兰·勒夫朗（Mathurin Leferon），是拉巴贝（la Barbée）的贵族。他们已经将扣押的一部分枪支运送到了勒夫朗在城外的房屋里。愤怒的市民代表跑到市长那里抱怨，请求得到市长的允许前去追赶运送武器的马匹,并将武器带回昂热。他们的请求获得了批准。

市民们去追赶马匹,市长则向马尔尚发出正式警告,但马尔尚却一笑置之,不予承认。当民众将他的仆人和满载枪支的马匹领回城中时,他就很难再否认了。市长开始写书面证词(*procès-verbal*)——旧制度下对犯人提起诉讼的必要初步步骤之一——民众则从四面八方聚集到马尔尚家门前的广场上。这已经不再是能一笑了之的事情了。根据让·卢韦的记录,市长的证词如下:

> 根本无法平息人们激动的情绪和愤怒的呼喊,他们聚集在马尔尚的家门前,高喊着市民所有的武器都被放置到了这所房屋里。在高声喊叫中,许多居民坚信事实就是如此(理由之前已经说过,后面还会说到其他原因),所以几乎所有聚集在上述匹罗里广场(Pillory Square)上的人们都要求强行进入马尔尚的房屋,并高喊马尔尚和他的女婿是强盗、是小偷,因为他们盗窃了国王、王太后,以及昂热市民和公众的财产。(Louvet 1854-1856: 4 pt. 1, 131)

人群在马尔尚家门前吵吵嚷嚷,牢骚满腹地抱怨着他的劣行:利用手中的司法权中饱私囊,对人毫无怜悯之心,判案的时候独断专行等。卢韦注意到,这些聚集的群众几乎全部是工匠。而在另一边却聚集着一些"居民和名流之士",对于这种威胁昂热市权贵人士的人身和财产安全的行为,他们很担忧,但还是隐忍未发,因为当时在场的人当中,有几个神秘并居心叵测的"贵族和绅士对他们进行了指责和威胁"(Louvet 1854-1856: 4 pt. 1, 133)。

工匠们拾起石块,砸毁了所有能从匹罗里广场砸到的马尔尚家的窗户玻璃,接着还威胁要破门而入,烧毁房屋。直到市长、军事指挥官和其他几名权贵出手干预，马尔尚家才幸免于难。尽管人群最终在晚上约6点的时候解散，但不满的情绪还是持续了好几天。几名市民发起对马尔尚的诉讼。王太后本人在向昂热人民发表告别演说时，保证每家每户都能够取回他们在蓬德塞战役之前上缴的武器。

昂热人民对马尔尚的攻击在战争与民众抗争之间建立了一种特别直接的联系。诚然，在反抗房舍被征用，食物、牲口及其他军事物资被征收，以及年轻人被强行征召入伍时，普通民众也会直接反抗战争。然而整体上来说，在17世纪，战争与民众抗争之间的联系还不是很直接。他们主要是采取被动、主动，甚至群体的形式，来抗拒法国国家构建者为筹措资金以供战争和军队之需而加收和新设赋税。17世纪成为大规模民众抗税行动的经典时期。乡巴佬起义（the Croquants）、赤脚汉起义（the Nu Pieds）和红帽起义（the Bonnets Rouges）只是其中最显著的三次而已。

征税、收税人和抗议

地方上反对征税和收税人的抗议频繁爆发，终于引发了大规模的叛乱。大部分叛乱到最后也只是一些愤懑的市民团体向地方当局表达虽愤怒但相对克制的不满而已，而且大部分情况下，这种不满所能产生的结果也只是当局在心有余悸之下做出一些模糊不清的行动承诺而已。例如，在1623年9月19日的早晨，"一大群来自布什曼恩（Bouchemaine）和鲁兹堡（Ruzebourg）的从事烘焙业的穷妇聚集到昂热的皇家大宫殿前，向市长茹埃（Jouet）和其他市政官抗议，抱怨盐税卫兵（salt-tax guards）如何粗暴、残忍和专横地对待她们"（Louvet 1854-1856: 5 pt. 1, 4）。但是，当局并未采取任何行动。根据卢韦的记录，市民们"对市长及其他长官颇有微词"（Louvet 1854-1856: 5 pt. 1, 4）。

毋庸诧异，市长和市政会只有在新的税收或财政官员威胁到他们自身的特权和收入来源或者影响到当地主要掌权派时才会采取行动。在昂热，司法官员几乎垄断了公共职位，他们通过联合拉拢的方式占据已有的职位，并反对设立新官职。因此在1626年，当王室将昂热5%的标价税（*pancarte*）分包给某个名叫纪尧姆·亚伯拉罕（Guillaume Abraham）的人时，昂热的市府官员们就成立了一个特别议会，陈述反对意见，并挑选了两名最德高望重的市民作为代表前往巴黎，请求玛丽王太后和黎塞留为了昂热市的利益出面干预此事。

财政上的新举措和不公正是造成17世纪20年代昂热市抗争行动最主要的原因，但并不是唯一原因。卢韦的日志连续记载了新主教与所有座堂议会之间为争夺优先权而进行的长期争斗，这种争斗有时导致昂热市整个精英阶层的派系分裂。卢韦还按时间顺序记载了地方上胡格诺教派（Huguenots）与市府当局之间的来往过招。根据国王颁布的敕令，胡格诺教徒只能在城外一个村子里进行公开的宗教活动，然而市府当局根本不愿给予他们任何特权。当时还有许多因优先权而起的争论、斗殴、煽动反英情绪的游行、鼓动某种民怨的行业集会等。行刑者们也遭遇了一段困难时期：1625年7月，一批群众杀死了一名技艺不精的绞刑吏；7个月以后，一群仆从从绞刑吏手中抢走了一名同伙，而这名绞刑吏因此进了监狱。另外还有1629年商人们发起的封斋前的狂欢行动。

在那一年封斋前的周四（2月22日），昂热市法律书记员举行模拟法庭的活动，由市首席法官的儿子主持。在申辩过程中，书记员们侮辱了昂热市的好些重要人士，其中包括一名富商的夫人。到封斋前的周二（2月27日），商会大约400多名会员聚集在城外的圣尼古拉之地。他们戴着面具，穿着专为这次活动而制作的精美服饰，骑着"贵族和领主出借给他们的"骏马，两人一组进入城内。在穿过主要街道和广场时，

> 他们不停地折腾一个人偶，人偶身穿长袍，头戴方帽，腰带上系着钱袋和写字板。据说，他们是在嘲讽庭审律师。他们在圣米歇尔街上的法院门口重复了这一行为。之后，他们出了圣米歇尔门，沿护城河继续前行。人们或聚在商店，或守着自家窗口围观。由于上次的模拟法庭、这次的化装表演和人偶展示，城里的许多家庭之间出现了分裂和敌对。（Louvet 1854-1856: 5 pt. 2, 54）

相互嘲弄使得地方司法官员与商人、工匠之间已有的分歧更加尖锐。

然而，新税的出现和旧税的增加使得地方权力争斗变得尤其激烈。在17世纪20年代，虽然路易十三并没有过多卷入与他国的战争，但他意图缩小胡格诺派在法国的势力范围，这需要大批军队作战，因此也就需要国家财政收入的迅速增长。（仅对拉罗谢尔新教徒的围攻就耗费4,000万里弗尔以上，当时一名工人的日薪是10—12苏，20苏等于1里弗尔；1蒲式耳小麦一般售价约为1里弗尔。Clamagéran 1868: II, 478.）而且，到17世纪20年代末，路易十三又在意大利准备与哈布斯堡家族和萨沃伊公爵开战。通常，军事行动的扩张就意味着赋税的增加。

赋税自17世纪20年代末开始增加，抗议的节奏也随之加快。相比于法国其他地区的流血骚乱，1629—1630年发生在昂热的一系列冲突事件实在是太温和，但还是例证了围绕征税而起的小规模抗争行动。整个行动过程大致相同：王室官员一宣布征收新税或提高税值，

受影响最大的民众（以特定行业的工人为代表）就通过请愿或声明的方式抗议新举措的不当，但抗议会被拒或遭到无视。接着，收税人受命抵达，群众聚集在收税人房屋外，受到影响的人们重述抗议，然后开始对收税人的房屋或本人发起攻击。

例如，昂热的制革工曾强烈抗议对动物皮毛加收新税的决定。1629年9月5日晚上10点左右，60—80名制革工来到"悬挂圣朱利昂（Saint Julian）画像作为标志"的旅店。他们发现旅店的门上了锁，于是"大声吵闹高喊，威胁着要将收税人扔到水里，甚至要火烧旅店。他们意图破门进入旅店，用石块砸破了较矮的窗户，之后离开"（Louvet 1854-1856: 5 pt. 2, 136）。收税人第二日向法官抱怨，法官建议他们离开，以免遭遇更严重的暴力行为。

1630年4月，昂热发生了另一种形式的抗税事件。庭审律师先在城中发布了一些攻击市府官员在征收新税中所承担角色的布告，然后开会讨论他们自身的财政问题。律师一方面要缴纳新费，另一方面必须买断检察官的任命，否则王室就要强制任命检察官。他们决定开始罢工，直至他们将贪得无厌的包税人告到了国王和巴黎高等法院那里。

三天后的4月9日，在昂热的一处郊区，群众聚集起来，阻挡执达吏强制征收拖欠的赋税。一名执达吏用剑击伤了一名坚决抗税的酒馆老板，群众当即激愤难平，将执达吏驱赶了出去。（其中一名执达吏判断失误，逃跑的时候居然跑到市监狱去寻求庇护，结果被市府当局抓住后以袭击他人的罪名受审，最终被判绞刑。）第二日，一名地方显贵"因有诈取税收的嫌疑"而被另一批群众堵截在自己家中（AMA BB 72/97）。

并不是所有行动都是负面的。5月21日，昂热市的民兵组织就因为市长反对包税人的行为而对他赞赏有加。民兵队伍挥舞着旗帜，敲着鼓，吹着号，鸣放火枪，还扛着五月树行进，最后他们把树种在了市长家门口。随后，普通民兵每人获得10个苏到镇上聚餐，民兵长官则在市长家里享用盛宴。5月30日，致敬仪式仍在继续，人们上演精心准备的戏剧。他们在河边搭建堡垒和舞台，另外竖立一座巨大的雕像来象征法国人民反抗暴政。在河边演出的战斗戏中，身形庞大的复仇之神阿拉斯托（Alastor）率领队伍击退了一次又一次进攻。炮火的硝烟弥漫在河上，烟火从堡垒中放出，演说者们大声颂唱着为此次表演而作的诗文，观看表演的人们（根据一直在边上默默观察的卢韦所做的记录）在演出结束"离开时一个个都心情愉悦"（Louvet 1854-1856: 5 pt. 2, 162）。

1630年6月，轮到盐税卫兵（archers de la gabelle）来感受民众的愤怒了。两名卫兵因为在昂热附近一个村庄杀人和偷盗遭到逮捕。6月13日，广受拥戴的市长（同时也是初等法院的法官）押解着这两名罪犯到犯罪现场听取证词。盐税卫队队长则率领他的卫兵也到达现场，他挥舞着手枪威胁市长。市长派人去昂热求援。很快，支援的队伍来了，是一群身负各种武器冲出城门的民众。与卫队的冲突最后造成两名卫兵死亡，队长在昂热的房屋被洗劫，藏酒被喝光，家里所有的物品也在一场大火中灰飞烟灭（Louvet 1854-1856: 5 pt. 2, 167-170）。

上述事件发生的时候，距圣约翰节前夜（6月23日）只有10天。当巴黎人民聚在河滩广场上燃放烟花时，昂热的青年也在组织自己的庆祝活动。卢韦说，他们不知从何时开始已经习惯"在广场或者昂热市的其他地方点燃篝火来庆祝节日，表达敬意"（Louvet 1854-1856: 5 pt. 2, 171）。这次，据王室检察官所说，参与者都是"生活在底层的贫贱"居民；这可能是指熟练工人、学徒和仆从。他们制作了一个傀儡，代表他们所憎恶的队长，手上拿着剑，背上贴着条。他们拿着棒戟，扛着傀儡，敲着鼓，挥舞着旗帜穿行在街道上，走到哪儿都要击打傀儡并高声嘲弄，最后将它扔到火堆付之一炬。

不久，昂热市民就因过于激烈的反抗而遭到惩罚。毕竟，不管其行为如何恶劣，盐税卫队队长代表的是王室权威。因为4月和6月的事件，30多人被送进了城堡中的监狱，5个人被押往图尔接受审判，2个人被绞死，而且昂热市还要赔偿队长的损失。

相比于同年稍早时期发生在第戎的朗丢尔吕，这些抗议程度不算很严重，但是当时第戎所遭遇的不公也更严重。国王企图废除第戎所享有的税收特别豁免权，成立直接向王室负责的地方税收机构，即财政区（*élection*）。但是，安茹省在1630年之前就已经成立了直接隶属于王室的财政区，而且失去自身省三级会议的庇护也为时很久。在之前的几个世纪中，安茹省的财政独立已经在逐渐消失。

不过，第戎和昂热的抗税行动还是有一些重要的共同点。它们的背景相同，都发生在王室因战争而需要更多财源的情况之下。民众反抗也遵循了某种相同的标准程序：从（在可能情况下进行的）有原则的正式抗议发展到（必要时所采取的）对收税人的直接攻击；诸如庭审律师和制革工等同业行会成为反抗行动的核心人群；人们特别憎恨从新税中牟利或滥用收税人职权的地方官员；在镇压民众反抗王室征税的行动时，地方官员常常迟疑不决或与民众联手；王室威权介入时，镇压手法极其残暴，但针对性强。

民众行动的方式也有很多相同点：对作恶者房舍的袭击、嘲讽仪式、化装游行，以及对一些合法形式的借用，例如烧毁傀儡，一再威胁将敌人扔入水中等。抗税行动采用了一套标准的剧目。总的来说，它们传达了一种民众态度，我们可以将其称作进攻性恳求（aggressive supplication）。民众要表达的意思就是："赋予我们权利，我们就老实待着；拒绝给予我们权利，我们就斗争。"普通民众或多或少看清了，王室征税正越来越深刻地侵入他们的生活；地方当局也看到，他们自身的权力和自主权随着王室官员的增多而受到了限制；无论是普通民众还是地方当局，他们都意识到新的征税侵犯了他们长期拥有的、在法律上获得允准的权利和特权。

卢韦的记录到1634年就结束了，我们也就无法得知安茹抗争的一部分情况。这一时期昂热市政会的官方会议记录（AMA BB 28-74）对卢韦日志中出现的大部分事件都有提及，但更持重、简洁些，缺少像卢韦这个饶舌的法庭书记员所描写的有趣细节。然而，官方记录清晰地反映出，17世纪20年代的基本冲突在17世纪30年代和40年代反复出现：与盐税卫兵的持续争斗，司法官员与市资产阶级之间的剑拔弩张，王室官员从安茹攫取更多税收的锲而不舍，安茹人民拒绝缴税的不懈努力。

在卢韦日志终结的1634年与投石党运动开始的1648年之间，最大规模的斗争发生在1641年和1643年。两次都是抗税运动，但形式不同。1641年，群众攻击驻扎在城门征收新税的收税人，他们向进城的货物征收其价值的5%以作为对王室的补助。虽然街上的人们大都是贫穷的平民，但监察官却报告说："许多商人在鼓动骚乱。我竭尽所能也无法找到愿意作证的人。所有人都跟我说：'我不认识那些人。'这些人如此猖狂，居然威胁说，谁要指证，就烧谁家的房子。他们根本不顾忌地方长官。"（Mousnier 1964: 487）

两年后的1643年，受质疑的税收是所谓的"给养税"（subsistances），旨在为当时正在加泰罗尼亚（Catalonia）和佛兰德攻击哈布斯堡家族的王室部队提供给养。军事长官强制征收过期未付的税费，但安茹人坚决抵制。未获官方许可的教区议会任命了发言人（syndics），宣布坚决不支付这项不合法的赋税。虽然监察官在8月夸口说已经"瓦解了他们的联合组织"（Porchnev 1963: 619-620），但这个出现在1643年近似反叛行动中的联合组织，以这种或那种形式存续至 17 世纪 40 年代末。他们联合了城里的工人、大量教士和律师，不仅反对王室财政官员，也反对垄断市府职务、为国王效力的地方长官（Lebrun 1966: 129-130）。

投石党运动

在地方上，投石党运动延续着相同的抗争主题，但情况更复杂，程度更激烈。最简单的说法就是，投石党运动是一系列对王室权威的挑战，从消极对抗到抗议，到公开反叛，而且从 1648 年一直持续到 1652 年。参与纷争的主要有四拨人：

国王、王太后、马扎然主教及其代理人；
以高等法院，尤其是巴黎高等法院为中心的高等法官们；
由一些诸如孔代亲王等权贵组成的松散联盟，这些联盟大多数时候都是反对国王的，但总是在面临背叛、笼络和内部纷争时不堪一击；
地方民众政党，包括商人、专业人士、工匠和食利人等各色人群。

投石党运动之所以复杂，一是因为某些行动者本身的立场转变（例如，亲王们等到 1648 年民众起义之后才开始公开反叛），二是因为行动者之间联盟的变化（例如，投石党运动刚开始，孔代亲王是国王的主要军事力量支持者，但等到运动结束时，他却成了国王的劲敌），三是因为上述各团队内部的矛盾和分歧（例如，1648 年 8 月，工人和小商店店主在巴黎中央城区筑起街垒，大商人和市府官员刚开始无动于衷，之后则转身镇压反叛者)。

庆幸的是,我们无须探究投石党运动中的所有复杂情况。我们可以采纳通常的编年史作为一个宽泛的框架,即高等法院的投石党运动(1648—1649)、亲王的投石党运动(1650)、亲王与高等法院联盟的投石党运动(1650—1651)、孔代亲王的投石党运动(1651—1653)。在此编年史框架内,表1列举了发生在安茹及法国全境内投石党运动的主要事件。

编年史显示,昂热和安茹深深卷入了1648—1652年期间的各种叛乱之中。从民众抗争的角度来看,投石党运动由许多独立事件组成,其中大部分与17世纪20年代和30年代的抗税叛乱和派系之争有许多相同点。对于安茹的普通民众来说,投石党运动带给他们的影响就是以下种种情形:军队征用他们的房舍或移军;税收政策的变化;偶尔出现的反抗税收和强行征用的机会,以及偶尔获得的来自某些有权势团体的支持;时不时获得通过组织民兵、召开地方议会、选举代表以表达民众诉求等方式来重塑政府的机会。

昂热圣十字(Sainte-Croix)教堂的本堂神甫马蒂兰·茹瑟兰(Mathurin Jousselin)在他的日志中郑重地记录了许多关键事件。(茹瑟兰自1621年任职起就开始在堂区登记册上做记录,这种观察和记录一直延续到1662年,但只有在投石党运动的那几年他才几乎每日都做记录。)1648年的第一条记录描述了一次典型的民愤事件,省总督下令,要求老百姓为一支苏格兰士兵连队和几支法国士兵连队提供住处,以便利他们追缴所欠税款。茹瑟兰记载道,这些军队,

> 即使不算他们的偷盗和暴力行为所造成的损失,每天都要耗费12,000里弗尔。许多人宁愿花大价钱买个平安,也不敢表现出一丝一毫的抗拒,以免惹怒省总督布雷泽元帅(Marshal

表1　投石党运动期间法国全境与安茹大事对照表

年份	法国全境	安茹
1635	与西班牙、奥地利开战；吉耶讷和朗格多克发生叛乱	
1636	西南部乡巴佬起义开始	昂热及邻近地区瘟疫肆虐（至1639年）；8月，昂热教区自发筹款以支援保卫皮卡第的军队
1638		对各种与战争相关之赋税的反抗增加
1639	诺曼底爆发赤脚汉起义，之后朗格多克发生骚乱	
1640	雷恩（Rennes）、穆兰（Moulins）地区叛乱频发	一些城市居民因无法支付王室的强制借贷而入狱
1641	法国王室与在1640年反西班牙叛乱中获胜的加泰罗尼亚和葡萄牙缔盟；苏瓦松（Soissons）伯爵发动叛乱；普瓦图和圣通日也发生叛乱	10月：昂热发生袭击收取补助金之人的事件
1642	国王宠臣桑－马尔斯（Cinq-Mars）与西班牙共谋；桑－马尔斯被处决	
1643	路易十三驾崩；五岁的路易十四即位，奥地利的安妮王太后和马扎然摄政；法国西部和南部各种骚乱纷起（在南部一直持续到1645年）	昂热成立教区议会，拒缴给养税
1644		8月：昂热、索米尔等地举行仪式，热烈欢迎遭流放的英格兰王后亨丽埃塔
1645	蒙彼利埃起义爆发	

（续表）

年份	法国全境	安茹
1647		对标价税代理人的攻击导致军队入驻昂热
1648	6—7月：高等法庭议会（包括高等法院和分院）要求实施重大改革，包括召回监察官，由高等法庭控制新税和职位的出售；农民在巴黎集会，要求减轻土地税；波城（Pau）发生骚乱 8月：马扎然批捕高等法院运动的领袖；巴黎中心竖起街垒；马扎然释放囚犯 10月：马扎然同意高等法院的请求；《威斯特伐利亚条约》结束了三十年战争，尽管法国与西班牙的战争断断续续，直到1659年才真正结束	9月：昂热市民抵制穿过城内的军队
1649	1月：马扎然和王室逃离巴黎，下令流放高等法官；巴黎高等法院控制政府；民众对保王派市政当局施压；许多外省发生声援高等法院的运动；孔代亲王为国王封锁巴黎城 3月：达成临时和解（但巴黎民众抗议和解） 8月：王室重返巴黎	2—3月：昂热的商人、工匠和底层官员组建了自治民兵组织；搭起了街垒，并与拉特雷穆耶（La Trémouille）及其他投石党人结盟；攻击收税人 4月：民兵组织袭击驻扎在昂热的王室军队；之后，居民与王室派来的总督和解
1650	1月：王太后将企图取代马扎然的孔代亲王及其同党关入监狱 2—8月：隆格维尔公爵夫人、孔代亲王及其盟军在外省，尤其是波尔多和佛兰德组织了反抗和叛乱；蒂勒（Tulle）、波尔多等地发生民众运动；12月之前叛乱被平息 9—12月：巴黎食利人向政府表达诉求	3月：昂热的市民议会反对王室政策；国王的军队将叛军围困在索米尔城堡 4月：安茹省的许多贵族声援投石党亲王们 5月：昂热的平民政党任命自己的代表

（续表）

年份	法国全境	安茹
1651	2月：巴黎高等法院与亲王反对派结盟，要求马扎然下台；马扎然释放诸亲王，离开法国 2—9月：国王的军队与巴黎地区的居民屡次发生冲突 春季：在波尔多成立由工匠、小店主和底层官员组成的持异见人士的议会（Ormée）；投石党内部出现公开敌对，其中许多人与王太后和解 9月：孔代亲王离开巴黎前往西南 秋季：孔代亲王在西部和南部组织支援 12月：马扎然率军重返法国	1月：昂热民众议会的代表们试图将司法人士剔除出市政官员的队伍 2月：昂热民众燃烧篝火，庆祝诸亲王获得释放 5月：昂热选举产生由平民党成员任职的市长和市政会；大范围抵制收税人 12月：安茹总督[罗昂（Rohan）公爵]拒绝将蓬德塞交付国王的军队，并与孔代亲王和昂热的平民党并肩作战
1652	5—7月：孔代亲王的军队向巴黎推进并最终占领了该城 6月：异见人士议会夺取了波尔多的政权 夏季：巴黎民众分成支持和反对马扎然的两派 7月：反对马扎然的群众攻击市政厅 8月：马扎然再次被流放 10月：孔代亲王遭到日益强烈的抵制，流亡低地国家；路易十四和奥地利的安妮胜利回归巴黎；镇压投石党人的行动在全国展开	1月：罗昂公爵阻止保王派主教亨利·阿尔诺（Henry Arnauld）重回昂热，并解散了高呼要责难自己的司法议会 2月：昂热民众攻击王室的同情者 2—3月：国王的军队围困并占领昂热和蓬德塞，在该地区肆意劫掠并重组市政府和民兵组织；昂热市内部出现派系斗争，平民党恢复了部分实力 4—7月：平民党恢复议会并试图重掌权力，但最终在新的王室军队逼近时妥协 8月：平民党领袖被逐出昂热
1653	2月：马扎然重返巴黎 8月：波尔多异见人士议会投降	4月：国王任命新的昂热市政府官员，严格限制市政府权利

Brézé）。之前几个头脑发热的人说了几句轻率的话，已经惹恼了他。此外，这些军队还要追缴1644年、1645年和1646年的给养税，这些税收由于几个顽固分子的阻挠而被耽搁了。结果，居民们不是每年支付32,000里弗尔，而是要支付57,000多里弗尔，外加因每年欠税而追加的每里弗尔2苏和每张税单8苏的费用。这样一来，城里的钱都被掏空了，很多人不得不熔化存银，出售或典当珠宝。（Jousselin 1861: 431-432）

在军队驻扎在城里的六周里，没有公开的、共同的反抗行为发生。然而，教士们还是创造了一些象征性的隐性抗议机会，他们"不断为受压迫者祈福"，还组织了一般意义上的游行以祈求神的悯恤。

有些教士所做的还不止这些，例如三一（La Trinité）教堂的本堂神甫戈尔捷（Gaultier）。当时，三一教堂正在举行礼拜仪式，两名官员追赶一名执达吏冲进了教堂，于是发生"骚乱"，教众攻击了那两名官员。这名执达吏之所以被追赶，是因为他在城堡入口处张贴了对某位占城士兵的一系列法律指控。戈尔捷被判定怂恿并协助教众去保护那名胆大妄为的执达吏，被判处罚款240里弗尔（负责这个案子的法官认为，这笔罚款正好可用于支付一名驻城军官的住宿费。Jousselin 1861: 432-433）。其他人根本不敢反抗。总督和驻城军队在城里为所欲为。他们1月初进驻，直到2月中旬昂热市缴清了拖欠的税款才离开。

来自王室的税收压力不止，昂热对抗王室索求的斗争就不会停。在1648年4月之前，昂热市一直计划征收一种新式的王室标价税，主要针对通过城门进城的葡萄酒、干草和其他货物。总督将此种税收豁免权赋予了他的一些朋友，后来又给予所有教士，这越发加重了民众的愤慨和绝望。他们几次派代表向总督请愿，不仅没什么效果，反而激怒了他，威胁要强制执行赋税的征收和豁免。然而，到6月底，巴黎高等法院反抗王室索求的斗争鼓舞了昂热民众，他们决定不再妥协了。虽然被总督征召去回话的教区议会勉强确保住了教士的豁免权，但他们还是接受了条件，那就是豁免权不能再用于以后其他赋税（Débidour 1877: 62）。虽然总督亮剑威胁，但也动摇不了昂热人民的坚定立场。同时，大规模的逃标价税行动开始，而且以这项赋税不合法为由的抗税行动也在慢慢地积聚力量。昂热民众在1648年2月遭到彻底打压，但在7月再次站到一起，反抗王室威权。

从1648年7月到1649年年初，昂热民众的抗争行动加剧。在巴黎的"街垒日"（1648年8月26日，王太后下令逮捕巴黎高等法院的成员，随即就发现巴黎市中心到处都是街垒，于是在民众压力下只好释放了这些被捕的高等法院成员），昂热没有发生公开的抗议行动。但是在9月30日，昂热民众封锁城门，无视恐慌的市政会所下达的命令，短时间内阻止了一支国王的军队进入城内。市长和市政会都很清楚，这种藐视王室威权的行为与叛乱已经相差无几了。

然而，昂热市与王室公开持久的决裂到1649年2月才真正开始。在1月中旬，巴黎高等法院向全国发出请求支援的公告。昂热的高级法院和市政会对此请求未做任何官方认可，但消息最终还是在城里传开。2月，一大群人聚集在市府大厅门口，要求成立市民兵武装。市政会不得不同意。武装市民同王室的驻防部队一起把守城门和城堡四周。市民武装岗哨的出现标志着王室权力受到了限制。

市府当局却有所保留，他们没有回应巴黎高等法院的求援信号。3月6日，两个主要法院［司法总管辖区法院（Sénéchausseé）和初等法院］的官员们以个人名义写信给巴黎，宣布"毫不犹豫，绝对效忠并服从国王陛下，但也尊重贵院所做的决议，能在贵院威权之下履行我们的职责将是我们的荣耀"（BN Cinq Cents de Colbert 3）。这封信虽然措辞谨慎，但实际上就是要与高等法院结盟的声明书。仍旧犹豫不决的市政会还在敷衍拖延，他们想减少市民卫兵，但是，根据茹瑟兰的记录：

> 由于预料到可能会发生阴谋，人们就要求选出民兵组织的队长。这件事肯定没法人人都同意，所以人们于3月16日涌到市府大厅，一致推举在初等法院担任法官的德·莱斯皮纳·勒马里耶（de Lespine Lemarié）先生担任队长。虽然勒马里耶以自己年纪尚轻、缺乏战争经验为借口一再拒绝，人们还是簇拥着他，把他带到市府大厅，在市长面前宣誓就职，而市长本人也是从自己家被押到市府大厅的。（Jousselin 1861: 435）

新上任的勒马里耶队长也是3月6日致信巴黎高等法院的两位署名者之一。

新队长不是由市政会推举，而完全由一个自选的平民议会提名并决定，这无疑等同于反叛市府权威，并有意公开与投石党结盟。在随后三年里，勒马里耶及其盟友兼法学院的教授克洛德·瓦赞（Claude Voisin）在昂热领导了一支平民政党。这支政党在一段时期内主导了市政府，而且几乎总是推动市政府去争取自治权，反抗王室的征税和军队对房舍的强征，同全国人民一起反对马扎然和王太后。从市政会记录、茹瑟兰的日志和其他类似资料中，我们发现这个平民党的核心成员与投石党运动之前领导抗税运动的联盟成员是一样的，主要有商人、工匠和低层官员。他们的方式也有很多相同之处：召开未经认可的教区议会会议，选出领袖和代表，直接攻击收税人本人及其居所等。区别在于前者现在在城外拥有强大的潜在盟友。

昂热继续朝着亲投石党的方向发展。3月25日，在市教区的代

98 表大会上，公开宣读了来自两名重要投石党人的信件，分别是拉布莱（La Boulaye）侯爵和拉特雷穆耶公爵，他们请求民众认可巴黎高等法院赋予他们的领导权。经过适当的评议，大会向代表传达了对此领导权的认可。与此同时，对王室盐税官的攻击以及与守卫城堡的王室卫队之间的小规模冲突也开始了。盐税的征收停止了，人们可以买入无须缴税的盐。拉布莱侯爵和拉特雷穆耶公爵进城之后，居民们承诺为包围城堡提供精神、经济和军事上的支持。不管情不情愿，在当时他们已经是在进行一场对抗王室的武装叛乱。法国全国还有许多城镇的情况也是如此。

形势进一步发展。攻击昂热市的王室驻军；驱逐软骨头的市长出城；巴黎高等法院的叛乱休止后，昂热市人民与王室总督和解；昂热主教亨利·阿尔诺的斡旋使得昂热市在投降之后免于太过严厉的惩罚；更多军队入驻，强制征收拖欠税款；军队与市民之间的争斗日增；新任王室总督（罗昂公爵）向投石党亲王靠拢；昂热平民党在全国形势看似有利的情况下，屡次试图发动叛乱；平民党与附近地区有叛乱之心的贵族们结成暂时性联盟；市司法精英们立场不坚定，频繁背叛。

安茹的投石党运动复杂、动荡而且多变，但相同的主题还是一再重复：保存地方特权以对抗贪婪的王权；反对从王室扩张中牟取私利的人；反抗无法无天、索求无度的军队入驻民宅；拒缴随意征收的赋税，尤其是那些分包给收税人和影响民生的赋税。

一些小城市也加入到昂热的投石党运动中。例如，在索米尔，民众在1651年3月发起拒缴盐税的行动。《历史诗》（*Muze Historique*）记录了这些事件（II，信件8，1651年3月25日，103）：

　　索米尔的人们啊，

再也难负重荷，

愤起抗拒

盐税。

地方长官，康明戈（Comminge），

来不及告别，

没时间喝上马酒，

立即冲到了卢瓦尔河畔，

给叛乱的人们

说上一番甜言，

时机一到，

他们就继续絮叨，

突然像狮子一般跃起

严惩叛军。

在索米尔，抗税运动与其他反对王权的行动结合在一起，是具有地方特色的投石党运动。

安茹的投石党运动在某个时刻展现出多个主题相结合的特点。原本犹疑不决的罗昂公爵终于在1650年3月出任新总督一职，第一次对地方上的反抗行动表达了似是而非的同情。民众为他举行旧式的英雄欢迎仪式，游行、马队、赞美诗、宴会和舞会，一应俱全。在盛大入城仪式的第二天，"他释放了一些可怜的收税人，这些收税人是因为当地居民实在太穷缴不起税而锒铛入狱的，未被释放的那些是收缴多于上缴的收税人"（Jousselin 1861: 448）。之前的总督为军队强征民舍，将不能上缴规定税款的倒霉收税人关进监狱，新总督与他们有天壤之别……或者说，新总督更加有心机。虽然如此，罗昂还是尽量避免卷入明显的反抗王室权威的叛乱之中，直到1651年12月。当时，国王下令让他将蓬德塞要塞交给国王派来的钦差大臣，他拒绝了。于是，他就与孔代亲王结盟了。

安茹的投石党运动于1652年3月以罗昂的妥协和蓬德塞的投降告终。接下来就是按惯例发生的秋后算账。茹瑟兰揭露说，占城的军队"实施了闻所未闻的……暴行；房屋连同家具被烧，生活物资被毁，杀戮，强奸，连圣餐杯和圣体匣也遭到亵渎，教堂都成了马厩"（Jousselin 1861: 470）。

在随后四个月里，平民党仍团结在城中，甚至决心要夺回市政权力，但7月逼近的又一支王室军队最终镇压了他们，该党领袖们也遭到了驱逐。1653年春，已经千疮百孔的昂热市政府完全失去了自主权。彼时，马扎然和15岁的路易十四再一次成为法国的主宰者。

投石党运动之后的安茹

安茹的历史到了关键时期。两个彼此相关的转变正在发生，其影响的深远和重要性只有通过回溯才能看得清楚。一个转变是安茹的大贵族再也没有与民众叛乱结盟——至少在1793年旺代大型反革命运动之前如此。另一个转变是王室真正开始对安茹进行持续的、直接的行政管辖，地方政府被吸收进王室官僚体系，王室还在图尔派驻监察官管辖安茹。这两个转变大大改变了民众反抗王室索求的成败和机遇。

这些转变如何形塑了民众卷入抗争的方式？投石党运动之后的民众抗争与过去最明显的不同就是，几乎不再出现由当地显贵领导或与当地显贵结盟的民众叛乱了。在16和17世纪，这种叛乱在安茹很多，但现在再也没有了。精英领导的叛乱减少，另外还有与之紧密相关的三个重要现象也在消失：军事单位组织的武装斗争是决定民众抗议结果的主要因素；受到重要贵族和官员庇护的人是骚乱和其他形式斗争的主要行动者；一种反复发生的运动模式，其步骤一般是社群成员集会，表达不满，接着选举队长、少校或市政官来取代当局所任命的人，拒绝服从当局的命令，直到与当局就其不满和需求达成协议。也就是说，战争、庇护制和暴动作为群体行动的方式已走向衰落。

然而，无论是贵族还是平民，都要过一段时间才认识到这种转变。例如，1654年，投石党派的枢机主教雷斯（Cardinal de Retz）从南特城堡的监禁中逃脱，逃到安茹南部的博普雷欧（Beaupréau）城堡，身边聚集了一小批同情他的贵族。同年秋季，雷斯被抓，之后，忠诚于他的贵族们在安茹南部试图拉起一支军队去解救他。在随后两年里，一些有谋反之心的贵族们在安茹形成了一个联盟实体，他们把安茹分成十个行政区（canton）以组织各区贵族并收集他们的不满。联盟使用的也是投石党式的语言："所有绅士贵族及其他在下文中签名的人士，忠诚于吾王陛下，承诺支持、支援、保卫、维护陛下威权，反对任何滥用陛下威权之人，也反对任何试图剥夺绅士贵族之豁免权、特权及自由之人。"（Débidour 1877: 303）当然，聪明的投石党人是不会责备国王本人的，毕竟他身边还有个马扎然可供憎恨，只要责备他身边的幕僚、实施者和扈从就可以了。这些贵族们熟谙17世纪的叛乱规则。然而在恩威并施之下，这个贵族联盟还是瓦解了，安茹的贵族们或走向中立或被笼络。

其他人未能看到自己的特权受到妥善处置。昂热市政会以经济发展为名重击了各行业行会。1653年，市政会成立了市立制衣厂，与当地制衣师傅展开竞争。1655年，市政会成功地让巴黎高等法院通过法令，解散纺织工行会，允许外地纺织工来昂热建业谋生。（投石党运动期间，昂热民众反抗市政会和司法精英的主要力量就是行会组织，这一点不是巧合。）市政会还恢复了原来的税收。

旧税收的恢复也重新激起了两种旧的冲突。第一种延续了为人熟知的步骤：昂热市拖欠王室税收，省总督派驻军队以强征欠款，士兵们偷抢、酗酒、强奸，无恶不作，市民们对此怨声载道，但最后只能花钱贿赂。1655年春，驻扎在郊外圣雅克区和圣拉扎尔（St.-Lazare）区的士兵偷盗，"部队中尉对昂热市政官埃尔伯罗（Herbereau）先生施暴"，市政会对这两个事件进行了严格的调查（AMA BB 86/16）。第二种冲突则是这么发生的：地方或王室急需资金，就将某项税收分包给当地某个资本家。这个资本家只要上缴所需数额就可以，但他加收税款并扩大征税范围，所以激怒了需缴税款的人们，激起大范围反抗，从而再次导致军事力量的介入，以镇压民众。

1656年，市政会同意将所有税收都分包给市政府的一名官员，这进一步加剧了第二种冲突，因为这名官员必定会狠狠地压榨民众，以中饱私囊。他甚至将标价税扩展到运进城内的日常食品。1656年10月2日，就在收税人开始收税的第二天，一批群众捣毁了他设在城门的岗亭。这种形式在投石党运动之前就已为大家熟知。省里委派的王室军队指挥官的到来并没有终止骚乱。根据市政会的会议记录，在10月22日紧急召开的市政会会议上，"大批不知名的、愤怒的叛民涌进会议厅，一会儿工夫会议厅就人满为患。他们开始高呼要赶走靠收税发财的人，取消标价税，取消一桶1苏的葡萄酒进城税，撤销设在城门的岗亭和盐税官。他们还威胁要杀尽所有靠收税发财的奸人，就从市政会里的那些开始"（AMA BB 86/170）。在吵闹和谈判之后，这群人终于使得王室检察官德·苏维涅（de Souvigné）发表书面宣言，宣布取消那些赋税。在宣读时，人群高呼："国王万岁！德·苏维涅大人万岁！"在接下来的讨论中，群众继续指责市府官员的失职。根据副市长的记录，有人对他说："你，就是你不让我们做纺织师傅。哈！等你从这个世界上消失了,昂热就会有纺织师傅了！"（AMA BB 86/170）。

无论是税收的取消还是纺织工的胜利,都没有持续太长时间——根本就是太短了。几周以后,王室部队进驻昂热,直到1657年2月才离开。市政会又开始听到市民们抱怨"驻军的强索"（AMA BB 86/205）。这次军队还带来了一个预示坏兆头的人物——从图尔来的王室监察官。一个包括部分原司法精英成员的临时法庭成立。有三个人因为参与10月22日的叛乱被处以绞刑。1657年春,国王再一次取消昂热市在1656年因驯服而获恩准的一些特权。如果之前还怀疑投石党运动是否已经结束,那么现在连一丝一缕的怀疑也要打消了。

塑造该地区投石党运动的联盟早在17世纪50年代末就分崩离析了。在1648年到1652年期间有时会联合起来反抗马扎然的贵族、工匠、商人和低阶官员,在随后几十年里都各自开展过反抗王室和市府当局的小规模斗争。但投石党运动被镇压以后,他们就再也没有过联合起来反抗王室的行为。而且,随着作为反抗典范、焦点和集合地的巴黎高等法院日益衰弱,安茹与其他地区受迫害群体结盟的可能性也越来越小。

但在地方冲突中,安茹又出现了投石党运动之前就很常见的阶级联盟。1664年,国王宠臣的兄弟兼代理人夏尔·科尔贝（Charles Colbert）访问昂热后,报告道:

> 昂热市分裂成两派:一派包括市政府、初等法院、司法机关和盐务部门的法官和官员;另一派则是普通的资产阶级,包括律师、法律顾问、商人和工匠。两派之间的敌对情绪给这个城市带来许多麻烦。后者抱怨说……前者从不允许除司法官员之外的人进入市政管理阶层,司法官员几乎彼此之间都是亲戚

和联盟关系，都是有权有势之人，有着共同的利益，与其他官员联合起来为自己免税，却将税负重担压到人民头上，进而蚕食每年将近 75,000 里弗尔的公共资金；而且他们也从不为自己的花销提供任何理由或收据。他们对民众的抱怨不满，以各种方式对这些抱怨的人进行迫害，并冠以桀骜不驯和煽动叛变的罪名将这些人打发走。

前者则说，人民群众的领袖都是些骄傲无礼的家伙，对上级不恭顺，只想要独立，一旦有机会就与新兴党派抱成一团，因而经常给自己招来严厉的惩戒。（"Estat de la Généralité de Tours," BN Fr 18608）

上述报告虽然委婉提到了民众对投石党（即"新兴党派"）的支持，但这不应该误导我们，实际上大规模的反叛已经结束了，小规模的抗争也在明显减少。

从飓风到夏季风暴

抗争的减少并不意味着人民的怨怼消散或冲突消失了。路易十四继续发动战争，所以仍然需要人力、金钱和食物补给以不断扩充军队。17 世纪中期以后，赋税继续增长，尽管增长幅度不如投石党运动之前。王室的大笔收入都来自强制借贷、货币贬值、卖官鬻爵及其他常规税收以外的补充款。普通民众则继续竭尽所能地对抗新税收——尤其当王室的索取使得大笔利润落入中间人之手，并且根本就不合乎法定程序，甚至威胁到人们基本的谋生之道的时候。以上三种情形也重新激起了民众对税收及政府其他索求的反抗。

尽管内战、庇护制和暴动不再是群体行动的主要方式，但是安茹17世纪后期的许多冲突还是按照我们熟悉的步骤进行。在西班牙、法国东部边界和低地国家进行的系列战争几乎未曾停歇过，大批部队一直处于行军状态，经过城镇和村庄时就要安营扎寨。再者，监察官继续派驻士兵到地方上催缴拖欠的税款。这两种对民舍的强征将基本的食宿费用加诸民众身上。另外，士兵的强奸行为和喧闹暴行更让民众痛苦不堪。伴随着17世纪70年代法国军队在佛兰德和弗朗什－孔泰所获得的胜利，昂热市政会一方面记录为庆祝东线大捷而唱响的赞美诗和点燃的篝火，另一方面则记下了人们对地方军队的抱怨和抗争。1675年12月，城里的大佬们在一起讨论如何支付器皿费（ustensile，又一笔付给驻扎在该地区军队的核定款）。市长声称："看起来解决这件事的常规方法就是征收人头税。但这看起来不太可能，因为骑兵、步兵队伍频繁路过，冬季进驻士兵的所有开销都由居民承担，这些已经让市区和郊区的居民饱受蹂躏。再者，人头税的征收往往会在城里造成分裂。"（AMA BB 94/129）他们最终选择从进城税中抽出一笔钱，这也就将重负推到了穷人身上。

昂热市的市政官们肯定已经准确核算过税费。在17世纪，昂热的民众再也没有对收费站和收税人发动过严重攻击。在随后几十年里，唯一值得一提的是1663年11月与盐税官的斗争。当时，香槟兵团布雷特（Brette）上尉麾下的士兵几次试图将盐走私进入昂热城，都遭到警察的阻拦，于是发动攻击。盐税部队的桑什（Sanche）上尉拒绝决斗，但转身还是被逼与对方部队的一名中士展开剑斗，同时又受到对方士兵的攻击，情急之下拔出手枪杀死了中士。桑什上尉"率士兵撤退时，12个手握刀剑的人和一群投掷石块的民众在后追赶，在四五次拉开距离未果之后，他被迫开枪，杀死1人"。至此，盐税书记员（也就是讲述上述经过的人）和另一边的军官才设法恢复秩序

(BN Mélanges Colbert 118，1663 年 11 月 12 日报告）。

1669 年，类似的事件再次发生。5 个可能从事走运私盐的士兵突入普昂塞（Pouancé）监狱，救走了一名同伙，并在袭击一名盐税卫兵后逃离（BN Mélanges Colbert 151，1669 年 4 月 7 日信件）。由于与士兵同仇敌忾，昂热民众乘机狠狠攻击了令他们憎恨的盐税卫兵。如果单靠自己，民众是不敢的。

可见，盐税的征收可能越来越严苛了。1678 年，约翰·洛克（John Locke）访问昂热市，对盐税之重留下了深刻印象：

> 在这里，一斗（boisseau）盐售价 1 个金路易（Luis d'or），约 10 斤（livre）盐卖 10 苏。所以对进城所有货物的检查都十分严格，每个城门派驻两名盐税官，他们严格地检查任何可能藏有私盐的货物。他们手拿长约 2 英尺的铁锥，铁锥的顶端有一段中空，他们将铁锥刺入任何可能藏盐的包裹。倘若果真有盐，他们就可以通过这种方式发现。任何带入私盐的人都将处以 100 埃居（ecu）的罚款或到海上服劳役。而且，向除盐税官以外的人买盐也很危险……我曾亲见一名盐税官在城门口对一名入城的小女孩进行搜身检查。她看起来只是出城观看一场在城门外做准备的葬礼，当时有许多人都在围观。（Locke 1953: 222）

即使如此，走私盐贩仍旧继续着自己的营生，时不时地与盐税卫兵发生冲突。

盐税增加后，走私盐的利润也随之增长——当然是对那些没被抓到的走私盐贩而言。士兵们发现相比于自身那微薄又拖延的薪水来说，走私食盐所赚的外快更有吸引力，也更有时间保障。他们走私食盐有优势：驻扎地离边境近，不易被查或被抓，而且有权携带武器。似乎整个部队都形成了一个惯例，骑着马到盐价较低的区域买盐，再用鞍囊装回。包税吏们显然并不乐意，他们派遣自己的武装力量——盐税卫队——去抓捕这些违法者。然而，这些违法者不仅认为自己有权利做点走私的小买卖，而且还配备着武器。于是，流血斗争在所难免。

在近17世纪末的安茹，阿斯费尔德（Arsfeld）和圣西蒙（St.-Simon）的兵团都热情高涨地加入了食盐走私大军。1693年3月，阿斯费尔德的龙骑兵团从盐价较低的布列塔尼省回来，25匹马满载着私盐，但遭遇了盐税卫队的卫兵，结果双方各死1人。（检察官从兵团军官的薪水中抽取了一笔钱，赔偿给死去盐税卫兵的家属。AN G^7 521.）1693年1月，5名圣西蒙骑兵因走私食盐受审，结果都被定罪，其中2名被抽签选中终身在海上服劳役，另外3名"听候国王发落"（通常意味着可以在接受象征性惩罚后再回到部队）。2名不幸被判刑的士兵待在圣弗洛朗（St.-Florent）监狱，其同伙突入监狱，将他们救出，并攻击了意图逮捕他们的自己兵团的长官（AN G^7 521）。1700年前后，在安茹发生的与盐税相关的大型争斗往往都牵涉军人和武装盐税卫兵。

其他类型的冲突也在持续。士兵与平民之间的争斗似乎比投石党运动之前更普遍，而且有时候还会发展成聚众打斗。许多与军官的纠纷和对他们的攻击都起因于军队对民舍的强征。有时候在当地强制征兵也会引起纷争。市民的民兵组织与其他联盟团体也在继续争夺在公共庆典上的优先地位，例如1686年7月为了争夺在路易十四塑像落成仪式上领导游行队伍的权利，民兵队伍之间相互开火（AMA BB 97/33）。不过，昂热民众一度充盈的反叛能力在17世纪后数十年似乎已消退了。

在此期间，昂热的新教徒们（100年前曾是一支强大的政治力量)却成为默默无闻的典范。诚然,他们面临着极大的困境:在一个人口达 40 万的省中只有区区几百名教徒,而且还要应对王室威权的挤压。1685 年,《南特敕令》被废止,昂热初等法院下令拆毁位于城外不远索尔日(Sorges)的一座新教教堂,于是 5,000 名昂热市民都去拆教堂(Lehoreau 1967: 58-59)。几个月之后,王室官员旧令新用:"国王下令,命令所有胡格诺教徒放弃其宗教信仰。他们从阿尔萨斯兵团派出了许多士兵,随意居住在新教徒的家中。庞大的开销迫使所有(新教徒)即刻拥抱了我们的宗教信仰。一切都是为了主的荣耀!"(Saché 1930-1931: no. 5, 239)虽然后来许多人抱怨从新教皈依而来的教徒"不虔诚""不合格",但胡格诺教徒对王室的压迫行动根本不敢有半分的公开反抗。

在 17 世纪后半期公开反叛整体减少的趋势下,出现了两个重要的例外:工业冲突和与食品供应相关的斗争。据我所查阅的资料显示,在 17 世纪末的昂热,只发生过一次严格意义上的重大劳资冲突。1697 年,毛哔叽布纺织师傅们抱怨说:

> 在他们这个行业中,一些熟练工每天聚集在一起侮辱他们,使用武力甚至暴力迫使其他熟练工停工,甚至离开这个城市,他们称之为"送这些人上路"。一旦有熟练工惹他们不高兴或同意以低于他们所愿意的薪资工作,他们就威胁并侮辱这些师傅,虐待他们的妻女。阻止这些共谋和集会是当务之急,因为这会导致骚乱。(AMA BB 101/25)

昂热市政会对此表示同意,下令逮捕两名最"反叛"的熟练工,并禁止这种喧闹的集会。于是,集会演变成旧式的罢工。或许古英语中的"彻底腾空"(turnout)更能准确表达熟练工的实际行为。很可能在罢工之前，师傅们已经一致同意降低薪资。无论任何，师傅们向市政会的抱怨让我们能够看到，这种争斗可能远比文献中所记录的更持久。

安茹的食物和抗争

17世纪末民众争夺的另一个焦点是对食物供应的掌控权。投石党运动之后，王室试图影响全国食物分配的做法越来越明显。王室对食物尤其是谷物越来越关注，有以下几点原因：军队不断壮大，而且往往远离基地或在国外行军作战，亟需粮食；王室官僚机构所在的各首府不断扩张，食物供应出现困难；监察官的权力不断壮大，而且日益常规化，使得中央政府能够深入地涉足地方事务，尤其是关系到地方为中央提供财源之能力的事务，而这些事务就包括谷物的价格和供应。

在17世纪的大部分时间里，安茹的食物供应问题之所以会导致公开冲突，主要诱因是税收。正如我们已经看到的，每当处于经济困境中的政府当局对人们每日必需的饮食征税时，它们几乎总是会遭遇来自生产者和消费者的愤怒反抗，因为当时有一条不成文的规矩，就是不对日用必需品征税。（盐税是个例外，所以遭人们憎恨，民众只要有胆量就会逃避盐税。）然而，一旦这条规矩被违反，后果却是走私和攻击收税人，而不是抢粮。毕竟，抢粮要封锁运输，闯入仓库去抢囤积的粮食，或者强制食品以低于当时市场价的价格出售。旧制度意义下的抢粮运动，直到17世纪末才在安茹变得普遍。在随后150年里，抢粮运动都是安茹最常见的暴力抗争形式，在法国其他地区也是如此。

抢粮运动在17世纪大部分时间里之所以罕见，主要是因为地方政府本身就在做封锁运输、抢夺囤积的粮食和控制价格等事情。对于20世纪的人们来说，旧制度下的公共行政还负责监督、规范和改善粮食分配这一点是比较奇怪的。档案中许多内容都是关于价格和供应的，还有大量食品市场价目表（mercuriales），这样我们就可以评估17和18世纪大部分时间里法国大部分地区年与年之间甚至周与周之间的价格波动。尼古拉·德·拉马赫（Nicolas de La Mare）在其著作《论警察》（Traité de la police）中总结17世纪日常公共行政管理（即当时广义上的警政）的特点时，一大半的讨论也都是关于对食物供应的控制。

必须对食物分配加以持续关注，因为国家构建者急于确保国家自身的供应；因为幸存与饥荒之间只有一线之隔，很难确保不会发生饥荒；因为食物短缺和价格高昂频频成为地方冲突的重要诱因。冲突与食物供应之间的关系远比我们所能想到的要复杂，因为粮食斗争的严重程度并不能简单地以粮食歉收或价格陡升来解释。地区之间的粮食运输会加重或减轻粮食歉收所造成的后果；除了公共津贴和管控，粮食的运输也会对地方价格产生重大影响。即使粮食价格上涨到极不合理的程度，公开冲突也并不一定会发生，除非有磨坊主牟取暴利，有商人将急需的粮食运往他处，有王室官员强征地方上的部分粮食供应，有投机者待价而沽，或者市行政部门未能采取有效补救措施应对食物短缺。

上述这些造成食物争斗的因素在18世纪更加普遍，所以我们将在之后的章节详细讨论，在此我们只要提出梗概即可。首先，尽管农业生产略有增长，但18世纪发生的高速城市化和人口无产阶级化却造成种植自身所需粮食的法国人口比例下降，越来越多的人以购买的粮食为生，而且地区之间的粮食运输开始活跃并变得至关重要。其次，粮商越来越进取，越来越富有，对地区甚至城市和国家之间的价格差异越来越敏感。再次，国家（与商人进行隐秘合作）更多参与到将粮食输送到城市和军队的行动当中。这意味着尽管社区民众急需粮食并对当地粮食供应享有优先权，但粮食还是被国家夺走。在整个18世纪，国家越来越倾向于将谷物贸易"自由化"，鼓励并保护商人在低价区购进谷物，再运往粮价高的缺粮地区。如果政府当局不采用管控和提供津贴的旧政策，商人与地方市民就会越来越频繁地因手中的粮食而发生争执。这就是抢粮运动之所以发生的情境。

这一整套因素有助于我们了解安茹严重的粮食紧缺与粮食供应相关争斗之间的微弱关联。在17和18世纪粮食价格奇高的那几年（例如1699年），并没有发生粮食歉收，仅仅是收成一般而已。就价格而言，安茹在这两个世纪里最严重的危机发生在1630—1631年、1661—1662年、1693—1694年、1708—1710年、1713—1714年、1724—1725年、1752年、1771—1773年和1788—1789年。危机在18世纪发生得更密集，也更迅速。然而，1661—1662年的饥荒是"安茹地区17和18世纪里最严重的一次"（Lebrun 1971: 134）。

正如卢韦的日志已经告知我们的，1630年和1631年是安茹的动荡之年。在昂热，经常有民众集会讨论如何保证粮食供应的措施。他们决定限价，并且采取标准的预防措施，即驱赶"外来贫民"出城以减少需要养活的人口（AMA BB 73）。然而，相比于税收榨取，粮食供应在那些年的抗争行动中只是一个较为次要的主题而已。昂热发生了几起攻击面包商的事件，还有几次不很严重的争斗发生在腹地村民与城市居民之间，因为这些城市居民想将村里储存的粮食拉走（AMA BB 73）。但仅此而已。

历史学家将1661—1662年的大饥荒称作"亲政危机"，以标志这次饥荒正好爆发于马扎然死后路易十四亲政的1661年。这次大饥荒也是人们之后所说的致命因素之一，因为一再发生的饥荒和灾难都在

不断地重创旧制度。早在 1662 年，图尔大区的监察官这么描述他管辖下的图赖讷、曼恩和安茹等三个省，它们

> 比想象中还要悲惨。1661 年，水果绝收，粮食极少，粮价奇贵。严重饥荒和超高粮价首先是因为今年普遍发生的粮食歉收，其次是因为南特的长官阻止图尔及其附近地区所需的粮食从南特经过……饥荒在农村地区更严重，农民们根本没有一粒粮食，只能靠救济。（BN Mélanges Colbert 107）

到 1662 年 6 月，监察官汇报道："情况越发糟糕：紫癜热和致命疾病肆虐，尤其在勒芒；初等法院的官员已经决定关闭法庭，彻底结束各种贸易。"（BN Mélanges Colbert 102）在安茹，死亡率比正常时期高出好几倍（Lebrun 1971: 334-338）。

如此重大的危机使得行政部门重新将注意力放到谷物的分配和价格问题上。昂热在官方许可的情况下从荷兰进口谷物。监察官汇报说，他将供应给王室的一部分谷物提供给昂热市市长和索米尔市市长，但他们却出人意料地拒绝了。"他们原以为这些谷物是免费提供的，但后来知道不是，觉得反正都没有现金支付，倒不如从商人们那里赊账购进谷物。"（BN Mélanges Colbert 109）虽然行政部门采取的只是上述措施，但 1661—1662 年因为粮食问题发生的民众抗争事件还是比 1630—1631 年少（AMA BB 89）。整个安茹省都在竭尽所能，争取在资源有限的情况下幸存下来。

1693—1694 年的情况有所不同。早在 1693 年 6 月 3 日，昂热就召开警政代表大会讨论生计问题。（这个大会是一种全市性的福利议会，参加会议的除了市府官员，主要是来自教会、法庭和其他主要机构的代表。）议会提议，由市政府购买"一批小麦供应给本市

居民，以防止因恶劣天气和季节导致的饥荒进一步加剧，以及粮价暴涨"（AMA BB 100/10）。市政会决定用现金从卢瓦尔河畔圣乔治（St.-Georges-sur-Loire）修道院的承租人手中购买50—60塞蒲迪尔（septiers，约合1万升）粮食。但是，当一名市政委员、一名市估价员、两名卫兵和一名车夫前往圣乔治运粮食时，却"被一批聚集在一起的武装群众阻拦。这批群众敲响警钟长达两个小时，造成极大骚乱"（AMA BB 100/10）。

监察官米罗梅尼（Miroménil）发怒了。他给巴黎写信："我训斥了昂热市长，因为他明知道当时有粮食从南特运来，而且昂热还有几个粮仓备有余粮，必要时可以开仓，但他为了向老百姓展现热忱就派人前往卢瓦尔河畔圣乔治买粮，实在是有欠考虑。"（AN G^7 1632，1693年6月15日）昂热市长不仅在圣乔治造成了"骚乱"，而且在这一过程中还违反了王室政策。

在随后一年里，与农村的争斗只会越来越严重。1694年5月，昂热的商人在附近的北方小城克朗（Craon）购买了谷物，却无法运回。于是市政府派遣市检察官及40名宪兵前去。正如一名初等法院律师的日志所记载的，"他们遭到了抵抗。一大群农民和伐木工人手持枪棍和斧头伏击了他们。一名宪兵的帽子被子弹打穿，被打中时他吃了一惊，但接着就冲锋向前，杀死了对手。结果又造成了另外2人重伤，4人入狱。假如不是农民们后来撤退了，肯定杀戮的后果更加严重。最后他们带回了50袋谷物"（Saché 1930-1931: 5, 307-308）。从昂热派出的队伍及其所遭遇的阻抗都预示着，大约一个世纪以后的大革命时期，民兵组织会长驱直入，进入农村。虽然在城市里我们只看到对粮食的深切关注而没发现严重的对抗，但从全省的整体情况来看，对食物的争夺已经达到了激烈的程度。

从此时直到大革命时期，每一次生计危机——即使不严重——

都将争斗推向新的层面。例如，1698—1699年的食物匮乏本不是太严重，但后来发展到非常严重，主要是因为商人们购买当地谷物去满足巴黎的消费需求。我们发现，在1698年秋季，因为监察官宣布允许在安茹省内自由买卖谷物，而且从安茹也可以自由卖出谷物，昂热市政会就陷入困境，被迫采取类似于抢粮的官方行动。记录上这么写着："听到市府大厅和市场上的人们都在说无粮可买了，一瑟提埃（setier，约合150—300升）的粮食都没有了。"市政会向王室军事总督提出召开警政代表大会，但总督拒绝了，因为五天后就有常规性议会要召开，如果再召开特别议会，只会扰乱民心，而且监察官已经下达了自由交易谷物的命令，就不能更改了（AMA BB 101/99-100）。

听说布什曼恩村（从名字就可以知道，这个村子位于曼恩河汇入卢瓦尔河之处）有间房屋里存有谷物，市政会立即派遣两名官员，即市政官普拉尔（Poulard）和检察官加斯泰（Gasté）去核实并尽其所能强征。普拉尔和加斯泰确实发现一间门窗紧锁的房屋内装满了谷物。他们从窗户往里窥探，但找不到人来给他们开门。他们沿着河岸往南走，发现三艘装满小麦的大船，但小麦上的标记显示是要运往巴黎的，他们自然不敢碰。不过他们却有另一套说辞："因为我们只要普通老百姓需要的黑麦。"于是他们继续前往下个村庄（AMA BB 101/101）。在那个村庄，他们又发现一间紧锁的仓库，又没找到人来开门，于是继续跋涉。在河边，他们终于发现一艘满载黑麦的驳船！

两名代表经过盘查，认定这艘驳船是要走私进入布列塔尼的，于是以昂热市的名义将其扣下。船夫拒绝为他们将船开回昂热，于是普拉尔和加斯泰雇用自己的马车夫来拖船。他们凯旋，但在快到码头时船被撞，船上的黑麦掉入水中，船开始下沉。市政会表扬了这两名代表，决定吊上船并将船上的黑麦放入仓库晾干（AMA BB 101/101-

102）。市政会的无能使得民众只能主动采取行动。在1699年春夏两季，昂热经受了众多次威胁，发生了好几次关于食物的冲突，至少有一次极其严重。

监察官米罗梅尼先生又皱眉头了。他在1699年1月的报告中谴责了屡次发生的阻拦谷物运输事件，而且使用的借口大多是，这些谷物是准备非法运往布列塔尼的。他警告说："我们将不遗余力保证自由交易。有些不怀好意的法官为了博取民众对他们的好感，编造了一套说辞。他们说，既然国王只批准经上游进入巴黎和奥尔良的货船经过，他们将不允许人们到邻近的城市购买谷物或是将谷物经水运从一个城市运往另一个城市。"（AN G^7 524）

因此在17世纪末，法官和市府官员们面临艰难的抉择。无论是行政传统还是民众压力，都要求他们在允许谷物脱离他们的掌控之前先确保地方上的食品供应。然而，如果他们与地方群众站在同一阵线，保留管控的旧体系，他们就要冒着触怒国王的风险。

虽然与常规做法不同，但为了方便起见，我们将安茹的17世纪的下限设定到1710年。1708—1710年间发生了严重的生存危机，同时人们还要承担为东线军队提供物资的压力，双重压力导致了法国全面抢粮运动的开始。在安茹，形势动荡不安：城内因商人和官员无法输入足够的廉价谷物而冲突不断，城外因商人和官员试图将所需谷物输出而纷争不停。在此期间最早的"民众骚乱"发生在1708年7月末的索米尔。当时，一批群众闯进一间仓库，里面储存的谷物原本准备运往法国在加勒比海的殖民地。监察官所做的审判记录讲述了这次事件的经过，也表达了他对这次事件的重视：

> 我们将六人关进索米尔监狱。第一个是名叫博特罗（Bottereau）的妇女。她在港口洗完衣服回来后，煽动其他人闹事——主要

以言辞而非行动来煽动。她对于其他民众来说是一个警诫。因为这次骚乱触犯了法官们的权威,她被判为其错误言行在法庭上公开道歉。之后她当庭受鞭刑,接着被带到犯罪现场和普通民众最密集的三个郊区接受鞭刑。最后她被烙上百合花印记,终身流放。

第二个是一名残疾乞丐。他用拐杖打碎了装谷物的器具,并将面粉分给他人,而且还用言语煽动其他人。他被铐上枷锁,在公共广场接受鞭刑,流放九年。

还有三名妇女,抢走了几蒲式耳面粉,被判在法庭上接受训诫,并捐三磅面粉以救济他人。我提议加上一条,要求她们在(博特罗)做公开致歉并接受刑罚时必须在场,以儆效尤。

最后是一个熟练伐木工。他参加了六点钟的骚乱,卷走了几个空桶。此人还待进一步调查。(AN G^7 1651,1708 年 8 月 31 日)

然而,食物供应的冲突直到八个月后的 1709 年春季才达到最高潮。当时,昂热市为了供应城内居民所采取的措施在农村激起了反抗,而这些措施的失败又在昂热城内引发了动荡。这两种冲突在该地区其他中等城市中也引发了不安情绪。

在当年春季的一系列抢粮事件中,最大的一起发生在昂热。昂热主教座堂的牧师叙述了这起事件:

民众于 1709 年 3 月 18 日和 19 日起来造反。他们阻拦准备往拉瓦勒(Laval)运粮的船……违警罪法庭法官们(police judges)穿着官袍前往现场,但未采取任何行动,因为暴动的群众威胁要杀了他们,淹死他们。最终,双方达成协议,谷物不运走，就地出售，暴动才得以平息。然而，民众并不满足，他们还强制打开了城里几个粮商的仓库，并闯入可能藏有谷物的面包店。暴动中许多人丧生。愤怒的民众把守着城门，任何谷物都不可能流出；他们甚至阻止乡下的穷人们来城里购买的麸皮流出城外。（Lehoreau 1967: 191-192; cf. AN G^7 1651）

民众把守城门长达一月有余。"民众"动员的热情鼓舞了市政会，他们寻找一切可以购买或强制销售谷物的机会。

市府官员甚至愿意从其他人的抢粮行动中获利。3月27日，市长向其同僚报告道：

> 几名商人满载着谷物，沿卢瓦尔河南下，经过蓬德塞时被当地市民拦下。因为蓬德塞市民在其他各地都寻不到谷物，而且附近城市的市场上也无法提供足够的谷物，所以他们要求扣下这批谷物留给他们，就地出售分配。商人拒绝，因为他们具备监察官颁发的通行证，获允将谷物运往南特和波尔多。（AMA BB 104/44）

蓬德塞的市民们却不管这些说辞，放走其中8艘船，但扣下了另外3艘。他们将谷物以低于市场时价的价格出售给当地本堂神甫认为急需救济的穷人们（Lehoreau 1967: 191）。

昂热的官员们看到蓬德塞的成功，就派了一名代表去向图尔的监察官请愿，希望能将蓬德塞抢来的部分谷物卖给昂热的穷人（AMA BB 104/44）。监察官同意了这一请求，尽管他也下达严令要维护自由贸易（AN G^7 1651）。暴乱与合理市政管理之间的界线一下子就变得模糊不清了。

安茹与法国

从 1620 年蓬德塞滑稽剧到 1709 年蓬德塞阻粮运动,将近一个世纪的社会变迁已经改变了安茹乃至法国全国民众抗争的性质。在 17 世纪,精英群体之间的敌对和武装对抗,同它们与合作团体之间的竞争、纳税人的反复性暴动等交织在了一起,使得安茹的抗争行动呈现出一种粗犷、纠缠不清的面相:每次新的暴动都可能吸引一些贵族庇护者,而每次新的精英派系斗争都可能引发一场民众运动。从这方面来讲,这个世纪最重大的变化就是,再也不可能出现精英与民众结盟共同对抗不断扩张的王权的情况了。投石党运动的失败以及之后所遭受的镇压就是这次转变过程中的最重要时刻。

为什么投石党运动在安茹的影响力如此巨大?其中两个原因非常清晰。第一,投石党运动的结果以恩威并施的方式使得民众反抗王室索求的主要精英支持者们——主要是大地主和官阶较低的官员们——开始听命于国王。市自治权被剥夺,监察官的权力增强,贵族退隐到法庭或乡村,这些都降低了精英运作与民众反叛相联合的可能性。第二个原因跟王室本身有关:虽然国家预算仍在增长,但王室的财政政策却不再采用粗暴突兀的方式强行征收新税,而是转向一种更微妙(但有效)的方式,包括间接征税、操纵货币、出售特权和借贷。这可能是因为在 1661 年路易十四亲政以后,科尔贝取代了富凯(Fouquet),财政系统中明显的低效和不公平的现象也在减少。也可能是因为监察官对税收更加持续性的监控开始打破旧的恶性循环:不切实际的估算、数额庞大的拖欠税款、市政府的合谋、军队入驻催缴税款和民众叛乱。

不管怎么说,在投石党运动之后,安茹的叛乱出现了整体衰退的趋势。但也有一项例外,就是 17 世纪末围绕食物供应而展开的斗争在增多。之前抗争形式的波动都随国家构建而变化，这次却是因为以下两方面因素的交互作用：商业资本主义的扩张和重塑民众抗争的政府政策的变化。几个世纪以来，地方上的薪资工人对突然发生的食物匮乏和价格高涨毫无招架之力。地方当局通常都以某种复杂的管控措施来应对这种突发状况，其关键做法就是通过行政手段来分配手中已有的食物，可能的时候通过公共行动来增加库存，并向真正有需求的穷人发放津贴。

我们发现，17世纪即将结束时，国王试图改变旧体系以保证军队、官僚和首府城市的粮食供应。新计划的口号就是"谷物贸易自由化"，计划的执行者是监察官和大粮商。地方官员发现，当国王在稳步夺取他们的权力和自治权时，他们在王室索求与地方需要之间左右为难。面对地方当局的不情愿和无能，普通民众只能将法律握在自己手中以应对食品短缺的问题。

"将法律握在自己手中。"在抢粮运动中，这句话就脱离了隐喻王国，进入了实实在在的社会生活当中。穷困的消费者们自动自发地盘查私人手中的谷物，封锁船运，强制以低于市价的价格出售粮食，这在一定程度上已经取代了地方当局。他们指责当局疏于职守。但是他们并没有自称当局者，等完成了监管工作后，他们又恢复以前的身份，成为地方市场的普通一员。

抢粮运动中的指责和取代这两个要素反映了17世纪至19世纪中叶法国群体行动剧目的一般特点，即民众抗争形式与当权者处理公共事务的通常手段之间存在一种密切关系。模仿当局行为的做法遵循着从讽刺到颠覆，再到取代的步骤。在讽刺阶段，人们利用官方许可的节庆、仪典或游行来展示象征物，携肖像游行，或滑稽模拟庄严场合，以嘲讽怠工失职的当权者。在颠覆阶段，他们将意图震慑普通民众的行刑、议会或公共仪式转变为对官方罪行的控诉。到取代阶段，人民确实将自身置于当权者的位置，并做了当权者本应该做的事，诸如抢粮、执行刑罚、开放非法关闭的田地。

然后，他们就退回到原地。即使在重大叛乱中，曾经取代政府当局的普通民众在所受的不公得到了补偿之后，通常都会达成协议，回到原来的位置，很少有人会想永久性取代当局。

我们注意到，以上这些做法忠实地模仿了一些既有的规程。例如，当严肃的法官给缺席的重罪犯定罪时，他们通常展示一个人偶，身上贴着纸条，代表那个罪犯及其罪行，而群众将贴有标签的肖像投入火中恰恰是模仿了这种例行程序。公众将叛国者的头颅示众是旧制度法庭常常采用的方式，而旧制度的反叛者却较少使用。即使民众毁坏公敌住所的行为也是仿效一种不常见但说服力强的司法仪式。

然而有时候，关键不在于模仿。普通民众还是扮演自己的常规角色，但有时候并未获得官方的批准，有时候则以一种出乎意料的方式进行。采用第一种做法的有昂热人民，他们召开未得到批准的议会，并选举自己的市政官；采取第二种做法的例子则是，人们利用封斋前的狂欢节来讽刺对手。所有这些不同的行动方式，都以既有的官方例行程序为基础来表达不满或诉求。即使当局仍旧将这些民众行动称为骚乱，也应该从中辨识出一些他们自己标准程序中的样子。

在当代人们在表达诉求时，不会像17世纪的人们那样经常采用模仿官方程序的做法——不管是讽刺、颠覆还是取代。官员和当权者通常不会罢工、示威或组织社会运动，当然这也不是他们的职责所在。但普通民众会这么做。然而在17世纪，即使有些行动被当局认为是明目张胆的反叛，但几乎所有的民众抗议者都还是遵循着一些获许可的惯例做法。相比于自主、自创的策略来说，采用官方认可的规程来逼迫当局答应不被许可的诉求，有三大好处：第一，至少从一登上舞台，他们的行动就具有了正当性，而不是从一开始就受到镇压。

难道人们会因为在教区节庆上聚集、交谈就受到惩处吗？第二，参加者也不需要再对行动过程做任何规划、组织和练习，因为他们已经知道如何组织游行、盘查谷物。第三，采用或嘲讽当权者的行事程序可以准确无误地向当权者传递一个信息，那就是他们受众人谴责了。面对扩张的资本主义和壮大的国家，17世纪的安茹人充分利用了所有有利条件。

我们可以用三个词语来概括17世纪安茹人民抗争的主题：刀剑、钱袋和面包。刀剑在安茹冲突中的作用有时直接，有时间接：17世纪上半叶，大贵族的军队在安茹省来回穿梭；为这些军队提供食宿所导致的压力在整个17世纪都是造成尖锐分歧的源头；军队被派去镇压对王室不忠之人或是去强迫当地人效忠王室，但在所到之处抢掠、强奸、喧闹，从而激起新的民怨；许多其他引发民众反抗的王室索求都源自王室扩大军队、投入战争的企图。钱袋则自有其逻辑：王室官员和财政大臣采用任何可能的权宜之策以求增加王室的财政收入，而安茹的普通民众则反抗任何侵犯其权利或缩减其生活必需品的索取。当然，面包就是生活必需品之一。当地方官员在粮食短缺之时，不再愿意或根本没有能力去争取可获得的面包和谷物，民众就自己行动起来，与商人、面包商和官员对抗。

刀剑、钱袋和面包是17世纪全法国民众抗争的三大主题。在安茹以外，还有一个主题也比较突出：宗教。17世纪初，曾在16世纪前十年造成法国分裂的新教与天主教之间的争斗仍在继续，但呈缩减趋势。随着时间的推进，在17世纪，国王们（尤其是路易十四）从开始对新教宽容，到对其管制，再到最后将其排除出法国人民的公共生活。目前关于这些宗教争斗我们只能找到很少的资料。在17世纪的安茹，尽管在索米尔有一所著名的新教学院，但胡格诺教徒的数量较少，地位无足轻重，且以外国人口居多。然而，在法国其他地方，新教教徒有时是当地精英群体中的重要成员，有时占人口的大多数，也有可能两者皆是。在那些地方，关于宗教权利及特权的抗争吸引了很大一部分力量。要考察这些冲突，我们应该到其他地区去看看，尤其是朗格多克。

尽管一再发生骚乱，甚至投石党运动，但是在安茹，还是没有发生过一次像17世纪在诺曼底、佩里戈尔及法国其他地区那样的大规模地区性反叛。为了能够理解为什么历史学家和当代观察家都认为17世纪的法国一直处于持续不断的危机当中，我们就必须关注那些针对中央权力而一再发生的重大挑衅行为。前面考察了安茹的情况，接下来我们要将目光放远，扩大到法国其他地区。

第五章
钱袋、刀剑、面包和十字架

诗人不是预言家。1622年秋季,路易十三正忙着打压朗格多克省信奉新教的贵族,泰奥菲勒·德·维奥审慎地为他写下以下诗句("Au Roy, sur son retour de Languedoc"):

> 年轻、胜利的王啊,
> 你的光荣勋绩,
> 众神都嫉妒。
> 命运之神担忧地问,
> 你还要向命运索求什么呢?
> 你已惩处足够多的反叛,
> 你已占领足够多的城市。
> 我们知道,从此以后
> 内战的肆虐
> 再也不会夺走我们的和平。

泰奥菲勒应该知道自己在表达什么意思，毕竟，他也曾经以"语言教授"的身份参加了早期的朗格多克运动。而且，他的家乡克莱拉克（Clérac）就是在那一年与其他地区一样落入新教反叛者手中的。实际上，他的兄弟保罗就是当地反叛首领之一。

对和平的预言可能只是愿景而已。泰奥菲勒本人就是新教徒，著名的索米尔新教学院的校友。他可能盼望好战的国王将刀剑伸向其他敌人，而不是法国的胡格诺教徒。或者他只是更关心世俗的内容，正如他于第二年出版的情色作品《林神的巴那斯山》（Le Parnasse satyrique）。这本书导致巴黎的耶稣会反对泰奥菲勒，并将他送入监狱。无论如何，他预言和平，是因为他错误判断了他的君王和所处的时代。

他的君王并不是个容易看清的人。三年前的 1619 年，爱德华·赫伯特（Edward Herbert）爵士作为英国大使前来觐见路易十三。后来他这么描述这位国王：

> 他的话不多，而且口吃，有时舌头伸出半天才能说出一个字。牙齿整齐，从不随地吐痰或擤鼻子，而且虽然他非常热衷打猎驯鹰，乐此不疲，但在进行这些活动时也不会大汗淋漓。他体型壮硕，但丝毫不影响他运动，因为他在狩猎时有时步行许久，不仅他的朝臣跟不上，连仆佣也体力不支。他对天气的冷暖反应迟钝。他的理解力及天赋很好，即便是作为一个在蒙昧环境中长大的人。这种蒙昧环境往往是有意为之，为的是长久掌控一个人，然而他却在与活跃睿智的人交谈中及时学会了处理事务的知识。同其他蒙昧环境下成长起来的人一样，他也具有疑虑和虚伪这两种性格特征……有必要运用勇气时，任何担忧（原文如此）都不会消磨他的勇气；虚伪的性格也不会发

展到将个人的不幸施加到其臣民身上，无论他们信奉哪种宗教。
（Herbert 1976: 93-94）

然而，虽然他的父王也曾信奉过新教，这名性格复杂的国王最终还是成为法国新教的苦难根源。

这位既口吃又性格阴郁的国王在 1622 年时仅 21 岁，但已经亲政五年。这五年并不太平，期间发生了两场与王太后及其盟友的内战、长达六个月针对法国新教根据地的军事行动，以及与德国和意大利的国际纷争。之前那场旷日持久的宗教战争才刚结束二十五年，还能让法国人民回忆起漫长战争给人们带来的灾难。整个法国及其诗人都在祈祷和平，但历史让他们有充分的理由相信：众神都好战。

路易十三时期的战争和绥靖

在 17 世纪接下来的时间里，很少再有和平的日子了。从 1623 年到路易十三去世的 1643 年，法国每年都会爆发至少一次大规模骚乱。到路易十三的儿子路易十四统治时期，叛乱仍旧以这种每年发生的节奏继续着。首席大臣黎塞留开始建立法国的军事力量，并从 1629 年开始谨慎地介入欧洲战争，但法国直到路易十三于 1635 年向西班牙宣战时才开始公开卷入欧洲战争，从此就一发不可收拾。在随后近 80 年的时间里，法国一直战争不断，要不在东线，要不在意大利或西班牙。

在泰奥菲勒献给国王颂歌的七年前，安托万·蒙克莱钦（Antoine Montchrestien）出版了《论政治经济》（*Traité de l'économie politique*），他在书中反思了战争成本的问题。他说："发动战争不能没有武器、军饷和支付军饷的资金,要筹集资金就离不开贸易。因此,作为政治行动的重要组成部分,贸易活动就成为有权有势之人追逐的对象,而且近来追逐权势的人对此更是孜孜以求。"[Montchrestien 1889(1615):142]资金是战争的力量之源,这一点其实是老生常谈。在蒙克莱钦这句名言出现之前的一个世纪,马基雅维利(Machiavelli)就对这种观点发起了挑战,他反转了这种说法。他说,虽然重赏之下不一定有勇夫,但勇夫一定会紧抓重赏。甚至在当时,许多君主也认为重赏是更好的选择,没有军饷的士兵容易发动兵变。但是,只有在17世纪,从战争推到贸易的完整论断才成为标准说法。

蒙克莱钦及其同侪没有顺势得出结论,认为切断贸易将是一件可为之事,由此就可以阻止战争的发生。相反,法国人常见的智慧却得出以下这两个结论:一是为了备战,政府必须提高税收;二是为了更便于增税,政府应该推动可供增税的商业活动。在这些简单的预设下,重商主义开始繁盛。增税和重商侵犯了一些民众的既有权利和利益,因此引发了坚决的抵抗。以建军、收税、发动战争、叛乱和镇压为主要内容的一百年开始了。

国内的敌人

事实上,废除《南特敕令》是王室国内政策的重要部分。这道敕令于1598年颁发,当时亨利四世正忙于向实力仍旧强劲的西班牙求和,这道敕令确实安抚了王室在国内的主要对手——信奉天主教和新教的贵族在宗教战争的纷乱中已经建立了几乎完全独立的封地。根据《南特敕令》,胡格诺派有权集会和进行宗教活动,甚至可以拥有自己的武装,管理法国南部、西部和西南部的一些城市。该敕令还敕免了一些官员，他们曾以各种叛乱阵营的名义扩充军队和装备、增加税收和物资供应（Wolfe 1972: 225-230）。《南特敕令》恢复了王室的终极权力，包括扩充军队、武器，提高税收和物资供应等方面的权力，但同时也原封不动地保留了 1598 年法国境内各方面的权力结构。整个 17 世纪，法国每一任国王和大臣都致力于打破这种权力结构，瓦解王国境内各个组织权力的自治中心。

路易十三对新教徒的忧虑不无道理，因为胡格诺派武装力量曾于 1616 年支持孔代亲王发动的叛乱，又于 1619 年支持王太后发动的叛乱。年轻的国王在平定了王太后等人发动的叛乱之后，立即发动一系列军事行动攻打新教根据地，包括拉罗谢尔、罗什福尔（Rochefort）、圣让当热利（St.-Jean-d'Angély）、蒙托邦（Montauban）、普里瓦（Privas）等。爱德华·赫伯特爵士汇报说，吕伊纳公爵

> 一直都是国王的宠臣。他提议向法国境内的改革教派发动战争。他说这是因为一个伟大的君主不可能允许强大异己力量存在于自己的领域之内，真正的基督教君主也不允许异教徒如此大规模地存在，而且还凭借公开敕令盘踞要塞。所以，应该像历史上西班牙人驱逐摩尔教徒，将他们流放到其他国家一样，我们也应该驱逐这些新教教徒。（Herbert 1976: 104）

赫伯特还向吉斯（Guise）公爵做了预言性的汇报："一旦宗教势力被镇压，接着就会镇压王国内的重要人物和省总督。"（Herbert 1976: 105）但预言并没有引起重视。

在当时"重要人物"与"宗教势力"之间并没有绝对的界线，许多显贵同时也是新教徒。路易十三于 1622 年开始攻打西南部的新教根据地，但遭遇了权贵之士与普通新教徒联合发起的大量反抗。据

《法兰西信使报》报道，

> 那些上一年还宣誓效忠国王，今年就反叛并拿起武器对抗国王的新教徒不是少数。他们心怀不满，有些是因为失去了军事管理权却没有获得相应补偿，有些则是出于捍卫自身教会的特别理由，因为他们说这关系到荣誉和良心。因为允许士兵靠山吃山，靠地吃地，没有军饷就可以劫掠物资，所以他们可以招募到足够的兵力。然而，任何党派都需要某种既定秩序并支付战争费用才能得以持续，所以德·拉·福斯（de la Force）先生在圣富瓦（Ste.-Foy）成立了吉耶讷低地地区教会委员会（Council of the Churches of Lower Guyenne）。这个由他来运作的委员会就是一个缩小版的新教议会，处理并决定所有政治、军事和财政问题。这个委员会决定的第一件事就是征收30万里弗尔的赋税。这项赋税被分摊到吉耶讷低地地区的所有城镇，一些普通农民和其他居民因此被捕并被送往圣富瓦监狱，以便委员会向教区其他民众征收税款。（Le Mercure François 1622: 446）

这个为王室收税人长期所采用的策略，王室的对手们运用起来也得心应手。

事实上，征服法国国内新教地区的战斗与对外作战有许多相似之处。例如，苏比斯（Soubise）公爵围困位于普瓦图海滨的新教城市莱萨布勒-多洛讷（Les Sables-d'Olonne），该城首领向他提供2,000万埃居、几门大炮和3艘船，以求城市陷落后不被洗劫。然而，等部队一开进城内，士兵们就开始劫掠，苏比斯还辩解说："我在答应你们之前就向士兵们允诺了战利品。不管怎么说，我实现了和平解决。"（Le Mercure François 1622: 530-531）

国际战争与国内战争的最关键区别在于对待敌人的不同态度。一旦国内敌人被王室认定为叛乱分子，他们的行为就等同于叛国，所以条约、赎金和战争时的客气话都不适用于他们——除了其中一些重要的当权者。让-保罗·德·莱斯坎（Jean-Paul de Lescun）是波城的一个官员，曾于1622年在西南部协助组织新教反抗运动。莱斯坎在战争中被俘，送往波尔多受审。以下是对他的审判报告：

> 他被绑在车框上，头上顶着写有"拉罗谢尔议会主席和王室的罪人"的牌子，被拖拽着经过城里的街巷和广场。接着，他被领到隆布里埃（Lombrière）王宫前作忏悔。他身穿素衣，脖子上套着绞索，光头赤足，跪在地上，身边有两磅重的蜡烛在熊熊燃烧。他公开承认他所犯下的罪行：居心叵测地出席并主持了上述拉罗谢尔议会；作为议会主席，签署命令组建军队以反抗国王的权威；出席由上述议会成立的拉罗谢尔市法庭，以君主的姿态裁决关乎国王之臣民的生命和财产的案件；与他人合作准备出版《贝阿恩地区改革教会受迫害情况》(The Persecution of the Reformed Churches of Béarn)。接着，他向上帝、国王和正义之神请求宽恕。然而，法庭最后裁决，由行刑者以正义之名当着莱斯坎的面焚烧上述著作和命令书，然后行刑者在专门制作的刑架上砍下他的头颅和四肢。行刑结束后，法庭还下令将莱斯坎的头颅送往鲁瓦扬（Royan）市，朝着拉罗谢尔的方向悬于高塔或城门之上。而且，法庭还将莱斯坎的后代削为平民，他的所有财产被没收后收归王室，但在此之前先抽取3,000里弗尔，一半用于支付本城圣安德烈医院（Hospital St.-André）中穷人的伙食费和营养费，另一半用于修缮王宫。审判的费用也从中扣除。(Le Mercure François 1622: 602-604)

这就是叛乱者在被抓和无力反抗时因挑战王室权威所遭受的惩处。如果被抓的叛乱者是新教徒，那么下场会更悲惨。

在打击新教自治权的战斗中，路易十三可以依靠民众支持。虽然宗教战争以签订和约和皈依新教的国王即位而告终，但是天主教徒对新教徒的敌意在法国许多地方还保留着。而且很有可能，官方执行的宗教少数派隔离政策进一步加深了这种敌意，其中包括巴黎市的宗教隔离措施。在巴黎，新教徒只能在位于城墙外沙朗通（Charenton）的一座教堂里进行宗教活动。1611 年，

> 一群新教徒前往圣但尼街附近的三一公墓埋葬一个孩子，他们在傍晚日落之前出发。巡逻队的两名成员郑重地引导队伍前行。一名制醋师傅的帮工朝队伍投掷石块，随后这名制醋师傅和其他几个人开始效仿。一名巡逻员被砸伤。沙特莱的刑事长官（lieutenant criminel）逮捕了投掷石块的人。7 月 1 日，那名帮工在三一公墓外被施鞭刑。然而 8 月 21 日（周日），从沙朗通回来的新教徒又被辱。(Mousnier 1978: 75)

在巴黎，新教徒周日前往沙朗通做礼拜，来回的路上经常会受到天主教徒的侮辱，有时甚至是暴力攻击。1621 年在围困（信奉新教的）蒙托邦的战役中，（信奉天主教的）马耶讷公爵战死。消息传到巴黎，民众们开始攻击新教徒的马车，与驻守在圣安托万城门以保护新教徒的巡逻队开战，并冲出城外焚烧新教教堂。之后，"其他教士和普通民众纵火焚烧教堂，喝光了看门人藏在酒窖里的 8—10 桶酒，吃光了教堂里的食物，然后扯白床单做了一面旗帜，经圣安托万城门回到巴黎城，总共有 400 余人高喊着'国王万岁'"（Le Mercure François 1621: 854）。从"国王万岁"的口号中，我们注意到民众敌意

与官方政策的联系。然而在这个例子中，武装卫兵驻扎在城门以保护新教徒，这一点又使我们不能肯定是王室官员直接煽动了这次暴力事件。不过，路易十三从即位之初就极力恫吓胡格诺教徒，解除他们的武装，限制他们的活动范围。

地方上新教徒与天主教徒之间的冲突也时有发生。在新教徒势力稍强的尼姆（Nîmes）、蒙彼利埃和朗格多克的大部分城市，爆发了一系列争夺公共职位控制权的冲突。在主要人口为新教徒的帕米耶（Pamiers）市，市政官员们极力想将所有天主教徒赶出市政会。1623年3月，天主教徒要求获得发言权，他们说服高等法院下令保证两个宗教团体都可以拥有代表。市政会关闭城门，拒绝高等法院公使入内，后又拒绝携带着御前议会认可书的国王特使进城。直到国王派军队前来，市政会才妥协（*Le Mercure François* 1624: 381-385）。同年稍晚，有后盾支持的天主教徒抱怨拆毁地方新教教堂的计划没有进展，并要求共同掌管城门，每个城门配两把钥匙，新教和天主教各管一把。

当时，帕米耶事实上存在着三个相互竞争的派系：一是新教徒；二是在早些年朗格多克地区新教与天主教之间发生宗教战争期间，仍留在帕米耶的天主教徒；三是宗教战争快结束时，从帕米耶逃走的主教、牧师以及（可能更富有的）天主教徒（*Le Mercure François* 1624: 871-877）。1625年，帕米耶的新教徒加入到朗格多克其他城市的新教徒队伍当中，对国王发起新的反叛运动。与大多数情况一样，在这次叛乱中，全国性与地方性冲突彼此呼应，彼此加剧。

17世纪30年代，随着法国继续发动国际战争，国王又增添了两个打压新教的理由：一是法国声称要领导欧洲的天主教势力，二是法国想从其主要的天主教对手，即西班牙的手中抢夺领土。当法国军队侵入西班牙领土时，法国的枢机主教们再次强调，军队里禁止任何新教宗教仪式或改信新教的事情发生。同时，全国范围内有一条不成文的政策，鼓励新教徒皈依天主教，并阻止其余新教徒对改信天主教的教友进行打击报复。虽然法国国王在半个世纪以后才下令完全禁止新教信仰，但是在17世纪30年代后期，他已经将新教——无论是教徒个人还是新教整体——视为国家完整性的隐患。

新教徒绝非唯一的隐患。信奉天主教的大贵族同样是个大麻烦。从上往下看，17世纪的法国就是一个由庇护人和被庇护人所组成的复杂网络。每个小贵族都有随从（gens）、侍从和依赖者，这些人都仰赖他的"善意"为生，依靠他的"保护"才能对抗"敌人"（这里引用了当时的三个关键词语）。一些随从总是全副武装，打着领主的旗号在公众场合耀武扬威，对所受的伤害进行打击报复，同时又保护自己免受敌人的伤害。

农村里的显贵们在更大规模上玩着同样的把戏。他们豢养了一大批受庇护人，其中包括私人武装。他们手握地方上的军事管理权，运用自己的武装队伍和王室军队一起维持地方秩序。事实上，在17世纪初，法国并没有后来真正意义上的国家军队。一旦发生战争或叛乱，国王能派上战场的只有自己的私人军队，以及他所信任并能说服以国王的名义上战场的大贵族所拥有的武装力量。

信奉天主教的大贵族们，包括诸如历代孔代亲王在内的王室家族成员，都极力在王国的不同地区加固自己的势力影响。根据当时的一份报道，1605年夏季，

> 待在巴黎的国王接到一位名叫贝兰（Belin）的上尉送来的警报，称在利穆赞、佩里戈尔和凯尔西（Quercy）及周边各省，许多绅士聚在一起，准备在已故比隆元帅（Marshal Biron）打下的基础之上重新组织叛乱。他们的托词与之前的大致相同，就是为了减轻民众负担，提高行政管理的公平性。实际上，他们

的计划就是想浑水摸鱼，表面上看起来为公众谋利益，其实就是想在穷人的苦难上养肥自己。（Le Mercure François 1605: 12）

国王奖赏了贝兰 1,200 里弗尔，然后冲向利摩日。在那里，他召集贵族，搜寻叛乱分子。最后，五个人被斩首，还有六个用模拟像问斩。这次行动使西南部的贵族叛乱稍稍消停了几年。

利摩日这次已然流产的叛乱根本没有发展到民众起义的规模。17 世纪能够造成严重影响的两大因素，即贵族同谋和民众对王室强征的反抗，只有一个发生了作用。但是，在骚乱迭起的年代，绅士同谋者们完全有理由预期，假如他们不停地在当地搅浑水，民众对王室税收、军队、法律和官员的怨怼情绪迟早会发展成为有序的反抗运动。17 世纪的民众抗争运动所围绕的核心就是普通民众在面对王室建立国家权力的决心时，竭力保存或提升自己的利益。

所以在内部纷争和外来威胁之下，1598 年的法国虚弱不堪。三位杰出的君王在随后一个世纪里重新打造法兰西国家，将其塑造成自身疆域内一股无可匹敌的力量和国际上一个强大的存在。曾经的法国就像是一艘千疮百孔、嘎吱作响、风雨飘摇的破船，行驶在充斥着兵变、阴谋和对外战争的暴风雨中，有时操盘手太多，有时又无人掌舵，而亨利四世、路易十三和路易十四成功地将其改造成一个强大可怕的战争巨人。

战争频仍

想想看在 17 世纪曾经爆发过多少次战争吧。法国国王们参与的大规模对外战争就有如下这些：

1635—1659 年：与西班牙作战，最终签订《比利牛斯条约》；

1636—1648 年：与神圣罗马帝国作战，最终签订《威斯特伐利亚条约》；

1664 年：远征军在圣哥达（St. Gotthard）山区与土耳其作战；

1667—1668 年：遗产继承战争，最终签订《亚琛条约》（Treaty of Aachen）；

1672—1679 年：荷兰战争，最终签订《奈梅亨条约》；

1688—1697 年：奥格斯堡同盟战争，最终签订《里斯维克和约》（Peace of Ryswick）。

如果再算上小规模纷争，那么以上清单就要更长。例如，1627 年和 1628 年，英国短暂占领法国大西洋沿岸的雷岛（Ile de Ré），并派遣舰队前去支援被围困的拉罗谢尔。1629 年和 1630 年，在平定国内叛乱的同时，路易十三又派遣一支远征部队深入意大利。1634 年，他又占领并吞并洛林。长久以来，战争本就是法国的正常事务之一，如今，更成为一种常态。

在为发动战争成立专门组织的同时，国王的臣子们不经意间还创造了一个中央集权化的国家。他们首先搭建了一个只有一支军队的框架，接着围绕这个框架，并按照它的形状组建了一个政府。当然，发动战争需要士兵和武器，还需要提供军粮、军饷、行军途中和非作战季的住宿、马车和役畜，以及役畜和骑兵坐骑所需的食物和棚厩。不管是从逻辑上的必需，还是从实践层面上来看，战争还包含了酒水、性事和交往，更别说对这些行为可能导致的"失序状况"的监管了。所有这些花销都要转嫁到农民头上，农民的收成经常连自己都不够吃，还要将其中很大一部分用于缴纳地租、什一税和地方税。对他们来说，丢了一头牛、一张床被占或赋税增加，都意味着再一次的家庭危机。

　　为了从这些不情愿的民众身上榨取珍贵的资源，王室代理人们采取了一系列应急有效的措施。他们提高现有赋税；将收税的任务分包给那些知道如何征税，自身又能有利可图的承包商；以武装力量和司法力量支持包税人。另外，他们还增加了新赋税，并以相同手段保证征税工作的顺利进行。他们给军事指挥官拨款，用以支付士兵军饷和住宿，购买食品物资等，然而这些款项往往都是以另一种特殊税的形式从地方民众那里征收得来。他们准许军事长官在一定限度之内征用军队所需的物资和服务，而且在更加严格的限度之内，还准许军队直接从地方民众那里强征食品、劳力、性服务、酒水和社交服务。

　　然而，随着17世纪的深入，王室官员们逐渐采用了三种方式来规范整个军队供应的运作。第一，创建一支精于供应和支援的专业团队，这个团队与全国范围内地理位置固定的行政机关保持联系；第二，主要在全国性市场大规模购买物资和服务，而且这种购买行为由中央行政机关的代理人来完成；第三，建立一支明确的、长期的全国性军队，这支军队具备相对清晰、稳定的层级式结构，最高指挥权归国王的大臣们。这些方法和征税的各种举措合在一起，搭建了一个中央集权式民族国家的大部分架构。在主要的全国性机构中，只有法庭和教会逃脱了因备战而进行的根本性重组。实质上，他们之所以能逃脱，就是因为愿意与战争发动者合作。

　　与中央集权化相反的主要潮流也很重要，值得我们重视。备战大臣们所建立起来的整个体系（但愿这个词语不是太过分），需要快速筹集资金来支撑。他们既没有权力也没有行政机构来直接敛钱。相反，他们必须依靠信贷方面的专业人士，因为这些人士拥有大笔资金可供随意处置，而且——只要有好处——都愿意为王室提供资金。这些人士主要来自两个彼此重叠的阶层：直接为军队提供物资的军粮供应官（*munitionnaires*）和根据合同（*traités*）可以获得丰厚回报以抵消风险的各种包税人。

为了便于更精确地分析，我们必须区分两种包税人：一种是狭义的包税人（tax-farmers），他们负责征收常规的间接税；另一种是税收承包人（traitants），他们利用合同获取"非同寻常"的税收收入。我们还要记住，实际签署合同的往往是资本主义财团的挂名负责人（*prête-noms*）。另外，我们要记得17世纪的法国人常用"收租人"（*partisan*）和"收税人"（*maltôtier*）等带有贬损意义的词来称呼财政承包商，而且还要允许随着论述的展开，这些词的意义会发生很大改变。不过目前，对军粮供应官与包税人进行广义的区分就够了。

在这些致力于牟利的债权人中，最厉害的角色就是"金融家"了。一个为数几百人的金融家圈子形成了一个类似于政府的组织，其成员担任职务，但主要精力还是放在资金的流通上。实际上，他们就是当时的资本家，包括富凯家族、科尔贝家族和莫普（Maupéou）家族，他们都曾在短期之内提供资金以维持法国君主制。军粮供应官、包税人和大金融家相互依存，并通过发动战争牟利。事实上，为国王提供资金的家族中，来自勃艮第和香槟的比例比较高，因为在这两个地区，长久以来，战争已经为那些通晓如何为王室军队供应谷物、饲料、武器和军饷的人提供了牟利的机会（Dent 1973: 115-118; Dessert 1984: 107）。在那里，越来越光鲜的资本主义与不断壮大的国家权力携手并进。

对于搜集反讽材料的人来说，17世纪的法国就是一个宝藏。其中一个反讽就是，在法国穷兵黩武的前几十年里，重要领导者都是教士。枢机主教黎塞留和马扎然为法国锻造了一套征服政策，而实施这一政策需要为一支前所未有的军队征募新兵、组织人员、提供物资、支付军饷，随即一批诸如富凯之类精于资金合并和流通的金融家脱颖而出，接下来又出现了像勒泰利耶（Le Tellier）这般乐于创建军队以及支持军队的庞大后援系统的行政高手。所有这些因素共同作用的结果就是，国家被重塑成了一个以建立和使用武装力量为导向的行政机构。

另一个反讽是，如果说17世纪法国的主导趋势是国家的军事化，那么其效果却是王室行政机构的文官化。越来越多的情况是，与地方民众打交道的王室代表都是全职的文官。王室行政人员所仰赖的不是地方上大贵族的保护，而是驻在巴黎的大臣们的支持和整个王室机构的延续。

这种变化主要通过两种方式来实现。第一种是解除不受王室控制的地方、个人和团体的武装。解除武装的形式包括严禁决斗、拆毁堡垒、解散市属民兵以及将个人武装力量并入王室军队。第二种是拓展王室官员的数量和权力范围，最瞩目的王室官员有监察官及其下属，他们承担了征收赋税、监管物资供应、维持稳定以建立并维持一支大军的职责。经过一个世纪的努力，王室在这两方面都获得成功，大大减少了王国境内武装反抗的可能性，而且为王室发动战争筹集了丰富的资源。然而，这些成功的代价却是流血的叛乱、血腥的镇压以及王室对金主和官员采取的权宜之计与绥靖之策。这些国家构建的举措在17世纪引发了大规模的抗争。

最后一个反讽是，营建17世纪这个庞大中央集权化国家的那批人，追求的并不是创造一个更有效率的政府，而是要拓展自身及其盟友的权力，结果却发现日益深陷自身的设计当中。财政大臣逼迫富人买官，到头来却发现这些买官者需要军事力量的支援才能获得这些职位该征得的税收。在内战期间，一些贵族与国王结盟，以对抗其他贵族，结果发现国王是个索求无度且固执无比的盟友。艺术家和作家想从王室宝库中分得一杯羹，却发现这种对补助金的依赖成了习惯。普通民众确实没得到多大好处，但他们摇摆不定的支持者却落入国家的控制范围之内，他们反抗国家强征的能力也就随之溜走。

17世纪民众仍旧坚持反叛和反抗行动，考虑到国家权力的惊人膨胀和大贵族支持反抗运动的减少，我们可以考察利益在其中所占的比重。普通民众有反抗之心这一点是很容易理解的，因为他们的生活受到威胁，战争的发动和国家的构建都以他们的付出作为代价。要发动战争和构建国家，就会征用他们已经做好承诺的土地、劳力、资金和商品，譬如留给当地穷人或留作来年种子的谷物、经营农场所需的人力、用作嫁妆的存款等。这些承诺不仅仅是美好的希望或行善的好意，还关系到权利和义务。承诺不能实现或延迟实现，都会侵犯民众的既有权利。

除了侵犯地方权利和惯常权利，增收新资源还意味着削减或取消国家已经准许的一些特权，例如赋税豁免权、地方官员的任命权、既定的认同权，以及就向王室提供资金支援进行协商的权利。在国家构建者叫嚣着政府利益高于个人和社群权利时，这些特权都不得不让步。民愤因为17世纪的一个标准举措而变得更加严重：国家将特权和利润都给了包税人、官员和税收承包商，这些人准备先付给王室已经准备好的现金，以换取将来从地方民众的税收收入中抽取利润的机会。最恶劣之处就在于富人从他人的牺牲中获利。当富人的特权加重了地方负担时（事实上，这种情况经常发生，例如新近获得豁免权的官员无须再缴他那份地方税的份额，或者上任的官员要新设或增收费用），他的邻居们就要发脾气了。

中间人并不是民众抗争的唯一对象，军事活动所造成的直接压力也是民众需要抗争的对象。士兵和官员从民众手中抢夺战争所需的物资，例如食物、住所、役畜，以及不情愿的新兵。民众尽可能藏匿资源并勇于阻抗官兵的抢夺，但整体上来说，军队还是得其所想。

从民众手中直接掠夺战争物资还是不如榨取金钱的后果严重。在一个相对不够商业化的经济形式中，比起征收实物，索取现金通常给民众带来更多痛苦。民众被迫动用平时积攒的、以备重要场合的微薄存款，或者到市场上出卖原本留作家用的物品和劳力。地方经济的商业化程度越低，变卖物品和劳力就越难。征税、强制借贷、卖官鬻爵，以及其他为国家及其军队筹措资金的举措在17世纪变本加厉。（按现代市场术语来讲，）这些举措直接或间接地迫使穷人们在当时的市场条件下将短缺资源转化为现金，然后再将现金缴纳给国家。

132

当权利还处于争议之中，国家武力又不具有压倒性优势时，普通民众就竭尽所能，反抗新税收。抗税、攻击新上任的官员以及其他类似的抗争在17世纪持续不断。然而，法国的国家建构者还是无视民众的权利和反抗，成功地将庞大的金融负担加诸所有民众身上。

强征战争物资

国家构建者是如何做到以上这点的呢？主要方式包括：分化反对力量，诉诸武力，增加企图在国家存亡之际乘机牟利的个人与群体的数量，将征税行为常规化，增加致力于征税的专业人员。在投石党运动中，监察官曾被迫暂时撤离所驻省份，但后来监察官驻扎在各省的做法还是得到了确立，这无疑是一项最重要的战略。黎塞留和马扎然派驻的监察官大体上起着暂时性危机处理者的作用。然而投石党运动之后，情况发生变化。马扎然和之后的科尔贝扩大并常规化了监察官的职责。监察官监督征税，必要且可行的时候实施高压政策，监管地方上对国家资金的使用，密切关注可以征税、卖官、抢夺地方税收收入和不断借贷的新机遇。

虽然借贷最终会导致国家税收收入的一部分用于偿还债务，但也增加了企图在国家存亡之际大赚一笔的人，于是出现了一大批在协助承担国家费用的同时为自身牟利的官员和金融家。包税人先付一笔资金给王室，作为回报得到收税的权利，以便之后牟取利益。购买新官职的买主支付给王室一大笔钱，却能得到在该职位范围内收税的权利，而且还能享有某种形式的税收豁免权。地方行会先以信用贷款或从其成员那里征收捐献，然后将这笔钱以"贷款""礼物"或"赋税"的形式交到王室财库，这样就能够得到确认享有生产和销售某种商品的垄断权。

这已经成为王室的标准应急策略：为了能即时获得税收收入，国王的代理人找到手握资金的人，引诱或威逼他先缴一笔钱，但许诺他将来的收入，而且保证政府会支持他收取这些利润。这种做法将普通民众的愤懑从国家构建者转移到搜刮民脂以自肥的包税人、官员和其他牟利者身上。

民众的抱怨无可厚非。本已沉重的负担越发沉重，原本的不公平越发不公平。投石党运动后不久，彼得·黑林（为他的多卷本《宇宙志》搜集了很多资料，在此基础上又）出版了一本自认为充满真知灼见《法兰西生活画卷》（*France Painted to the Life*）。他在书中写道："可怜的民众深受赋税强征的折磨，回顾这些折磨跟缴付这些税款一样痛苦，所以在这里我只挑重要的来说。"（Heylyn 1656: 238）于是他只列举了盐税、土地税、财产税（*taillon*）和标价税。关于财产税，他是这么叙述的：

以前，国王的军队入驻村庄后，所有的花销都由村民负担。穷人们必须费尽心力为士兵提供食宿，为士兵本人及其所携带的马匹和妓女提供一切必需品。一旦士兵对服务不满意，他们就鞭打招待他们的主人，凌辱他的家人，抢走他留给自家孩子的少量物品，而所有这些都出于他们所享有的特权。他们在各个村庄来回逗留，最后回到他们来的地方……为了缓解这种不幸，亨利二世于 1549 年宣布他虽开征财产税，但不对穷苦农民的土地和物品征收这项税。这样一来他似乎也感觉安心一些，但现在所有一切又乱了套，可怜的农民又像以前一样遭受士兵的欺压，既要缴土地税又要缴财产税。（Heylyn 1656: 242-243）

黑林继续列举难以计数的税收不公平和豁免现象，因为贵族、教士、官员和各省都在讨价还价，力争获得特殊待遇。他认为最终是"可怜的农民"承受了法国财政负担，这一结论相当中肯。他声称，通过中介来征税的方式还造成了两个恶果：以国王之名征收的税款只有一部分进入王室的金库，最直接征税的那些人却是对公正、怜悯、适度最无感的人。黑林反思道：

> 在他们的苦难之上有固定税率一项，民众还是很开心的，并不是因为它减轻了税负，而且因为他们可以摆脱那群窃贼的独断专横。然而，苦难并没有结束，他们的税收和集会还是得听命于人，收税员（Publicans）以国王的需要为名强征税款。所以，农民们别无他法，只好像谚语所说的，给看门狗（Cerberus）送礼，亲吻它的棍棒，拥抱它的惩罚。财务官（Quaestors）以这种方式大发横财，正如人们常常这么形容的：前一天还是个猪倌，隔天就成了绅士。（Heylyn 1656: 248）

而且，虽说在黑林写这本书的 1656 年，增税的步伐暂时减缓了，但财政应急方案已经开始实施，此后半个世纪的大幅度增税措施已经在酝酿。如果说投石党运动之后设立监察官的举措在一定程度上确实常规化了财政系统，但它肯定没有减轻负担、消除残暴或消灭不公。

图表2显示了法国17世纪的税收负担，也记录了一个贪婪国家

图表2　1600—1715年法国中央政府的支出和净收入

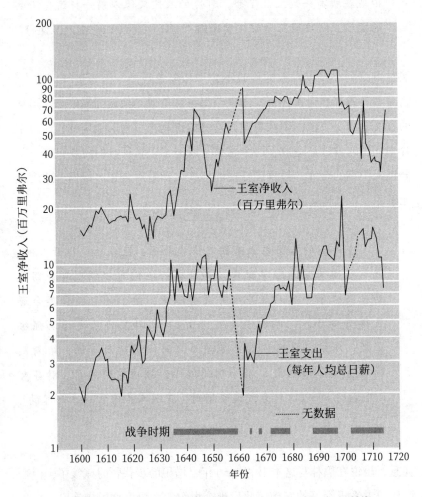

资料来源：Guéry 1978; Baulant 1971; Reinhard, Armengaud, and Dupâquier 1968。

的成长。王室税收净收入在 17 世纪 30 年代和 40 年代惊人地增长，投石党运动时期下降，50 年代开始恢复，1660 年以后出现新的增长，只在 1700 年之后才再次下降。也就是说，王室税收收入的曲线是随着战争时间表而变化的：路易十三和黎塞留时期的战争动员，投石党运动时期的平息（虽然没有衰退），与西班牙作战时的减缓，路易十四时期的重新恢复军事力量。

以每年人均日薪[根据 1978 年盖里（Guéry）关于巴黎建筑工人标准工资的数据得知薪资总数，根据 1968 年雷纳尔（Reinhard）、阿芒戈（Armengaud）和迪帕基耶（Dupâquier）的估计值将 1971 年博朗特（Baulant）的数据调整为总人口数，最后得出表中数据]来表示王室的花销，我们可以看到这条曲线与税收总收入大致平行，最大的区别是 1620 年以后出现显著上升，投石党运动时期微弱下滑，17 世纪 50 年代后期的陡然下降，以及路易十四在位的少数和平时期的暂时性下降。第二条曲线可以让我们一窥王室花销对普通法国人的生活所造成的影响。按照这个算法，为了支付不断上涨的王室花销，每个工人每年为国家所做的贡献在 17 世纪的 100 年里几乎增加了 5 倍：从 1600 年后第一个十年里 2—3 天的薪资，增长到 17 世纪 90 年代的 10—14 天的薪资。

这些关于花销和税收净收入的数据都只计算了实际进出过王室的钱，如果加上收税的成本费，民众的负担会更重，因为许多贵族、教士和官员享有豁免权，借钱向王室提供贷款的地方当局会向民众征收新税，而且包税人征收到的钱远远高于国家税收净收入，中间的差价都饱了私囊。黑林所谓的 "可怜的农民" 实际上所承受的负担增长了十几倍。等到路易十三、路易十四及其代理人终于完成其工程时，法国每个家庭所支付的王室赋税已经是 1600 年的好多倍了。

黑林从英格兰共和国来到波旁王朝时期的法国，很容易对法国财政高压产生深刻印象。经过内战以后，英国或多或少确立了征税须经国会同意的原则。英国税收政策中的豁免权和不公现象比法国的少。相比于对土地的依赖，英国税收更多靠关税，也就是国际贸易。英国的税收负担整体上要轻得多。而且，法国的成长曲线没有反映王室与平民之间的斗争，国王就是通过豁免强者、征税弱者才赢得了这场斗争。

然而，为了降低这种财政策略的政治风险，国王必须驯服国内的敌人，并将他们都替换掉。否则，每一次新的民众反抗运动都将为一些显贵提供机遇，让他们能够以人民权利的斗士自居。王室一边对外发动战争，一边对内加紧敛财，与此同时，还花了很大力气进行拉拢、中立和镇压等活动。投石党运动失败之后，亲王及其扈从们只能俯首认输，乖乖听命。除了几个重要的例外，在路易十三和路易十四的持续碾压和轰击之下，新教几个主要自治联盟也土崩瓦解。高等法院、其他"最高法庭"、省三级议会、行会和市政府，在监察官运用武力、分化手段和财政上的优势逼迫之下，只能听命顺从，无力再去反抗王室索求或与普通民众结盟以对抗王室了。所以，一旦普通民众敢于直接反抗政府索求的话，监察官和其他王室官员就能更加肆意地使用他们日益膨胀的权力进行镇压。

这些变化对民众抗争的性质产生了一些可预见性的影响：重要当权派卷入重大叛乱的情况减少，民众对包税人和官员肆意榨取的反抗增加，王室官员与抗议自身权利受到侵犯的团体进行协商的意愿降低。"专制主义"不足以描述这个未竟的、争端不断的过程，但准确传达了国王代理人代表其主人所做的宣告。他们的宣告就是，王室利益具有凌驾于地方特权和个人权利的绝对权利。他们这么做就是为了能够为战争筹集必需的资金。

17 世纪的抗争剧目

战争造成的影响无处不在，但这种影响因距离战争的远近而有所不同，这两点可以通过比较 17 世纪 40 年代的法兰西岛与朗格多克看到。例如从 1640 年到 1645 年，战争主要发生在阿图瓦、皮卡第和香槟，法兰西岛恰恰就在这些地区的边缘。而朗格多克虽然很不情愿地协助筹集急速增长的战争经费，并看着参加加泰罗尼亚战事的军队在自己的地盘上进进出出，但距离主要战场还比较远。

在 1640 年的法兰西岛，爆发了一系列地方民众攻击驻军的事件：在瓦兹河畔香槟（Champagne-sur-Oise），在新城勒鲁瓦（Villeneuve-le-Roi）和附近村庄，以及桑利斯（Senlis）附近；在法兰西岛东北角的圣康坦（St.-Quentin）和吉斯，农民们被逼用车将军用物资运往被围困的阿拉斯（Arras），但他们奋起反抗。同年，在皮卡第边界的韦勒（Vesles），一支爱尔兰雇佣军袭击了卖盐的商店；在芒特［Mantes，如今的芒特拉若利（Mantes-la-Jolie）］发生了征集武器的非法集会；在普鲁瓦西（Proisy）和蒂耶里堡（Château-Thierry）财政区爆发了反抗收税人的叛乱（AA A[1] 57, 58, 59, 60）。随后五年里，抗争运动更多（Bonney 1978b: 329; Mousnier 1964: I, 534-536; AA A[1] 81, 82; BN Fr 18432; Hillairet 1970: 53）：

1641 年：在内穆尔（Nemours）发生暴力反抗每斤 1 苏附加税事件。

1643 年：在蒙塔日附近圣日耳曼（St.-Germain-Près-Montargis）发生袭击轻骑兵事件。

1644 年：一名包税人被逐出阿让特伊（Argenteuil）；布尔－埃纳［Bourg-sur-Aisne，如今布尔－科曼（Bourg-et-Comin）的

部分区域]、万苏埃(Vinsouet?)和加朗西埃(Garancière)的军队遭到袭击;埃唐普(Etampes)市长遭到当地驻军的暴力攻击;巴黎出现工人游行,妨碍了治安。

1645年:圣但尼出现"煽动"反抗盐税卫队及官员的言论;巴黎街头出现街垒,以保卫高等法院,对抗谣传中王室军队的攻击。

而且,在这些年里,巴黎出现过至少一次大规模新教集会、至少一次司法人士与投石党人的冲突——在投石党运动之前,投石党人指的是一群在城门外寻求刺激、打架斗殴的年轻人。

同一时期的朗格多克,在吉蒙(Gimon)发生过一次"煽动性集会",导致10人被处绞刑(1640),随后两年里没有发生过大规模抗争事件(*La Gazette de France* 1640: 630)。1643年,比较重要的事件有瓦朗斯、拉沃尔(Lavaur)和图卢兹发生的袭击收税人事件,以及里博特(Ribaute)发生的武装新教徒集会事件(Mousnier 1964: I, 589; Devic & Vaissète 1876, XIII: 143; Liublinskaya 1966: 36-38, 40-47)。到1644年,菲雅克(Figeac)又一次发生财政叛乱;在蒙彼利埃,因地方上反对为军队征税造成审计法庭与监察官公开交锋;在尼姆,地方贵族被控缩减硬币尺寸,导致民众进行大规模集会(BN Fr 18830; Porchnev 1963: 639-640; Beik 1974b; Liublinskaya 1966: 77-82)。1645年,在蒙彼利埃,发生大规模抗税暴动;在尼姆,民众强烈要求释放因逃税而入狱的年轻人;在欧布纳(Aubenas),发生非法的新教集会;在卡尔卡松(Carcassonne)和芒德(Mende),发生袭击主教的事件(Porchnev 1963: 242-260, 654; Liublinskaya 1966: 133-137; Mousnier 1964: II, 737-738, 763-772; BN Fr 18432; Barrière-Flavy 1926: 18-21)。以上对两个地区抗争事件的统计虽然不完整,但很多都跟抗税有关。士兵与平民之间的争斗集中在法兰西岛一隅，这里正是远征西班牙的军队的必经之地。

所有这些抗争中，只有 1645 年的蒙彼利埃暴动在历史书上有较详细的记载。一份呈交塞吉埃大法官（Chancellor Séguier）的备忘录如此概述这次暴动：

> 贱民和妇女胆敢拿着武器去抢占城门；闯入王室官员和收税人的府邸；准备洗劫疑似包税人的房屋，并威胁要杀死他们；对那些为当地奉献了热情、功勋和时间的公爵等贵族，以及担任一省总督的元帅们发动攻击，并要置他们于死地；顶着长鸣的警钟烧杀抢掠；冲撞监察官；抢夺并拖回要塞的大炮，打倒士兵，并计划攻击要塞并将其夷为平地。（BN Fr 18432）

为什么会发生暴动？作为朗格多克两名监察官之一的博斯凯（Bosquet）认为，蒙彼利埃的工匠纵容他们的妻子反抗新税，因为他们"对闻所未闻的赋税名目和摊在他们头上的巨额税款感到极其震惊"（Coquelle 1908: 69）。

在 1645 年 6 月 30 日对这一暴动的司法调查中，一开始法官就宣称他"从不同渠道听说城里许多妇女以及一些工匠和工人聚在一起，有两三百人，抗议对城里行会组织中的工匠征税，抱怨为庆祝（路易十四）即位而征收的赋税，以及其他强加到他们头上的各种赋税"（BN Fr 18432）。后来，"两三百人"发展到几千人，他们占领城市，洗劫了一名包税人和一名省三级议会官员的宅邸，打败了总督［朔姆贝格（Schomberg）元帅，之前担任过总督，但现在只是中将］的部队，并迫使总督驱逐包税人。

看起来，与急需资金的王室政府发生矛盾的蒙彼利埃市官员，

139　在坚定地实施镇压之前想袖手旁观一两天。很可能是资产阶级的默许和派驻朗格多克的两个监察官之间的长期争斗，使得当地民众产生了比往常更多的希冀，以为他们这次会成功（Porchnev 1963: 251-254; Beik 1974b）。而且事实上他们确实取得了成功——不过是暂时性成功。最后，两名妇女因参与暴乱被处绞刑，一名男子死于狱中。这种胜利总归是短暂的。

　　虽然冲突频繁发生，但17世纪的法国民众可以用来表达不满和诉求的方式还是很有限的。他们举行庄重的集会，列举他们的不满，选举领袖或代表。他们集合起来攻击压迫民众的官员、收税人及其房屋。他们成群结队地对抗抢劫的士兵，夺走他们的包袱，将他们逐出城外。他们举行讽刺性仪式，用石块砸伤或鞭打伤风败俗之人。他们偶尔会组建自己的民兵队伍在城中巡逻，甚至开拔出去对敌人施以惩罚。种种方式构成了17世纪的抗争总剧目。若参加相同行动的民众规模比较大，而且行动领袖同时又联系了好几个地方，那么他们发动的就是一场民众起义。当民众在行动中联合了能出动私人武装的贵族，结果就是一场大叛乱。尽管结果有很大不同，但民众行动的形式大致相同。

　　在17世纪中叶以前，民众起义和大叛乱发生得相当频繁。在法兰西岛、朗格多克、勃艮第和安茹，我们主要想列举以下这些：

　　　1614—1616年：法兰西岛及其他地区发生亲王叛乱。
　　　1620年：安茹及其他地区发生玛丽·德·美第奇叛乱。
　　　1621—1629年：朗格多克及其他地区发生新教徒与王室军队之间的战争。
　　　1623年：（安茹的）博福尔及周围地区发生反对昂热商人的起义。

1630 年：昂热发生反对包税人的叛乱。

1630 年：第戎发生反对设置财政区的"朗丢尔吕"叛乱。

1632 年：勃艮第部分地区卷入奥尔良的加斯东（Gaston d'Orléans）公爵的叛乱。

1632 年：朗格多克大部分地区卷入加斯东叛乱，并与蒙莫朗西（Montmorency）公爵叛乱相联合。

1643 年：昂热发生反抗给养税的叛乱。

1645 年：蒙彼利埃发生抗税叛乱。

1648—1653 年：投石党运动主要集中在法兰西岛，但在其他所有省都产生了重要影响。

地图和叛乱表格中还列举了其他一些程度不是很严重的冲突，这些冲突在一定程度上都导致了之后发生的投石党运动。例如在朗格多克，先是图卢兹发生反盐税起义（1635），后来蒙彼利埃发生两次抗税运动（1639、1644）。上文所列举的都是比较重要的冲突，在这些冲突中，虽然当局竭力使用武力镇压，但民众对长期掌控城镇的现有当局明确发起了挑战。

不过在通常情况下，这里的"当局"并非所有的政府当局。大规模民众叛乱的一个必要条件就是既有当局内部的分裂。这种分裂会从隐蔽状态走向公开。较隐蔽的表现包括不愿意去镇压在街上游行以表达诉求或劫掠收税人房屋的民众，进一步的表现包括对民众不满表示明确的同情，最为公开的分裂表现就是彻底宣布反对王室。1630 年第戎的"朗丢尔吕"叛乱中，地方当局就对酿酒人的部分不满表示了明确的同情。至少，黎塞留是这么认为的。

1645 年蒙彼利埃的叛乱大概介于前两种表现之间。当局的部分成员犹豫不决，而另一些则明确反对王室未经征询代表意见而强制征税的做法。另一方面，1632年的叛乱给心怀怨恨的民众提供了一个好机会，使他们能够与贵族们一起发泄不满——但肯定得冒着最终获罪被绞死的风险。毕竟，参加危害王权（lèse-majesté）的行动总是会伴随猝然惨死的风险。

我们所列举的主要叛乱事件的清单显示了两种转变：一种是从王朝争斗转向抗税行动，另一种相应的变化则是从法兰西岛延伸到边远省区。另外它还显示，遭受压制的新教徒与国王之间的斗争的影响在下降。这些变化都不是永久性的。到17世纪末，王室对新教徒的压制和新教徒对王室威胁的抵抗都发展到了新的高度。在此之前，1648—1653年的投石党运动将运动的中心又带回到法兰西岛，并将王朝争斗和抗税运动结合了起来。在这两种形式的结合中，投石党运动达到了17世纪上半叶抗争史的最高点。

投石党运动

光从事件来看，投石党运动没有带来抗争的新形式。之前叛乱贵族就已经组建了议会，亲王们宣称已做好与国王斗争的准备，债权人和官员已经聚集起来抗议自己的特权和报酬被削减，大城市和整个区域都已经起来反抗国王。在17世纪30年代和40年代，为了备战，法国民众越来越多的物资和特权被强取豪夺，冲突也随之日益频繁。之后这些叛乱显示，这个过度扩张、急需资金的国家正威胁着许多受庇护者和臣民的利益，动摇了他们所处社会关系的基本结构。在投石党运动中，我们发现之前各自分开的冲突开始融合，之前受王室控制的地区和民众不断落入王室威权之敌人的手中，一支遏制王室扩张的力量正在崛起，尽管这种力量持续的时间并不长。

半个世纪以来，法国国王及其大臣们所面临的活动空间一直有限，施展不开。为了存续，他们竭力从六个不同阵营中寻求合作，包括已有的债权人、潜在的债权人、王室官员、市级和省级官员、地方显贵，以及那些缴税、服劳役、服兵役的可怜民众。当然，这六个阵营会有重叠的情况。那些还有现金储备或借贷权力的已有债权人，对王室来说就是新的资金来源。而且，17世纪的财政措施定期将潜在债权人和市府官员转化成王室官员。然而，整体上来说，这六个阵营之间还是存在利益冲突的。

这些利益冲突可能对王室有利，也可能不利。它们会妨碍各大阵营有效联合起来反对王室的索求，但也意味着如果王室优待某一阵营，就会侵害其他阵营。正如我们所看到的，有时王室权力会呈螺旋式上升趋势：借贷、包税、卖官可扩展王室税收，减少王室对直接战争手段的依赖，增加仰赖王室胜利而活的人；增加的税收用于供养军队，军队不仅用于对抗外来的敌人，也用于镇压国内的反抗；武装力量的存在对反对王室征税的斗争也起到一定的震慑作用。

然而，这种螺旋式上升的趋势会被打破。如果王室索求增长的速度快于王室的高压权力，反对派就会联合起来，而且力量强大。大部分时间里，国王最希望的就是各大阵营彼此争斗，将最大伤害加诸最弱小的阵营，并严控强大阵营的不满。

尽管各大阵营的实力有很大不同，但每个阵营都有一条不成文的规定和底线，超过了这条底线，它们就要反抗或反叛，而不是与王室合作。普通民众在可能的情况下反抗对战争物资的索求，反抗的方式各种各样。有些商人和食利者投资了受到巴黎市税收收入保障的债券，他们不愿意看到这种债券的收益有任何减损或延误。担任省总督和中将的大贵族，也不愿意看到他们在地方上的霸权受到监察官或其他官员的挑战。潜在的债权人、王室官员和市级或省级官员同样有着自身的规定和底线。除了这些，还有些情况会使得大贵族期望能够遏制王室威胁他们的权力，这些情况包括九岁的国王、摄政政体、被困于佛兰德和加泰罗尼亚的大批王室军队，以及身为一名外国人却在法国建立起人脉圈子的首席大臣马扎然。

在17世纪40年代，王室不仅仍存续，而且在壮大。为了在与西班牙和神圣罗马帝国的战争中获胜，法国国王榨取任何可能的资源、透支未来，并无视各种给他带来不便的权利和责任。结果就是所有阵营都与王室疏离，没有一个阵营默许王室的索求，各阵营联合起来反抗王室，虽然反抗持续的时间不长，但力量强大。每个阵营或多或少都在抗争。原来的城市财政暴动与地方贵族叛乱相结合的情况再次出现。然而这次，无论抗争还是联合，范围都更广泛，程度更严重，持续时间更长。这就是投石党运动。

投石党运动的编年史详见下文。1648年年中，地方上的高等法院和高等法庭集会，要求取消马扎然及其属下所采取的旨在加强王室力量的一系列措施。他们申请掌管官职的买卖，请求对征税实行定期复审，并要求召回派驻到各省的监察官等。接着，巴黎的农民集会反对土地税，波城也发生暴动。随后，马扎然逮捕了高等法院运动的领袖，巴黎市民就在街头竖起街垒，逼迫这位枢机主教释放他们，于是他同意了高等法庭的大部分要求。

同时，马扎然和王室溜出巴黎，宁愿从处于安全距离的圣日耳曼向暴躁易怒的高等法院发号施令。不久他们回到巴黎，又于1649年年初离开，临走时发布流放高等法庭所有法官的命令。巴黎的高等法院接管国家政府。巴黎市民不满意保王派市政府，当时仍与国王同一阵线的孔代亲王封锁了巴黎城。临时解决方案激起巴黎民众的抗议，但最终还是同意国王、王太后及王室随行人员重返首都。

到1650年，孔代亲王及其麾下的贵族都在竭力取代马扎然。王太后将孔代及其他人等一并下狱。于是，大贵族的叛乱开始蔓延，许多城市及其腹地也出现反抗王室的民众叛乱。虽然大部分叛乱城市在当年年底都被重新纳入王室控制当中，但政府在巴黎的债权人越来越不满，而巴黎高等法院反对马扎然、支持亲王们的呼声越来越高。1651年年初，马扎然释放了诸位亲王之后流亡国外。同年，巴黎民众与王室军队在街头展开巷战，波尔多出现叛乱的联合政府，投石党内部出现分裂，一部分回到王室的队伍中，另一部分则追随孔代亲王前往西南各省。年底，马扎然率自己的部队重返法国。

在随后的1652年，形势朝不利于投石党的方向发展。前八个月里，这种反转还不明显：孔代接管巴黎，叛乱的联合政府控制了波尔多，巴黎人民不断反对马扎然。到夏末，马扎然又逃亡国外。但随后，军事上的失利和背叛削弱了孔代的势力，路易十四和王太后胜利回到巴黎，投石党开始在各地节节败退。1653年，马扎然本人决定性地重返首都，叛乱联合政府放弃波尔多，王室代理人在全国范围内重新宣示王室威权。声势浩大的投石党运动宣告终结。

投石党运动囊括了17世纪所有的冲突形式。孔代亲王与西班牙结盟，并派自己的军队进入佛兰德以对抗路易十四的部队，如此一来，内战就融入了国际战争。即使外国人没有直接卷入，投石党的许多行动也遵循了国际战争的一种惯常模式：发起战役，围城，战斗升级，签订条约。例如，在国王及其随从第一次逃离巴黎时，王室军队包围了巴黎城，并试图切断城内的食品供应。在整个法兰西岛，军队来回移动，随之而来的就是经常发生的抢夺劫掠以及被抢民众的零星反抗。《历史诗》(*La Muze Historique*, II, 信件21, 1651年5月, 121) 的诗歌体评论延续了我们所熟知的语气：

在许多地方，参加战斗的男人们

> 狂躁暴怒,
> 干出这许多张狂无礼之事。
> 为了制止这些恶行,
> 高等法院提出起诉,
> 控告这些臭名昭彰的雇佣兵,
> 他们是侵犯女人的恶人,
> 是狂野的行刑者、不齿的自吹自擂者,
> 与其说是士兵,不如说是盗贼。

而且,这些征服者在一个又一个地方对当地居民强派劳役和强征赋税,以支援战争所需。为了应对这种压力,投石党的其他冲突采用了经典的叛乱形式:驱逐收税人,攻击唯利是图之人的居所等。战争与地方叛乱相结合,使得投石党运动的实力大增。

在本书讨论的这五个地区,官员和显贵都必须不断选择向哪一方靠拢:是否要向巴黎高等法院表示支持,是否要宣誓效忠国王,是否要消灭孔代亲王在地方上的支持者等。然而,除了这些相同点,这五个地区与投石党之间的关系还是有很大不同。法兰西岛既是争夺的目标,也是主要的竞争发生地。1648年,这里发生了集会、巷战和权力争斗;1649年上半年,这里分裂成被围困的叛乱巴黎和受王室控制的腹地两部分;1649年下半年,纷争相对较少;1650年,国王的支持者与身陷囹圄的亲王们相互争斗(加上未收到还款的王室债权人发起的抗议);1651年,又发生暴动和骚乱性集会;1652年,成为公开战斗的目标所在;1652年年末到1653年,国王及其随从胜利回归。

安茹在整个投石党运动期间一直动荡不安,地区内冲突与连续几年的国家分裂形势紧密联系在了一起。勃艮第在亲王之乱的最后几年——当时军队在争夺贝勒加德和该省其他几个军事前哨而战——才更深地卷入了投石党运动当中。佛兰德虽然仍在西班牙手中，但也成为战场，王室军队在这里受阻，持异见的法国人加入敌国那一方。最后，朗格多克也有令人惊讶之处：在这个一度反叛的省份，很少有权贵人士公然反对国王或马扎然，而且支持亲王们的军事行动也从来没有广泛扩展。

与所有内战一样，投石党运动的发展迂回曲折，但主要走势还是比较清晰的。以下是我们要掌握的几个主要事实。首先，高等法庭的法官、巴黎的食利人、大贵族、主要城市的居民等不同团体都看到王室为备战而扩张权力，正威胁着他们的自治权、权利和福利，但他们的抗争行动断断续续，不具有持续性。其次，这些备受侵扰的团体之间进行了短暂的结盟，但最终这种联盟被打破。反对王权的贵族们举着为民众的幌子，同样对居民强征赋税，强制征兵，竭尽所能搜刮物资，为一己私利动用军事力量。随着斗争的进行，亲王的权力或管理权回归地方显贵的诉求，对于普通民众——或对于高等法庭的官员——来说，已经不如恢复王室威权更具吸引力了。于是，联合叛乱失败了。

如果没有发生过投石党运动会怎么样？吊诡的是，如果没有这场大叛乱，国王就不可能如此迅速地集中权力。原因是：首先，路易十四不会忘记在1648年，当他还是个九岁的国王时他所经历的动荡不安。在他执掌政权时，对任何潜在的叛乱分子进行侦察、拉拢和先发制人就成为当务之急。其次，投石党运动在暴露王室脆弱的同时，也更清晰地反映出王室对手在联盟或组建有效军事力量方面的无能。最后，这场叛乱使马扎然和王太后获得了借口去恣意打击异己。如果孔代亲王在失败以后能以将军的身份加入西班牙部队与法国作战，那么他这种独立行动如今倒可能成为一个例外。事实上，公爵们和主要城市后来都感受到了王室的复仇之火。

分裂与征服，征服与分裂

镇压投石党并没有消除对王室索求的抗争，只是使抗争转换了地方，而且更加分散了而已。普通民众（主要对征税和其他强征不满）与重要显贵（主要对其权力受制不满）结盟的可能性更小，而且也不如以前有效。随着国王转向靠卖官和其他间接方式来筹集钱财，平民与国家代表之间的对峙也很少发生。随着各省监察官和其他训练有素的王室官员逐步拓展其知识和掌控范围，官方监控崩溃的可能性也日益减少。所有这些变化都削减了公开抗争行动发生的频率，尤其削减了其规模。

投石党运动之后的十年里，在本书考察的五个地区，反抗王室的力量在削弱，尤其是需要广泛联合各阶级的抗争行动的力量。在安茹，曾有少数贵族以投石党人兼枢机主教雷斯为中心召集起义（1654），昂热发生过一次大规模抗税叛乱（1656），仍然希望联合起来反抗马扎然的贵族举行集会（1658—1659），17世纪60年代早期还发生过几起抗税冲突。在勃艮第，尽管地方上反抗收税人的行动时有发生，但共同袭击官员的行动只有沙隆发生的暴动（1657）和在科马兰（Commarin）发生的规模稍小的"叛乱"（1661）。经历过投石党运动风暴之后，巴黎和法兰西岛一直保持乖顺平和，只在1661年年底发生过一次反对指派教区牧师的抗议，以及一两次反对增税的零星抗争，1662年又发生了一次由愤怒的食利人组织的集会。在这些地区，投石党运动的失败使民众对通过直接反叛来迫使王室妥协的可能性不再抱有希望。阶级之间的联盟尤其罕见。

然而，佛兰德和朗格多克的表现却有所不同。在佛兰德这个大部分区域仍处于西班牙手中的战区，还会发生士兵与平民之间的冲突。在佛兰德与法国掌控之下的阿图瓦之间的边界地区，发生过几起反对王室强征新税的剧烈冲突。最重要的一次发生在1662年，国王撤销当地与战争相关的财政特权，导致大规模的卢斯图克鲁（Lustucru）叛乱。在朗格多克的维瓦赖（Vivarais）山区发生过不受管束的新教徒集会和武装反抗的事件（1653，1656）。在卡尔卡松发生的夺权之争（1656）中，许多市民都涌上街头。1662年还发生了拆毁一座新教教堂的暴动，以及几起抗税斗争。如果算上附近的鲁西永，就还包括当地政府与比利牛斯小天使派（Angelets of the Pyrenees）之间的长期争斗（1663—1672）。只有卢斯图克鲁和小天使派叛乱在规模上接近投石党运动之前的大叛乱，但都没有发生地方当权者与平民之间的公开结盟，而这种结盟曾经是17世纪20年代至40年代持续性斗争的重要特征。

在法国边境地区，事件发生的时间表却与中心地区有所不同。整体而言，边缘各省最晚被置于中央的掌控之下，也是最慢失去其特权和豁免权的。边境和沿海各省享有一些财政优势，有时是因为王室为了交换诸如海岸戍防之类的特别军事服务，有时是因为王室意识到无法监管沿海和山口之间的人员和货物流动。而且，法国一些重要地区都是在17世纪作为战利品被王室收归所有，贝阿恩、鲁西永、佛兰德和洛林都是典型的例子。然而，在所有这些边缘地区，路易十四、科尔贝及其合作者却要挑战阻碍，只为增加王室的税收收入。如此一来，必然会撤销或回避当地依条约和法令许可而享有的一些权利。在这种情况之下，囊括不同社会阶级和不同地区的公开对抗王室威权的大规模叛乱就时有发生。

投石党运动之后，17世纪法国发生的大规模叛乱主要有塔尔但尼扎叛乱（Tardanizats，吉耶讷，1655—1656）、木鞋工人叛乱［索洛涅（Sologne），1658］、贝诺吉叛乱（Bénauge，吉耶讷，1661—1662）、卢斯图克鲁叛乱［布洛奈（Boulonnais），1662］、奥迪约叛乱

147

（Audijos，加斯科涅，1663）、小天使派叛乱（鲁西永，1663—1672年断断续续发生）、鲁尔叛乱（Roure，维瓦赖山区，1670）、公文印花税和红帽叛乱［Papier Timbré and Bonnets Rouges，也称拖雷本叛乱（Torrében），布列塔尼，1675］和卡米扎尔教徒叛乱［Camisards，塞文（Cévennes）山区和维瓦赖山区，在1685—1710年，尤其在1702—1704年断断续续发生］。在这些事件中，民众公开对抗王室威权，并能够在较长时期之内维持对多个地方的控制。

接下来我们要关注这些主要叛乱的地理分布情况。索洛涅的木鞋工人叛乱是法国中部地区唯一一次规模大、持续时间长的反对王室的叛乱。西南部虽然有塔尔但尼扎叛乱、贝诺吉叛乱和奥迪约叛乱，但该地区的领先地位已被动摇。一度叛乱频发的普瓦图和诺曼底只发生了一些地方性抗税运动，例如17世纪50年代晚期莱萨布勒-多洛讷附近有一些沼泽地的居民组织游击活动，原因是国王准备在维持要塞戍防军队的冬季宿营税（quartier d'hiver）之外，增加一项沼泽地排水税。［科尔贝的堂弟泰龙（Terron）这么写道：“所以你看，我们必须依靠军事行动才能征收到冬季宿营税，感觉我们就像是在敌国领土上，而不是在自己国家。”BN Mélanges Colbert 101，1658年3月17日。］

朗格多克在投石党运动之后与之前一样，都是叛乱显著的地区。然而，叛乱的核心城市不再是蒙彼利埃、图卢兹及其他重要城市，而是该省的塞文山区和维瓦赖山区。布列塔尼是一个长期以来受益于盐税豁免权的特殊省份，对王室造成了一定阻力。国王的代理人试图将常规的财政管理措施推广至布洛奈和鲁西永，这两个战区一个因对王室的效忠和军事上的服务而受到温和对待，另一个直到1659年《比利牛斯条约》签订后才成为法国领土。

叛乱如何发生

　　投石党运动之后，法国经历了西班牙战争，最终与西班牙停战并签订条约。到 1661 年，法国王室又恢复到认真备战的状态。同年，马扎然去世，路易十四全面接管国家，科尔贝成为国王的首席财政助手，科尔贝的竞争对手富凯因渎职而锒铛入狱（当然，这完全不是巧合）。不久之后，科尔贝将注意力转向征缴新的税收，重点强调要"统一"全国的税制。这就意味着要撤销一些特殊的协议和特权，将相同的基本赋税推广到全国各地。

　　如我们所料，边缘省份的民众当然不乐意特权被废除。波尔多附近的民众很快在 1661 年 12 月就做出了反应。贝诺吉叛乱是投石党运动之后，波尔多地区发生的一系列对抗收税人的斗争中规模最大的一次。为了支援收税人，王室还派出了军队。科尔贝决定收回这些年所有欠缴的赋税，为了实施这一目标，他从波尔多派出了一支骑兵连。于是贝诺吉地区的村庄警报大作。几百名农民占领了县政府所在地——贝诺吉城堡，另几百名农民则包围了王室军队逃入的磨坊。叛乱人群中还出现了一个用稻草扎成的"傀儡上尉"（*capitaine La Paille*）。在 16 和 17 世纪，稻草往往被看作法国西南部起义农民的象征。制作傀儡是叛乱民众在效法贵族的做法，但事实上，除了一个医生和几个乡间工匠外，这次叛乱整体上保持了庶民特征。叛乱分子所受到的待遇也是非常庶民化的：七八百名士兵被派来镇压他们；两名主犯被绞死；四名嫌疑从犯被发配到船上服苦役；对该地区所有村子进行罚款，以赔偿法庭审理费用、叛乱中被杀骑兵家人的抚恤费，当然还有长期拖欠未缴的赋税（BN Mélanges Colbert 105-107 bis; Loirette 1966）。

　　第二年（1662），卢斯图克鲁叛乱在法国的另一端爆发。布洛涅地区处于阿图瓦、皮卡第和佛兰德的交界处，长期经受陆战和海战之苦。这个地区享有所有主要赋税的豁免权，为此要承担的义务就是输送身强体壮的男丁去驻守前线。路易十四在17世纪50年代曾因战事紧急向该地区征收过"特别"税，但在1661年，御前会议则宣布要对该地区进行常规化征税。布洛奈和阿图瓦的三级会议抗议，但王室对此充耳不闻。

政府预先收到了警报，所以派遣一支由250名士兵组成的军队护卫新上任的收税人往返于各个村庄。但是，村民们还是在任何可能的地方对军队发动攻击，组成小分队去攻击士兵和当地享有赋税豁免权的绅士。最后，他们尊奉一名能够征募到的小贵族为名义上的领袖，在一个四周设障的小镇里再次集结在一起。(《历史诗》称"有5,500余名"农民参加了这次叛乱。La Muze Historique XIII，信件27，1662年7月，527。) 强大的王室军队对他们展开追击，并包围了这座小镇。对于专业军队来说，要击溃这些叛民实在是易如反掌。埃尔伯夫（Elbeuf）公爵语气强硬地汇报道：

> 我于周一正午到达蒙特勒伊（Montreuil），得知蒙珀扎（Montpezat）侯爵和马绍（Machault）先生将于当日夜晚抵达。我利用当日剩余时间准备好面包，备好4门可供移动的大炮，并做好其他所有我认为将有助于惩处那帮歹民的准备。我命令蒙特勒伊城堡的指挥官在两位大人抵达时满足他们的所有要求。我安排蒙特勒伊政府派来的80匹马整装待发，准备拖拉装载火药与物资的马车……我们的士兵主要有巴斯克（Basques）雇佣兵、卫兵中的游击队员、瑞士雇佣兵等五个兵种。他们甚至没有等大军发动攻击就袭击了蹲守在一个位置极佳、四周设防的村子里的1,000名渣兵，迫使他们退守到厄丹（Heudin）城堡，

当然最后我们轻易就将他们俘虏。我们随后绞死了其中 4 人，俘获了所有首脑。我们发现士兵中只有少数有幸曾在王室军队服过役。（BN Mélanges Colbert 109 bis，1662 年 7 月 11 日）

在这种情况下，《历史诗》颂扬埃尔伯夫"阻止了……更大伤亡，并保护女人免受雇佣兵的侵犯"（*La Muze Historique* XIII，信件 27，1662 年 7 月，527）。战俘则由士兵们处置。俘虏中包括 1 名小贵族，脱逃过一回，但在藏身的酒窖里喝得烂醉后再次被俘。公开审判后，365 人被发配到船上服苦役，1 人被绞死，3 人死于轮刑（BN Mélanges Colbert 108-110; Héliot 1935）。

在比利牛斯山的两端，王室企图通过分包新盐税以增加税收的做法激起了持续不断的叛乱。在靠大西洋的一端，在巴斯克语地区的山麓小丘上，发生了以其领袖命名的奥迪约叛乱。奥迪约是个小贵族，他率领他的武装队伍冲锋陷阵，在收税人和王室军队疏于防范时发动攻击。奥迪约利用山区地形和西班牙领土作为掩护，在 1663 年、1664 年和 1665 年的大部分时间成功阻挡了当地包税人，鼓动了城市叛乱。他逃脱了抓捕。事实上，路易十四后来于 1676 年还嘉奖了他的英勇作为，派他指挥一个团的兵力（AA A^1 247, 249; AN Z^{1a} 890; BN Mélanges Colbert 120-133; Clément 1866: 289-293; Communay 1893）。

在比利牛斯山靠近地中海的一端，分包盐税的做法激怒了经常往来于瓦勒斯皮（Vallespir）关口的武装山区居民。根据 1659 年的条约，这些加泰罗尼亚人的居住地被分割给法国，本来是西班牙的边陲之地，现在却成为风声鹤唳的法国领土。这个地区盛产金属、布帛以及盐等重要物产，骡车将这些物产运输至比利牛斯山的两端。鲁西永的高等议会（Sovereign Council，由法国政府任命的地方自治政府）发现，自身的薪酬主要仰赖盐税收入，于是就同意征收盐税。

然而，这项决定却没有考虑到山区居民。1663年，包税人的卫兵刚抵达，就遭受了地方队伍的攻击。双方发动的攻击和杀戮持续了好几年，直至山区居民、高等议会、包税人和国王的大臣们在1669年达成妥协为止。

但不久之后，小规模冲突再度开始。一个绰号为"正义的艾儒"（Hereu Just）的山民首领落入王室军队手中。于是，游击战开始发展成全面暴动。在王室的授意下，高等议会发布了以下判决：

> 在瓦勒斯皮的各村庄、山区和孔夫朗（Conflent）的部分地区，一群通常被称作"小天使派"的叛民发动暴乱，纵火、渎圣、屠杀、进行武装集会……之后，他们使用武力攻破城门，闯入普拉德莫洛（Prats-de-Mollo），逼迫市长和执达吏释放让－米歇尔·梅斯特（Jean-Michel Mestre）和他的一名同伙。梅斯特是上述暴乱的一名首领，他是瓦勒斯皮人，绰号为"正义的艾儒"。他和同伙是依法被判入狱的，罪名包括：干扰贸易和公共秩序长达三个月；占领山区的一些城市和村庄；武装反抗执法军队和官员；妨碍王室赋税，特别是盐税的征收和管理；围困塞雷（Céret）城……在鲁西永省总督沙蒂永（Chastillon）率王室军队来支援该城时负隅顽抗；在不同地区继续发动暴乱；对抗由国王军元帅沙米伊（Chamilly）伯爵指挥的一支部队。
> （ADPO C 1395，1670年9月4日之布告）

随着协商与武力的双管齐下，两年之后小天使派叛乱终于被镇压。之后，比利牛斯山的那些关口就成了私盐贩子们最喜欢的路径，他们之前拼命反抗的赋税现在却成了发财之道（AA A^1 246-247; BN Mélanges Colbert 144-151; ADPO C 1366, 1367, 1395; Clément 1861-1869: IV, lxxviilxxxviii, 337-347: Depping 1850-1855: I, 620, 652-654, 803-804; Marcet 1974, 1977a, 1977b）。

大约在同一时期，小天使派将战场转移至朗格多克以南，在鲁西永北部侧翼的丘陵地区发动了财政叛乱。这场叛乱以首领让－安托万·迪·鲁尔（Jean-Antoine du Roure）的姓氏命名，鲁尔拥有一半贵族血统，当地人民选他充当首领。在鲁尔成为叛军指挥官之前，一群工匠和农民听到要征收新的人头税的谣言，就开始在欧布纳市攻击收税人，威胁市议会，并煽动维瓦赖附近乡村的村民起义。叛民们统领该区域很长一段时间，从1670年4月直至7月。

据说，鲁尔麾下一度达到4,000人。然而，一旦正规军队在鲁尔伯爵（两个鲁尔之间非亲戚关系）和勒布雷（Lebret）元帅的指挥下开始对他们展开追击，他们到7月底也就差不多气数将尽了。正如《法兰西公报》（Gazette de France）所叙述的：

> 一开始他们还负隅抵抗，但等到他们发现剩下的火枪手有舒瓦瑟尔骑兵队（Choiseul Squadron）支援的时候，就边打边逃了……叛军被一路追赶，直到岩石区，在那里，王室军队杀了140人，俘获80人。当天晚上，王军回到宿营地，第二天拔营前往欧布纳。而那里的叛军听到战败的消息后早已望风而逃。当地居民向鲁尔伯爵表达欣喜之情，庆幸终于可以不再遭受叛贼的困扰。我们得知，自此以后，逃离家园的绅士们都开始返回。我们逼迫叛民们放下武器，将他们押至本堂神甫处，乞求国王的宽恕。（La Gazette de France 1670: 766-767）

绅士们有充分的理由逃离家园。因为农民和工匠们除了明确反对唯利是图的收税人，还将富人的房屋洗劫一空。7月22日民众攻占普里瓦市之后，就对当地富人进行劫掠（ADH C 162）。然而，他们的战斗口号远不能证明这是一场阶级战争，他们高喊着的仍然是"国王万岁！税收官滚蛋！"（AA A¹ 247; BN Mélanges Colbert 155; Le Roy Ladurie 1966: I, 607-610）

相对紧张的阶级对抗出现在17世纪后期的财政叛乱中，也就是1675年发生在布列塔尼的系列叛乱。这些叛乱事件有着不同的名称：公文印花税叛乱、红帽叛乱和拖雷本叛乱。粗略地区分一下，"公文印花税叛乱"发生在城里，而"红帽"叛乱或拖雷本叛乱则发生在布列塔尼地区的乡村。从1672年开始，为了给荷兰战争筹备资金，科尔贝不仅提高常规税，向各省进行特别摊派，还对指定商品和官方公文征收消费税——90年以后，类似的印花税法令激起了美洲殖民者反抗祖国的斗志。当消费税于1675年开始强征时，法国许多地方都爆发了激烈的民众运动，例如勒芒、普瓦捷、阿让（Agen）等。在异见人士议会大约经过一代人之后，叛乱势力再次占据了波尔多：民众开始攻击征收消费税的代理人，允许消费税代理人在自制器皿上打上标记的锡匠们也受到了攻击。随后，至1675年3月末，抗税的叛民控制了波尔多，长达一周。8月，群众焚烧成扎的印花公文纸和装载公文纸的船只，然后包围波尔多市政厅（BN Mélanges Colbert 171-172; Bérce 1974: I, 517-518）。

但规模最大的叛乱却发生在雷恩市及其腹地。1675年4月，民众攻击新成立的烟草销售办事处，接着又到其他消费税和注册办事处走了一遭，随地洗劫。不久，南特民众也效法之。随后，叛乱的中心转至布列塔尼的农村地区，在那里，消费税相对来说受到的关注要少一些。

在农村，农民们攻击的目标是地主及其代理人。军事总督绍讷（Chaulnes）公爵向科尔贝写信道："当然，这里的贵族们对农民很恶劣，所以农民们现在开始报复。他们残酷地处理了五六名贵族，攻击他们，洗劫他们的房屋，甚至焚烧了部分房屋。"（Depping 1850-1855: I, 547, 1675 年 6 月 30 日信件）拉瓦尔丹（Lavardin）侯爵也持这种看法：

> 农民们仍旧聚集在坎佩尔（Quimper）和科朗坦（Corentin）附近的几个地方，甚至威胁到坎佩尔。他们的怒火似乎是朝着绅士们而非国王的威权。他们将绅士们施加给他们的鞭笞还击到绅士们自己身上。按照布罗热使用权（Usage of Broerek）的严格规定，农民们被剥夺了土地继承权，所以他们要求地主们开立收据，写明他们为这些土地再次支付的租金。（BN Mélanges Colbert 172，1675 年 7 月 5 日信件）

事实上，在布列塔尼的部分乡村，叛乱的农民甚至起草了一种"农民准则"以取代长久以来折磨他们的那些严格规定，并强迫地主们签名认可。该准则由蓬拉贝（Pont-l'Abbé）的加尔默罗会（Carmelite）修士们代表附近教区的"良民"向"尊贵的城中居民"宣读，并在胁迫下获得通过。其包括以下内容：

> 1. 城中居民以生命承诺，当上述良民派代表或通过警钟发出请求时，他们会提供人力、武器和食物等支援。
> 2. 城中居民的市政官在城中发出公告，废除所有违背我省居民之权利和特权的法令。
> 3. 不论城中居民还是其同伙都不得缴付 1625 年旧账簿上的劳役、实物地租或租金。违者处以鞭刑。
> 4. 所有小酒馆店主售酒的价格不超过一罐 10 苏。违者处以

同等金额的罚款。

5. 法官处理每次诉讼的收费不超过45苏。

6. 公证员不得使用印花公文纸,每份契约的收费不超过5苏,任何业务的收费不超过13苏。违者处以相同金额的罚款。

7. 官方注册办事处的书记员和官员不得使用印花公文纸,每份证明的收费不超过10苏。证明不得由一名以上律师经手。

8. 律师同样不准使用印花公文纸,所有案件不论多难都必须在一个月之内解决。违者处以鞭刑。

9. 法官必须免费宣告审判结果,要公平审理,不得暗箱操作。

10. 所有居民可以在禁猎区之外的领主土地上狩猎。

11. 领主的鸽子在领主土地之外可以被射猎。

12. 教区主教、主教代理、本堂神甫等所有神父每次弥撒的收费不得高于5苏,主持葬礼只能收费8苏。

13. 上述主教、市政官、教区委员担任三级会议的代表,向国王代理人反映人民的悲惨境遇,并争取文件中所陈述的特权。

以上准则于悲惨一年中的快乐一日在良民会议上制定。

(Garlan and Nières 1975: 99-100)

这个任谁也知道根本不可能实现的农民天堂,标志着17世纪叛乱中一个重要的重心转移。此时,对地主和小官员的憎恨已经超过了对新税收的抗拒。至少,从这种意义上来说,红帽叛乱揭开了18世纪抗争的序幕。

"所谓改革教派"及其捍卫者

然而，17世纪最后一波大规模叛乱都是建立在100年以来的斗争基础之上的。从17世纪30年代至70年代，政府埋头于与"所谓改革教派"的斗争，断断续续，毫无戏剧性可言。到1670年，朗格多克的新教失去了贵族领袖和大人物的保护，但在塞文山区和维瓦赖山区仍居主导地位，在城市里的工匠和小商人中拥有数量可观的追随者。没有了贵族或保护人，他们只能奋力反抗王室对他们旷日持久的压制。

地方上与天主教的斗争一直在继续，最典型的一次发生在1671年10月帕米耶附近的新教根据地勒马斯-达济勒（Le Mas-d'Azil）。根据目击者的证词：

> 一名刚皈依天主教的日薪工人，在市场上遭到前胡格诺派教徒弗朗索瓦和达维德·卡夫（David Cave）的攻击……许多其他参加攻击的人手里还拿着棍棒。这名工人被揍得太狠，最后奄奄一息……碰巧路过的修道院副院长和一名本笃会（Benedictine）修士指责他们……他们则对着这名工人咆哮："打死叛徒，打死叛徒，让你改信那个对信徒一点儿用处都没有的宗教。"另外，他们还叫骂了一些明令禁止、说了后可依法处以死刑的话。（Wemyss 1961: 36）

然而直到几年以后，随着路易十四政府加紧压制新教，在勒马斯-达济勒及其他地方才爆发了持续时间较长、规模较大的冲突。约翰·洛克于1676年走访朗格多克。他在日志中写道，于泽斯（Uzès）的新教徒"收到国王颁发的命令：尽管该市四分之三的居民都是新教徒，但不得再由新教徒担任市政官,且该市唯一一座新教教堂也要拆毁"(Locke 1953: 22-23)。对新教市政府的施压一直持续,直至所有新教势力都被碾压瓦解。

在省级层面上,监察官达盖索(d'Aguesseau)采用暂缓给新教徒官员发放薪水这一简单的方法来逼迫他们归顺,他认为这是"增加改宗人数的有效方式"(AN G^7 295,1680 年 3 月 8 日信件)。在勒马斯-达济勒,对新教的打压也随着 1680 年 4 月 29 日下达的法令如火如荼地开展。根据这一法令,新教徒不得在市议会任职,尽管以前他们可以与占少数派的天主教徒平均分配市议会席位。1685 年,随着《南特敕令》的撤销,地方民众经历了大规模改信天主教的运动,而且没有发生公开抵抗。往外移民的细流也开始了。勒马斯-达济勒的"新改宗派"(New Converts)通过耍花招、找遁词的方式幸存了下来。1697 年《里斯维克和约》签订以后,这里发生了第一次严重对抗,因为当时有消息说王室对新教徒的政策会有所放松。当地新教徒——根本不似看上去那样真的改宗——开始在乡间举行秘密"集会"或礼拜,但王室的迫害很快迫使新教宗教活动转向地下。然而,一旦王室威权和天主教教士的注意力转向别处,当地新教的地下组织就开始重新出现(Wemyss 1961: 96-107)。

在朗格多克的其他地方,新教徒与王室力量的对抗发展成公开叛乱,乃至内战。主要战场是维瓦赖山区和塞文山区。自 17 世纪 20 年代路易十三的反新教运动和 17 世纪 30 年代的蒙莫朗西叛乱之后,在塞文山区和维瓦赖山区就经常上演对抗王室的大事件。例如,1622 年,罗昂公爵在对抗王室的战斗中落败,他的队伍得到准允撤退到塞文的新教安全区。17 世纪后期出现的新变化是,这种对抗原先由贵族领导,参加斗争的是私人武装,而后来领导者却是普通民众的议会,由临时组建的民兵组织负责护卫。

早在1653年，"一支人数达到七八千的新教部队使用武力，企图在维瓦赖山区的瓦尔（Vals）确立举行礼拜的权利"（Bonney 1978b: 398）。这成为一种标准模式：新教徒在乡间集会举行被禁的礼拜，王室官员派军队前往阻止，"荒地集会"发展成武装叛乱。到1683年8月，达盖索报告说，维瓦赖山区的胡格诺教徒"组成了具有指定领袖的中队。他们占领城堡，挖建工事，存储弹药武器。总之，种种迹象表明，一些牧师不事传教，只专注于煽动暴动和叛乱。在他们的怂恿下，民众企图反抗王室军队（AN G^7 296）。

1685年《南特敕令》撤销后，新的监察官上任，奉命清剿朗格多克的新教徒。著名的监察官巴斯维尔（Basville）精力充沛，谨慎乐观。在一次行动中，他派遣一支骑兵去冲散勒维冈（Le Vigan）附近的"新改宗派"集会，但两名军官丧生。之后，他写道：

> 我在山区逗留六天，完成了一个严厉的警示：一位名叫圣朱利安（Saint-Julien）的绅士因参加集会丢了性命，被斩首。我还判处另外七名被告绞刑。这种集会以及军队进入举行集会社区的情况，使得整个国家忧患重重。在其他任何地方，人们都希望这种惩戒能够敦促人民循规蹈矩，但这些人既疯又蠢，恐怕也不可能长时间记住这个教训。当前，他们又听信一则可笑的谣言，说是一支联盟正在德意志形成，准备对抗我们的国王，并重新确立《南特敕令》。不管怎么说，所有的新教集会都被瓦解。不再有正规的牧师布道，布道的人都是些可怜的、缺乏常识的羊毛梳理工人和农民。我准备逮捕其中两到三人，但目前苦于找不到人。（AN G^7 297，1686年10月15日）

实际情况是，新教拥有许多世俗的布道者和一支包括男女老少、几乎无法穷尽的教徒队伍。而且，他们还拥有庇护者。不久之后，巴斯维尔派遣军队进山，搜捕并清剿新教的游击力量，也就是后来的卡米扎尔教徒。卡米扎尔战争在断断续续、屡遭变化的情况之下持续了 25 年。

面包纽带与金钱纽带

朗格多克山区战火连绵，法国其他地区的抢粮运动也在进行当中。大约 17 世纪末，抢粮取代抗税叛乱，成为普通民众最常用的集体公开攻击敌人的方式。因食物而起的冲突当然之前也曾出现过。抗税叛乱本身与食物也有间接关系：参加抗税叛乱的普通老百姓当然不会有机会在记录中解释这一点，但如果他们要解释的话，他们一般都会指出，在食物匮乏、物价高昂、饥荒发生的时候，新税的征收只会雪上加霜（cf. Le Roy Ladurie 1966: I, 499-502，关于 1643 年的乡巴佬起义）。一旦当权者胆敢征收粮食税以增加收入，几乎肯定会遭遇坚决的抗拒。例如当权者于 1682 年在纳博讷（Narbonne）征收豆荚税（cosse tax），抗拒的规模已经达到暴动的程度（AN G⁷ 296-298）。但严格地说，抢粮——抢占并重新分配储存或运输的食物，有时还会攻击食物主人及其仓库——在 17 世纪 90 年代之前比较罕见，到 150 年以后才比较普遍。

抢粮运动之所以会发生，并不是因为当时饥荒更加严重。在法国，整体而言，1630—1631 年和 1661—1662 年的饥荒可能比 1693—1694 年的食物短缺更加严重，但是只有 17 世纪 90 年代的抢粮运动才走上了中央舞台。也不是因为上涨的预期使官员和普通民众对高物价和短供应所带来的困难更加敏感。例如，在 1661—1662 年危机期间，我们发现法国许多地区的官员都忙于向王室陈情和琢磨各种应急措施以控制饥荒及其后果，例如勃艮第三级会议请求科尔贝"顾虑一下普遍性饥荒和征税的不利条件"，允许他们暂缓缴付；巴黎官员细致严谨地管控着粮食销售，并分发面包给杜伊勒里宫附近的穷人等（BN Mélanges Colbert 109, 109 bis）。

巴黎是一个重要例子，因为这是个大城市，也是全国市场的中枢和消费地，刺激了很大区域内经济型种植和大规模资本主义农业的发展。巴黎虽然一向以制造麻烦而名声在外，但在 1661—1662 年间却没怎么发生过民众食品冲突。在饥荒期间，王室和巴黎市行政部门彼此合作，严格管控从巴黎进出和城内的食品买卖、运输和分配（BN Joly de Fleury 2531; Saint-German 1962: 269）。在这样的情况下，民众不会集体抢夺食品或攻击物主。

那么 17 世纪 60 年代到 90 年代之间发生了什么变化，才导致抢粮运动的盛行呢？城市规模的扩大和薪资工人数量的增长，使得靠购买食物为生的人口数量增加，可能这也导致了供应上的困难。然而在 17 世纪末，谷物的整体价格并不高，所以我们不能将这个因素作为主要原因。将市场上的谷物运往东部前线的部队，无疑使得 17 世纪 60 年代至 90 年代的全国市场更加捉襟见肘。但最大的变化还是民族国家对市场化的推进。

自从科尔贝升任首席大臣之后，中央政府就竭力鼓励贸易来确保国王的税收收入和法国的富庶。对贸易的鼓励当然包括供销谷物的生产和运输。能够向巴黎或军队保证供应的商人因此获利。这样，以前对谷物贸易进行的地区性管控——在地方上以固定价格对谷物进行清查、控制、分配，优先当地人，特别是当地的穷人——就被认为过时了。结果，那些首先尽量满足自己的民众，然后才允许谷物作为商品进入全国市场的地方官员发现，他们与那些辩称国家需求优先的王室大臣、监察官和商人们总是意见相左。在这种政策、食品短缺和价格高昂的情况下,地方官员对于是否要实施原有的监控也犹豫不决。那么就由普通民众自己来控制吧。民众开始试图控制食品供应,逼迫官员和商人恢复原有的规则,行动形式多样,但都被称作食物暴动。

在巴黎,17世纪第一波抢粮潮发生在1692—1693年。通常的情况是一群妇女加上一些男人和孩子闯入面包店,抢走面包,并将店里的东西洗劫一空。例如,1693年5月,一群人袭击鲁尔新(Lourcine)街上的一家面包店。第二日,市警察局局长拉雷尼(La Reynie)将为首的一名工人在圣马塞尔(St.-Marcel)城门处以绞刑(Clément 1866: 255)。然而,袭击面包店的事件在巴黎继续发生,而且腹地的民众继续尽其所能地阻挠粮食的运输。佛兰德再一次沦为战场,而且很难区分到底是食物冲突还是战争骚乱。然而在朗格多克、勃艮第和安茹,粮食危机和抢粮运动一直持续到粮食丰收的1694年。其中,较为激烈的冲突发生在1694年5月初的图卢兹。正如巡游的王室官员阿布拉库(Abrancourt)在同年5月5日从图卢兹发回的报告中所记载的:

> 来此的目的是征收王室赋税,我想我应该向您汇报一下当地的进展情况。这里的民众已经毫无理由地骚乱了五天。上周日,市长刚从加龙(Garonne)桥边的主宫医院(Hôtel Dieu)开完会回来,遇到一群企图谋杀他的暴民。他能够从这两千名手拿匕首、棍棒和石块的妇女手中逃脱,完全是奇迹。随行护卫的士兵被石块砸伤,马车的门也被砸破。面包师抱怨说官方规定的面包价格低于谷物成本太多,所以不愿意烤制跟平常一样多的面包。乞丐们趁机洗劫了几家店里他们能找到的面包。接着,市长提高面包价格以解决问题,并给予面包师应有的补偿。于是小老百姓们以这次提价为借口发起抗争。他们昨天早

晨得知市长已去过法院，于是今天相同数量的妇女就跑去占领了巡回大法庭（Grande Chambre de la Tournelle）开会的法院。她们叫嚣着要的是市长的头颅，而不是面包。（AN G^7 302）

阿布拉库和图卢兹的市长都声称，这次抗议之所以发生，是因为前几日市长与高等法院之间发生了一场激烈争论，以至于那群妇女可能认为高等法院会支持她们。无论如何，市长和市政会以法庭的名义判处皮埃尔·阿利贝尔 [Pierre Alibert，在一家名为"拉鲁埃格"（La Rouergue）的烟草办事处工作] 的妻子卡特琳·特米讷（Catherine Thémines）绞刑，另外三名妇女则被逐出图卢兹。市长在谈论这次事件的信件中曾表示，他认为高等法院如果复查的话，可能会减轻刑罚（AN G^7 302）。毕竟，法官与他之间还有一些争执没有解决呢。如此一来，老百姓的抢粮行动与高层政治有了关系。

随着17世纪90年代大危机的结束，国王继续推进发展全国性市场和确保首府及军队食品供应的政策。我们可以从勃艮第监察官费朗（Ferrant）身上看到，实施这一政策本身需要做出一些重要选择。1694年快到粮食收割季节时，费朗收到要输送大约6万袋、每袋200磅的谷物到里昂的请求，对此他的回答是："问题不在于提供的数量多少，而在于要确保运走这么多谷物后，不会影响国王军队和巴黎市的谷物供应。"（AN G^7 1634，1694年8月24日信件）监察官懂得国家优先的道理，并懂得如何普及这个道理。

宿命的世纪

17世纪初，我们看到的是宗教战争遗留的废墟、国王的软弱无能、公爵和亲王们的花招诡计，在这片残破中似乎很难预见一个强大的中央集权式国家的崛起。然而，事实就是如此。亨利四世、路易十三、路易十四和那些能力超群的大臣们一起，通过压榨、哄骗和强制的方式从心不甘情不愿的民众手中获得战争所需的物资，建立起一支强大的国家军队，征服法国以北、以东和以南的领土，镇压或拉拢国内劲敌，在此过程中创建了一套影响深远的民族国家机制。在这么做的过程中，他们还与法国资本家建立了一种不稳定的联盟关系。一方面，国王要依靠资本家去调动和预支战争这一昂贵活动所需的金钱，去发展贸易以产生税收收入，去购买官职和特权以保证国王能拥有长期的借贷资金。另一方面，国王发动战争的同时也阻碍了国际贸易的发展，他们攫取大批资金并对其收取税金，规范经济生活以保证王室税收，此外王室的大量借款也损害了政府的信用。

如果说至 1700 年这几个伟大君主所创建的政府，相比于 1600 年的那个要强大有效得多，那么在一定程度上我们可以认为，国王之前要和地方显贵分享主权，而现在则要和数以千计的官员分享这一权力。如果说国王确实大幅度增加了可供大臣们处置的资源，他们也加强了王室对这些资源的所有权。在压榨经济到极限时，他们也使自身陷入了长期的忧虑、监管和干预的状态。这么广泛深远的机制根本不具有自我调节的能力，中央集权式的管控稍有松懈就会产生新的危机，例如索取者自助，普通民众加剧抗争等。

这些动荡不安、相互矛盾的过程促成了这个世纪里群体行动的一些共同特点。这些过程可以解释战争本身和备战对普通民众之群体行动的影响；可以解释为什么群体行动会具有如此强烈的防卫特征——防卫重要特权不被侵犯，防卫珍贵物品和服务不被征用；可以解释为什么不同形式的抗税运动在 17 世纪大部分时间如此普遍；可以解释为什么村民和市民不顾屡次失败和残酷镇压，仍然随时准备加入到反抗王室威权的叛乱大军中；可以解释为什么群体行动常规剧目的主要形式与暴动的形式相似。

虽然如此，在反复发生的抗议和叛乱中，也发生了一些重要变化。在17世纪上半叶，一群有着既定权利的人聚集在一起是很平常的——至少在某些情况下，他们聚在一起开会、审议，选举领袖或代表，然后以言或行宣告不愿服从王室的命令。所谓的"叛变"和"叛乱"就是这样开始的。

随着时间的推进，以及国家对地方自治权的破坏，上述审议式集会作为抗争大本营的重要性也大大下降。严阵以待的胡格诺教徒继续以自己的方式集会，各省三级会议和高等法庭仍旧继续审议式会议，但对于大多数法国人来说，这种形式根本不可能表达他们的怨怼或者根本完全没效果。相反，普通民众发现，去打砸那些保留和获取审议权之人的门窗更有效果。他们利用所有合法的民众集会，诸如节庆和公共庆典来传达观点。他们采取直接的行动，有时包括反抗压迫者和疏于职守之保护者的游击战。他们站了起来，实施政府当局未能实施的控制和惩罚。他们将法律握于自己手中。随着审议式叛乱集会的式微，抢粮行动和民众报复性行动就增多了。

这些变化与17世纪另一项重大转变有关，即地方当权者撤出了民众叛乱。在投石党运动之前，大贵族经常作为保护者——当然是在一定的代价下——与民众联合起来反抗王权。但这种代价很容易就过大，正如在投石党运动中那样。然而，贵族的保护和结盟使民众获得了军事上的专业指导，从而有机会凭力量来与当权者讨价还价。投石党运动失败以后，贵族被吸收到保王派，而且日益仰赖王室赐予的特权（至少可以获得一定的税收豁免权）。另外，地方自治的权力基础也遭到系统化的削弱。于是，不管大贵族还是小贵族，越来越不可能成为民众叛乱的合作者。战争、暴动和庇护式的抗争形式就越来越罕见了。

161 　　到 1688 年英国革命时，路易十四的谋臣就可以自鸣得意地说：
"如果英国像法国一样，也有这么多受国王支持的官员，就不会发生
革命了，因为这些官员都坚定地维护王权。没有王权，他们就一文不
名。如果王权被毁，他们当即就损失了购买官职而支付的大笔金钱。"
（BN Fr 7009）

　　到 17 世纪末，许多购买职位的官员都明白这其中的道理。
让·德·拉布吕耶尔（Jean de La Bruyère）于 1673 年在卡昂的财政局
购买了一个财政官的职位（年收入是 2,350 里弗尔），在 1686 年成为
常任宫内侍卫（gentilhomme ordinaire，年收入 3,000 里弗尔）。他在
1688 年说道："成为贵族就不会失去任何东西。有了自由、免税权、
豁免权、特权等，拥有贵族头衔的人还能缺什么？你认为他们是为了
贵族的荣耀才去争取国王秘书（Secrétaires du roi）这个头衔吗？他们
才没那么虚荣，他们是为了能获得的利益。不管怎么说，难道这不比
去当盐税包税人更体面吗？"（"De Quelques Usages," Les Caractères,
第 13 段）国王们设法使荣耀与利益巧妙地结合在一起。路易十三和
路易十四明面上仅仅为了钱就将自己的君主权力分割出去，但却产
生了一个有利的政治结果：一些王室最危险的潜在敌人就这么被收
编了。

　　虽然叛乱不如以前频繁，对政府存续的威胁也不如从前，但叛
乱没有消失，只是性质发生了一些改变，诸如更庶民化，拥有自己的
领袖，更加依赖现有社区结构，而且目标更直接对准普通民众的压迫
者和压迫本身。阶级斗争已经初具雏形了。

第六章
图卢兹、朗格多克与启蒙时代的法国

1700年,年迈的路易十四发动了他有生之年最后一次大政变。当西班牙的查理二世去世时,路易十四当即利用查理最后的遗嘱,让自己的孙子安茹的腓力(Philip of Anjou)去继任西班牙国王。他派腓力立即前往马德里,以赶在其他宣称有继承权的对手之前牢牢掌握王位。安茹的腓力——即位后就是西班牙的腓力五世——同他的兄弟勃艮第公爵和贝里公爵大张旗鼓地奔赴他的新王国。路易十四似乎觉得这种对欧洲其他统治者的挑战还不够,又安排巴黎高等法院宣布保留腓力继承法国王位的权利。这项宣布不仅违反了查理二世遗嘱中的一些条款,而且还预示了一个过度强大的法兰西-西班牙联盟国家的威胁。另外,路易十四还让他这位十七岁的孙子赋予自己西属尼德兰的代理统治权。代理统治权一到手,路易十四就马不停蹄地派遣法国军队将荷兰人赶出了法国前线附近的堡垒。到了六十多岁,路易十四仍旧汲汲于建功立业。

其他欧洲强国从刚开始的惊愕中缓过神来,赶紧建立同盟,组织起军队,与法国开始打西班牙王位继承战争。这场路易十四生前进行的最后一场战争持续了十几年。最终，法国被迫同意缩小腓力的西班牙王国领土，虽然腓力还掌握海外殖民地，但其余在欧洲的领地被分割，而且也不能继承法国王位。然而，终结这场战争的《乌得勒支条约》(Treaty of Utrecht)还是让法国王室成员稳稳坐上了西班牙的王座。

展示王权

在战争快开始时，腓力的两个兄弟在陪同他来到西班牙之后，开始返回凡尔赛。快到1701年1月底的时候，他们传消息到图卢兹，表示中途会在那里逗留几天。图卢兹市举行了盛大浮华的仪式来迎接这两位嫡系王子——正如1701年出版的《纪行》(Relation)中所说——"路易大帝的亲孙"。

所有当地显贵都参与了准备工作。阿尔比(Albi)的大主教急于取悦两位王子，组织召开了古老的司法总管辖区(Sénéchaussée)法院会议，以便提议拨款修路，"如此一来，王子们就不会在路上碰到任何阻碍或不便"(Devic and Vaissète 1872-1896: XIV, 1526)。图卢兹的精英们还专门为这次活动筹划了一次民兵游行：每方阵一百名的步兵从城里特许工匠中征募，加上四支由年轻商人组成的团队，总计五六千人，全部穿着笔挺崭新的军装。在横笛和鼓号的伴奏下，民兵与城里的巡逻兵一起操练。整整两周，他们都在擦亮军刀、磨炼技能。市政府还在圣艾蒂安(St.-Etienne)广场上安排了烟火，另外在四处准备了红酒喷泉。巴斯维尔先生(自1685年以后一直担任监察官)和布罗伊(Broglie)伯爵(军事总督，也是巴斯维尔的姻亲，当然这种关系绝非巧合)在王子抵达前两周仔细核查了筹备工作。"他

们对所有工作都满意,而且还校阅了游行的部队。"(Relation 1701: 5)

到了 2 月 14 日这个重要的日子,部队早上 7 点就出发,整齐排列在街道两侧,从圣西普里安(St.-Cyprien)城门直到王子们下榻的大主教宫——根据事无巨细均记载在案的《纪行》,这段路准确的长度是 1,226 突阿斯(约 2.25 公里)。在两排民兵的后上方悬挂着当地最华丽的织锦。待万事俱备,布罗伊和巴斯维尔就乘坐马车前往圣西普里安城门。紧紧跟随的是市巡逻队和担任现任及历任市府官员的贵族们。到下午 3 点,王子及其随行人员终于抵达城门口。图卢兹城内礼炮鸣放,钟声响起,市政官加德尔(Gardel)作为发言人发表讲演。王子们彬彬有礼地向加德尔道谢,然后进入与市中心隔着加龙河的郊外圣西普里安区:

> 他们一看到那座肯定是欧洲最优美之一的桥梁,就心情愉悦地驻足观望逗留在桥上的人们,由商人组成的民兵队伍排列在步行道上。城堡磨坊的水帘流淌,树木茂密的小岛似乎从水中跃出,大桥与巴斯克勒(Basacle)磨坊之间的水面如镜,延伸至图卢兹市的遥远天际线。桥尽头广场的廊檐下悬挂着织锦,挤满了围观的民众。所有这一切都是法国其他城市无法看到的景象。(Relation 1701: 6-7)

勃艮第公爵、贝里公爵及其随员们骑着马庄严缓慢地——四十五分钟只走了两公里——经过部队、织锦和图卢兹市民,来到大主教宫。在那里,"他们赐予了大主教无上的荣耀,表示无须将家具移出他们的房间,而且就在专门为他们准备的床铺上就寝"(Relation 1701: 7)。

两位公爵逗留在图卢兹的第一个晚上,市政府还准备了由一名耶稣会数学教授设计的礼物、灯光和烟火。接下来,两位公爵走访的行程是这样的：聆听大主教的弥撒和"致辞"，接见来自王室朝廷、宗教团体和学术界的代表，检阅律师行业协会的军事游行，参观主教座堂、市政厅和其他公共建筑，欣赏音乐会，观赏更多的灯光和烟火——整整四天按17世纪典型风格安排的荣耀之行。在这节庆似的日子里，巴斯维尔监察官赞助了为欢迎王子而安排的烟火，并大摆筵席招待所有来访者。高等法院主席里凯（Riquet）也不甘落后，提供了灯火、宴会、他府邸大门两侧的红酒喷泉，以及七艘崭新的游船。里凯的代理人早就专门打造了这几艘船，供王子们河上泛舟。几天后，王子们乘船游览双洋运河（Canal des Deux Mers）。双洋运河又名南运河（Canal du Midi），经加龙河连接大西洋和地中海。

里凯不是突发奇想选择这条运河的。他的父亲以前是朗格多克的盐税包收人，受科尔贝恩惠，组织修筑了这条运河。虽然他父亲去世时经济条件不好，但运河所带来的利润最终使他的家族富有起来。里凯能够购买朗格多克最显耀的职位之一，即高等法院的主席，就证明这个家族的富庶程度。老里凯作为包税人，也曾在17世纪60年代强征盐税，强力清剿鲁西永（尤其是比利牛斯山区）的食盐走私，从而引发持续多年的小天使派之乱。

巴斯维尔监察官，与十五年来一直致力于清剿朗格多克的新教徒的那个巴斯维尔是同一个人。他不久就要面对卡米扎尔大叛乱。王子们离开后不久，他写道："你相信吗？预言家们说，国王的孙子是站在他们那边的，因为他们在这个地方的时候，一点儿宗教问题都没提到。"（Armogathe and Joutard 1972: 61）预言家们声称国王的孙子是他们的同盟，这只是痴人说梦而已。尽管如此，腓力五世确实与朗格多克的新教徒之间存在某种特殊的战略联系：王室军队从新教地区撤离，准备投入以腓力的名义发动的与欧洲诸强的战争，如此一来就大大方便了卡米扎尔叛乱。

因此，1701年2月节奏缓慢的盛大仪式与17世纪的暴力冲突就有了许多联系。路易十四亲政后40年的统治，使法国的叛乱在形式和危急程度上都发生了巨大变化。到1701年，他所掌握的权力相比于从前更远胜于其他对手。但并不是一切都风平浪静。

在之前的40年里，巴斯维尔等监察官一直在兢兢业业地构建王室权力。如今，他们处于应对来自王国内部之挑战的前沿，也是王室侵占地方自由、特权和权力的主要代理人。朗格多克与其他各省的不同之处在于，它更大、更有钱（因此在王室的规划中更关键），而且保留着相对强大的省级和市级机关，以至于监察官没有选择余地，只能与之协商。尽管是协商，但他也尽其所能地使用威逼利诱的手段。

除了在庆典仪式上，巴斯维尔在许多场合都要确保王室对权贵人士的影响和对其他人员的掌控。他的日常通信清楚地显示了这点。例如我们发现，他在1701年紧张地向上汇报说塞文山区的新教传道士越来越多，并请求支援以便实施镇压。我们还注意到他对谢拉修道院院长（abbé de Chayla）的辩护，当时院长被控强迫塞文山区的新教徒改宗，并从其职位中牟取私利。[第二年，这名院长在蓬德蒙韦尔（Pont-de-Montvert）被高唱圣歌的新教徒杀害，后者的目的是加速发动卡米扎尔的公开叛乱。]我们还看到他极力支持维维耶（Viviers）主教。当时主教面临两大棘手问题：一是他辖区内的佃户坚决拒缴什一税，二是辖区内的新教徒进一步扩大传教范围。

巴斯维尔对省三级会议小心翼翼地包容，对谷物贸易稳步进行重组，对牵涉到贵族的争议保持谨慎的监视，所有这一切都显示，他一直致力于确保地方当权者及其附庸臣服于王室的监管之下。他发明并改进了人口税（capitation）——贵族和平民都要缴纳，大致与收入成正比——这也显示他愿意为了王室发挥自己的创新能力。经过长达35年的努力，这位"朗格多克之王"（圣西蒙公爵这么称呼巴斯维尔）

成功地促进了王室权力在地方上的影响力。

18 世纪初的朗格多克

三年前的 1698 年，巴斯维尔和其他监察官同僚们一起上交了一篇关于本省情况的报告，以便获得王储勃艮第公爵的指示。这篇《朗格多克省备忘录》（"Mémoire concernant la province de Languedoc"）分析了该省的历史地理、行政、财政结构、经济活动和公共事业，从头到尾都显示出他作为一名深知王室利益的行政管理人员，如何控制他的管区，如何激励可能提高王室税收的活动，如何攫取所有王室可以想得出名目的收入。

巴斯维尔对省内输入输出物品做了详细的估计，表 2 就是概要。表 2 显示纺织品不管是供省内消费还是外销，都是非常重要的商品。在朗格多克，其重要性已经超过谷物。在出口市场上，纺织品、生丝、皮革、葡萄酒和蒸馏酒都排在前列。洛代沃（Lodève）和其他工业中心出口大量毛织品到黎凡特（Levant）地区。在进口方面，成品布料、绵羊和羊毛是朗格多克的主要进口商品。

巴斯维尔的数据有一点令人惊讶：朗格多克谷物出口所产生的税收非常微薄。图卢兹平原是法国的主要粮仓之一，也是马赛和地中海地区的重要粮食供应地。罗歇·布吕内（Roger Brunet, 1965: 329）曾将它称作"小麦生产机"。当地农民自己吃玉米，外销小麦赚钱。在 18 世纪，朗格多克的贵族就是靠出口小麦致富的，而且为了巩固新财富还取消了农民在耕地上放牧和拾取麦穗的权利。根据一份关于 1709 年这个危机年份的备忘录，上朗格多克（Upper Languedoc）"除了出口小麦就没有别的渠道缴纳税款了。这是该地区唯一的庄稼，即

表2　1698年朗格多克各种货物年度估计销售额

（单位：里弗尔）

货物名称	当地销售额	输出额	输入额
谷物	1,160,000	40,000	—
葡萄酒	—	830,000	
蒸馏酒		440,000	
丝	300,000	1,500,000	
生羊毛	—	—	750,000
皮革	958,000	1,180,000	—
纺织品	12,875,000	1,985,000	1,790,000
家畜	400,000	600,000	1,240,000
香料	—	—	471,000
鱼类	40,000	60,000	349,225
其他	2,860,000	1,440,000	190,000
总计	18,593,000	8,075,000	4,790,225

资料来源：Basville, "Mémoire concernant la province de Languedoc"（1698）, AN H¹ 1588[26]。

使收成一般，也能满足全省的需求。这也是会允许小麦出口到法国以外的国家，而且收成一般的时候还能以规定的数量或在规定的时期出口小麦的原因"（AN G⁷ 1644）。

这些事实似乎暗示了一项欣欣向荣的小麦出口贸易，然而根据监察官的报告，小麦的出售都局限在省内，甚至在省内也远远落后于纺织品贸易。不管怎么说，监察官的数据显示了羊毛和丝在当地商品经济中的核心地位。如果尼姆及周围地区的生丝产量迅速下降，如果该地区信奉新教的工人移民到英国、荷兰和瑞士的纺织业发达地区，毛纺织品就会前所未有地流向黎凡特地区。巴斯维尔根据粗略估算，总结道："很容易就能看到本省的富庶和强盛，这里应有尽有。无须依靠外国或邻省我们就能自给自足。"（AN H^1 1588 26/106）因此，巴斯维尔建议降低关税壁垒和扫除贸易障碍。

很明显，巴斯维尔希望通过贸易提高王室的税收。从1689年到1697年的九年时间里，他估算了王室在表3所列的范畴中平均每年所能获得的收入。也就是说，巴斯维尔及其同僚每年从每个省抽取大约1,400万里弗尔，而据他自己估计，朗格多克省每年的贸易总额大概达到3,200万里弗尔。所以，他希望大力发展贸易就一点也不奇怪。

但是在朗格多克，并不是所有商业都井然有序或者所有行政管理都太平无事。巴斯维尔给本省的新教徒贴上"新改宗派"的标签，但心里明白这个标签贴得并不是很结实。他声称，他比其他任何监察官所管辖的前新教徒都要多。他从朗格多克全省大约150万的人口中精确清算出了198,483名新改宗派，约占全省人口的13%。经过一个世纪的改宗劝道，在低地地区有些人或自愿或被迫改了宗，但山区的新教徒却依旧人数众多。巴斯维尔说道："我们应该注意，新改宗派在塞文山区、庞廷（Pontine）山区、维瓦赖山区、卡斯特尔（Castres）附近的山区占据主导地位。这些区域原本就是几乎无法渗透的地方，所以这里的居民易受蛊惑，容易发生叛乱。"（AN H^1 1588 26/30）

图表3是根据巴斯维尔的数据绘制的各教区地图。地图显示，新教徒集中在朗格多克的东北角，但新教的普及程度与公开对抗之间并不完全对应。例如，在尼姆和蒙彼利埃，新教徒人口相当多，但群体抗争的行动却不多。巴斯维尔认为有两个原因导致了低地和高地居民

表 3　1689—1697 年王室平均每年从朗格多克所得的收入

项目	收入（单位：百万里弗尔）
分包出去的间接税	4.0
直接税	6.5
出售官职和特权	2.1
附加税	0.2
人口税	0.7
总计	13.5

资料来源：Basville, "Mémoire concernant la province de Languedoc"（1698）, AN H^1 1588[26]。

之间的不同。第一个原因仅仅是战术性的，山区的新教徒更容易逃过王室的监视和控制。第二个原因跟经济有关。一般来说，低地的新教徒更富有，与贸易之间的关系也更紧密，所以如果进行徒劳的抗争只会损失惨重，假装改宗更实际可行。

巴斯维尔非常了解这种差异，所以大致规划了要采取的策略。在低地，他使用劝服和经济上施压的方法。在高地，他采取两项主要措施。第一项是修建一条 12 英尺宽的公路通到塞文和维瓦赖山区。他认为这可以促进交通，加速军队的行动。第二项是建立一支省立天主教民兵队伍，以补充正规军队，听从他的指挥。两项措施结合起来就成为一场军事占领和捣毁的战役。

然而，更长远来看，巴斯维尔还是希望通过流放所有新教牧师，代之以合格的天主教牧师的方式，彻底了断年轻山民信仰异教邪说的念头。他总结说："受到世俗权力的压迫和威胁时，新改宗派是会如

图表 3　1697 年朗格多克各教区新教徒比例图

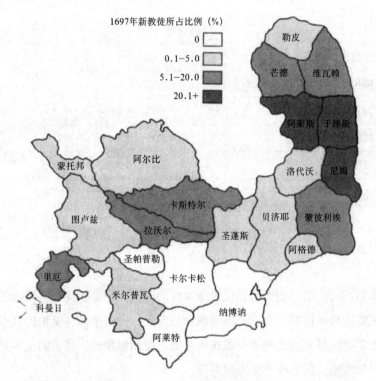

资料来源：Basville, "Mémoire concernant la province de languedoc," AN H¹ 1588²⁶。

你所愿，前去忏悔并领取圣餐，但这只会亵渎神圣。我们应该攻心，这才是宗教所在，不能赢得他们的心就不能让他们建立起坚定的信仰。"（AN H¹ 1588 26/34）

路易十四赌赢了

巴斯维尔骄傲自负、蛮横霸道,为路易十四在危机重重的腹地区域建立起强大的据点。圣西蒙公爵称赞他的精明,但不喜他的自命不凡。他回忆道:

> 朗格多克在巴斯维尔的暴政下痛苦挣扎了许多年,他阻止了枢机主教邦齐(Bonzi)……攫取了所有权力……巴斯维尔聪明、敏捷、行动能力强,而且勤奋。他也狡诈,诡计多端,残暴无情。他知道如何帮助朋友,招揽下属:他首先是个追逐权力的人。他击溃了所有抗争行动,对他而言,没有什么代价是不能付出的,他为达目的不择手段。他大大增加了该省支付给王室的税收,他发明的人口税让他声名大噪。大臣们忌惮他的广博、才智和飞扬跋扈,将他排除在朝廷之外,为了让他待在朗格多克,不惜让他拥有那里的所有权力。而他也毫不客气地尽情享用。(Saint-Simon 1873-1876: III, 404)

虽然付出了让巴斯维尔享有专权的代价,路易十四及其大臣们却征服了这个一度叛乱频发的大省。

各省的三级会议对王室权力形成极大挑战,其中朗格多克的三级会议最难对付。在朗格多克的三级会议,第三阶级拥有双倍代表权,而且在教区的政治运作中起主要作用的主教也位列其中,所以它宣称比其他地方的三级会议拥有更广泛的基础,与具体的政治运作联系更加紧密。因此,巴斯维尔小心谨慎地对付三级会议,显然他处理得很巧妙,因为通常他并未做出很大让步,就能让三级会议批准王室的税收。

同样，图卢兹那些高傲的市政长官也无法抵抗被整合到王室机制中的命运。在17世纪80年代，国王具有在图卢兹各团体所提名的候选人中任命市政长官的权力。在18世纪的前几十年里，市政长官发现他们的职能仅限于布置庆典和管理地方事务。如果不是因为山区有顽固不化的新教徒，巴斯维尔就可以在朗格多克的各大区域和各重要生活领域都确立王室的优先权。等到1718年巴斯维尔去世时，新教徒也放弃了长期的武装叛乱。

18世纪的朗格多克处于少数几位经验老到的监察官统治之下，与17世纪有很大不同。黎塞留于1631年派出了他的第一位监察官——罗贝尔·勒米龙（Robert Le Miron）。从勒米龙到1685年到任的巴斯维尔，监察官或专员的平均任期是3—4年。巴斯维尔能在任33年，这本身就非同寻常。从1685年到大革命爆发，统治朗格多克的只有七位监察官，平均任期增长到15年。而且，这其中有两对是父子关系：小贝尔纳热（Bernage）在1725年接替老贝尔纳热；担任副监察官21年之久的圣普列斯特（Saint-Priest），在1785年接替他的父亲担任全权监察官。巴斯维尔于1718年去世，但朗格多克的王朝统治却没有结束。

路易十四比巴斯维尔早去世三年。到死之前，路易十四一直都在发动战争。他的大臣们一边应付日益增长的王室债务的压力，一边想方设法筹集战争物资；借款累积的速度比税收增长还快。赋税本身暂时遭遇了天花板。朗格多克的税收从1661年路易十四亲政直到17世纪末，一直处于快速增长，后来有一段时间保持着平稳状态，直到1750年以后。七年战争（1756—1763）和美国独立战争（1775—1783）再次推高了债务和税收（Frêche 1974: 502-505）。

在法国各省中，朗格多克的税收分配相对公平。这有两个原因：第一，王室土地税不按"人口"，而是真正按土地来征收，如此一来，贵族至少要缴付部分土地的赋税，即便是新封的贵族同样要缴纳。第二，朗格多克的估税员实际上是根据土地的出产，而不是土地面积或土地类型来核算土地税。在详细记录财产的账册上，估税员将全省土地登记在册，以便处置。因此，有钱人没什么兴趣去争取贵族头衔，而王室也无须追查冒充贵族的事情（Frêche 1974: 140-141）。在这种情况下，能够授予贵族头衔的官职销路就不是很好。事实上，当官职成本上升而收入减少的时候，朗格多克的官员们就倾向于放弃任命的官职。例如在 1708 年，卡尔卡松初等法院的官员们就因为这个原因而放弃职位（AN G^7 310）。因此，在朗格多克，王室的财政束缚逐渐弱化，到最后就像是一个侵略性的拥抱而已。

毫不夸张地说，即使在朗格多克，18 世纪的法国展现的也是一副残忍、剥削的嘴脸。即使在朗格多克，社区或地区之间曾经平等的关系也被打破，而且这种不平等还将持续下去，越来越明显（Frêche 1974: 501）。即使在朗格多克，贵族土地的豁免权也让传统的有地阶级获得了绝对的优势。即使在朗格多克，监察官有时也要借贷去支付本省眼前的赋税。例如，巴斯维尔就曾在 1701 年因为这个原因向热那亚出贷人求助（AN G^7 305）。

总的来说，即使在朗格多克，税收的征缴仍有一定困难。我们发现巴斯维尔在 1702 年如此报告：他"在卡佩斯唐（Capestan）起诉抗缴人口税的人。不能再出乱子了。攻击收税人的博纳富（Bonafoux）仍然在逃。我对他们进行了缺席审判。我逮捕了那些在街头高喊民众不应缴税的人。那个地方现在成了一个典范，人口税一分没欠缴"（AN G^7 305）。1707 年，巴斯维尔威胁说要派一个团的兵力到图卢兹，逼迫该市市政官支付人口税（AMT BB 188）。监察官还是能控制局面，但这种控制需要坚持不懈的努力。

在一点武力、少许贿赂和足够耐心的周旋之下，朗格多克的大多数贵族和市政官员都俯首顺服了。这其中有一部分原因是监察官对设立新官职的做法秉持着谨慎的态度。为了偿付西班牙王位继承战争的花费,路易十四的大臣们又故伎重施,包括设立并出售新官职。在1704年,巴斯维尔陈述,他反对为了征收土地税、市通行税和其他专门税而成立设有职位的行政法庭:"在1632年,就是在朗格多克设立多个财政区才造成那么多混乱,并导致蒙莫朗西党派的形成。到1649年,这种设置才被撤销。毫无疑问,这种做法只会是本省最令人作呕的尝试,最有可能造成大的混乱局面。"(AN G^7 307)朗格多克还是出现了一些新职位,其中大部分很快就被它们可能会威胁到的集团买断了。然而,整体上来说,巴斯维尔对这种增加收入的手法比较克制,宁愿去跟三级会议协商。如果说路易十四在朗格多克这盘赌局上赢得盆满钵满,那都是仰赖他的代理人深谙将监视、庇护、劝服、协商和武力镇压相结合的道理。

卡米扎尔的毁灭

但还是有些赌注输了,或赢的代价太大。王室在企图将新教徒赶出朗格多克的行动中,遭遇了一支地方上意识形态高度一致的强硬势力。以我们这种事后诸葛亮的眼光来看,当时路易十四的代理人在对付新教徒时是估算失误了。17世纪的反新教行动是建立在以下这些隐含预设之上的:

    1. 法国新教徒,同其他主要反对党派一样,都是以大贵族为中心组织起来的庇护制网络。

    2. 因此对这些大贵族进行控制并要求他们改宗,就能够消除大部分来自新教徒的威胁。

3. 信奉新教的牧师们正统领着地方上的新教徒。

4. 因此流放这些牧师就可以瓦解其他新教组织。

5. 对于那些更有权势更有钱的新教徒，威胁要解除他们的职位、市政权力和继续从业的权利，就能将他们降服。

6. 至于那些贫穷势弱的新教徒，实实在在的武力威慑就够了。

这些预设都有部分道理。在某些方面，新教徒所带来的威胁，与17世纪反对王室的较大党派所形成的威胁差不多：他们可能会阻挠国内政策的执行，包括王室赋税的征收。他们可能与国王在国内的其他敌人结盟，还可能与国外的敌人联合。毕竟，在1710年7月，罗克洛尔（Roquelaure）公爵就曾报告说有一支1,000多名士兵组成的敌军在塞特（Sète）附近登陆，并认为"他们显然与该地区心怀不轨的新教徒协商过此行动"（AN G^7 314）。于是，从某方面来看，17世纪那种用来收编对王室离心离德的贵族的策略，到18世纪同样可以用于对付宗教异端。于是，17世纪所采用的军事征服、拉拢、流放、排除和恐怖统治都是行得通的。这样，法国的新教实力大幅度减弱，而改宗天主教的速度大大加快（至少表面上如此）。

然而，这一整套规划却是建立在严重低估当地新教组织的顽强程度的基础之上的。尤其是，在禁区内形成了自给自足的共同体的新教徒，能够产生新的领袖以取代旧领袖，在相距甚远的地区之间建立起沟通网络，并组织起法国军队从未见过的游击战。而且，由于他们中不存在贵族、牧师或是资产阶级领导人，所以他们行动起来就如同亡命徒：他们聚在一起布道和祈祷，在山上建立军营，唱着圣歌便投入战争，严刑拷打之下也不屈服不泄密。正如巴斯维尔及其同僚所说,他们"着魔了"。到18世纪初,朗格多克的王室代表终于意识到,他们在塞文和维瓦赖山区里面对的是一群顽固不化的对手。

与17世纪的典型叛乱不同,卡米扎尔的抗争行动缺少贵族和资产阶级的领导。参加战斗的武装及其主要支持者几乎完全是乡村和小镇居民,大概一半是工匠,主要是农村里羊毛行业的工匠(Joutard 1976: 50)。他们是山民,放下武器就能融入当地民众。由此他们组成了一支游击武装力量。

刚开始的时候,抗争行动并不是通常意义上的军事叛乱。直到1702年年中,大部分行动是秘密集会和宗教仪式,以对抗王室对新教仪式的禁令。但这正是巴斯维尔、布罗伊及其帮手们竭力阻止的。帮手之一是芒德教区的总监谢拉修道院院长,他的主要教责就是——无论强迫还是以别的方式——使塞文山区的新教徒改宗天主教。根据卡米扎尔领袖亚伯拉罕·马泽尔(Abraham Mazel)的说法,"在各自的辖区之内,谢拉同巴斯维尔一样残暴"(Joutard 1965: 33)。谢拉霸占了一个被判在船上服苦役的新教徒的房屋,将其中一部分改造成关押异教徒的牢房。在与世隔绝的蓬德蒙韦尔山区,谢拉成为天主教侵入新教世界的显著标志。

受神谕激励,马泽尔和大约50名追随者于1702年7月23日在山上聚集。他们高唱赞美诗,朝谢拉的房屋进发。他们要求谢拉修道院院长释放被囚禁的新教徒。谢拉假装同意,却不打开牢门。马泽尔等人等得不耐烦,就破门而入。谢拉释放了囚犯,但扣下最后一名。新教徒队伍要求释放这最后一名,并且有人从楼上纵火。见此,马泽尔和他的副手后退并祷告,从上传来的指示是:"从楼底下放火,并封堵整座房子。"他们听从了指示,于是整座房屋像稻草一样熊熊燃烧起来。最后,正如马泽尔所汇报的,那名囚犯奇迹般逃脱。谢拉从窗口跳出,准备从后门逃跑,但被抓后乱刀砍死(Joutard 1965: 34-37)。

因为谢拉被杀，王室武力开始强势追捕新教徒队伍，于是新教徒武装转入全面游击战模式。到 1703 年 3 月，《法兰西公报》如此概括这一系列事件：

> 几个月之前，塞文山区的狂热新教徒在他们所谓的先知引诱之下发起叛乱。他们选了几名罪犯做领袖，在这些人的领导之下，他们杀了一些神父，烧了许多教堂。人们最初希望，惩罚几名首领可以让其余的人乖乖听话；但是，对他们的纵容反而助长了他们的嚣张和癫狂。他们的数量在增长。他们烧毁大量教堂、村庄和房屋，毫无人道地杀害成人和儿童，夸口要灭绝该地区所有的天主教徒。（La Gazette de France 1703 年 3 月 24 日：144）

高地地区的大范围战事持续到 1704 年，在低地地区伴随着断断续续的抗税行动和偶尔的新教集会。王室军队和民兵队烧杀抢掠，而卡米扎尔则以牙还牙。

对新教徒敌人的追捕打乱了该省其他事务的正常节奏，其中包括重要的征税事务。在 18 世纪早几十年里，对卡米扎尔的军事行动从几个不同方面打乱了朗格多克财政机器的正常运转。首先，军事行动费钱，急需支付给军队军饷。1706 年，巴斯维尔被迫动用原先绝不可动用的资金，从盐税收入中抽取了一部分以支付地方军队的军饷（AN G^7 309, 310）。但王室仍然需要那笔税收收入。到 1710 年，为了归还这笔盐税，省骑警队（Maréchaussée）的薪水被拖欠。巴斯维尔于 1710 年 2 月 25 日写信向德马雷（Desmaretz）说及此事："他们没能领到薪水，是因为他们的薪水被用来充抵了盐税的账。遵照您的命令，我们将钱柜里的每一分钱都上缴巴黎……现在的形势对公共秩序

形成严重威胁，因为骑警已经不上岗了。"（AN G⁷ 313）

其次是，政府必须将税收退还补偿给在战争中遭受财产损失的老百姓。自从巴斯维尔在新教徒占据的山区实行焦土政策之后，这类补偿就造成税收总收入大幅度减少。事实上，芒德教区和于泽斯教区的41个堂区遭受严重毁坏，作为补偿，它们获得了从1705年到1730年的全面免税权（AN H¹ 1071）。

最后，抗税行动与卡米扎尔的全面抗争开始融合。1703年，芒德主教写信说，叛乱已经使他所辖教区的大部分地区无法征收土地税和人口税（AN G⁷ 306）。神职人员本身的收入也不再是神圣不可侵犯的了。同年在尼姆教区，许多村庄里出现传单，以上帝和卡米扎尔军事领袖的名义严禁任何人收取或支付什一税（AN G⁷ 306）。在有些地方，即使可以用来缴付政府税或什一税的房屋幸免了被烧被毁的命运，但"狂热的新教徒"还是威胁着收缴政府税和什一税之人的生命。而且，反叛的新教徒还贩运私盐，这样不仅赚到了钱，还让他们憎恨的政府当局收不到盐税。在塞文和维瓦赖山区，逃税都被套上了一圈神圣使命的光辉。

在卡米扎尔农村，巴斯维尔对于如何应对还是有自己的一套想法。在1708年年初，他针对塞文山区的情况制订了一套财政策略：

> 既然塞文的居民抗缴土地税和人口税，而且无论如何他们都必须承担他们的叛乱（只要他们愿意，他们自然可以随时终止）所造成的所有损失，我认为以下这种做法是完全恰当的：各社区最有钱的那些人先垫缴两种赋税的所有数额，然后他们有权向其他应缴税者收取垫缴的税款。这会是一个更好的措施，因为地方上的收税人说他们无法起诉欠税人，而王室收税人说他们根本找不到敢进山协助征税工作的执达吏。（AN G⁷ 310）

通过上述措施以及其他分而治之的策略，巴斯维尔及其继任者最终确保税款能够稳定地从朗格多克的新教徒家里流向国王的财库中。

在其他几年，这种平静就只能是相对的。卡米扎尔的主要战役从1702年一直延续到1704年。在战役结束前，蒙特勒韦（Montrevel）元帅接替布罗伊，接着维拉尔（Villars）元帅又接替蒙特勒韦，王室军队要控制局面不是很容易。公开战役结束后，卡米扎尔的小分队继续从高地上的秘密据点对王室军队进行骚扰。在1705年，卡米扎尔的领袖企图与法国的外敌联合，发起一场新的全面叛乱，但再次失败。1709年，马泽尔试图鼓动维瓦赖山区民众起义，一波新的斗争开始。自那以后，王室军队一步步驱赶新教徒的武装部队，将其击溃、驱散，逼入绝境。朗格多克在旧制度下爆发的最后一次叛乱被瓦解。

从1709年开始，到新教政策开始宽松的1786年之前，朗格多克的新教徒很少公开露面，而且从未出现在公开的叛乱中。例如在1723年，新任监察官贝尔纳热汇报说，王室军队"在蒙彼利埃一个名叫韦尔香（Verchant）的寡妇家里，抓住了著名传道士韦松（Vesson）和其他十二个布道者或着了魔般的妇女"。他做出以下判决：这名传道士在以苦行赎罪后被处以绞刑，集会人众中的男子去船上服苦役，女子则入狱；寡妇的房子被夷为平地并竖起一个十字架，财产都充公。贝尔纳热认为虽然惩处严厉，但起到了杀鸡儆猴的"好效果"（AN H^1 1066）。但是等到国外战争和卡米扎尔叛乱的硝烟散去，还是出现了暂时性的妥协：政府当局对新教集会采取宽容态度，只要他们不惹麻烦或与国外的敌人勾结就不与他们计较（Wemyss 1961: 144-150）。

"宽容"这个词语不是最精确的，"剥削"可能更好。在18世纪40年代，王室官员确实加速了对新教集会的迫害，但有两点不同。第一，如果新改宗派能安静地解散，他们就不会被下狱，只要缴纳严苛的罚款和诉讼费就可以了。监察官和总督越来越不愿意仅仅因为有参加秘密集会的嫌疑而逮捕任何人——尤其是老人和孩子。第二，监察官对集会发生地的所有新教徒课以罚款，而不是确切参加集会的那些人。

例如，在1752年5月21日，新教徒在莫朗迪耶（Molandier）的山村附近集会，监察官就对居住在附近卡尔蒙（Calmont）区的所有新教徒处以1,000里弗尔的罚款，另加269里弗尔18苏的诉讼费（ADH C 234，1752年6月29日判决书）。一种类似于常规赋税系统的常规会计系统开始出现，在18世纪40年代和50年代发展迅速。而且，这种案件只需几周的时间就进入判决，而一般的刑事案件则需要几个月的时间。事实上，朗格多克的王室官员正在将这种罚款转变为对新教集会的征税。

与此同时，其他监控策略也发生了变化。1753年，监察官公布四点政策：第一，驱逐所有新教牧师；第二，密切监视新教集会，严格区分武装集会和非武装集会；第三，新改宗派在教堂举行婚礼更方便，不再强求他们证明忠诚；第四，鼓励他们让自己的孩子受洗（AN H^1 1093）。不管怎么说，到18世纪60年代，对新教徒的所有控制措施都在放松。从王室官员所提供的起诉案件的数量上来看，下降的趋势一直延续到大革命时期（ADH C 163-489）。除了偶尔几起由过于狂热的天主教主教或官员挑起的争端外，这种更加宽容且更有利可图的措施几乎消除了与朗格多克新教徒之间的严重冲突。

图卢兹和卡斯特尔可能是主要的例外。图卢兹的官员给予新教徒的空间很小。1762年，市政长官和高等法院在证据不足的情况下就匆匆判定新教徒让·卡拉斯（Jean Calas）谋杀了自己的儿子们，并将其处死。1764年，卡斯特尔的市政长官和高等法院判定信奉新教的西尔旺（Sirven）一家谋杀了他们的女儿，但这次当局只能"处死"象征罪犯的肖像，因为这家人已经逃往瑞士。在这两个例子中，死去的两个孩子很有可能都是自杀，他们之前都曾试图改信天主教。于是有谣言说，身为新教徒的父母杀死孩子以阻止他们背叛新教信仰。伏尔泰（Voltaire）认为高等法院处死卡拉斯这件事违反了宗教宽容的原则，所以使它臭名昭彰，接着又为西尔旺一家大声疾呼。图卢兹当局撤销了审判结果，卡拉斯死后于1765年恢复名誉，而且改组后的高等法院于1771年宣布西尔旺一家无罪。在18世纪其余时间里，图卢兹和卡斯特尔再没有发生过天主教与新教之间的显著冲突。

喧闹和抗税叛乱

17世纪在一定程度上随着卡米扎尔叛乱的失败而告终。地区性大规模叛乱随着投石党运动的结束而失去了贵族领袖。但在17世纪后期，一旦看到政府违反与人民的协议，全体民众还是会起来反抗。等到新教徒被驯服之后，全体民众就再也没有起来反抗过。

在朗格多克，宗教分歧所造成的公开冲突在减少，民众的争斗更多因显著的物质利益而展开。到18世纪中期，抗税叛乱虽然在规模上达不到17世纪地方冲突那么大，但还是造成了朗格多克的动荡不安。到18世纪后半期，抗税叛乱几乎消失不见。自此以后，抗争的核心从国家转移到市场和资金。抢粮运动在1700年之后发展到历史最高点。针对土地及其产品的控制权而展开的斗争也在加剧。

在18世纪，与最显著的物质利益之争最不同的是发生在工匠、士兵、学生和其他专门社群之间的斗争。这种斗争在此前数个世纪就有，并一直延续到18世纪。例如在图卢兹，学生与市警卫队之间的激烈冲突在1721年、1737年、1739年、1740年和1750年震撼了整个城市。1740 年，高等法院所做的正式记录如下：

> 在本市各大学和学院门口，以及其他一些地方，有人张贴告示，号召在城门外举行青年和学者集会，作为对昨天所发生事件的回应。昨天，也就是三月的最后一个周四，本市一些学者携带刀剑及其他武器举行集会。但市政官率领武装队伍来到现场驱散这些骚乱的人群时，遭遇了彻底的抵抗和暴动，他们的正当权威被无视。人们朝他们扔石块，造成一名市政官右脸严重受伤。混乱局面最后被制止，一些人被解除武装并关押入狱。然而今天这群乱民无视他们中的成员正面临诉讼，竟敢闯入市政大厅。（ADHG C 316；另参见 Dumas 1907）

1740 年 3 月的事件起因是，剧院里经常会发生的起哄遭到了警卫队的干涉，进而激发了学生与警卫队之间的宿怨。于是学生们开始在街头游行，接着大约 800 名年轻人在七便士草地（Seven-penny Meadow）集会，最后在年轻人与当局在图卢兹街头的一系列对峙中告终。一些参与者被判驱逐出境或罚款，虽然这些判决后来因上诉而被撤销，但这些参与者还是被关在狱中一段时间。尽管被镇压，在十年后的 1750 年 6 月，相同的剧情（和高等法院相同的轻责）再次上演（ADHG C 316）。

尽管政府当局经常用"喧闹"（brawls）或其他类似贬义词来称呼这种群体斗争，其实这些斗争往往都具有严肃的主题。工匠团体之间为城镇内的优先地位而展开争斗，附近村庄的年轻人为求偶权和婚配权而展开争斗，士兵与平民因军队的劫掠而相互斗争。1750 年，图卢兹的警卫队（在市政长官的撺掇之下）与王室总管（seneschal）的护卫队（在总管本人的支持下）为总管法庭上的优先地位而展开争斗（d'Aldéguier 1830-1835: IV, 274-275）。1751 年 5 月 5 日，图卢兹的轿夫们攻击警卫队士兵，起因是警卫队试图逮捕一名逃避地方民兵征召的轿夫（ADHG C 316）。1758 年，在弗洛朗萨克（Florensac），两名前地方海岸警卫队队长领导了一次武装叛乱，反对征募地方男子充当民兵（ADH C 626, 1319, 6572）。两天后，在附近的维亚（Vias）发生了同样的事件（ADH C 1319）。

青年会（La jeunesse，朗格多克由未婚男子组成的地方团体）经常会发起各种各样的群体喧闹事件。他们通常会实施夏力瓦里，嘲讽对象是娶年轻女子的鳏夫或其他伤风败俗之人——例如在 1751 年，比泽（Buzet）地区的一名男子挨了妻子的打还维护她（ADH C 6851），所以成了夏力瓦里的嘲讽对象。青年会还是发动村际争斗的突袭队。例如在 1779 年，圣蒂布里（St.-Thibéry）与贝桑（Bessan）两个村庄的年轻人发生争斗，起因是贝桑人想买一棵树庆祝五朔节，但他们错误地选中圣蒂布里青年会草坪上的一棵树并将树移走了（ADH C 6666）。

这些组织起来的年轻人还会在抵制征兵的行动中保护自己的利益。在热沃当（Gévaudan），根据监察官 1782 年发布的法令，青年会可以从那些获得兵役豁免权的年轻人父母亲那里强制收取捐款，用来补偿在这场关乎生死存亡的抽签活动中不幸被抽到的人（ADH C 626）。虽然这些事情只牵涉到很小范围内的利益，但对涉及者来说却至关重要。

在另一种情况下，一旦政府当局出面干预，本质上属于群体性争斗的事件就发生了转向。蒙加亚尔（Montgaillard）市长埃斯基罗尔（Esquirol）在 1754 年 2 月 20 日，以他本人和市政官的名义向监察官写信抱怨：

周日晚上九点差三分的时候，一大群农民和工匠在我们这个小城市的广场上聚集，开始混战。有人请我们出面解决争端。看到没有更好更快的解决办法，我们就命令所有人回家。但暴民们却将怒火转向了我们，对我们诅咒、侮辱、推挤，甚至揪住我们其中几个人的衣领。这样一来，我们就撤退了。完全是出于形式上的需要，我们向王室总管提出了抱怨。尽管如此，这些叛民们还是向我们挑衅，几乎每天都锣鼓喧天地聚集在一起，帽子上别着月桂枝，在街上高唱乱喊，而且在我们的门前吵闹得最响。种种行为无疑都是在试探我们的耐心，想激怒我们走出去，这样就可能朝我们发泄怒火——所有这一切都是雅克（·马耶讷？）怂恿教唆的结果，就是那个被您扔出去的前市政官。(ADHG C 91)

然后，我们多少可以估计到，市长向监察官请求派步兵连来保护他及其同僚，以免"暴民"骚扰。

"农民和工匠"并不是唯一对抗王室威权的人群。1763年，七年战争结束之际，为了支付战争的巨额费用，路易十五试图继续征收战时所设的"应急税"，并新增一些税目。在巴黎高等法院的领导下，一些省高等法院，包括图卢兹高等法院，对战争税正式表示反对。图卢兹与凡尔赛之间在7月份开始了长时间的协商。到8月底，高等法院驳回市政官的决议，不同意为担任王室谈判代表的菲斯雅姆（Fitz-James）公爵（省中将）举行欢迎仪式，而且还拒绝正式承认菲斯雅姆担任朗格多克的总指挥。1763年9月15日，高等法院绕过第一主席弗朗索瓦·德·巴斯塔尔（François de Bastard）和省中将菲斯雅姆公爵，颁布一道法令，禁止征收战争税。两天后，当宣告法令的布告出现在城墙上时，中将就将高等法院的成员们软禁了起来。1763年高等法院的抗争让我们想起了 1648 年的投石党运动，但 1763 年的这次抗争还是有三个关键不同点：没有保留私人武装，没有出现能真正对抗国王的对手，没有形成大规模民众叛乱。

在经过几乎两个月与其他各地高等法院的联合行动之后，图卢兹高等法院接下来也签署了对菲斯雅姆公爵的逮捕令。然而公爵拥有军队，高等法院则没有，所以逮捕令纯粹是虚张声势、形式主义而已。接着，高等法院宣布公爵无权接受朗格多克总指挥的头衔。后来，高等法院还发动了一系列反对第一主席巴斯塔尔的法律行动，因为巴斯塔尔与菲斯雅姆之间的工作关系过于紧密。这一次，高等法院赢了，菲斯雅姆和巴斯塔尔最后都没能再回到图卢兹（BN Fr 6828; ADH C 6544; Egret 1970: 152-154）。

然而，并不是所有抗税斗争都遵循着高等法院这种有礼有节的步骤。虽然路易十四去世后，税收已经有所稳定，但是在塞文、维瓦赖和比利牛斯山区，贩运私盐还是有利可图、颇具吸引力的活动。贩运私盐意味着征税官与私盐供应商之间时常会发生公开冲突。同样，对生产、销售和生意往来的征税都周期性地引发抗争。例如 1735 年在茹瓦约斯（Joyeuse），当局企图对个人资料登记征税，因而引发"骚乱"（ADH C 1253）；1738 年在索米耶尔（Sommières），包税人的代理人企图发法院传票给被控藏有未缴税棉织品的人，因而引发"叛乱"（ADH C 1270）。

到 18 世纪 80 年代，抗税叛乱基本上从朗格多克的冲突形式中消失。主要抗税事件都发生在该省山区的边缘地带。比利牛斯山区的富瓦（Foix）、古利耶（Goulier）等地方发生的一系列冲突再次使民众与包税人之间出现对抗。1783 年，为了给公路建设筹集资金，御前会议同意对葡萄酒征收新税。当 1784 年 3 月底两名包税人中的一人出现在富瓦时，孩子们大声呵斥并驱赶他，妇女儿童朝他扔石头，男女老少一起将他赶出当地,还有人张贴告示禁止任何人缴纳这一赋税(AN H¹ 7111)。虽然人们只是猜测包税人来此的任务是收税,但他也免不了落得这个下场。

受国王委派来调查这件事的于松(Usson)侯爵,在比利牛斯山区的抗税运动中发现了更深的含义。他在写给战争大臣兼该地区军事总督的塞居尔(Ségur)元帅的信中,将该地区的民众描绘成"钱不多,但粮食富余",并得出他们"生活宽裕,但没办法缴税"的结论——这种情况在急需税款的国家里是绝不容许的。接着侯爵提了一个新点子:"对于这里的民众来说,在当地驻军至少一两年,是最好最有效的方式,这会为朗格多克省广布财源。专业的士兵能够刺激当地人更加勤勉,而且可以训练当地的工人。通过增加筑路工人的人数,士兵们还可以增加当地的福利,并修葺一些损毁的公路。"(AN H¹ 7221)因此,要诊治边缘地区的顽疾就要开放该地区,发展贸易将经济货币化,加深与资本主义的联系,简单地说就是一整套标准的资本主义救治落后地区的做法。

几乎在同一时期,在维瓦赖山区发生了面具武装叛乱(Revolt of the Armed Masks)。该叛乱采取与富瓦附近的抗税叛乱截然不同的形式,但展现了资本主义推进的另一个面相。1783年在维瓦赖山区,一群自封"维瓦赖诚实军团"的土匪们在脸上涂黑油彩,穿上女人的衣服,袭击法官、律师、粮商和收税人的宅邸——这些都是向小镇上的工人收税或催缴欠款的人。这群强匪们抢劫钱财,烧毁账册,喝光美酒,吃光所有能找到的食物,然后拔脚就走。虽说这起叛乱的主要事件发生在1783年年底,但戴着面具的武装强匪们对当地资本家和官员的袭击一直持续到第二年。当局判了大约20人的罪,并处死了其中3人(ADH C 6564, C 6886, C 6870 and C 6889; N. Castan 1980a: 229-231 and 1980b: 186-190, 199)。

"诚实军团"并没有凭空想象他们的敌人。在 1785 年，图卢兹高等法院成立了一个正式的委员会，负责调查各村律师的"诈骗行为"（AN H[1] 1103）。这时候，民众的敌人不再是国家，而是地方上的资产阶级。

无产阶级的食物

法国地方上的资本家经常以这种或那种方式在谷物贸易上大发横财。虽说朗格多克整体上来说，谷物产量充裕，但并不是所有人都能获得。在塞文山区，穷人们长期以来都是自己吃栗子，种的谷物则运出去销售（Le Roy Ladurie 1966: I, 211-221）。在 18 世纪的朗格多克全省，依靠购买谷物或面包才能维持全家人生存所需的人数快速增长。在图卢兹，人口增加了 50%—60%，但食品生产只增加了 5%—15%（Frêche 1974: 311）。同时，谷物价格飙升。图卢兹市恰好位于谷物种植区附近，得益于此，平均粮价长期以来都低于巴黎的粮价，尽管两地粮价升降频率相近。但是，大约在 1740 年以后，图卢兹的平均粮价增长得比巴黎的要快得多，直到两地价格几乎持平（Frêche 1974: 692-693; cf. Tilly 1972: 743-745）。在上朗格多克，小麦的价格高，所以农民们将所有小麦出售，自家只食用自种的玉米。贵族和资产阶级的土地扩张，将农民的土地压缩甚至完全占去（Frêche 1974: 164-166, 213-224）。图卢兹成为首要的农业资本主义地区。

雇佣劳动相应增长，当地民众开始经历无产阶级化过程。到 1734 年，农业雇工占图卢兹附近农村人口的大多数（Frêche 1974: 351）。到 18 世纪后期，随着"日薪工人和失业人口增加"，农村无产阶级往其他地方移民的现象也在增多（Godechot and Moncassin 1965: 47, 48）。

蒙彼利埃（下朗格多克）附近工资相对高，而图卢兹（上朗格多克）附近工资相对低，两地之间的差距加大。乔治·弗雷什（Georges Frêche）认为有以下原因：

> 在图卢兹地区，土地集中化程度高，许多小农和佃农沦为无地的劳动者，别无选择，只能出卖农业劳动力。随着这种工人的日益增多，劳动者的工资也就高不起来。在下朗格多克，土地零散分布，造成的结果也就不一样。许多小农尽管收入微薄，但宁愿自给自足，也不愿受雇于他人。而且，只偶尔从土地获取收入的下朗格多克工人，还可以通过制造业或公共工程赚钱。（Frêche 1974: 556）

在那里，会有季节性移民在收获季节从高地下来。

从19世纪早期的情况来判断，塞文山区同样有民众会定期迁移至低地，从事季节性农业劳动（Lamorisse 1975: 98-100）。但是，在朗格多克的毛纺工业于18世纪晚期遭遇大幅度衰退之前，大部分塞文山区居民肯定还是待在山区，交替从事农业和工业劳动。在1726年，尼姆地区的制造业巡视员皮绍尔（Pichol）为自己不能提供统计数据辩解，称正是当地的生产组织使这样的任务无法完成。"在我负责的地区，大部分生产者是塞文山区的农民。他们散居在山中的村庄里，农闲时才从事防水哔叽、粗纺布或其他羊毛织品的生产。"他继续说，农民们将产品卖给来自尼姆、蒙彼利埃等地的商人，商人通常在将布料送往市场之前会监督生产的最后一道工序（AN F^{12} 673，1726年8月19日信件）。

在位于洛代沃以北且邻近塞文山区的科斯（Causses），可能一半的农村人口都是无产阶级。他们结合各种方式谋生，包括计日的农业劳动、纺织品生产、交通运输和季节性迁徙工作（Marres 1935-1936: II, 64）。于是，朗格多克省内出现了三种有明显差异的劳动者：图卢兹附近上朗格多克地区因失地而迅速增多的农业劳动者；蒙彼利埃附近下朗格多克地区拥有小块土地的工业劳动者；塞文和维瓦赖山区既是小农或牧羊人，有时又从事工业劳动的居民。

因此在上朗格多克，当商人、政府当局和土地拥有者越来越想将该地区的食物运往全国和国际市场时，普通民众就越容易遭遇生存危机。普通民众很容易就能感受到生存危机，他们只要知道谷物或面包的价格增长迅速，而工资却保持不变就够了。造成危机的原因可能是庄稼歉收和出口增加。随着实际收入的下降和民众食物消费的降低，食品短缺就会增加死亡率，降低结婚率和出生率。朗格多克的主要生存危机发生在 1709—1713 年、1719—1720 年、1750—1752 年和 1788—1790 年，还有比较重要的危机发生在 1739—1743 年、1771—1774 年和 1781—1783 年（Godechot and Moncassin 1965: 26-36; Frêche 1974: 107-110, 677）。1701—1790 年的这 90 年中有 25 年是生存危机年，在 1740 年之前平均每 10 年中有 1.8 年，1740 年之后平均每 10 年中有 3.5 年为生存危机年。生计困难，而且越来越难。

然而，生计困难本身并不会必然导致激烈的食品供应冲突。1709—1713 年、1771—1774 年和 1788—1790 年发生在朗格多克的生存危机，比 1719—1720 年、1750—1752 年和 1781—1783 年的导致了更多的公开冲突，尽管给民众造成的伤害是差不多的。

1752 年可以被看作一个典型的例子。这一年发生了"1713 年以来最严重的危机"（Frêche 1974: 109），起因是前一年秋天的恶劣天气。1751 年 10 月，监察官圣普列斯特写道，上维瓦赖地区遭到严重破坏："暴风雨实在太强烈，一些地方的暴雨中还夹杂着冰雹，大量社区……永远都无法恢复。适合播种的土壤被雨水冲刷，沟壑纵深，许多磨坊被毁，桥梁断裂，公路崩塌，以致所有交通中断。"（AN H¹ 1093）在这灾年，玉米歉收，价格暴涨。莱维尼亚克（Levignac）遭受了五个月的灾难天气。来自该地的报告写道："严重的饥荒使民众看上去不成人形，公路上的治安状况也很糟糕。"在莱斯屈尔（Lescure），绝望的人们相互偷盗，或从领主那里下手，破坏性行为与日俱增（Bastier 1975: 84）。然而在莱维尼亚克、莱斯屈尔和整个朗格多克省，因食品供应而起的群体性抗争行动却几乎没有发生过。

相反，在饥荒相对没那么严重的1746—1748年、1764—1766年和1777—1778年期间，民众对食品市场和食品运输方面的干预却非常广泛（Bourderon 1953, 1954; Viala 1909）。小灾年与大灾年之间的区别，主要是商人和当局应对价格上涨的方式不同。当有人明目张胆地从饥荒中牟取私利，或者当局无法履行义务，让穷人能够以可负担的价格购买部分食物时，民众就开始为食物而战。而且，无论是否处于灾年，一旦当局企图对主要食物征税就会造成食物价格上涨，民众就会抱怨。

朗格多克在全国性粮食短缺的1709年遭遇了最严重的生存危机。在1708—1709年期间的"严冬"，先是霜冻，接着是冰雹，小麦、玉米和栗子都遭受严重灾害。到1709年4月初，朗格多克的执政官宣布，当年的土地税、人口税和什一税根本没办法征收。到4月18日，卡尔卡松的主教写道：

> 我们已经在清点人口税名册，但除了大家一致公认的穷人之外就再无别人了。我们已经连续三四年都没有收成了。小麦的价格高得离谱，一般民众根本买不起。他们通常的食物是玉米，但市场上很久都没有玉米了，而且之前即使有，相比而言，价格甚至比小麦还高。去年冬季，极端严寒的天气发生了三次，

彻底摧毁了我们所有的社区。地里的种子彻底冻烂了。(Boislisle 1874-1896: III, 130-131)

即使这位善良的主教对他的教民们所遭受的苦难有所夸张,又有谁会去责怪他呢?连监察官也认为形势实在严峻。

1709年2月底冰雪开始消融,但没有雨水,地里的收成堪忧,巴斯维尔发布第一个警告(AN G^7 1644)。在随后几周里,田地再遭冰冻,谷物价格跳升,发生饥荒的可能性越来越明显。沿贸易路线居住的民众开始阻拦食物运输。例如,在一次半合法的行动中,图尔农(Tournon)居民抢夺了一艘粮船。这艘船没有通行证,在朗格多克装上粮食,准备前往里昂。不过,他们按现行价格付了钱,还支付了运输费用(AN G^7 1644,1709年4月9日信件)。巴斯维尔本人购买了3,000瑟提埃(约60万升)谷物,这些谷物都是热那亚商人从贝济耶(Béziers)收购的。但是当他的代理人开始将这些谷物搬入城中的兵营时,他还得派军队去拦住贝济耶的民众(AN G^7 1644,1709年4月9日第二封信)。

然而,这位强硬监察官最担忧的问题并不是公共秩序的威胁,而是其他事情。他在1709年4月23日的信件中开始发出警告(AN G^7 311),表达了对两个预示性变化的忧虑:第一,朗格多克各地方的民众开始阻止谷物运往别处。第二,朗格多克各教区的主教请求暂缓征收王室赋税,因为无人可以支付。

巴斯维尔完全有理由担忧。一个月之后,他写道:"橄榄树的损失无法挽回,牲畜的损失同样令人忧心。在这么坏的情况下,问题是如何缴付第一笔土地税。实际上,我们已经超过了期限。当然,在很多居民唯一操心的就是如何不饿死的地方,我们是不可能征税的,因为,任何施加于地方收税人的压力都是完全不起作用的。"(AN G^7

311，1709 年 5 月 24 日）在 6 月 29 日，巴斯维尔解释说，在平常的时候，不同地区的农民靠出售橄榄油、小麦和喂养的牛群来筹钱缴纳赋税，现在三个来源都没有了，财政困难也就出现了（AN G^7 311）。

1709 年，巴斯维尔的注意力从复兴的卡米扎尔叛乱转移到生存问题上，他采用了常规措施。他与主教和市府当局商议，清点手头上的谷物，确保军事岗哨的食物供应，控制地区之间的谷物运输，为穷人从地中海地区采购大米。他甚至逮捕了囤积居奇的贵族。他在 1709 年的后期写道："迈松塞勒（Maisonseule）先生是维瓦赖地区的绅士，但行事荒唐，是个坏典型。上次饥荒发生时，他在家中囤积谷物。罗克洛尔公爵派人去侦查，这批谷物才得以出现在市场上。他还坚持说当时没认出省指挥官、监察官和维瓦赖的执政官库尔特（Courteu）先生……我们不得不派军队进入他的城堡。"（AN G^7 312，1709 年 11 月 12 日）

然而，他不能阻止类似于 6 月这样的事件发生。当时，"一大群妇女在几个男人的陪同之下"，拦住了图卢兹大主教的代理人，发表了一通"傲慢无礼的演说"，诉说她们的不幸，请求救助。她们从代理人那里敲诈了四个金路易之后离开，到附近堂区的本堂神甫那里又敲诈了同样数目的金钱（AN G^7 311，1709 年 6 月 12 日）。他也无法预先阻止普拉代勒（Pradelles）、纳博讷、勒皮（Le Puy）、卡斯泰尔诺达里（Castelnaudary）等地方——除了存粮充足的图卢兹——的民众为阻止运输和大量购买谷物而发生的"骚乱"。

饥饿的图卢兹

虽说图卢兹人民在 1709 年一直保持安静，但这并不是因为他们生来沉默寡言。在接下来1713年的生存危机中，市政官员和巴斯维尔就听到了他们的呐喊声。6月17日，两名市政官因日常任务前往高等法院，路上遭到一群妇女的堵截。她们要面包，并责备市政官造成了食物短缺。里凯报告说："我发现高等法院的院子里到处都是妇女，她们高喊着让我们给面包，并要求将市政官交给她们处置。"法官们退守到隔壁大厅，经过慎重商讨后通过决议，威胁妇女立即解散，否则将施以"体罚"，接着派遣一支部队陪同一名执达吏向院中人群宣读此决议。他们明智地决定不亲自陪同。

当执达吏抵达时，"许多男人，包括一些轿夫和仆从"加入人群，朝部队和执达吏扔掷石块，驱赶他们——不过这都发生在部队开火，造成一名妇女死亡和多人受伤之后。市政官们逃跑（AN G^7 319，1713年6月18日信件）。巴斯维尔斥责高等法院里"无礼的仆从们"，根据他的报告，这些仆从不仅加入到愤怒的人群，还试图强行打开市政官避难的法院大厅大门。他解释说，这起骚乱本不应该发生，因为图卢兹的物价还没有上涨到其他地方的程度。然而，他还是采取了预防措施，安排他的儿子（当时很便利地就被安置到了波尔多监察官的位置上）运进充足的谷物以备需要，直到收获时节（AN G^7 319，1713年6月19日信件）。

虽说不是市政官造成了1712年的庄稼歉收，但图卢兹的妇女和"仆从们"怀疑他们还是有正当理由的。早在1710年，市政官迫于税收压力，提议对军队用粮征税；监察官的代理人（*subdélégué*）否决了这项提议（AMT BB 181）。1715年5月，市政官终于获准征税，并将征税这项工作分包给一个合同商（ATM BB 186）。不过很快他们就为此付出了代价，因为随后就发生了骚乱。巴斯维尔对市政官就此骚乱所给出的解释和托词根本没什么耐心。

你们居然无法平息一个由 30 名妇女组成的集会，对此我深感惊讶。很难相信这次暴乱不是由商人或工匠挑起的，因为这其实对他们有利。所以说，那些卑贱的女人们是不是受到一些根本不懂城市真正需求、不怀好意之人的唆使呢？我认为，如果你们能按照大家所期望的那样不怕麻烦，亲自安排收税人，就不会有混乱局面出现。只要你们在场，就会阻止这批刁民。他们就会懂得，是正当合法的当局确定了这项赋税。

巴斯维尔还责备他们只派一名中尉和四名士兵去驱赶人群，自己则置身事外。他指出，他们应该派出整个警卫队，召集市民兵队（"由商人和工匠组成，都很乐意出动"），并请求王室军队的支援（AMT BB 188, 1715 年 5 月 31 日）。市政官领会了指示的精神。一周以后，巴斯维尔可能带点讥讽的口气祝贺他们："这次我们终于看到你们为了公众福利所付出的热忱和关注。"（AMT BB 188, 1715 年 6 月 7 日）

好像一碰到食物供应，"城里卑贱的女人们"就会牵涉其中。例如，在 1747 年 11 月 30 日，图卢兹的妇女们开始行动，抢了整整三车谷物。与此同时，另一支队伍则将一批供市场出售的谷物免费分发了出去。当日稍晚，民众闯入被控囤粮的商店。这三起事件导致两人被处绞刑，当局对两名妇女处以鞭刑后下狱，其他人也受到较轻的处罚（d'Aldéguier 1830-1835: IV, 268-270; Bourderon 1954: 160-161; Viala 1909: 54-55; ADH C 2875, C 5419, C 6850）。

1773 年 4 月，图卢兹的妇女们再次行动。这次，有 60—80 人作为代表前去求见高等法院主席，请求降低面包价格。在接下来的行动中，妇女们以闯入粮店的方式来威胁主席和王室检察官，逼迫市政官暂时将谷物价格从每瑟提埃 20 里弗尔降到 16 里弗尔，与市民兵队的男人们一起要求当局释放在冲突中被捕的一名妇女。高等法院在 4 月

20 日发表宣告："这些行为显示这是一场有计划的叛乱，会给公共秩序带来严重后果，使民众开始担心商人们不会再运谷物来市场，因为他们觉得这么做不安全。"（ADHG C 316; cf. Bourderon 1953: 116 and 1954: 163; Viala 1909: 58-61）

五年以后，1778 年的 6 月 7 日、8 日和 9 日，图卢兹民众将一系列类似事件发展成为路易十四统治以来为生存而进行的规模最大的斗争。这次，监察官 6 月 26 日的报告如下：

> 谷物还未耗尽，至今仍有库存，但价格奇高。高价格是灾年的自然结果。这次饥荒是我近 28 年来所见到的最严重的一次，谷物拥有者的贪婪也是前所未有的，其中一些人被控囤积粮食。市政官认为他们应该立刻提高面包价格……突然涨价可能引起了民众的不满。但是加剧不满的却是市民卫队，而且这也可能是叛乱的主要原因。（ADHG C 316）

市民卫队的问题实际上开始的时候是所有工匠的问题。尽管工匠们一再请求取消圣灵降临节（Pentecost）最后两天假期，这样他们可以多工作两天以赚取更多面包，但主教教区的神父们拒绝了这一请求。相反，他们发出指示，规定只有那些"必须工作才能维持生计"的人在节假日才能继续工作——因为对于任何一个自负的工匠师傅来说，这就等于是让他们关门歇业，不然会让别人认为他们已经贫穷到这种程度。结果，正如王室检察官所说，"按日计酬的帮工和工人就无工可做，也就没有面包"（ADHG C 316，1778 年 6 月 25 日信件）。

一些工匠承担着市民卫兵的义务，但吝啬的市政官不仅拒绝给予这些饥饿的工匠一定量的面包配额，还要求他们巡逻，所以工匠的不满高涨，终于爆发。一些有意见的卫兵就袭击了一支仍然集合出动的巡逻队。高等法院试图通过颁布禁止公共集会的法令来控制事态。第二天晚上，一场大规模的公共集会在市政厅前的广场上形成，主要参加者是工匠们的妻子。包括市常规警卫队在内的部队在广场上列队。当晚的巡逻队和胆战心惊的市政官都躲在市政厅内。市政厅外，民众大声呐喊，抗议巡逻队、市政官和面包的高价格。他们威胁说要破门闯入市政厅。在官员与他们协商斡旋之时，民众开始朝那些出入市政厅的人投掷石块。接着他们用石块砸警卫队。警卫队里有人开枪，杀死一名年轻妇女，打伤四人。在接下来的混战中，至少又有一人死亡。

小镇上的抢粮运动

上述这些发生在图卢兹的事件，没有一件能算得上典型的18世纪抢粮运动。更接近典型的一次发生在芒德附近的圣但尼。1749年12月11日，有人看到当地教会土地的承租人准备用车将他的谷物运走，就敲响了教堂里的钟。当地民众听到警钟后集合到一起。他们朝承租人及其车夫投掷石块，不准他们将马车或谷物运离教区（ADH C 1304）。有时，民众行动会对食品所有者的人身或财产造成伤害。但这不是关键。尽管当局本身在食物短缺时也会采取这些行动，但大多数政府当局却认为民众的所作所为等同于"打劫"和"暴动"。

典型的抢粮运动主要发生在村庄和小镇里，很少发生在大城市。因为在村庄和小镇里，谷物离开的地区更有可能是谷物生产区，当地急于购粮的民众往往认为自己对这些谷物享有优先权。还因为在村庄和小镇中，社区成员——包括政府当局——更有可能认为应该在确保当地穷人有饭吃之后才能将谷物运走。在有些农村，因为（从事农业、工业,或兼而有之的)薪资工人人数众多,所以穷人的数量也多,对以合理价格出售的谷物的依赖也更强烈。

例如,在1773年的阿尔比地区,"暴动通常都按照相同的程序进行:一辆或几辆货车从农场离开,经过当地;民众集合;民众迫使车夫从哪里来回哪里去,所以谷物无法离开社区。他们有时还会劫走车上的谷物"(Bourderon 1953: 111)。同年,在卡尔卡松附近,

> 根据官员的报告,到春末的时候,饥荒、高粮价和低工资导致了严峻形势。本来就艰难的局面(3月里已经出现过好几次"预警"了)后来发展到更加难以维持了,起因是商人们……在收获季节大量购买地里的谷物,制造了粮食短缺的假象。事实上,谷物并不短缺,但叛乱还是发生了:从8月11日到13日,卡尔卡松的工人、工匠和妇女发起暴动,阻止运送谷物的货车,不劫掠谷物,但要求设定合理价格出售。官员们别无他法,只能答应这个要求。(Bourderon 1953: 111)

之后,在阿尔比附近和卡尔卡松,当地的"暴动分子"取代地方当局来实施社区的规定。

从1777年6月发生在比利牛斯山山脚下贝斯普拉斯堡(Bastide-de-Besplas)的冲突中,我们可以进一步洞察社区民众对食品供应的诉求。在当地,里厄(Rieux)的公证人兼律师德坎(Descuns)有一套房子,由他的女婿德普拉(Deprat)住着。德坎通常将他土地上收获的所有谷物都在贝斯普拉斯堡出售,因为运到里厄的费用太高。在1777年,他把大量谷物卖给了附近孟德斯鸠(Montesquieu)的商人拉夫罗(Laverau)。"拉夫罗取走了我的部分谷物,"德坎抱怨说,

他将这些谷物卖给了贝斯普拉斯堡的面包商。有一天，他来取走了一些杂谷和玉米，并与德普拉结了账……所有民众都聚集到我家门前，一些人拿着石头，一些人拿着棍棒和其他禁止的武器，竭力嘶吼着，要杀死拉夫罗，烧毁我的房子。德普拉听到声音后，出门问他们要干什么。他们用威胁的语气重复说要杀死拉夫罗，拿走我房屋里的粮食，并烧毁这栋房子。

（ADA 1 C 38，1777年7月7日）

　　听到这些，德普拉同意卖给他们谷物，但没人同意他提出的价格。德普拉朝他们关上大门，"他们什么也不敢做"。在这起事件中，很明显，德普拉将德坎的谷物出售，以及拉夫罗将其转售都是正当合法的——只要当地面包商接受这批谷物。争端起于拉夫罗可能将穷人的粮食即玉米从该社区运走。

　　在整个法国，旧制度的崩溃就发生在1788—1790年的生存危机期间。食物短缺和粮价上涨进一步加重了政府的财政负担，从而加速了旧制度的崩塌。各地既有的行政机构无力应付食物短缺，导致社区的"革命化"。民众驱逐旧体制下部分或全部当权者，组建革命委员会，重组掌管食物、人力和公民权利的地方系统。

　　这次危机极为严重。例如在朗格多克的地中海地区，"1788—1791年期间的谷物歉收，与此同时，葡萄酒却生产过量……双重危机导致区域内羊毛生产下降，因为羊毛织品销售不佳。维勒穆斯托苏（Villemoustaussou）农民的生计都部分仰赖纺织和梳理工作，现在遭受了冲击。与此同时，他们还在就封建权利与领主斗争。在1789年，这个村子里，死亡人数是前一年的两倍"（Godechot and Moncassin 1965: 33）。1788年后期，格雷纳德（Grenade）的报告宣称："当地四分之三居民属于农业劳动者阶层，自夏末以来一直处于赤贫状态。"

(Bastier 1975: 84)图卢兹在1788年7月开始实施应急措施。最终，市政府购买了6,000瑟提埃小麦，清点手中的存粮，补贴面包价格，对市场进行严密监控（ADHG C 303，1789年1月5日、7月10日和7月30日的报告）。但是这些措施也不足以阻止在图卢兹郊区发生抢粮行动和要求限价的事件（Viala 1909: 64-66）。

在大革命爆发的1789年夏天，抢粮行动在朗格多克许多地方再次爆发。其形式典型，但也有两点不同：第一，民众不仅干涉食物供应，还攻击地主和抗拒食物税；第二，"很多地方的民众第一次成功地对面包和其他商品限定了价格"（Bourderon 1953: 112）。当朗格多克的普通民众看到地主们和地方当局遭受着来自全国革命运动的外来威胁时，胆子也大了起来，从内部对他们发出了挑战。

劳资对抗

朗格多克的区域性劳动力分工现象在18世纪更加明显。下朗格多克（蒙彼利埃的腹地）更加工业化，而上朗格多克（图卢兹的腹地）则成为农业基地。在下朗格多克地区，尼姆、塞文山区以及这两地之间区域的丝织品制造业在18世纪上半叶有所下滑，但在18世纪下半叶得以恢复。洛代沃及其支流地区，在18世纪的时候羊毛工业繁荣。17世纪90年代，出口到黎凡特地区的布匹又开始增多。根据1736年的王室法令，这个地区几乎垄断了法国军队制服所需的布料。18世纪下半叶，这个地区的村民们开始对从近东和美洲南部进口来的棉花进行纺织加工。朗格多克的北部较远地区，包括塞文和维瓦赖山区，继续整合畜牧业、生计型农业和季节性纺织业。1787年，尼姆出版了一本有关下朗格多克地区农业的小册子，对山民的智慧进行了颂扬:"热沃当、沃莱(Velay)、维瓦赖和塞文山区的居民们从事制造业是不错的,但他们懂得根据季节的不同来选择从事制造业还是农业……他们剪羊毛,加工羊毛,而他们的妻子洗羊毛,纺织羊毛。"(*Lettres* 1787: 5-6)与此同时,在图卢兹附近,大地主们越来越热衷于种植谷物以供外销,以输往城市为导向的酿酒业也在扩张。总之,上朗格多克地区越来越朝着单一型农业经济发展。

朗格多克的博凯尔(Beaucaire)与普罗旺斯的塔拉斯孔(Tarascon)隔着罗讷河相望,每年在这里举办展销会,其繁荣的场面显示了朗格多克与瑞士、意大利和地中海之间贸易往来的重要性。实际上,在整个18世纪,朗格多克省的商业重心发生了从里昂向马赛的转移。洛代沃的羊毛织品大量运往奥斯曼帝国,从而加速了这种朝地中海方向的转移。还有同样重要的是图卢兹的小麦流向下朗格多克和地中海地区,装载这些小麦的马拉驳船航行在壮观的南运河之上。运河上的交通日益繁忙,全省的公路建设日益加快,这一切都反映出朗格多克经济的大规模商业化。随着经济的商业化,资金开始在农业和工业中累积。

在制造业内部,工人与雇主之间的冲突在朗格多克日益增多。雇主希望打破使用劳动力和资金方面的烦琐束缚,工人们则竭力利用已有的团体特权为自身争取更多好处。在18世纪50年代,赞成与反抗资本主义扩张之间的斗争发生的范围越来越广。在尼姆,莫利纳(Molines)兄弟试图纺织一种新的、价格更低的丝织品,却遭到了其他商人的封堵。1749年,他们通过尼姆的丝织业协会获得批准启动这种新生产线,但在1752年3月,他们的对手获得御前会议的支持,否决了丝织业协会的决定。莫利纳兄弟随即在于泽斯开了一家新店,不受尼姆的司法管辖。但是尼姆的制造业商人派了一支视察队前往于泽斯,被莫利纳的工人击退。尼姆的商人起诉莫利纳的工人,并逼迫路易·莫利纳（Louis Molines）辞去丝织业理事的职务（ADH 1309）。

但是一般来说，诸如莫利纳兄弟之类的企业家还是占了上风。一套为我们所熟知的资本主义风格在明显传统的行会体系和王室规约中逐渐形成。我们可以听听卡尔卡松的生产商罗克（Roques）是如何抱怨该市修补工的：

> 专门生产出口至黎凡特地区毛织品的生产商所雇用的工人，尤其是卡尔卡松的工人，正在毁掉这个行业。他们的工作水平低劣，不听从命令，长久以来毫无理智地奢望能够与那些拥有布匹、善意对待他们的生产商平起平坐，好像工人们就不应该服从生产商，不应该按照生产商的要求好好生产商品，不应该为了避免商品被充公或为了自身利益乃至国家利益以维持这个行业而付出商议好的劳动。为了调整这种因工人骚乱而引起的失序状态，御前会议于1740年10月18日发布命令，准许生产商可以根据需要雇用任何工人，不管是师傅还是学徒，在家还是在店。（ADH C 1308）

卡尔卡松的修补工反抗罗克使用廉价劳动力，将他商店里的货品抢劫一空。然而，颇有远见的监察官做出了支持罗克、反对修补工的判决。

不是只有企业家才采取主动。工人们有时候为了保护自己免于遭受失业的风险，也试图在他们所处的劳动力市场维持地方垄断。1775年，塞特港的制桶工人要求将外来工人赶出城。当局未能及时按他们的要求采取行动，他们就自行攻击外来工人（ADH C 6665）。彼此敌对的熟练工人团体之间的争斗也日益增多，这也跟企图实现劳动力市场垄断有关。例如，在1788年8月和9月，在阿诺奈（Annonay），加沃特（Gavots）和德沃朗特（Dévorants）这两个敌对的熟练工人行会之间发生冲突，争夺的是镇上的纺织业工作机会。

在农业和工业之间，资本和特权的复杂戏码也在上演。在阿莱斯（Alès）附近，子爵布雷亚尔（Bréard）同商人蒂伯夫（Tubeuf）合作抢夺采矿权。但是在1784年，武装农民自己开矿，拒受驱逐。布雷亚尔和蒂伯夫招来王室军队维护他们的采矿垄断权（ADH C 6691）。

相似的斗争有时还发生在已经资本主义化（因此也是无产阶级化）的农业区，尤其是葡萄种植区。1778年，一批"山民"像往常一样，于夏季来葡萄园工作，但他们刚一抵达梅兹（Méze），就遭到当地劳动者的攻击。之后，在7月2日，市政官布里耶克（Bouliech）试图逮捕一个名叫亨瑞（Henrie）的人。其他劳动者联合反对市政官并释放了亨瑞。当骑警队到达时，当地人反而设法让一名受伤山民被捕下狱。在要求逮捕涉案的当地劳动者时，布里耶克指出："我们付给当地劳动者每天40—50苏的工资，但他们却大言不惭地说要赶走所有山民，这样他们就可以迫使我们每天付给他们1埃居。如果这样，我们的葡萄种植业就会受影响。而这可是我们的主要收入来源，有了它，当地民众才有可能缴纳土地税。"（ADH C 6666）这样的说法显然是向王室官员博取同情。

王室官员不管愿不愿意，常常会加入到工资和资本的争端当中。在圣蓬斯（St.-Pons）附近的蒙特勒东（Montredon），当地的穷人在1751年就已经开始为能够提供更高工资的贝达里约（Bédarieux）的商人加工羊毛。但是，圣蓬斯的商人却请求一名王室视察员去强迫蒙特勒东的工人以更低的工资为他们工作。这名视察员因为这件事被人开枪打伤了（ADH C 1308）。

在农业区，地主、商人和收租人都收获颇丰。从 18 世纪 20 年代到 80 年代，在图卢兹，圣塞尔南（St.-Sernin）教堂里生活舒适的教士们从附近地区收到的什一税翻了一倍，领主土地税则增加了三倍（Frêche 1974: 533）。几乎在所有地方，尤其是农业区，随着失地人口的增长速度超过整体人口的增长，土地日益集中到贵族和资产阶级的手中。土地集中化在图卢兹附近比在蒙彼利埃周边程度更深。在蒙彼利埃地区，拥有少量土地的农民数目还不少。他们致力于种植橄榄和葡萄，这样可以弥补土地面积小的不足。蒙彼利埃和其他商业城镇的资产阶级在附近平原地区成为主要的土地拥有者，农民们则在地势崎岖的灌木地带占据地盘。但没有地方神职人员或贵族成为重要地主（Soboul 1958: 23-29）。

在图卢兹附近，农村民众的经历有很大不同。在距离图卢兹 18 公里的莱格万（Léguevin）村，到 1782 年，资产阶级——尤其是图卢兹的资产阶级——拥有 56.5% 的土地（Aragon 1972: 443）。以分布在上朗格多克的七个地方为例：

> 贵族纷纷出走前往城市，来此定居的资产阶级增多……行业日益集中，农村工匠式微，拥有小块土地的农户沦为佃农，或渐渐地沦为城市周围和洛拉盖（Lauragais）地区南运河沿岸的仆佣。1695—1734 年期间，农业薪资工人数量快速增长，直到稳定在一个高水平上。以上就是这个地区各阶层的进展状况。（Frêche 1974: 351）

在图卢兹地区，地主们企图利用法庭从他们的产业中榨取更多的收入。图卢兹王室总管的法庭在 18 世纪经历了两波诉讼潮。第一波开始于 18 世纪 30 年代，高等法院的大领主和其他拥有土地的富裕家族，

图 17　18 世纪的图卢兹

以封建税（feudal dues）遭遇欠缴为由，要求重组并扩张他们的封地。1750年以后，尤其是在18世纪80年代，"主要的封建税诉讼人都是资产阶级或军事贵族"（Bastier 1975: 293）。资产阶级采取攻势，企图扩张土地并维持特权。军事贵族则主要是防守，竭力拼凑收入以渡过物价高涨的时期。官司大幅度增加的地区主要是种植小麦的图卢兹腹地；在卡斯特尔或卡尔卡松的商业化程度较低的农业区，官司则不多（Bastier 1975: 290-291）。

居住在城市、逐渐露出锋芒的贵族地主们虽然可以利用封建税作为切入口，但他们并不完全依靠封建税。不管是作为封地收入还是作为农民的支出，封建税在图卢兹地区一般都不多（Bastier 1975: 258-279）。相反，居住在城市里的贵族和资产阶级主要是从佃农所付的租金中获得与土地有关的收入。在所有地方，富裕的城市居民都在不断加强对农村土地的掌控。

尤其是图卢兹，从其腹地的农业中获得了丰厚的回报。图卢兹的商人和食利人修建了雅致的住宅区，我们如今还能从中一窥该城在18世纪的繁华场景。在18世纪晚期，他们又赋予这个城市新的面貌，沿加龙河修建优雅的步行道和码头，铺设新广场，在新广场周边建起排屋，另外还修建宽阔的新公路，将城市与法国其他地区相连接。美化城市和修建公路所需的巨额费用最后都来自朗格多克农村民众的辛苦劳动。租金和税金铺筑了道路。

在城市内部，财富不均的现象在加剧。贵族不如资产阶级收入得多。从1749年和1785年该城婚姻记录上的嫁奁来看，以全部人口来算，嫁奁的平均增长率是60%。但"上层资产阶级"的嫁奁在这期间增长了133%。如果我们用一个简单的财富不均指数来计算这两年之间贵族、上层资产阶级、小资产阶级、上层劳动阶级和下层劳动阶级的财富不均情况，这个指数在1749年是60.8，在1785年是67.4。财富不均的现象在 1749 年就很尖锐，此后到 1785 年则更加严重［两个财富不均指数根据戈德肖和蒙卡森（Godechot and Moncassin, 1965）的数据计算得来。"财富不均指数"简单地说就是为了使所有人群类别平等而必须移动的总财富所占比例。在此我们要补充一点，戈德肖和蒙卡森并没有计算这个指数，他们解释说是因为所找到的证据并未显示出太大的变化。］

尽管资产阶级获利丰厚，但拥有土地的贵族仍旧是城里最有钱的那批人。图卢兹拥有"全法国贵族成员最多的高等法院"（Wolff 1974: 346）。高等法院的成员掌握了该市最多的财富，吸引着其他富有贵族加入他们的圈子。罗伯特·福斯特（Robert Forster）估计，贵族的平均收入"大约为 8,000 里弗尔（5,000 里弗尔来自土地，3,000 里弗尔来自薪酬和年金）。在 1789 年，8,000 里弗尔在图卢兹是一名富裕商人、退休资产阶级或成功律师收入的两三倍"（Forster 1960: 175-176）。他还注意到，这还是一名熟练工匠收入的 16 倍、一名合同农夫薪资的 60 倍。而一名合同农夫在一大批贫穷的农业工人当中，都算有权有势的人。

在旧制度末期，图卢兹最有钱的人可能是高等法院的前律师让·加布里埃尔·艾马布勒·亚历山大·德·里凯·邦勒波（Jean Gabriel Aimable Alexandre de Riquet de Bonrepos）。从他的名字"里凯"来看，他可能是 17 世纪那个修建南运河的企业家兼包税人的后人。在他 130 万里弗尔的总资产中，整整 90 万里弗尔来自运河所得的利润，占总利润的四分之一。其余资产来自土地，包括邦勒波（Bonrepos）城堡，他的贵族头衔就来自此城堡，另外还包括图卢兹城外的另一座城堡和七家收租的农场（Sentou 1969: 86-87）。

里凯的例子说明在图卢兹，"贵族"与"资产阶级"之间的差异最终并不如他们的头衔所暗示的那般大。图卢兹资产阶级的财富来自土地经营和农业商务，而不是制造业。如果说他们协助产生了一个无产阶级，那主要发生在乡村，而不是他们生活的城市。对于成功的资产阶级来说，通往贵族头衔的荣耀之路是担任市政官或购买官职。而贵族的财富来自日益繁荣的谷物市场。在某些方面，贵族实际上是更加活跃的资本家，他们使农业商业化、农民无产阶级化，并以市场价格来估算自己的优势。朗格多克的根本性区分并不存在于"先进的"城市工业化世界与"落后的"乡村农业世界之间，而存在于劳动力与资本之间。

土地之争

在朗格多克，资本主义和资本家挺进乡村，从而引发了18世纪后期更激烈的抗争。抢粮行动是一种冲突形式，抗议地主的唯利是图和贪得无厌是另一种。有时候，所有社群联合起来反抗地主，更多时候是反抗地主的代理人。在索米耶尔附近，八个村庄的"执政官、理事和显要居民"联合起来反抗朗格多克财政官茹贝尔（Joubert），他也是蒙特勒东男爵之领地的承租人。他们说，茹贝尔打算使用他于1786年获准的法令来"剥夺他们在荒地和公共土地上放牧、捡拾取暖用木柴、收割灌木和枯树为耕地施肥以改善土质的权利"，而这是他们自古以来就拥有的不容置疑的权利（AN H^1 1105，1788年2月19日信件）。然而，王室政府却决定将这个棘手的案件交给下级法庭来处理（AN H^1 1105，注释）。

在维瓦赖山区的瑞维纳（Juvinas），当地农民被舒瓦西内（Choisinet）侯爵的监管人吉勒·阿泽利耶（Gilles Arzellier）欺骗了15年之久。他利用自己作为公证员和小镇律师的专业知识，伪造文件，操纵封建税，以折扣的方式从其他借贷方和地主手里取得票据后取消赎回权，霸占为还债而暂时抵押的土地。最后，受害者对阿泽利耶自己的佃户实施恐怖行动，并成功地赶跑了他们。在1762年8月，一支20人的队伍焚烧他的农场，封堵他家房屋的大门和窗户，并放火烧房。阿泽利耶逃跑时被打晕，民众对他又砍又杀，最后将他埋在一堆石块之下。对这群人来说不幸的是，阿泽利耶居然活了下来，并让这队人马的首领后来在欧布纳被处以轮刑（N. Castan 1980b: 79-80）。

1783年，图卢兹附近圣萨尔多（St.-Sardos）的民众发动相似的行动，结束了卡斯特拉（Castera）十年来对他们的压制。卡斯特拉是为萨拉（Sarlat）主教座堂（位于佩里戈尔）征收十一税和其他赋税的承租人。当地民众恐吓他，朝他妻子砸石块，包围他的房屋，拒绝为他的执达吏提供住处或为他的车夫提供马车，砸毁他在外面领回的马车，洗劫他的谷仓，而且后来拒绝相互检举告发，最终成功地抵制了什一税的征收（N. Castan 1980b: 69-70）。

然而，这种由农民发起的成熟行动还不多见。在朗格多克，尤其是在图卢兹地区，贫穷的农夫和无地的农业劳动者似乎充当了攻击地主及其代理人的先锋。对狩猎权和公共土地使用权的限制激起了极大的民怨。在1782年，拉科讷（Lacaune）的市长和其他市政官员请求卡斯特尔的监察官代理人实施该省禁止在林中养羊的规定。当代理人和市长在树林里行走时，"许多妇女和孩子"用石块砸他们，"对着他们大吼大叫"。代理人汇报说，那些妇女的丈夫们正忙着隐藏山羊。第二天，当代理人和市政官员去搜查这些罪犯的家时，既没看到人也没看到羊。最后，代理人的上司即监察官决定，树林里的山羊是看林人应该管的事，而不是他属下的事（AN H^1 1102）。在地主圈起草地和树林的地区，穷人们因为没地方放牧就奋起抗争（N. Castan

1980a: 83）。

大革命开始以后，许多乡村居民看到了报复的机会。朗格多克发生了攻击城堡的事件。1790 年，

> 在布莱（Blaye）、屈克（Cuq）和罗西耶尔（Rosières），民众聚集起来进行破坏活动；一群配备长枪、手枪和棍棒的民众闯入拉普吕内－蒙布兰（La Prune-Montbrun）侯爵的索瑟纳克（Saussenac）城堡大院。一名农夫用锤子砸开仓库的大门，不到一个小时，人群就将仓库洗劫一空，抢走 31,800 升谷物。一个头领带领民众经过生活区，一路劫掠家具、布匹和帷幔。那个头领闯入档案室，用侯爵的书籍和纸张在客厅里纵火。他庄重地展开一本饰有红色条纹的对开书，声称世上再无领主。第二日，暴民们洗劫了冈特里（Ganterie）和米尔（Mir）城堡。（Bastier 1975: 304）

之后，当时不在场的侯爵控告暴民头领犯入侵私人领域罪。

贵族和资产阶级圈起森林和荒地，对贫穷家庭为贴补家用而进行的狩猎和采集行为进行惩处，并且为了增加自身收入不断扩张土地。穷人们群情激愤，展开报复行动，但穷人们的大革命并未持续很长时间。朗格多克的穷人没有资产阶级充当同盟军，而在其他更加革命的地区，穷人们则与资产阶级结盟。虽然如此，在运动过程中，穷人们还是释放了由一个世纪以来农业资本主义的推进所造成的积怨。

在 18 世纪初，拉穆瓦尼翁·德·巴斯维尔统治时期，国家要征服朗格多克还面临一些严重阻碍。虽然新教失去了有权有势的庇护者，但以前受庇护的新教徒们仍然在进行坚定的抗争。经过此后半个世纪的威压、劝服和安抚，他们暂且勉强承认了国家优先的约定。

除了卡米扎尔叛乱，17世纪在朗格多克发生的那种激烈的财政骚乱、市政冲突、地方性乃至王朝性叛乱，在18世纪再也没有出现过。反对国家扩张的斗争逐渐变得零星衰落。虽然学生、青年团体和地方派系仍在继续斗争，但他们的斗争范围还是局限在一个已然成功构建的国家内部。

冲突的重心开始转向资本主义财产关系所导致的问题。在朗格多克抗争史上，主要的抗争形式是抢粮运动、商人与工匠之间的争斗、工人在地方劳动力市场上的排外行为、小农户和农业劳动者对地主的反抗等。逐渐设定民众群体性行动的节奏和主题的，是资本主义的发展，而不是国家的强制性扩张。

第七章
国家构建、资本主义和民众抗争

1698年,巴斯维尔绝对不是唯一一个按照勃艮第公爵的指示对所辖省区做描述性报告的监察官。几乎所有监察官都派遣了代表和扈从采取行动,协助他们准备一份要送交国王和王储的备忘录。图尔大区的监察官米罗梅尼必须报告图赖讷、曼恩和安茹这三个分区的情况。他注意到安茹的贸易商品"包括民众在乡村收集到的物资、牛畜(该省为邻近省区提供了大量牛畜)和民众在当地生产的一些物品"(AN H^1 1588^{12})。他对昂热主要以纺织品为主的贸易更为欣慰。昂热的毛纺织工业将这个城市与其以饲养绵羊为主的腹地连接了起来。

城市与乡村在安茹还有其他重要的联系。"大量白葡萄酒"的生产和销售将索米尔及其他卢瓦尔河谷中的城市与附近的葡萄园连接了起来。由于家畜养殖业,诸如博普雷欧这种以牛畜市场为特点的小镇一端连接树篱区[1]的农场,另一端则与安茹省外的大城市相连。最后,家庭式亚麻制造业使得像绍莱或贡捷堡(Château-Gontier)之

---

[1] 树篱区(bocage),指法国西部田地或草地被树木围隔的地区。——译注

类的商业小镇连接了农场的日常生活与拉罗谢尔、南特和圣马洛的大西洋贸易。小型煤矿和铁矿零散分布在这片地区。然而，相比于朗格多克、勃艮第、法兰西岛和佛兰德，1698年的安茹闭关自守的程度更深。

从政治的角度来看，安茹相比于其他大多数省区，不能给人留下深刻印象，因为这里没有三级会议，也没有高等法院，而且能够保护或剥削本省的大贵族数量也较少。除了可供征税的贸易疲软不堪这一点不能令人满意之外，安茹对国家构建者来说，是一个理想的、乖顺听话的省区。

根据勃艮第监察官费朗的描述，他所辖的省区有着比安茹更加广泛的联系。勃艮第公爵、孔代亲王和他们的扈从使该省与王室朝廷建立了紧密的联系。活跃的三级会议、较为独立的高等法院、仍保留一定自治权的市政府等，理论上都让勃艮第对王室构成了难以小觑的威胁。

而且，该省还拥有某些商业利益。费朗热情洋溢地写道：

> 这个美丽的省区出产大量基本物产，例如谷物、葡萄酒和饲料。这里有森林、林场、矿区和炼铁厂。省内种植谷物的土壤质量因地域不同而有所不同。沙隆、博讷、第戎、欧索讷（Auxonne）、圣让－德隆（St. Jean-de-Lône）、凡尔登（Verdun）以及索恩河以南所有低地更广泛的区域，都是上好的小麦种植区。这些地区的土壤肥沃，甚至不需要施肥。大部分土地甚至可以交替种植小麦、大麦和燕麦。另外还可以种植芜菁，芜菁的生长期只有四到五个月，所以还有时间播种谷物。因此，这里的土地可以实现两年三茬收获。
>
> 其他地区——欧坦（Autun）、奥克苏瓦（Auxois）、布里奥

奈（Brionnais）、塞纳河畔沙蒂永——被称作山区。甚至马孔地区（Mâconnais）和沙罗勒地区（Charollais）的部分区域都只有薄薄的土壤层，只适宜种植黑麦，然而产量还挺大。

勃艮第还生产质量上乘的葡萄酒。一部分外销：博讷生产的葡萄酒经陆路输往列日（Liège），到德意志、佛兰德，乃至英国。（AN H^1 1588[16]）

当时，勃艮第和安茹一样，基本上是一个农业区，但两地之间有两点根本不同。第一，跟安茹相比，勃艮第与国际贸易的联系更加紧密。第二，勃艮第致力于种植两种高价值的经济作物：小麦和葡萄。

佛兰德与安茹和勃艮第都不同。1698年的"佛兰德"主要是路易十四刚从西班牙手中抢来的领土；实际上，其中一部分领土后来还给了低地国家。佛兰德有三个监察官，分别负责管辖滨海佛兰德（Maritime Flanders）、瓦隆佛兰德（Walloon Flanders）和埃诺，所以他们分别汇报各自大区的情况。伊普尔（Ypres）、里尔和蒙斯（Mons）是这三个大区的首府。军队几十年以来在这个地区来来去去无数次，外交使节们也想方设法获得或拿回对当地丰富资源的永久控制权。

在佛兰德，许多居民说佛拉芒语，部分也说西班牙语。他们喝啤酒，忠诚地支持天主教会。这些特征使他们有别于大多数法国人。然而，与其他省份居民最大的不同在于他们在贸易活动上既活跃又成功。

里尔成为这些贸易活动的中心地。监察官迪盖·德·巴尼奥勒（Dugué de Bagnols）观察到，"里尔市让其他所有城市都动了起来。可以说，里尔市就是整个地区贸易的灵魂，因为这里的居民富有，有财力启动大型项目。这个城市的实力令人难以置信。在农村和邻近城市，有10万以上居民都仰赖里尔市的事业来维持生计"［AN H^1

1588[22]。虽然签署这个报告的是巴尼奥勒,但主要撰写者似乎是里尔王室法庭的高级官员让·戈德弗鲁瓦(Jean Godefroy),两人经常合著。Trénard 1977c: 17]。

那么,里尔的事业到底是什么呢?这才是关键问题。里尔的事业其实包括两方面,一方面是繁荣的综合制造业(尤其是纺织业),另一方面是其他地方所没有的以农业为支撑的贸易。巴尼奥勒和戈德弗鲁瓦写道:"乡村民众的投入起到了很重要的作用。我敢说世界上其他地方的人民很难像这里的人那般辛勤地劳作。"(AN H[1] 1588[22])农村里的资产阶级、农民和无地的劳动者们主要从事的是小规模纺织品的生产和经济作物的农业劳作。而且,在和平时期,里尔地区出产的很大一部分产品跨过国界,输往低地国家的一些城市,接着再进入国际市场。

在位于西北方向、说佛拉芒语的佛兰德地区,大部分居民从事奶制品生产和牲畜养殖业。还有一部分居民从事军事和海事活动。这个地区有五座筑有城堡的城市:伊普尔、弗尔讷(Furnes)、敦刻尔克、贝尔格(Bergues)和格拉沃利讷(Gravelines)。其中,敦刻尔克是重要的港口城市,也是海盗的主要基地——虽然监察官对这一点只字未提。相反,他对这里居民的性格特征做了一番描绘:

> 佛兰德人身材粗壮,容貌好看,天生性子慢,但从事农业、制造业或商业时颇为勤勉。没有哪个民族在做贸易这方面能比他们强。他们喜欢聚在一起饮酒,谈价钱时手中也握着酒杯。同旧时的比利时人一样,他们也热爱自由,憎恨奴役。他们会发怒,但平息怒火也快,表达喜爱和厌恶的方式与我们极为不同。他们对爱恨不敏感,在困境中总是自我安慰地想:还好事情没有更糟糕。他们聪明,但不奸猾,这也是为什么他们在与

人交谈时显得粗率单纯。但他们做生意时却很精明，考虑周详，有时自认为比他们聪明的人反而被他们愚弄。（AN H[1] 1588[20]）

监察官显然是凭经验而谈。

在位于东南方向的埃诺，"最大的财富"是煤矿和铁矿（BN Fr 22221）。在这里，监察官少有地表达了对当地农民的抱怨：他们作为矿场的经营者，并没有实现完全开采，他们缺乏资金去开采那些较难挖掘的煤矿。监察官乌瓦辛（Voysin）认为，"更有钱、更聪明的人"应该带着机器去挖掘所有的煤藏。但是他对埃诺民众的工作热情给予了高度评价，尤其是考虑到他们近期不断遭受法国与西班牙战争的破坏，这一点尤为难得（BN Fr 22221）。

1698年的三位专业观察家都一致将佛兰德描述成一个勤劳、富饶、商业化显著的地区。然而，在滨海佛兰德、瓦隆佛兰德与埃诺之间还是存在一些差异。佛兰德的两位监察官对教士和贵族都一笔带过，因为他们在佛兰德为数不多，也不重要。正如巴尼奥勒和戈德弗鲁瓦这么评价自己的辖区及其附近区域："里尔省是个商业区，所以贵族为数极少这一点并不奇怪。"（AN H 1588[22]）相同的理由也适用于教士。而乌瓦辛报告说，在埃诺，贵族地主——尤其在国界线两边都拥有土地的"西班牙"贵族——更多，教会的财产也多得多。然而，按全国标准来说，埃诺的地主数量也不算很多。整体而言，在这几位监察官的辖区，居民主要是贫民，负责运作的则是资产阶级。

巴黎大区也有相当比重的商业，但运行方式与佛兰德的有很大差异。根据监察官菲利波（Phélypeaux）的报告，该大区在巴黎市之外的人口达到857,000，巴黎市内人口是500,000。在法国其他大区，没有一个大区的人口能达到其城市人口的40%（Dupâquier 1979: 195-197；40%中包括巴黎）。该大区的其他地区都为首都巴黎服务：商品蔬菜的栽培近在眼前，凡尔赛和朝廷近在咫尺，其他地区分布着小麦种植区、葡萄园和贵族的居住区。在巴黎外围及其近郊，制造业只在地方上有一定重要性。1698年关于普罗万（Provins）的描述也适用于整个大区："本财政区唯一用作贸易的商品就是谷物，谷物通过马车运到塞纳河畔距离普罗万两里格的蒙坦港（Port-Montain），然后装船运往巴黎。在普罗万，原来还有羊毛加工业，但因为布商与纺织工之间的诉讼而衰落了。普罗万的纺织行会势力强大，制造的亚麻－羊毛织品销往附近城市。"（BN Fr 22205）类似的文字以许多版本在巴黎大区反复出现，不过最终归结为一点，就是一个由满足巴黎市的需要而导致的经济不断集中化的过程。

巴黎大区没有自己的三级会议，但它在别的方面弥补了这一缺憾：巴黎及其腹地拥有全法国最显要的高等法院，它的市政府具有高度自治权，它拥有庞大的宗教机构和全国性政府的基本机构。菲利波洋洋自得地说："巴黎大区是法兰西王国最重要的地区。"（BN Fr 22205）就算法兰西岛的贵族很早就丧失了作为教区领主的大部分权力，就算他们将乡村的房舍只作为娱乐休闲的场所，而不是某种权力的象征，仅贵族、资产阶级和教会地主们都集中在首都这一点，就赋予了这整个地区相当的重要性。

监察官巴斯维尔在起草关于朗格多克的报告时，将其描述成一个以农业为主，但正朝工业化发展的省份。他认为，纺织业的扩大"会给朗格多克的民众带来新的活动形式；他们可以通过这种工作获得进步，整个省份也可以通过这种方式比通过农业更好地实现自给自足，因为本省大部分土地都很贫瘠"（AN H^1 1588[26]）。在1698年，最好的发展成果是羊毛织品，尤其是精致的羊毛织品能够经马赛销往黎凡特地区。他还描述了法国与英国，尤其是与荷兰在羊毛织品这一有利可赚的贸易中发生的激烈竞争。他夸口说，在竞争中，法国领先。

在国内，洛代沃出产的羊毛织品受里昂商人控制，为士兵和平民提供布料。根据巴斯维尔的报告，丝织品贸易相对来说也是新兴行业——丝织品作为重要产品的时间不到 60 年——仍处于发展阶段。这项贸易的运作也在里昂的指导下进行。巴斯维尔评论道，丝织品贸易"总是在战争时期缩减，因为在战争时期人们在家具和服装上的花销减少，而且在和平时期，我们的许多丝织品是销往英国和荷兰的。相反，羊毛织品贸易在战争时期却会上升，因为大批军队需要服装"（AN H^1 1588^{26}）。

巴斯维尔甚至预见到了图卢兹工业发展的前景。他称："在法兰西王国没有别的城市能拥有像图卢兹这样的地理位置，既可发展贸易又可发展制造业。"（AN H^1 1588^{26}）他给出的理由是，毕竟在这里，食品价格低廉，制造业所需的物资丰富，而且水路运输四通八达。但是，他也承认，在 1698 年，"这里的贸易不多。居民的精力都用在了别的方向。他们不能容忍外来者。男女修道院占了半个城。成为市政官就能获得贵族头衔这一点也进一步阻碍了贸易的发展。这一点同样发生在高等法院。大商人的孩子们宁愿获得贵族头衔或担任公共职务，也不愿继续其父辈的事业"（AN H^1 1588^{26}）。实际上，只有在法国境内的小麦贸易和输往西班牙的羊毛贸易才使得图卢兹免于陷入商业荒漠的境地。只有到卡尔卡松和下朗格多克的一些城市，诸如蒙彼利埃、尼姆和洛代沃，才能看到足以温暖监察官的心、填满他的金库的商业精神。

在饥荒之年，图卢兹平原盛产的小麦是巴斯维尔的所有关注所在，但他在规划未来图景时却没考虑到它。巴斯维尔也没考虑到，下朗格多克之所以发展工业，可能是因为里昂和马赛的影响力，以及当地发展农业的条件相对不利。巴斯维尔清楚地看到了朗格多克的地区

第七章 国家构建、资本主义和民众抗争 273

差异。长达13年尽心竭力的管理让他对该省的情况了如指掌。然而，他最看重的是影响他任务实现的种种差异，并将这些差异主要归因于精英居民的实业精神。

综上所述，五个地区的监察官所描述的省区在许多重要方面存在很大不同，诸如贸易的重要程度，城市的显著程度，制造业的发展程度，地方贵族的势力大小，省机构的自治性强弱。安茹是一个极端：相对弱势的省机构，无大权贵，少制造业，相对较少的商业性农业。另一个极端是佛兰德：以农业商业化和制造业为标志，刚被纳入到法国王室的权力范围内，还保留着其独特的行政和财政结构。

如果说安茹和佛兰德划定了两端的界线，法兰西岛、勃艮第和朗格多克则都处于中间，但这三个区各有特点：法兰西岛权势大，财富多；勃艮第盛产红酒，有大贵族；朗格多克有新教徒，与地中海世界有商业往来，市府机构相对活跃且自治程度高，内部差异大。在资本主义发展程度和臣服于民族国家的程度这两方面，这五个地区秉持不同的立场。

资本和国家权力

在18世纪，这五个地区在上述两方面朝着资本主义更加深入和受国家管制程度更深的方向继续推进。就法国整体情况而言，随着农业和工业生产的增长，商业化的程度也日益加深。制造业所占比重增加。资本积累，薪资工人的比例增加，实际工资下降——至少对于日薪工人和普通建筑工人是如此。所有这些变化综合起来就推进了资本主义的整体发展。

资本主义在每个地区的发展情况不一样。在朗格多克，通过羊毛和小麦贸易的扩张；在安茹，通过农村纺织业和葡萄种植业的扩张；在勃艮第，通过葡萄酒和小麦；在佛兰德，通过工业的发展；在法兰西岛，通过巴黎商业活动的增长。同样，资本主义市场与农民社群之间的关系在各地也有所不同。在18世纪的勃艮第和朗格多克，地主热衷于资本主义运作，包括巩固财产、榨取小农户的权益、重新核算旧有的缴费、改种获利最丰的经济作物。在佛兰德，大地主已经消失。大农户本身势力强，虽说他们还得与当地资产阶级和无地户斗争，以捍卫自身的势力。

在安茹和法兰西岛，大地主长久以来就剥夺了农民社群的特权。相比较而言，安茹的地主大部分都是不住在当地的贵族，而法兰西岛的地主则通常是平民，但这个不同点并不很重要。两地最大的差异在于，法兰西岛农民种植的经济作物供应的是该区内部一个庞大的、饥饿的、延展的、控制力强的大都市，而安茹农民种植的作物大部分供外销。法兰西岛的大葡萄园在18世纪很明显地转向种植较为便宜的葡萄品种，以供应人口众多的庞大市场（Lachiver 1982: 132-173）。

随着资本的增加和集中以及其影响力的增长，冲突也就随之产生。小额资金的掌握者反抗大资本家的操纵。工人反抗资本家。最重要的是，仰赖公共或其他非资本主义财产关系为生的人反抗那些竭力将资本主义财产权延展到这些领域的人。他们围绕土地权、食品和劳动力展开争斗。18世纪普遍出现的抢粮行动正是地方层面上反对商业资本的一种斗争。工人之间和劳资之间冲突的增多说明，工业资本的重要性在增长，工业无产阶级的数量也在增加。随着18世纪的推移，地主企图从其独有的资本主义土地财产权中获利，地主与农民、地主与乡村穷人之间的冲突也随之更加激烈。

国家构建同样也进入一个新的阶段：在经历了17世纪关系到国家生死存亡的一再挑战之后，18世纪的法国进入巩固时期。监察官不再派驻军队到基层，而是向平民征收更多赋税以支付军队花费，而且将士兵与平民隔离。监察官发现他们现在要应对的不是大规模地方叛乱和争夺国家权力的大人物，而是发生在一个个村庄里的零星分散的抗争行动。监察官不再派遣军队到某个城市或地区去恐吓镇压民众，而是建立了由代理人和合作者组成的紧致密实的网络。路易十五对自己在各省份的权力有充分的信心，甚至可以采用整批流放的方式来控制那些不愿合作的官员和高等法院。在17世纪，流放强大敌人的做法招致了一些地区性叛乱。赋税本身常规化了。国王不仅建立了一支财政官的专业队伍，而且避免征收新税以及在合法性上含混不清的税收。一个坚固的、官僚化的财政体系成为整个国家的结构框架。国家的成功构建也导致了一些非法活动，例如食盐的走私。自相矛盾的是，这些非法活动本身又宣告着国家的存在，因为如果没有国家试图通过垄断食盐来获利的话，食盐的价格也不会高涨到招致走私者。

国家控制力在各地区不均衡。在安茹、勃艮第和法兰西岛主要是在巩固之前已取得的成果，在朗格多克和佛兰德则是控制力大幅度增强。在安茹，普通民众通过税收的加强、工业生产管控的增强、对走私的严控，尤其是以牺牲地方上的食物需求以换取谷物贸易的增长，感受到国家权力的巩固。在勃艮第，国家同样也在推进市场、征收赋税，但同时又以高等法院的敌人的面目示人。

在法兰西岛，民众感受到国家正在侵入他们的日常生活。至少在巴黎，警察的权力范围已经显著扩大。这些国家代理人已经逼近先前神圣不可侵犯的"自由空间"，例如圣殿骑士团之地（l'enclos du Temple），他们要求沿街住户为街道照明，前所未有地大肆逮捕乞丐和流浪汉，组织各种行会以便监管和征税。尼古拉·德·拉马赫在1720年首次出版的杰作《论警察》中概述了这种新型的严密监控系统。到18世纪80年代，塞巴斯蒂安·梅西耶（Sébastien Mercier）也提到这样一种令人印象深刻的严密而持久的监控网络:"任何受到怀疑的人都会被严密监视,以至于最琐碎的行为也会被探知,直到被逮捕。"[Mercier 1906(1783):182] 但是在谈到权力越来越大的警察局局长(*lieutenant de police*)时,他又说,管理城内一大群饥肠辘辘的民众实在是吃力不讨好的任务:"在饥荒时期,要控制那些看着有人生活富足而自己却要忍饥挨饿的民众,实在是件既痛苦又艰难的事情。这么多可怜人,面色苍白,一无所有,游逛在装满金银珠宝的宫殿和豪宅之外,极有可能会破门而入去抢劫,以缓解饿死的厄运。"[Mercier 1906(1783):195]

从当权者的角度来看,公共秩序的维护很大程度上在于控制绝望和饥饿的民众。从这种角度来看,抢粮行为就是日常个人财产犯罪行为的群体版。但是,统治阶级对穷人有一定看法,而穷人对有权有势阶层也有自己的想法。随着王室对谷物市场的控制加强,民众开始产生这么一种想法:高层官员,可能还包括国王本人,正在形成对谷物的垄断,以便能够靠投机活动获取丰厚的利润。公正地说,18世纪的国家确实有了一个干涉市场并从中牟利的名声。

在我们讨论的五个地区中,在朗格多克和佛兰德,国家权力扩张得最为迅速。朗格多克的监察官竭力迫使市政府、高等法院和三级会议臣服于国王的需要。在佛兰德,王室代理人试图取消这个地区作为刚被征服之领土所获得的特权和特殊地位。总的来说,在这两个地方,国王的成就不小。

但是,相比于经济的不断增长,18世纪的国家需求增长幅度还是不如路易十三和路易十四的统治时期。图表4以每年人均所承担的小麦百升数(hectoliter)来表现国家的税收负担;税收分直接税和间接税(不仅包括消费税、关税等,还包括其他附加税),而且标注出了法国卷入国际战争的年份。整体而言,税收还是随着国际战争在增长,

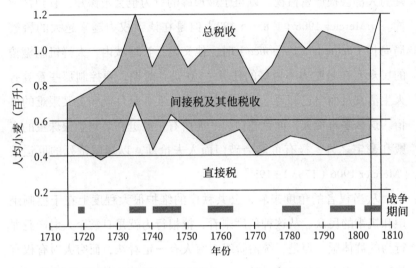

图表 4　1715—1808 年法国人均税收负担图

资料来源：Mathias and O'Brien 1976。

但是当国王越来越依靠长期贷款来支付军事费用时，这种效应就不那么明显了。只有在 1800 年之后，拿破仑发动的重要战争才重新建立起战争与税收增长之间显著且直接的联系。从实际人均所承担的部分来看，直接税在一个世纪的时间里还出现了轻微的减少。波动和增长主要集中在间接税上。看起来好像国王已经意识到增加土地税和财产税会激起民众的抗争，所以将赋税转移到贸易和各种事务办理之上。

与英吉利海峡两岸人们所普遍认为的正好相反，法国民众在 18 世纪末所承担的税负并不如英国民众的沉重。图表 5 展现了英国和法国从 1715 年到 1808 年的税收变化，表现方式是税负在人均收入中所占的比例。两个国家几乎开始于同一水平线。但是，法国的人均税负在减少，而如果我们将英国在拿破仑发动的战争中所付出的昂贵军费计算在内的话，英国的税负占人均收入的比重翻了一倍。在 18 世纪，

图表 5　1715—1808 年英国与法国税负在人均收入中所占比例的对照图

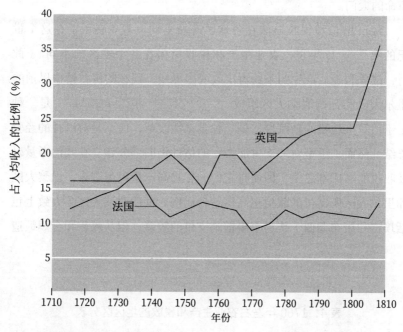

资料来源：Mathias and O'Brien 1976。

英国的国家增长要快于经济增长。在法国则相反。

在英国，税收可能比在法国来得容易，因为英国的经济比法国的更商业化，英国税收中间接税这部分要多得多。然而值得注意的是，英国在 1765 年颁布法令开始征收印花税，以偿付七年战争所积累的债务。这项法令不仅在英国激起广泛的抗争，而且导致了英国 18 世纪抗争史最重要的一次叛乱——美国独立战争。

历史的车轮继续向前。尽管法国经济相对来说增长迅速，但国王在应对七年战争所累积的债务和美国独立战争时徒劳无功，从而在 18 世纪 70 年代和 80 年代引发了与高等法院的激烈斗争。这些最终导致 1789 年全国三级会议的召开。这次会议的召开开启了法国自身革命的大门。

经济增长和税收显然在各地区有所不同。表 4 展示了在这个世纪的第三个 25 年里，农业生产和税收负担在各个地区的不同。（此时，战争和随后产生的条约再次改变国界线，现在的佛兰德由以前的里尔大区和瓦朗谢讷大区组成。）二十分之一税（vingtième）是一种用于估算土地税的新赋税，是一种尝试性改革，而不是对以往的经验总结。然而，王室对"支付能力"的估计仍旧部分建立在政治考量以及收税的净成本之上。即使将它们的谷物高产量考虑进去，巴黎大区和里尔大区所支付的赋税也高得不合比例。瓦朗谢讷大区（大致上包括埃诺和康布雷西）作为军事前哨支付的较多，但从煤矿和金属锻造

表 4　1760 年左右农业生产和税收的地区区分表

大区	每平方里格应缴纳的二十分之一税	每平方里格的谷物产值	每瑟提埃谷物应缴纳的二十分之一税	每 100 里弗尔谷物产值应缴纳的二十分之一税
巴黎	6,576	55,909	1.95	11.76
图尔	1,669	45,861	0.54	3.63
第戎	1,571	77,759	0.37	2.02
蒙彼利埃	1,439	50,728	0.58	2.84
里尔	4,888	92,921	0.83	5.26
瓦朗谢讷	2,280	22,729	1.63	10.03

资料来源：Rémond 1957。

的税收中获得了一些补偿。无论是以单位产量还是以单位产值来计算税收,图尔、第戎和蒙彼利埃这三个大区在财政上都明显占优势。

从一方面来讲,国家构建与资本主义以相反的方向在运作。广泛地说,国家构建通过推行一种通用语言,同一套行政措施,日益一致的法律、税收、规章和威压体系,使得法国各个地区实现了标准化。如果说18世纪的国家构建所造成的影响不均衡的话,那也是因为标准化装置在安装进不同地区时会发生一些变化,例如在佛兰德就比在安茹费事得多。

从另一方面来讲,资本主义财产关系的扩张在地区之间,甚至在同一地区内部都会有所不同。整体上来说,农业资本主义区域的工业生产开始衰退;集中种植单一经济作物的地区变得更普遍;在工业资本积累的地区,这种积累的速度加快。所以,在18世纪的安茹,绍莱成为一小块密集型乡村式亚麻生产区域的核心,这里的亚麻生产与大西洋贸易紧密地连接在了一起。附近的索米尔则成为葡萄酒和小麦的重要产区。两个城市之间及其彼此腹地之间的差异在整个18世纪越来越明显。

国家构建仍旧仰赖资本所有者来获取常规税收,资本家则继续从与国家的联盟中获取利益。摄政王奥尔良公爵在当权后不久就为特税征收员(maltôtiers)专门设立特别委员会,昂热的勒内·勒奥罗(René Lehoreau)教士在谈到这个委员会时说道:

> 据说,就1716年一年,委员会就让那些恶棍们交回了3亿多钱款。昂热第一个被捕的特税征收员是蓬德塞的维里(Verrie)。昂热的专员在巴黎专员的授命下,逮捕了他,捆绑了他的手脚,下到昂热市的王室监狱,关了很长一段时间。后来在其朋友的影响下,他被带到巴黎,情况有所好转,案子被去刑事化,成

了民事诉讼案件。因此他也就逃脱了因贪污税款而可能受到的惩罚，但被要求缴纳25,000里弗尔。他之所以能够逃脱劫难，是因为他与我们"正直的"监察官之间达成了交易，直白地说，就是监察官让他去偷的。维里谨慎地保留了所有信件，才使他获得了特别关照。不管怎么说，半个城的人都跟偷税行为有关，而且都是与他进行的合作，所以这些人担心被抓这一点反而帮了他。他的职位被解除，但他有这么多朋友，所以还是能够继续收税。实际上，他从未停止过收税，唯一的区别就在于他现在要通过中介来收税。（Lehoreau 1967: 257-258）

勒奥罗继续说道，实际上维里到底有没有支付那25,000里弗尔都不清楚。特税征收员不可或缺，因为他们影响力大，王室官员清除他们会得不偿失。在这方面，18世纪的国家构建者延续的仍旧是17世纪的做法。

反对力量的形成

国家构建者的财政政策有助于资本家剥削其他民众，但受剥削的民众也会转而起来反抗王室政策。这种情形并不仅仅发生在财政政策上，还发生在食品供应、手工业的行业垄断和土地的使用权上。18世纪的王室官员相比于17世纪的前辈，在推进谷物贸易国家化的进程中走得更远，这就意味着要反对一些地区提出的当地谷物优先供应当地的请求。随着日常消费越来越仰赖市场谷物的人口增加，他们"自由化"了谷物贸易。于是，越来越多的人——尤其是农业薪资工人、乡村工业的薪资工人，或者既从事农业又从事乡村工业的薪资工人——更容易受到食品短缺和价格上涨的影响，结果造成大量因食品控制权而展开的前所未有的抗争行动。

手工业的行业垄断造成了手工业自身的分裂。行业大师傅们往往会无视那些限制其手下熟练工和学徒数量的旧规定，以及要求其手下工人必须得到当地工匠认可的旧规定，他们小心翼翼地坚守着对市场的控制权。而小师傅们则竭力维护行会所制定的组织架构，以及为保证质量而做出的各种限制，不过这种努力越来越徒劳无功。工人们进行抗争，反对师傅们和企业家们雇用更廉价而且缺乏组织的外来劳动力，以免自己的利益受损。被师傅们从行会中驱逐出来的熟练工成立了熟练工协会（compagnonnages），以捍卫自己的权利，而且这一协会即使在18世纪70年代贸易行会被依法取缔后仍坚持了下来。小师傅反对大师傅，熟练工协会对抗所有师傅，敌对的熟练工协会之间相互对抗，当地工人反对外来工人——资本集中了，冲突也随之加剧了。

在土地方面，王室通常的行动是加速土地向可供任意使用之财产的转型，增强所有者的权利，以及减少同一块土地任由多人使用的权利。根据惯例所进行的一些狩猎行为现在变成了对私人领地的入侵。惯例所允许的捡拾麦穗和木柴的行为成为非法闯入。惯例所允许的划出荒地一隅的行为成了擅自占用。上述这些都成为冒犯的行为，会遭到庄园法庭和王室法庭的惩处。地主及其经理人利用其私有财产获得利益，恢复原来的赋税，更新收租的账本，并根据共用土地是用作农耕（这种土地受欢迎度稍低）还是放牧（这种土地更受欢迎）来决定是否将其圈围。总之，他们的行为稳固了富农——包括食利者和地主——的地位，同时将小农户推向农业无产阶级。因此，在农业方面，大地主与有组织的社群之间因赋税和对共用资源的掌控权而展开争斗。与此同时，穷人们因为失去了在共用土地上狩猎、捕捞、拾穗、放牧、捡木柴等种种赖以为生的权利而进行不懈的抗争。

对于法国的普通民众来说，18世纪就是一个融合了国家构建的代价与资本主义重负的历史时期。财政政策偏向那批将资本借贷给国家而从民众身上榨取资本的人，食物供应政策倾向于将当地的食物输送到商人能卖到最高价格的地方，只能雇用地方工人的垄断被打破，资产阶级土地所有权受到鼓励——所有这些政府行为都有利于资本家的利益。在18世纪的大臣中，杜尔哥（Turgot）无疑对这项计划有着最明智的看法。他自觉地提倡积累资本，消灭小农户，增加农业和工业的薪资劳动力。这种对资本主义的追求简直不能再明显了。18世纪后期的所有法国政府都在竭力实现这一资本主义蓝图。他们肆意践踏普通民众的利益。

资本家与国家构建者之间的联盟导致了各种反对力量的大联合。在"敌人的敌人就是我的朋友"这一不成文的原则之下，小生产商、生意人、小农户、无产阶级、律师、高等法院的官员和新教徒们统统团结在一起，反抗王室力量。在18世纪，国王对高等法院以及其他任何阻碍其获得可能收益的机构，采取直接攻击的方式。这种攻击进一步巩固了反抗力量，因为如此一来，律师和高等法院法官的全国性网络就成为反抗力量彼此联系的主要组织。在1789年之前，抗争行动有好几次都已经发展到了对王室命令的持久性对抗——也就是达到了革命的状态。在1789年，一场严重的生存危机加剧了革命形势，因为大批穷人加入到了对抗王室官员的斗争当中，而且王室官员在缺乏富人的广泛支持之下根本无法镇压穷人的反抗。

在上述这些方面，法兰西岛尤其值得骄傲。在18世纪下半叶，巴黎高等法院与王室之间的斗争为地方上的王室敌对力量指明了方向。正如阿尔让松（Argenson）侯爵在1751年11月28日的日记中所承认的：

> 昨日上午，御前会议发布法令，暂缓一些消费税的征收，包括重建税（*droits rétablis*）、每里弗尔四苏税（4 sous par livre）等。这样一来，在巴黎的生活成本就有所降低。法令的序文称，之所以颁布该法令，是考虑到面包的价格太高，而且该法令会延续到面包价格下降时。人们纷纷表示，这是因为政府害怕民众看到高等法院叛乱后也效仿造反了；他们还说，政府这么做是不恰当的，显得胆小怯懦；他们认为，要是没有那些反政府的演说，没有王太子进入巴黎城时集合群众的高声叫嚣，政府是不会这么做的。（Argenson 1859-1867: VII, 47）

［在读这段分析的时候，我们应该记得，阿尔让松侯爵的父亲瓦耶（Voyer）曾经是路易十五统治时期的大法官——也是高等法院的主要对手。］由于七年战争，政府的借贷和直接税的征收不断增加，全国性高等法院联盟也随之更加紧密，抗争加剧，更加坚定地与巴黎高等法院站到了同一条阵线。

不过，吊诡的现象出现了。我们本来以为，王室机构和具有贵族头衔的职位会让显贵们与王室在意识形态上保持一致，就像他们在财政上一样。但事实情况却几乎完全相反。整体而言，从18世纪50年代到大革命开始，高等法院和其他法庭中具有贵族头衔职位最多的地方，反而是反对王室政策最激烈的地方。表5反映的是1789年在我们讨论的五个地区的六个首府中具有贵族头衔之职位的数量（蒙彼利埃和图卢兹都是朗格多克的首府）。表中的数据也大致反映了反抗王室之剧烈程度的排序。在贵族职位和王室机构数量增加幅度较大的地方，三种关键情况也在发生。第一，在创建新职位和机构的过程中，国王也在加固其权利、特权和否决权。第二，名义上服务于国王的法庭、议会和其他机构，为他们的成员提供了召集会议、形成共同

表5 1789年六大城市中拥有贵族头衔的职位数

城市	职位数	1789年人口数	每100,000人中的职位数
巴黎	1,055	600,000	176
第戎	187	24,000	779
蒙彼利埃	175	31,000	565
图卢兹	172	53,000	325
里尔	17	65,000	26
昂热	2	27,000	8

资料来源：Shapiro and Dawson 1972，以及其他有关人口数的资料。

纲领并将纲领向翘首以盼的民众宣告的机会。第三，占据贵族职位的官员积极限制王室进一步负债，并竭力维护其机构在争取官员薪酬方面的协商能力。再加上原则问题和地方权利，高等法院和其他主权法庭成为反抗力量的强大基地。

自1771年至1774年路易十五逝世，包括巴黎高等法院在内的许多高等法院都暂停运作，于是它们的反抗在全国范围内显而易见。巴黎高等法院甚至在其所在地区获得民众的追随。一直到1788年年末，这种追随才告终，因为高等法院在又遭到两次流放后此时恢复了其职能，并面临民众要求彻底清理内部组织的呼声，为了保护自身的特权，决定与王室结盟。接着，三级会议，也就是后来的国民议会接管了反抗力量。

随后发生了一系列类似于投石党运动的转变。高等法院放弃了它们可能发动的革命，因为当普通民众要求取消特权时，高等法院自身的诸多特权就受到了威胁。作为普通民众最初革命目标的资本家队伍也发生了剧烈的分裂：从土地和财政特权获利的资本家一般都依附于遭受威胁的王室，而仰赖自身的资本掌控和专业技术的资本家则领导反抗王室的斗争。甚至王室本身也出现分裂：国王的弟弟普罗旺斯伯爵坚持将其皇家大宫殿作为自由言论之岛，禁止警察入内。奥尔良公爵（其子路易·菲利普在1830年成为法兰西国王）则于1787年坚定地将赌注压在了反抗力量身上。公爵因反对国王而遭到流放，后来在1793年又因为与反革命有联系而被送上断头台。只有普通民众的联盟自始至终保持一致，因为他们非常确定，他们需要的是以可行价格出售的食物、公平合理的税收、对投机商的管制和对就业机会的保证。虽然他们与不同团体结盟，但利益诉求保持不变。

虽说没有一个18世纪的观察家注意到，所有事件可能标志着巨大变化的到来，但是两名善于观察的巴黎资产阶级人士却记录了大革命发生之前的许多关键冲突。埃德蒙－让－弗朗索瓦·巴尔比耶（Edmond-Jean-François Barbier）和塞巴斯蒂安·阿迪详细记录了从1718年到1789年几乎每年发生的大事。

巴尔比耶关于1718—1762年的冲突纪事

巴尔比耶是一名终身未婚的律师。他的一生，从1689年到1771年都在他父亲购买的一套位于加朗德（Galande）街上的房屋里度过。从1718年（那年他29岁）到1763年（74岁），他坚持记录讽刺诗、歌曲、韵文、法令、闲言碎语和社会新闻，总共有七卷手写稿和四册删减后的印刷本（BN Fr 10285-10291; Barbier 1847-1856）。他没有遗漏一次王室的婚礼、孕事、生产、疾患或丧事。所有坏天气、高价格、爆料的丑闻、无与伦比的庆典、壮观的行刑都一一出现在他的记录中。在这些历史琐事中，他也记录当时的重要冲突和运动，例如王室和教会对过于严格的詹森教徒（Jansenists）的镇压、高等法院对战时税的抗拒以及一系列的抢粮行动。

巴尔比耶没有记录 1720 年之前的重要冲突。1720 年 5 月发生了一起反抗巴黎警卫队的民众叛乱。警卫队在巴黎城到处搜捕流浪汉，每抓到一个就可获得 100 苏的赏金。警卫队想在郊外圣安托万区一试身手，后来证明这是一个错误。"所有人都走上街头，手拿棍棒及其他武器，开始反抗。他们朝警察发起攻击，警察手上有枪，于是开枪射击。群众见此就痛打那些警察。有十几个人伤势严重，被送往主宫医院做颅骨穿孔手术。"（Barbier 1847-1856: III 139）

同年，所谓的劳体系（Law System）崩溃。两年以来，苏格兰银行家约翰·劳（John Law）都在致力于将法国国债转化成印度公司（Company of the Indies）的股份，并在此过程中对债务进行秘密贬值。受投石党运动余波的影响，小资产阶级和高等法院法官对于缩减作为他们主要收入来源的年金保障，进行抗议。1720 年，约翰·劳成为财政总监。他设自己的银行为国债转股份的代理银行，并限制存款人提取纸币的额度。于是，在他位于皇家大宫殿的银行外出现了民众集聚的事件。根据巴尔比耶的记录，在 7 月 17 日，有 15,000 余人拥挤在狭窄的维维恩（Vivienne）街上，并首次出现民众踩踏致死的意外，民众将银行团团围住，并威胁要强行闯入。

由于反对约翰·劳的做法，巴黎高等法院被流放到了蓬图瓦兹。9 月 1 日，巴尔比耶与许多人一起信步走到埃图瓦勒（Etoile）广场，观看从伯宗集市（Bezons Fair）回来的民间艺术表演。他看到有几个"仆役"和"平民"在大喊大叫，说是发现了约翰·劳的仆人，并朝路过的内坐劳夫人的马车砸石头（I, 50）。圣诞节刚过，巴尔比耶就看到高等法院受召凯旋，受欢迎的程度实在是让人惊讶不已，因为它刚向国王妥协，通过了反对詹森教派的教皇诏书，即《唯一诏书》（Unigenitus）。他看到，高等法院正在成为民众反对王室权力的核心所在。

显然，巴尔比耶遗漏了 1720 年发生在巴黎及其腹地的其他一些冲突。例如，他没有提到巴黎熟练印刷工的罢工，以及 1 月 21 日惊动了整个欧赖市（Ville d'Auray）的与收税人之间的对抗（Kaplan 1979: 39; AN G^7 443）。不过在第二年，他记录了发生在圣日耳曼集市上大贵族仆役与卫兵之间的混战（I, 77-78）。在 1721 年，他还记录了对一名窃贼的鞭刑激起围观者的报复性骚动：被偷的人要求行刑人鞭打得再重一些，这激起了围观群众的愤怒，于是他们洗劫了被偷者的房屋（I, 79-80）。巴尔比耶的日志还提到了从圣克卢（St.-Cloud）来到皇家大宫殿（摄政王的府邸）的农民代表团，他们要求赔偿群众在当地节庆上对他们的田地所造成的损毁；瑞士士兵的上尉德埃拉赫（d'Erlach）先生因为一名仆人侮辱了他的妻子而对其进行惩处，激起民愤，多达"五六千的民众"损毁了上尉家附近的库存货物；另外还记录了大批民众前往围观因拦路抢劫被捕入狱的强盗卡图什，并观看他如何被执行轮刑（I, 95, 107-115）。

我们发现，在整个 18 世纪 20 年代，巴尔比耶都在汇报民众对过于严厉的惩处所做的报复性行动、偶尔发生的抢粮或罢工行动，以及敌对的年轻人团体之间的混战。出于某种原因，他忽略了一再发生的收税人与不情愿的纳税人之间的冲突。然而，他对一些奇怪的冲突却保持着持续的关注，例如 1729 年 9 月在新桥边上的拔牙医生托马斯被围困一事。托马斯提议，为了庆祝王太子的诞生，所有来到新桥的人都能免费吃大餐。但警察禁止了这一危险的集会，来享用大餐的人们失望地砸碎了托马斯家的窗户（I, 297-298）。

在 18 世纪 30 年代，巴尔比耶似乎注意到，在庆祝和谴责的场合里，支持詹森教徒的民众示威在增多（例如大批群众出席著名詹森教派牧师的葬礼）。凭着血统正宗的领导力，严格的天主教詹森教徒逐渐成为反对腐败王朝的象征。詹森教派、高卢主义和捍卫自身特权的高等法院看似不可能，但确确实实融合在了一起，并逐渐获得民众的支持，成为民众事业，一同反对教皇和国王的专断权力。

在 18 世纪 40 年代，重要的冲突中又出现了对强征民兵的抗争，还有攻击抓捕乞丐的警察的事件，谣传警察要将抓捕来的男女老少押往移民地路易斯安那（实际上，巴黎警察因抓捕可服兵役的年轻人会定期收到赏金。Nicolas 1981: 53）。警察、流浪汉与支援流浪汉的民众之间的争执几乎每天都在巴黎发生。例如，在 1749 年 1 月 28 日，

> 今天上午，医院警队队长 G. 德拉克鲁瓦（G. Delacroix）率队从王太子街经过。他们逮捕了一个乞丐。这个乞丐大喊大叫，奋力反抗，激起了民众的骚动。为了自身的安全，并免遭民众的虐待，（德拉克鲁瓦及其属下）不得不释放了他。当德拉克鲁瓦及其队伍经过帽商奥热（Auger）的店门口时，有人从三楼往他们头上倒了几桶尿水，民众受到鼓舞，再次聚集起来，朝他们扔掷石块。（Farge 1979: 149）

所有这些冲突中最严重的一次发生在 1750 年 5 月。5 月 22 日周五，一些警察被控抓捕小孩，巴黎群众对这些警察发起攻击，并洗劫了他们藏身的房屋。周六，民众包围圣罗克（Saint-Roch）教堂附近一所庇护警方暗探的房屋。一名警卫队队员开枪，打中了一名民众的腹部。民众反击，砸毁房屋的大门和窗户。最后，警方交出暗探。"民众……转瞬之间就杀死了他。他们抓着他的双脚，将他的头搁在排水沟里，一

路倒拖着，一直拖到位于圣罗克附近的警察总监贝里耶（Berryer）先生的家……在过去的40年里我们都未曾见过这么严重的骚乱。"巴尔比耶如此评论道（III: 133, 136）。他记录道，当时，抗议"绑架"乞丐的行为在各省蔓延开来，并在图卢兹引发了一系列严重冲突。在巴黎，当局于1750年8月3日在河滩广场上绞死了三名替罪羊，试图阻止民众的抗争。行刑的时候，当局派出两个团的兵力和一支警卫分遣队来保护行刑者，然而也无法阻止群众高喊"赦免"（Nicolas 1981: 57）。

然而，到18世纪50年代，巴尔比耶的日志就将更多的篇幅留给了关于詹森教派日益激烈的纷争，以及与之密切相关的高等法院与国王之间的斗争。他忽视了与此同时发生的日益加剧的工业冲突，以及围绕食物价格和供应而展开的许多冲突。到50年代末，七年战争仍在进行中，法国军队在加拿大战败的消息传来，巴尔比耶记录了高等法院从流放中再次凯旋，并反对征收战争税。他还注意到，一些省份的高等法院和小册子作者宣称自己是在代表法国全国发言。在1763年战争快结束时，他描述了图卢兹高等法院与国王的代表圣雅姆（Saint-James）公爵之间的斗争。这年的最后几天里，公爵议会在巴黎召开会议，谴责图卢兹高等法院在对待他们的一名同僚时态度专横无礼（IV, 481-483）。在此颇具先兆性的记录中，巴尔比耶的冲突记录结束了。

阿迪所见1764—1787年之冲突

巴尔比耶的邻居塞巴斯蒂安·阿迪在1764年接手了记录的工作，一直坚持到1789年。阿迪1729年出生在巴黎，1755年加入书商行会。他的书店有一根标志性的金色圆柱，坐落在圣雅克街上，靠近巴尔谢米讷里街（rue de la Parcheminerie），距离巴尔比耶的加朗德街拐角处大约 80 米。阿迪本人能够识文断字，所经营的书店又坐落在巴黎的主要干道上，所以轻易就能观察到这个城市所发生的一举一动。这也是他所做的：他在 26 年之内完成的八卷手稿对巴黎所发生事件的记录，比巴尔比耶花 45 年完成的七卷更完整详细（BN Fr 6680-6687；刊行的一卷中还包括 1764—1773 年间纪事的节略部分）。

221　　同巴尔比耶一样，阿迪总是尽量记录有关公众人物的传言、煽动性海报、重要法令、王室庆典、轰动性罪行，以及河滩广场上不断出现的行刑。18 世纪 60 年代，他还有机会记录萨德（Sade）侯爵卑鄙荒诞的行为，到 70 年代他还记下了有关博马舍（Beaumarchais）、伏尔泰和本杰明·富兰克林的消息。公开的冲突在他的日志中只占了一小部分。

然而，阿迪还是记录下了 1768 年在鲁昂发生的因粮食而起的严重冲突和 1769 年在里昂发生的反对绑架小孩的叛乱。他还提到布列塔尼高等法院的又一次被流放事件（1769）。在巴黎，他没有特别关注这十年来所发生的重要的工业冲突，却注意到了偶尔发生的喧闹、绑架，以及反对市府和王室当局的民众叛乱。例如，在 1768 年 7 月 15 日，警察试图在圣奥诺雷街逮捕一个欠债不还的年轻人，年轻人逃进一家商店。警察追进去，并攻击店主夫妇。接着，"一个目睹全过程的保镖看到他们欺侮女人而感到义愤填膺，手拿着剑气愤地扑向那批警察。一下子场面更加混乱，又有更多人加入。混战不断升级，一直持续了几个小时，即使从邻近住宅区召集了几支警卫队过来也无济于事"（BN Fr 6680）。

巴黎市民的喧闹一般有两种情况：一种是由反抗政府当局的暴行而开始的斗争，上述事例就属于这种情况；另一种则是两个相互竞争的团体为了争夺优先权、逼迫另一方屈服或保卫自身荣誉而展开的争斗。

在18世纪70年代，阿迪继续关注这类喧闹事件，但也记录更加频繁发生的抢粮事件、高等法院被流放和召回所激起的民众情绪变化、焚烧大臣肖像的事件，以及偶尔从遥远的美洲大陆传来的反抗英国之叛乱的消息。70年代的开局并不祥和。为了庆祝奥地利的玛丽·安托瓦内特（Marie Antoinette）与王储（时任国王的孙子）的婚礼，巴黎市在路易十五广场上举行盛大的烟火晚会。烟火表演壮观瑰丽，但根据一项统计，当晚在广场附近的人群发生拥挤踩踏事故，造成132人死亡（Musée Carnavalet 1982: 77-78）。这起事件预示着王太子于1774年即位后开启的路易十六王朝必定多灾多难。

在18世纪70年代发生的许多起因食物而起的争斗中，阿迪记录了1770年7月发生在科德贝克（Caudebec）、图卢兹和兰斯的"民众骚乱"，以及1771年8月发生在贝桑松（Besançon）的"相当大规模的民众起义"（BN Fr 6680）。虽说阿迪有关1772年的记录中没有出现抢粮行动的内容，但第二年春天的记录就出现了相关内容：艾克斯（Aix）、图卢兹、波尔多、阿尔比、马尔芒德（Marmande）等地发生了抢粮运动。

1774年和1775年的相关记录更是远远多于前几年。1774年路易十五逝世，杜尔哥取代不受欢迎的泰雷（Terray）神父，担任财政总监。杜尔哥在坚定的信念支持下，试图使谷物市场摆脱地方或国家的行政干预，实现自由贸易，以此盘活商业，进而促进财富的增长。尽管1774年的粮食歉收，他仍旧坚持自己的原则。他在碰运气，但最后却输了。

1775年是发生面粉战争（Guerre des Farines）的一年。在这一年，巴黎的腹地发生了一连串地方叛乱。3月15日，阿迪在这一年里头一次提到面包的价格，一条四磅重的面包涨了6丹（denier，法国旧银币），从 11 苏 6 丹涨到了 12 苏。自此以后，阿迪记录面包价格的每一次上涨。在 4 月 26 日市场情况记录中，面包价格涨到 13 苏 6 丹。在一系列地方抢粮行动的记录中，他特别提到了第戎。他写道，在第戎，"民众闯入圣科隆布（Ste.-Colombe）的房屋，他是前莫普高等法院的法官，也是谷物垄断者之一。民众气愤难平，砸毁物品，并到处搜寻他"。但有一处他们却没去搜查——煤堆，圣科隆布就藏在煤堆里。群众还洗劫了他在乡间的房屋，将谷物和饲料都席卷一空（BN Fr 6682）。

不久之后，在蓬图瓦兹、圣但尼、圣日耳曼－昂莱（St.-Germain-en-Laye）、凡尔赛和巴黎附近的几个地方都爆发了"民众骚乱"。民间开始出现谣传，说因为这些"纷扰"，原本定于 6 月 11 日在兰斯举行的国王加冕典礼可能要推迟。在凡尔赛，5 月 2 日，民众逼迫面包商以每磅 2 苏的价格出售面包，并宣称"全国各地，包括巴黎在内都应该如此"（AN K 1022）。

就在第二天，面粉战争中的关键战役在巴黎爆发。5 月 3 日的市场上，四磅面包的价格上涨到 14 苏。民众开始在市场上抢面包，强行闯入那些关闭店门并拒绝贡献存粮的面包店。阿迪可以说是近距离观察了这次行动，因为一群人进入他位于莫贝尔广场上的房屋，要求他交出储藏室的钥匙，以便他们搜寻是否有私藏的谷物。他们闯入隔壁的店铺去抢面包，那家店铺里有商人从当地市场上囤积而来的面包。他们还闯入附近阿迪姻亲的一家店铺。

所以，阿迪有机会发现一些有趣的地方："劫掠者"主要是妇女和儿童；他们只碰面包，对其他商品原封不动；其中有些人还坚持付钱，按市场时价的五分之三，即约每磅 2 苏的价格支付。警察和军队虽然采取行动晚，但后来还是清了场。为此，武装卫兵负责保护面包商长达两周，市场上的巡逻直到 11 月才撤除。在此期间，巴黎市内的墙壁上出现许多"煽动性海报"。其中一张这么写道（BN Fr 6682）：

> 亨利十四被暗杀。
> 路易十五逃过一劫。
> 路易十六加冕之前将被杀。

（路易十五"逃过一劫"是指1757年达米安企图对他进行的暗杀。）自1775年粮食丰收以后，直到1788年年中，巴黎都没再发生过抢粮行动，但1776年2月还是在中央市场发生了由鸡蛋价格所引起的最后一次冲突。在巴黎以外的地方，因食物而起的冲突也在减少。1778年图卢兹发生的大规模叛乱是个例外，而且，无论怎么说都不能算是抢粮行动，只是一起民兵组织与市政府之间的争斗。

随着面包价格的风暴刮过一个个城镇，高等法院也遭受了暴风雨的冲击。在1772年的元旦纪事中，阿迪写道：

> 今天我收到来自鲁昂的私人信件，信中说由高等议会（*Conseil Supérieur*）的成立而导致的骚动与日俱增。几乎所有议员都离城而去，以免被暗杀。圣马克卢（St.-Maclou）的本堂神甫不敢离开住宅。他在一定意义上来说已经成了该堂区穷人所控制的人质，但对这些穷人，他也由于缺乏资源而爱莫能助。神职人员、贵族以及诺曼底各阶层的人似乎都已经准备好要反抗大法官的政策，因为这些政策会对他们造成严重伤害。（BN Fr 6681）

大法官是莫普，他所领导的高等议会原本是为了能够更好地取代新近被流放的高等法院。元旦刚过几天，鲁昂的群众就逼迫新成立的高等议会的主席菲凯·德·沃尔芒维尔（Ficquet de Wormanville）从马车上下来，跪在污泥中，承诺再也不出席那个不受人民欢迎的组织的任何会议。大约在同一时间，民众还张贴死刑宣判书，并搭建绞刑架，准备用肖像做象征来处死菲凯和监察官蒂鲁·德·克罗纳（Thiroux de Crosne，他曾担任高等议会第一届主席）。政府向鲁昂派遣军队。鲁昂事件中有谣言说大法官要被解职，这虽然让民众充满希望，却不真实。后来巴黎墙上出现涂鸦，写道："莫普是大恶棍，应该被处以绞刑并碎尸万段。"

当莫普最终于 1774 年 8 月被流放时，贡比涅（政府临时所在地）的民众向他的马车投掷石块。接着，民众在巴黎的广场上焚烧莫普和财政总监泰雷的人偶。人们在一个塞满稻草的洗衣桶上装上头，再披上旧式的法官袍服，制成大法官的人偶。在王太子广场上，民众宣布"高等法院的决议，判处法国大法官莫普火刑，行刑后骨灰应扬弃"——刑罚当即在人偶上施行。两天后，一具新的、腹内塞满烟花的莫普人偶在新桥亨利四世的塑像边被焚烧。而 9 月 12 日在王太子广场上的另一群民众更有创意，他们在埋葬泰雷神父肖像的时候还举办了一场荒诞的葬礼。

1774 年 7 月，贡比涅和巴黎的民众用行动直接表示，他们敢于反抗新国王打算维持其先祖父之政策的明显企图：当国王的马车经过时，他们一致保持沉默。（国王对此评论说："我的臣民薄情，但我宽恕他们。他们根本不知道我打算为他们做的都是好事。"BF Fr 6681.）然而，民众非常清楚他们想要的是什么。当国王最终撤了莫普的职，群众才开始高呼"国王万岁！"当国王于 1774 年 11 月召回原来的高等法院时，巴黎的渔妇们按照惯例表达了敬意。她们派出一队代表，带着月桂花束去拜访回归的显贵们。民众在国王与高等法院之间的争斗中明确表达或支持或反对的态度，但这种争斗自此就几乎消失不见，直到 18 世纪 80 年代后期才重新出现。

在 1775 年法兰西岛的面粉战争中，除了传统的抢粮行动，民众还攻击农户，并抱怨王室成员躲在一隅，利用谷物供应中饱私囊。在许多因粮食而起的冲突中，传来了省高等法院回归并恢复职能的消息。于是在随后几年里，这种争斗也消退了。在 18 世纪 70 年代后期，相比于在法国发生的叛乱，阿迪记载了更多发生在北美的叛乱消息。例如在 1777 年，巴黎所能看到最接近于叛乱的事件就是，一个来自阿尔萨斯的农民代表团的几名成员，在途中逃过王室军队的追捕，抵达凡尔赛。他们来此的目的是申诉当地修道院院长兼土地领主对他们强征劳役。随后几年的纪事还包括一次偶然发生的停工游行、一次对行进队伍中优先权的争夺、几次对关税卫兵的攻击，以及学生喧闹。

事实上，到 18 世纪 80 年代初期，一名街头观察者必须具有相当的洞察力才可能预见革命的到来。不过在新的十年里，一些颠覆性书籍确实带来了一些论战。这些书包括肖代洛·德·拉克洛（Choderlos de Lenclos）的《危险关系》（*Liaisons dangereuses*）、梅西耶的《巴黎画卷》（*Tableau de Paris*）和卢梭的《忏悔录》。（阿迪在 1782 年 6 月 17 日的条目中评论《忏悔录》是一本"独特奇怪"的书。BN Fr 6684.）不过主要的公共事件还得说是维瓦赖的蒙戈尔菲耶（Montgolfier）兄弟开启的第一次热气球飞行、拉斐特侯爵从美国独立战争的战场上凯旋、1783 年美国独立战争结束，以及前一年为庆祝另一位王太子的诞生而举行的活动。

在庆祝活动的筹划中出现了一条政府警示。正如阿迪所注意到的：

> 为了能够既分散人群又保证民众获得娱乐，商会会长和市政官采取了一些预防措施，将配有管弦乐队的舞厅和分发面包、葡萄酒、肉和火鸡的地方分散安排在首都的不同地方，诸

如圣奥诺雷区的新谷物市场（这里布置得漂漂亮亮）、莫贝尔广场区的新牛肉市场、圣安托万大道的旧半月形花园等。（BN Fr 6684，1782年1月21日）

两天后，他们在市政厅举办了一场化装舞会，邻近的河滩广场上灯火通明，烟花齐放。

18世纪80年代初期的公开冲突似乎也显得无关紧要。阿迪记录了1780年、1781年和1784年学生与卫兵之间的激烈冲突，最后那次是修辞学学生对一个不受欢迎的考试题目感到不满而引起的骚乱。1784年夏季，司法宫附近每天晚上都有人在实施夏力瓦里，嘲讽的是一个60岁卖水果的寡妇。她嫁给了一个比她年轻的金匠，更伤风败俗的是她还把之前本该由她的孩子继承的财产转到了新嫁的丈夫名下。那年冬天，警察总监勒努瓦（Lenoir）组织民众铲雪，但没起到预期效果，民众就朝他的马车投掷雪球。

乍一看，1785年在无关紧要这一点上与前几年相似：刚开始是第一次有人乘热气球横渡英吉利海峡，接着博马舍因为在《巴黎日报》(*Journal de Paris*)上发表大不敬信件而被捕，最后是一群马扎然学院的学生逃课后痛打了一个假发制造商的助手。然而在这一年，也发生了一些冲突，能让我们回想起十几年前的民众动员。当年，民众在皇家大宫殿的自由区成立了英式的"俱乐部"（阿迪的拼写是Klubes）。新一轮的工业冲突开始，并持续到第二年。5月初，中央市场的黄油价格上涨到每磅42苏，勒努瓦惊险地躲过了一场因此可能发生的小规模叛乱（到11月，消费者开始逼迫价格昂贵的黄油以低于市场价的价格出售）。不久之后，村民们的游行队伍穿过巴黎的大街，前往新建的圣热纳维耶芙（Ste.-Geneviève）教堂去祈祷那场讨厌的旱灾能尽快结束。6月，一首模仿博马舍喜剧新作《费加罗的婚礼》

（*Figaro*）中曲调的歌曲到处传唱，对勒努瓦的名声造成了不好的影响。歌曲的第四节歌词如下（BN Fr 6685）：

> 看看那群老迂腐吧，
> 牧师、僧侣和主教；
> 检察官、法官和大臣们，
> 医生和法官；
> 那些黑色的袍服
> 代替了真正的知识；
> 黑衣之下（*sous le Noir*）都是些蠢驴（重复）
> （法语的"黑衣之下"与"勒努瓦之下"谐音）

所有这一切都让人嗅到了造反的气息。

类似的反叛也出现在来自南特附近的库埃龙（Couëron）的报告中。7月初，当地有1,000多名居民聚集在一起，拆毁了栅篱，将王室租给四五个领主的土地上的饲料全部收割光。同年，建筑工人发动大规模罢工。当时，愤怒的熟练工出现在所有建筑工地上，他们在旺多姆广场上召开会议，然后行进到勒努瓦的办公室，要求召开听证会。在巴黎，瑞士雇佣兵、其他士兵与平民之间在皇家大宫殿发生争斗，中央市场发生黄油强卖事件。这是冲突不断的一年。

接下来的几年情况相似，一直持续到大革命发生。1786年一开始就发生了一起群体抗争事件，巴黎的信差们联合起来，反对政府所办的递送邮件的联合企业。1月11日，信差们游行到凡尔赛，直接向国王申诉。其他工人随之效仿。巴黎的熟练木工要求延续将工作中所产生的刨屑带回家的权利；里昂的工人抗议主教新征收的旅店老板税，因为旅店老板只是关一下门而已；诸如此类。

阿迪预见了革命

　　虽说 1785 年和 1786 年确实发生了许多骚乱，但 1787 年发生的冲突才真正接近了革命的边缘。国王及其大臣们于 1787 年 2 月召集显贵会议（Assembly of Notables），希望能绕过给他们添堵的高等法院，寻求能够减少已经超出预算的国债或为之注资的措施，并推行行政改革方案。但他们还是失败了。对王室的支持已经下降。例如，巴黎的渔妇们取消了在圣母升天（Assumption）前一日，即 8 月 14 日游行至凡尔赛向王后献花的惯例。根据阿迪的纪事，迫于警察总监蒂鲁·德·克罗纳的施压，渔妇们才于 8 月 25 日在圣路易盛宴上向国王致敬。

　　8 月中旬，国王再次下令流放巴黎高等法院，这次是流放到特鲁瓦。随即，他派自己的兄弟联合审计法庭和审理间接税案件的最高法庭（Cour des Aides）召开审判会议（lits de justice，在这种会议上，国王可以直接武断地凭个人意愿向立法程序施威），目的就是使新赋税合法化。遭到流放的高等法院法官在抵达特鲁瓦时，受到了英雄式的欢迎。

　　法院书记员同往常一样迅速采取了行动。他们焚烧法令，撰写煽动性布告，其他民众则在街头攻击警察的暗探。沙特莱的书记员提议占领法院，沙特莱全体议会也派出代表团向国王表示强烈反对流放高等法院。但与此同时，在法院和司法宫周围已经出现了巡逻的军队。有消息传来，波尔多的高等法院被流放到利布尔讷（Libourne），其他地区仍旧在职的高等法院法官们纷纷声援遭到流放的同僚。

　　9 月底，国王表示让步。他暂缓征收有争议的新税，改为增收旧税，接着召回巴黎高等法院。不出所料，司法宫周围开始了各种庆祝活动：大开店门，燃放烟火，焚烧卡洛讷（Calonne）的肖像等。当高等法院特别会议召开时,人们欢呼庆祝,渔妇们向回归的法官们献花。于是新一轮的高等法院与国王之间的对峙开始,主要围绕王室大额借贷以偿还日益增长之债务的问题。国王将亲王等贵族排除在审议会议之外,流放心存分裂的奥尔良公爵,批捕两名主要法官,目的就是削弱高等法院的势力。这种对峙并不仅仅发生在巴黎。1787年年底,阿迪听说,路易十六派遣军队到利布尔讷,企图逼迫流放中的波尔多高等法院在两个都不能令人愉悦的决定中做出选择:一个是注册通过新颁布的法令(成立省议会),另一个则是解散。

高等法院没有妥协。1788年1月17日,巴黎高等法院派出正式的全权代表团去凡尔赛觐见国王,请求召回奥尔良公爵和释放两名入狱的同事。这是高等法院的第一次请愿,后来还发生过许多次,但所有的请求都遭到了某种程度上的拒绝。3月初,从图卢兹传来消息,王室代理人批捕了该市高等法院的总律师(advocate general),并迫使高等法院违反常规地注册通过了新的税收法。图卢兹的民众声援高等法院,试图烧毁朗格多克军事指挥官的房屋。六周后,图卢兹王室代理人解散了一支王室军团,因为其中许多军官拒绝参加对高等法院总律师的批捕行动。

巴黎高等法院继续向国王提出严正抗议,而国王依旧对其不理不睬。阿迪的纪事中开始出现"即将发生革命"的说法——并不是指君主制将被推翻,而是指国王要撤销高等法院。5月4日晚上,王室警察试图在巴黎逮捕两名法官,但未成功。这两名法官就是分属高等法院不同调查厅的让·雅克五世·杜瓦尔·德埃普雷梅尼(Jean Jacques IV Duval d'Epremesnil)和阿内·路易·瓜拉尔·德·蒙萨贝尔(Anne Louis Goislard de Montsabert)。他们作为公开反对"大臣专制"(ministerial despotism)的领袖,长期以来名声在外。5月3日,杜瓦尔策划通过了一项旨在维护高等法院权益的法兰西王国"基本法"纲要（Stone 1981: 30-31, 158-169）。

第二日，当高等法院代表团仍在凡尔赛徒劳地寻求再次抗议的机会时，王室的军队已经包围了司法宫。军队不准任何人出入，命令杜瓦尔和瓜拉尔法官投降。阿迪写道，高等法院的所有成员"一致高喊：我们都是杜瓦尔，我们都是瓜拉尔，要抓就把我们都抓起来吧！"（BN Fr 6686）然而，到5月6日，两名法官在发表告别演说之后就自首了。当他们乘坐马车离开时，聚集在司法宫附近的民众其实差一点就能成功地将他们解救出来。[两天后，一些年轻人从王太子广场一路追赶当时负责批捕的军官阿古（Argoult）伯爵。]犹如条件反射般，高等法院其他成员当即发出要求释放他们的正式请求。

这种对峙局面日益紧张。在5月8日凡尔赛召开的审判会议上，高等法院明确拒绝注册通过王室关于重组法国法庭和财政管理体系的法令。这一次，阿迪开始使用"爱国者"来称呼国王的这些刚正不阿的对手。

爱国者进行反抗的消息不断从图卢兹、鲁昂、雷恩、艾克斯，尤其是格勒诺布尔（Grenoble）传来。在图卢兹，高等法院甚至将国王的传令官即奥尔良的监察官逮捕并驱逐出城。然而，关键的行动还是发生在巴黎：沙特莱的律师拒绝参加未经授权的审议，剧院里观众对颠覆性演出喝彩叫好，国王本人组建的军机处（Grand Council）成员发布宣言说绝对不与提议的新法庭合作等。5月25日，阿迪提到一张贴在司法宫的海报，内容如下（BN Fr 6686）：

  此宫待售，
  法官待租，
  大臣待绞死，
  国王待退位。

十天后，阿迪发表意见说："在当前革命所导致的混乱形势下，王室安全无法得到保障，任何商业交易也不可能再进行。"（BN Fr 6686，1788 年 6 月 5 日）警方与群众之间的小规模街头冲突日益增多。司法书记员继续充当攻击行动的先锋，但不再是孤军作战。例如在 6 月 16 日，群众迫使警察释放了在隆巴德（Lombards）街上被捕的外来农业工人。

传言称第戎、雷恩、波城和格勒诺布尔已经接近暴乱，更别提好几个高等法院发布了满含挑衅语气的宣言。阿迪听说，在格勒诺布尔，5,000 名武装民众从山区下来，保护高等法院成员免受王室扣押，强制打开城门，将高等法院第一主席带回城中，洗劫了城内部分地区，并在街头与王室军队展开搏斗。上述事件发生在 6 月 7 日，后来被称作"砖瓦之日"（Day of Tiles）。7 月，在巴黎，国王手下的人将几个来自布列塔尼的贵族代表关进了监狱。这些代表来巴黎向国王申述民怨，并着手组织声援力量。这几个布列塔尼人被关在巴士底狱，直到 9 月。城内有匿名海报贴出来，威胁说要发动全民叛乱。而且，阿迪开始注意到各省发生的封锁和抢夺谷物或面包的事件，已经有好些年都没发生过任何规模的抢粮行动了。巴黎市场上又出现了武装卫兵。巴黎城似乎回到了 18 世纪 70 年代中期的紧张形势。

8 月，首席大臣洛梅尼·德·布里耶纳（Loménie de Brienne）辞职，内克尔继任，群众对此举行了前所未有的热闹庆祝活动。27 日，王太子广场上的民众观看了一场对枢机主教布里耶纳的模拟审判，象征他的是穿着主教袍服的人偶。阿迪写道："民众将人偶带到亨利四世骑马像之前，让其双膝跪地，之后拖着人偶绕广场一周。接下来，向其宣读死刑判决书，并让其乞求上帝、国王、法官和人民的宽恕，然后用一根长杆将其高高举起以便所有人都能看得更清楚，最后将其扔进已经点燃的火堆之中。"（BN Fr 6687）这起事件的领头者——无疑主要还是法院的书记员们——还宣读了对拉穆瓦尼翁大法官的模拟裁决，因为政府试图进行的司法重组正是由他来负责。当晚，军队与年轻人在司法宫附近发生的争执造成了严重伤亡。

8月28日晚上，警卫队早早封锁了王太子广场的入口。（阿迪描述道，）"青年会在大批民众的支持下"攻击负责封锁的警卫队，杀了3名士兵，另外造成约50人受伤（BN Fr 6687）。到第二天晚上，警卫队找来许多年轻人同他们并肩对抗其他人。阿迪记录道：

> 晚上快7点，步兵警卫队和骑兵警卫队接到不要出现在司法宫区域的命令。情绪高涨的年轻人在民众的支持下本就打算向警卫队公开宣战，看到警卫队不在现场，一下子气焰更加嚣张。年轻人开始在新桥和王太子广场聚集，附近及阿尔莱街（rue du Harlay）的沿街居民不得不关闭所有店门，点燃屋前所有的灯火。快9点的时候，来自郊外圣安托万区和圣马塞尔区的民众加入当地民众，使人数剧增。混乱的局面愈演愈烈。他们燃放鞭炮，对周围居民已经造成困扰。但他们不仅于此，还在王太子广场中央点燃了巨大的火堆。他们在周边寻找任何能找到的东西来加大火势，例如青铜马雕像附近的新桥岗哨亭、摆放橙子和柠檬的木质小贩摊柜，以及来自拉瓦莱码头（Quai de la Vallée）的家禽商人的货架。附近房屋随时都有可能被火势殃及。另外，他们还将现任法国司法大臣拉穆瓦尼翁的肖像扔进火堆烧毁，在烧毁前还要求他为自己的罪行做公开的忏悔。（BN Fr 6687）

黎明到来之前，河滩广场上还发生了大批民众与巴黎卫兵的对峙，造成七八人死亡（Rudé 1959: 32）。

因为民众随时都可能再次集结，新近又发生了攻击圣路易岛岗亭的事件，而且面包价格还在节节攀升，所以警卫小分队、法国卫兵队和瑞士卫兵队开始在巴黎市内的市场和公共集会点进行巡逻。9月5日，增援部队抵达。军队与平民之间的对峙在所难免地发生了。典型事件就是9月13日法国卫兵与一名柠檬水小贩在圣马丁城门进行的混战。当时，卫兵命令他离开，但他拒绝并获得了围观群众的支持。

第二天，拉穆瓦尼翁大法官被撤职，王太子广场上又开始了庆祝活动。[拉穆瓦尼翁是巴斯维尔领地的继承人，这块领地一度是朗格多克那名严厉的监察官拉穆瓦尼翁·德·巴斯维尔的驻地。所以当时的打油诗人将讽刺诗取名为"致巴斯维尔·拉穆瓦尼翁"（à Basville Lamoignon）也就不难理解了，因为这题目读出声的话，听起来像"打倒卑鄙的拉穆瓦尼翁"（à bas, vile Lamoignon）。六个月后，被撤职的拉穆瓦尼翁拿着来复枪在其巴斯维尔封地的中央自杀了。]这次焚烧的人偶不仅有拉穆瓦尼翁和布里耶纳，还有警卫队指挥官舍瓦利耶·迪布瓦（Chevalier Dubois）。一周后，国王召回巴黎高等法院，不仅在王太子广场，整个巴黎城到处是欢庆、游行、烟火和灯火通明的场景。高等法院在发布燃放烟花的禁令后，又立即颁布法令严禁抗争性集会。

然而，在随后的日子里，抗争性集会仍继续发生。有消息说，内克尔暂缓建设有争议的新的巴黎关税城墙（虽然暂缓建设的决定受到其他区民众的欢迎，但造成了4,000人失业），各省高等法院要重返家乡，新的显贵会议要召开，反抗街头警卫巡逻的民众抗争行动增多，面包价格节节攀升。然而在这一年剩下的日子里却再没听说抢粮事件的发生。

抢粮事件在1789年初春再次发生。在此之前，贵族与第三等级之间在雷恩和枫丹白露发生争斗；西哀士（Sieyès）所著的小书《什么是第三等级？》(What is the Third Estate？)暂时以匿名的方式出版，阿迪认为这本书"独特而有趣"（BN Fr 6687，1789年2月3日）；传言在兰斯、土伦（Toulon）和南锡（Nancy）发生"面包价格导致的造反"（BN Fr 6687，1789年3月17日和4月3日）。期待已久的三级会议也该召开了。4月中旬以后，巴黎的60个分区举行集会，选出代表并就他们的不满起草文件，接着召开全市范围的议会。当军队在巴黎市巡逻时，巴黎司法官吏（prévôté）和子爵领地（vicomté）上的第三等级在主教宫殿召开会议。在当时以及之后，巴黎第三等级都拒绝贵族参加其会议的企图，因为他们想暂时将各阶层的利益区分得清清楚楚。

濒于暴动边缘的阿迪

在各种会议和协商进行期间，类似于暴动的事件已然发生。阿迪的纪事中就有这样的记录，在4月27日周一的下午，

> 巴黎人民陷于极度恐慌，以至于很多区域的商店都关门谢客。从郊外圣安托万区到巴黎圣母院附近正发生着民众暴动。一群据说来自圣安托万区的工人在强盗土匪的胁迫之下，攻击了花纹纸制造商雷韦永和富有的硝石制造商昂里奥。这两人都住在圣安托万区，而且与当地居民关系友好。（BN Fr 6687）

雷韦永和昂里奥在第三等级选举人会议上都呼吁要限制工人工资，而且呼吁要管控食品价格以保证实际工资的稳定。雷韦永实际上在自己的房屋遭受攻击时正在进行议会的审议工作。雷韦永的名字出现在新

闻中，这并不是第一次。雷韦永本人之前就是一名工人，自 18 世纪 50 年代以后自己有了成功的生意，因购买了蒙特勒伊街上的豪宅"巨型游乐场"（La Folie Titon）而广为人知。他作为郊外圣安托万区最重要的实业家之一，拥有 400 多名工人。1777 年，他因成功阻止他的库特兰－布里（Courtelin-en-Brie）工场里制纸工人的罢工而获得国王御前会议的嘉奖（AN ADxi 25，1777 年 2 月 26 日）。1787 年 10 月，雷韦永的看门人夫妇据说在另一个人的帮助下杀害了雷韦永的一名工人（BN Fr 6686，1787 年 10 月 9 日）。简而言之，人们对雷韦永的看法就是他通过牺牲工人来致富。

4 月 26—27 日的夜里，愤怒的工人聚集在左岸的郊外圣马索（St.-Marceau）区，宣泄对雷韦永和昂里奥的不满。第二天，也就是 27 日周一，一批工人从圣马索朝圣母院的大主教宫殿游行，那里正在举行神职人员和第三等级的选举集会。神职人员在面临可能发生的民众侵入威胁时，宣布他们将放弃特权。与此同时，第三等级派出代表团前往莫贝尔广场去阻截游行队伍。代表团成功地将游行队伍引导到了别的地方。

接下来的纪事记载了工人们在沿圣安托万街回郊区之前，在河滩广场上焚烧了雷韦永和昂里奥的肖像。工人们在前往雷韦永府邸的路上遭到法国卫兵队的阻拦，于是他们转而冲到昂里奥的府邸进行了洗劫。4 月 28 日周二，工人们在圣安托万区集合，警察总监在雷韦永府邸附近布置了 350 名卫兵；另一支工人队伍从圣马索区度过塞纳河，数千民众在街头横冲直撞。

奥尔良公爵从流放地回来，正好路过。他发表即席演讲，并给听众散发钱财。奥尔良公爵夫人乘坐的马车出现时，士兵们向她致敬，打开了封锁蒙特勒伊街的路障。集结的工人们尾随她的马车通过打开的路障，闯入雷韦永的房屋，将屋内许多物品拖出室外并焚毁。

他们喝光了豪华酒窖里的葡萄酒,并与前来阻止他们的军队展开了搏斗。在工人们被完全镇压之前,十几名士兵和几百名闯入的工人已经命丧黄泉。

随着夜幕降临,镇压行动接踵而至。4月29日上午,阿迪终于可以缓口气。之后他写道:

> 圣安托万区终于安静了稍许,因为政府采取了一些预防措施,例如派驻各种部队,在骑警岗亭附近的郊区入口安置装有炸弹的大炮,以便能震慑民众。他们还在河滩广场上派驻了一支王室轻骑兵团小分队,法国卫兵和瑞士卫兵手持配有刺刀的长枪,七人一组在各居民区轮替巡逻。(BN Fr 6687)

当天,"他们"真的定了两名抢劫者(一个制毯工,一个码头工)的罪。第二天,这两名替罪羊在军队护卫下在河滩广场上被处以绞刑。调查取证和审判几乎花了三周。5月18日,王室法官又判处皮埃尔·让-巴蒂斯特·尼古拉·马里(Pierre Jean-Baptiste Nicolas Mary,一名24岁的司法宫抄写员)和玛丽·让娜·特吕莫(Marie Jeanne Trumeau,一名40岁的肉贩,丈夫是一名信差)死刑。判决书内容如下:

> 4月28日下午,据说马里是一群民众的首领,他从圣安托万区主街的两个人手中抢过剑,说要以此剑来对抗军队。手拿两把剑,他冲锋在队伍前头,鼓动在上述圣安托万区发起集会和叛乱。接着,他率领大队人马穿梭在巴黎城各个居民区,用言语、行动以及威胁性手段,向所有遇到的人群发出警告和恐吓。我们还严重怀疑他曾参与前一天的暴乱集会,甚至(与身

负柴把的同伙一起）阻拦马车里的乘客，并宣称要去伤害一个房屋已经在集会、暴动和骚乱中被毁的人（当时还有一个人的房屋也被毁）。上述玛丽·让娜·特吕莫［贝尔坦（Bertin）的妻子］使用暴力语言煽动民众去劫掠雷韦永先生的造纸厂，尽管（正如其证词所说）她认为雷韦永先生是个正直的人，是穷人的朋友。在暴乱集会发生时，她给各色人等分发柴把和棍棒。她实际上是强迫某些人接受这些武器，让他们加入暴乱的队伍，并引领他们进入工厂。最后，在劫掠结束后，她还将成卷的墙纸分发出去，并高喊"向雷韦永致敬"。（AN Y 10530）

这两人都被判处在圣安托万城门处以绞刑。但特吕莫经证实已怀孕而逃过死刑，但马里还是因其行为而受死。另外还有5个人被判去船上服苦役，26人被判入狱，直到大革命在7月加剧后才得以重获自由。惊魂未定的昂里奥逃到万塞讷（Vincennes），后来淡出人们的视线。雷韦永选择巴士底作为藏身之所，后来移民到英国。

国王与民众的对抗

在民众于圣安托万区袭击雷韦永和昂里奥事件发生一周之后，三级会议在凡尔赛召开。巴黎的气氛不祥。根据阿迪的纪事，在雷韦永的房屋遭到洗劫后，政府当局将卫兵数量增加到原来的3倍。骑兵以14人为一队，军刀出鞘，在街头巡逻；同时10人一组的警卫小分队步行巡逻。有消息从凡尔赛传来，说三级会议上有秘密运作，同时有传言说在较远的外省正发生食物暴动，但军队的震慑力量还是维持了巴黎城的宁静平和。

暗潮涌动的表面宁静持续了一个月。5月22日，街头小贩开始兜售关于马里、特吕莫及雷韦永事件中其他被定罪之人的判决书复本。当天，这批罪犯乘坐运货马车离开沙特莱监狱，车上标着"叛乱分子"或"抢劫犯"，路线与进城的庆典路线正好相反：先到圣母院做公开忏悔，再到河滩广场，最后在军队的护卫之下沿着圣安托万长街来到圣安托万城门广场。在那里，就在巴士底狱旁边，等待他们的是绞刑架、枷锁和烙铁。

然而，在马里及其他罪犯接受刑罚的时候并没有发生暴动。在那段日子里，最接近叛乱的事件发生在5月25日的圣安德烈艺术宫（St.-Andre-des-Arts）路上。当时，警察暗探在街上抓捕乞讨的女人，旁观的群众逼迫暗探放弃抓捕。真正的叛乱发生在凡尔赛：6月19日，三级会议自称为国民议会，但被禁止进入会议厅，于是在网球厅（Tennis Court）集会，宣誓表达团结一致的决心。

这起事件使巴黎市民再次来到凡尔赛。国王竭力使事态朝有利的方向发展，于6月23日向第三等级发表讲话。财政大臣内克尔不赞成国王所提议的过于严格的财政改革，所以采取了回避的态度。有消息说国王撤了内克尔的职。按阿迪的话说，当晚，"忧心忡忡的民众"冲出巴黎，直奔凡尔赛，闯入城堡，要求面见国王。王室卫兵接到拿起武器驱赶群众的命令，反而放下了武器。民众坚持己见，直到内克尔出现才解围。

部队在凡尔赛的抗命行为成为某种情况的新起点。在随后几天里，几支受命在巴黎巡逻的连队拒绝执行命令。6月28日，一批哗变的士兵来到皇家大宫殿（当时已成为民众演说家的大本营），宣称拒绝继续服役。部队上校将其中14人下狱，于是300名民众从皇家大宫殿游行至监狱，要求将他们释放，并将他们领回到皇家大宫殿享用胜利宴。随后几天里，两批民众迫使警察释放了一些囚犯。尽管国王在三级会议一开始反抗时就在巴黎城周围布置了军队，但是政府当局还是逐渐失去了对巴黎城内部的掌控。

之后，谣言成为事实。7月11日，国王将内克尔撤职。第二天，周日，皇家大宫殿的演说家们——包括卡米尔·德穆兰（Camille Desmoulins）——大批出现，接见情绪高涨的听众。几千人的民众队伍，手执黑色旗帜，举着内克尔和奥尔良公爵的蜡制胸像，在大街上游行。游行的队伍在旺多姆广场和杜伊勒里宫与王室军队发生争斗。更严重的是，在攻击试图对杜伊勒里宫进行清场的日耳曼兵团的行动中，一支法国卫兵小分队加入民众的队伍。沙特莱的一名司法书记员报告说：

> 民众一看到所有的军事力量，顿时就义愤填膺。来自司法宫的所有人举着奥尔良公爵和内克尔先生的胸像，前往路易十五广场。他们走近部队，羞辱他们，威胁他们，并朝他们扔石块。士兵们遭到如此攻击，一下子失了控，朝着民众端起了枪，举起了剑。但民众不屈服。用于建新桥的石块成了他们的"弹药"。（BN Fr 13713）

236

日耳曼雇佣兵最终撤退。然而就在同时，巴黎的公开战争状态一触即发。

法国卫兵与普通民众的结盟并未结束。当晚，当"衣衫褴褛的民众"洗劫并焚烧通行税收费处时，法国卫兵就站在绍塞-昂坦（Chaussée d'Antin）袖手旁观；全市54所收费处中的40所都遭到同样对待（Godechot 1965: 241）。五年以来，全城的小酒店老板都在抗议入市税（octroi）征收的范围越来越大，这次更是发展到了攻击税关的行为，达到了抗议的顶峰。其他许多巴黎人加入了他们。根据通

行税征收人的叙述,在皮克布(Picpus)城门,在7月13日凌晨4点的时候,

> 我们看到一群暴徒沿着圣但尼街往这边来……他们问我们是否在第三等级这边。我们回答说是的。他们言不由衷地号召我们跟他们一起起事。我们当然没听他们的,而是赶紧跑走,到迪雷(Duret)先生家躲了起来。迪雷先生是制假发的师傅,他在圣安托万区收费站对面有一座房屋。我们躲在房中第一层的一个房间里,透过窗户可以看到所有暴徒。一个暴徒手上拿着剑,另一个拿着粗棒,其他人手上都拿着各式攻击性武器。他们用武器砸毁了收费站的窗户,然后闯入,将所有房间里的东西都拿出来堆在街上。接着,其中两个人〔一人名叫克尔·德·布瓦(Coeur de Bois),是个走私者,当时手上拿着出鞘的剑〕手上拿着武器,进到某户人家去要点火的东西。他们回来后,就将堆在街上的所有东西都付之一炬。

等到资产阶级卫兵(Garde Bourgeoise)赶来驱赶这群"暴徒"时,他们已经将办公室里的所有东西都烧光了(AN Z^{la} 886)。虽说我们没有找到在皮克布城门有庆祝活动的记录,但确实有巴黎市民在其他收费站围着废墟起舞的记录。随着庆祝的继续,那群活跃的渔妇们走到关税城墙外,砍下一棵小树,将其拖回城内后,种在杜伊勒里宫的正中间,就在王宫的视线范围之内(Ozouf 1977: 46)。

当天一大早,一群当地的工人和小资产阶级闯入圣拉扎尔修道院,释放了关押在那里的囚犯,喝光了僧侣的藏酒,抢走了大量食物,并且运走53车谷物到中央市场出售,而法国卫兵也加入他们。释放囚犯是当时常见的做法:阿迪还讲到当天早上出现的一张海报,

号召民众在当天下午 5 点去砸开比塞特（Bicêtre）监狱。他记录道，大约当天上午 11 点的时候，拉福尔斯监狱的狱监不得不打开大门，释放了囚犯。到处都是行动中的民众。教区教堂的警钟响起，呼唤市民去参加地方议会。许多议会都组建了民兵队，派他们在街上巡逻以维持秩序。民兵需要武器，所以许多民兵整天都在搜寻私藏的武器。市政厅里的主要选举议会派出代表前往荣军院索要武器，院长只能表示会将此要求转达到凡尔赛，以此拖延时间。

在市政厅，民兵们去迎接 80 名三级会议的代表。阿迪看到，在晚上 8 点的时候，

> 七八个第三等级的代表骑着马，后面跟着大约 300 名法国卫兵、榴弹兵等。他们都全副武装，踩着鼓点前进，领队的是中士，没有军官。再后面跟着的是身负各种武装、身着各式制服的造反分子，他们也有自己的鼓点。据说，他们是前往河滩广场，等从凡尔赛前来的 80 名代表抵达市政厅时向他们表示问候。（BN Fr 6687）

市政厅的选举议会当晚整晚都在开会，民兵则在巴黎街头巡逻。在他们的保护之下，一批批群众前往一些被认为囤积有粮食的地方索要谷物，包括沙特勒斯修道院（Charterhouse）。

第二天是 7 月 14 日。钟声再次响起，召唤市民参加各区议会。当天一大早，另一支代表队伍——这次有数千人，许多市民还戴着蓝红两色的帽饰——前往荣军院向院长索要武器。协商未果后，他们武力闯入。驻扎在堡垒的荣军院老兵只是故作抵抗了一下而已，之后，闯入者扛走了枪支。接着，这群人出发前往巴黎城的另一端——巴士底——去搜寻弹药。阿迪是这么讲述这段经历的：

民众们来到巴士底要塞,要求总督洛奈侯爵交出他所拥有的武器和弹药。遭到拒绝后,圣安托万区的工人们试图包围巴士底要塞。一开始,总督扬起一面白旗,接着又撤下,看上去好似要投降,其实他在命令手下朝圣安托万街的民众开枪,而且火力更加密集。他站在通向第一进院子的两座吊桥上,假装同意民众的要求,打开小吊桥的城门,让城外的民众进来。但等到城门关闭,吊桥升起时,他却下令朝刚进到院子里的民众开枪,其中包括三名前来同他协商的巴黎市选举人。民兵对于这种残忍杀害市民的暴行感到义愤填膺,在法国卫兵手榴弹的支援下,三个小时内就成功攻占了巴士底狱。(BN Fr 6687)

胜利的民众继续朝附近的弹药库进发,在那里他们抢夺了所需的弹药。常设委员会主席弗莱塞勒因被指控背叛巴黎市民,投靠王室军队,而匆匆离开市政厅前往皇家大宫殿,准备为自己辩护。〔就在三个月之前,国王任命弗莱塞勒取代勒佩勒捷·德·莫尔丰坦(Le Peletier de Morfontaine)担任巴黎商会会长。国王将选举三级会议代表的地点安排在王室掌控的沙特莱,而不是市政厅,勒佩勒捷又因抗议国王这一决定而辞职,所以巴黎市民有充分的理由认为弗莱塞勒就是国王的爪牙。〕弗莱塞勒在河滩广场被枪杀身亡,民众们将其斩首后游行示众。

当晚,在河滩广场上示众的尸首有巴士底狱的总督、弹药库的火药管理员,以及两名朝民众开枪而被处以绞刑的荣军院老兵。晚上9点,全城的人们都在窗口点燃了灯火,如同平时庆祝王室成员的诞生和婚礼以及军事胜利一样。民兵有了武器,民众占领了堡垒,整个国家的下一步就是走向革命。

第二天,也就是7月15日,民众的胜利得到进一步巩固。国王

Dans l'après midi, on apprend qu'on se Etoit transporté au
Château de la Bastille pour ensommer au nom des Parisiens
le Gouverneur, le Marquis De Launay, de livrer les armes Et
autres Munitions de Guerre qu'il avoit à sa disposition; Que
Sur son Refus, les ouvriers du fauxbourg Saint antoine avoient
Entrepris de faire en forme le Siege de ce Château, Que le
Gouverneur avoit d'abord fait tirer à Mitrailles sur le
Peuple, le long de la rue Saint antoine, faisant paroître Et dis=
paroître alternativement un drapeau blanc, comme si il eût
demandé à Capituler, Et redoublant en même temps les dé=
charges de son Canon; Que du Côté des deux Pont levis qui fer=
moient l'Entrée de la premiere Cour, ayant simulé un Consen
tement d'accorder la Demande d'armes Et ordonné qu'on ouvrît
la Porte du petit Pont levis pour laisser Entrer une bonne
partie de Ceux qui s'y trouvoient, la Porte refermée Et le Pont
levis Remonté, il avoit fait fusiller toutes les Personnes qui
occupoient la premiere Cour, parmi lesquelles se trouvoient
trois Electeurs venus de l'Hotel de ville pour traiter avec lui;
dont le Sieur abbé fauchat Prédicateur du Roi; Mais Qu'alors
la Milice Bourgeoise Qui occupoit le dehors Indignée d'un
Procédé aussi Barbare Envers ses Concitoyens dont Elle Entendoit
les Cris, Et secondée par des Grenadiers du Régiment des Gardes
françoises dont un seul tout [illegible] avoit eu le Courage de monter le
premier à l'assaut, aussi tôt les Echelles posées & une Breche
faite du Côté des Ponts levis, avoit Consommé la Prise du Château
en moins de trois heures, Ce Château vainement attaqué par Henri IV
Et Louis XIV qui n'avoient pu s'en Emparer, fit ~~Leur~~ Canonniers,
~~Suivi le Gouverneur le Sieur Chevalier Dupujet Lieutenant de~~
~~Roi~~ et le Major, Enfin Suivi le Gouverneur Qu'Elle avoit Conduit

图 18　阿迪描述的“攻占巴士底狱”

在凡尔赛向三级会议发表调解性讲话，各区议会在巴黎再次召开，民兵队进行演习，民众开始拆倒巴士底狱，王室军队也大批出现在河滩广场上，将赌注压在巴黎民众这一边。在随后几天里，许多军队都加入了他们。15日稍晚，国民议会成员乘坐马车从凡尔赛抵达巴黎。他们走下马车，在民兵和拥护他们的民众簇拥下朝市政厅行进。他们仿照古老的庄严程序，从市政厅出发，前往圣母院，即兴发表了感恩赞美诗。

两天后，国王本人也遵循了代表们的做法：在7月16日，他屈服于民众诉求，召回了内克尔，撤回了包围巴黎的军队。第二天，他开始从凡尔赛到巴黎的朝圣之旅。他将侍卫留在警戒区，走下马车，在100名代表和200名民兵骑兵的簇拥下走向河滩广场和市政厅。但国王没有发表感恩赞美诗，因为他在去圣母院之前就离开了。路易十六从路易十五广场离开，而这个广场不久之后就被更名为革命广场。

阿迪回想道："一想到这一周开始以来所发生的事情，很久都无法从震惊中恢复过来。"（BN Fr 6687，1789年7月17日）他认为，民众起义挽救了巴黎城，使其免于3万人王室军队的入侵和屠杀。一种尚不稳定的联盟已经形成。普通民众攻击旧制度的权力，资产阶级则在筹建一种新的政府结构。议会、委员会、民兵、代表、市民庆典开始取代各种形式的王室权力。巴黎处于各种议会的掌控之下，同时受到各种民兵组织的严密监督。剧院被关，城门也被严控。但穷人们发现，他们在反抗通行税专制中所取得的胜利仅仅是暂时性的，因为货物进入巴黎需要缴纳的通行税又恢复了，只是现在保护征税的人变成了民兵。

待所有喧嚣平静，巴黎市进入了革命常规化程序：各区议会召开连续性会议，新民兵武装在城内巡逻，皇家大宫殿经常发生演讲和辩论。巴黎当局开始在其腹地搜寻谷物。有消息传来，在圣日耳曼－昂莱、科尔贝伊（Corbeilles）和附近地区的其他地方，发生了因食物供应而起的暴乱。实际上，由巴黎司法书记员组成的民兵组织还参与了科尔贝伊的安抚行动。

另一支民兵小分队出发前往贡比涅，去抓捕被广泛指控犯有叛国罪的巴黎监察官贝尔捷·德·索维尼。同时，维里（Viry）村的居民抓住了贝尔捷的岳父富隆，他是前国王顾问，以名言"饥饿的民众可以去吃草根"而得骂名。河滩广场上的书商尼古拉·吕奥（Nicolas Ruault）说，当富隆抵达巴黎时，抓住富隆的农民们在他的官服上扎了一根草编的绳索。行刑者割下富隆的头颅，在他嘴里塞满稻草，还展示给贝尔捷看。接着就轮到贝尔捷了。吕奥写道："眨眼之间，他的身体就被撕裂，血淋淋的头颅和心脏被送到选举人会议室。这一血腥的场面让拉斐特侯爵害怕得发抖，马上辞去资产阶级民兵上校一职。但市府官员一再恳请他不要在这种艰难的时刻弃他们不顾，他只得接受了任职。"（Ruault 1976: 159）

河滩广场，可谓是屠杀的终点站、庆典的起点站。市府当局在市政厅周围部署了警力。7月29日，内克尔回到巴黎，爱国者们照亮了整个皇家大宫殿。阿迪记叙道："在每个大厅的拱廊下，他们都放置了一盏装满各色灯笼的枝形吊灯。每盏灯上都写着'国王万岁，国家万岁，内克尔先生万岁'。俱乐部的11座拱廊也同样布置得灯火通明，但方式更加不同寻常：灯笼的中间一面写着'国家俱乐部'，旁边两面则绘着国王和内克尔大人的透明肖像。"（BN Fr 6687）一场音乐会将庆典推向高潮。第二天，大批民众在河滩广场向内克尔致意，整个巴黎城灯火通明。

在随后两个月里，巴黎市及其周边发生了截然不同的情况。一方面，各式团体公开宣誓效忠民众事业。例如，从8月第二周开始，许多行会和堂区的人都走上街头参加游行——通常游行的队伍里有民兵和穿着节日盛装的平民，他们高举旗帜，锣鼓喧天。行会派遣成员参加，而堂区通常只派一名牧师带着几个身穿白衣、手捧圣饼的女子。

正如从巴黎到凡尔赛这一历史悠久的庆典式游行具有某种特定意义，堂区游行也综合了两种意义：一种是在干旱或饥荒发生时向神祈祷宽恕的旧式忏悔，另一种则是向抗争运动表示忠诚的新式的公开宣告。游行通常采取的路线是从各团体的常规地点出发，经圣热纳维耶芙教堂、圣母院，再到达市政厅。8月18日中央市场的渔妇们采用的就是这条线路。有些游行则既表达忠诚的决心，又提出对就业、食品或民权的诉求。正如8月14日，面包商的助手游行至市政厅提出就业的诉求；8月29日，一些仆佣们来到皇家大宫殿要求完整的公民权。

另一方面，在巴黎城外，许多地方都发生了因食物而起的斗争。8月2日，圣但尼的群众将副市长斩首，因为他拒绝以低于市场价的价格出售面包。8月25日，一群"暴民"（阿迪使用的称呼）阻止蓬图瓦兹的磨坊工人研磨谷物。8月27日，在沙朗通，一群人试图纵火焚烧当地一家磨坊。9月15日，在凡尔赛爆发了反对一个面包商的"暴乱"。9月16日，在沙约（Chaillot），有人抢劫了五货车的谷物。

与此同时，在巴黎，武装卫兵在市场和面包店也不断出现。9月17日，一群妇女游行到市政厅，抗议面包商牟取暴利。9月18日，贝尔维尔将游行队伍送至圣热纳维耶芙，一群人站在兑换桥（Pont-au-Change）上抱怨饥荒，呼吁大家揭竿而起。面包商进行反击，闯入圣安德烈艺术宫街上的一家书店，因为这家书商曾出版攻击面包商的小册子。整个时期，巴黎的民兵花费了大量时间在法兰西岛长途跋涉，搜寻囤积的谷物。城市和乡村里因食物供应而起的经典争斗又重新开始上演。

庆祝与斗争相结合的情况在继续，不过涉及的问题范围更加广泛。9月27日，在圣母院，巴黎大主教为刚成立的国民自卫军的旗帜赐福。国民自卫军由拉斐特指挥，而且据阿迪估计，当时有八九千名民众出席。9月29日，群众聚集在圣雅克－德拉布舍里（St.-Jacques de la Boucherie）教堂，抗议教堂收取一名熟练木工的葬礼费用，并迫使试图阻挡他们的卫兵在这个可怜的木工棺材前做忏悔。第二天，这群人中有些人领着一名唱诗班领唱再次来到教堂。这名领唱说自己被无缘无故地解雇，丢了工作，要求本堂神甫重新雇用他。

然而，以上冲突根本不能与10月5日发生的妇女起义相提并论。市场上的一些妇女来到市政厅，进去以后就抢夺了一批枪支，之后还冲出去抢占了司法书记员的大炮。警钟响起，数千名国民自卫军在河滩广场集合。然后，他们出发前往凡尔赛，要求获得"面包和宪法"。拉斐特别无选择，只得随他们一起前往，向国王汇报巴黎城内的困境。他和一大批国民自卫军护送着几千名妇女前往凡尔赛。第二天，凯旋的妇女们将王室领回到河滩广场。随后几天，大批群众蜂拥到杜伊勒里宫，一睹被囚的国王。10月9日晚，根据阿迪的日志，在杜伊勒里宫附近街上巡逻的国民自卫军遭遇了"假冒的巡逻兵"，这些人实际上准备劫掠附近的房屋和当铺。

不久，阿迪就缄默不言了，他的日志到1789年10月12日终结。日志最后摘录了国王的宣言，说自己将朴实平和地居住在巴黎，等形势稍平缓后就到各省巡游，亲自聆听民众的疾苦。

巴尔比耶、阿迪和 18 世纪的抗争

巴尔比耶、阿迪及其他巴黎观察家确实观察到了许多事情,但并没有看到全部。法国 18 世纪的抗争史中,宗教战争其实非常重要,但巴尔比耶和阿迪都没有关注到。抗税叛乱和小规模抗税行动相比于 17 世纪在强度上有所下降,但不管怎么说仍在继续。对巴黎城门收费站的攻击只是对别处反抗关税壁垒行动所做出的微弱响应而已。走私者与征税官不断在省界和国界发生冲突,但在巴黎两者之间却没什么关系。许多村庄都在发生征兵导致的冲突。社群之间的冲突在法国其他地区比在巴黎要显著得多,诸如敌对的工匠团体之间、邻近的村庄之间、对立的青年团体之间。在巴黎几乎看不到农村里的居民不断反抗地主侵占他们的共有权利。虽说在巴黎食品供应的问题确实比较重要,但要了解因此而起的抗争是如何频繁,我们还是得去巴黎的腹地看看农村居民是如何阻止谷物从他们的领地被运走的。

就 18 世纪整体而言,农民和农村无产阶级反抗地主的斗争在勃艮第和朗格多克,比在安茹、佛兰德和法兰西岛范围更广,程度更激烈。在后面这两个地区,资本主义农业长久以来占据了主导地位,对于农村无地居民来说,食品的问题要比地主圈地和高额租金更加紧迫。安茹被分成密集的经济作物种植区和半资本主义化的土地所有区,但在农业结构上的变化相对较少,当地经济变化主要来自农村工业的增长。然而在勃艮第和朗格多克,地主们积极扩张对共用土地、树林、荒地和自有土地的控制权,以增加葡萄酒和小麦的销售。他们对小农户的权利不予理会,导致小农户的竭力反抗。这些实实在在的问题对巴黎人来说却无甚意义。

再者,虽说巴黎在 1787—1789 年的全国革命运动中扮演了决定性角色,但是各省有各省的民愤和行动方式。各省三级会议和高等法

院确实会对巴黎高等法院发出的信号做出回应，但它们各自都与监察官和国王展开了激烈的斗争。不仅在法兰西岛，而且在朗格多克和勃艮第，高等法院一直领导着民众抗争运动，直至1788年后期。

在诸如安茹这种自身没有三级会议的省份，1787年的改革为它们带来了省议会的产生。省议会为地方上的资产阶级提供了一个发表意见的新论坛，而且这样一来，他们与王室权力的联系比以前更加直接。尽管省议会权力有限，而且所有运作都必须在监察官的眼皮底下，但很快成为抗税和争取各省自主权的重要场所。市政革命没有发生在巴黎，而是发生在一些小城市，例如第戎、里尔、图卢兹、昂热等。在这些城市里，资产阶级团体在巴士底狱陷落的几周之内就从之前的政府当局手中夺过了大权。

当然，小城市的冲突与巴黎城内的冲突有一些共同之处：在形势紧急的1789年7月，原先的市政府既不能提供充足的食物，又不能镇压农民因食物短缺而进行的抗议，从而导致了地方危机。第戎的民众在巴士底狱陷落的消息抵达勃艮第之前的7月15日就起事了。昂热的民众叛乱发生在7月17日，里尔发生在7月21日和22日，图卢兹发生在7月27日。在所有这些城市，叛乱之后都出现了市政府的更替。夺过大权的团体主要来自当地资产阶级，从当地无产阶级那里获得了一定支持，并且都组建了应急委员会和民兵组织。这些革命委员会转而又在巴黎市政权与地方市政府之间建立起了领导与被领导的关系。

如果说在法国全国存在一种典型性革命行动的话，那就是委员会以国家之名从市政府手中抢过了大权。一旦这些委员会及其民兵组织形成以巴黎为中心的全国性网络，法国就暂时性地实现了中央集权化，这一点君主制一直未能实现。中央的直接统治取代了旧制度下调解性的间接统治。经过督政府、执政府和帝国，这种结构被沿用并最终固定下来,因此法国创建了一种真正的中央集权式结构,其管控范围深入到最小的市镇。从来没有一个国王建立过这样一种结构。这种新政府体系最初的版本是1789年那个尚不稳固的同盟,其中牵涉到巴黎与外省之间前所未有的联系。

同样,农村发生的斗争与巴黎的也有紧密联系。1789年7月中旬,君主势力明显被削弱,早就对商人和地主心怀不满的民众终于敢痛打认定的囤粮者,攻击诸如贵族的鸽笼或兔窝之类的祸害,烧毁地主用来占据公共土地、征收十一税及各种可疑租金的文件。佛兰德和朗格多克为我们提供了这种斗争的最好例证,但勃艮第和法兰西岛也不甘落后,甚至安茹也能跟上。巴黎发生的事件固然令人瞩目,但并不是历史的全部。

1698年向王储描述各自省区的监察官,会如何看待这些省区在90年后的1788年的境况呢?他们肯定没有一个会预期到1787年及之后发生的重大斗争。无疑,他们一定会预言王室成功镇压国内的反抗,却没料到全面崩溃的君主政权会与一个可怕的联盟之间发生正面冲突,而且这个联盟还是由先前的受压迫者与君主政权先前的盟友缔结而成的。然而,在那些监察官的描述中有一些还是有效的。例如在1698年,财政上过度扩张的政府在竭力维持其经济的同时又继续挥霍无度,这一点搁在90年后看还是很熟悉。政府的日常工作就是修补维护政府,并将错误的措施可能造成的损失进行最小化处理。

另外,虽然监察官满怀热情地想要维持王室的经济来源并想出新的税收名目,但在促进商业和农业资本主义方面还是显得犹豫不决。卖官鬻爵、资金借贷、外包征税、开创新工业、增加谷物输出听上去都不错,似乎都能解决王室日益紧迫的国内问题,但是这些措施也限制了政府。王室必须归还贷款,向人咨询,并讨好新收入的制造者。而且,这些措施导致了引起民愤的种种问题:对共用土地的侵吞，地方上食物的短缺，独立小工匠的生存受到威胁，强制征税，强卖劣质食盐，起诉在共用森林或田地狩猎、捡麦穗和捡木柴的行为，处决走私者等。

  法国政府本身不会造成上述这些问题，实际上，行政机构一直关注这些问题，并竭尽所能减轻其所造成的后果。在18世纪的所有民怨当中，只有强制征兵、增加战争税、一致化宗教信仰主要是由王室发动的。至于其他的，商业和农业资本家要承担相当一部分责任。但是王室与那些资本家合作，并批准他们的牟利行为，所以也染上了罪恶的污点。路易十六及其代理人为此付出了代价。

第八章
从大革命到第一次世界大战的佛兰德

到 18 世纪 80 年代末，里尔的居民已经增长到 60,000—65,000 人，并在其腹地建立了一个广泛的商业关系网络。既是军事要塞，又是行政中心，同时还是商业市场的里尔，可谓是 18 世纪繁荣城市的缩影。里尔的繁荣昌盛建立在商业资本主义的基础之上。这个城市被截然分成了两个区域：一个是寡头商人们居住的高傲、严肃、稳固的中心区，另一个则是广大贫穷工人居住的拥挤、破败的边缘地带。正常情况下，里尔的富人与穷人各自分开居住。但在 1789 年，许多以往的日常规律还是被打破了。

例如在 1789 年 7 月 23 日，佛兰德的骑警队对夏尔·路易·莫妮克（Charles Louis Monique）进行讯问。莫妮克是图尔奈（Tournai）的一名制衣工，住在保罗先生的出租屋里。当被问到 7 月 21—22 日夜晚的行踪时，莫妮克回答说，他晚上一直待在出租屋里，"大约凌晨 4 点半起床，出门去工作。穿过马拉德（Malades）街时……他看到马特尔（Martel）先生房屋前有人吵闹。有人将屋内所有的家具和物品从窗户扔出"。当他被捕时，身上携带着 11 个金路易、一根精致的拐杖和其他钱财,警方讯问这些是从哪里得来的,他声称是在被扔到街上的马特尔的物品中捡到的。警方不相信他的话,当即对他进行审判并于当天执行了绞刑(AML 14336, 18040)。

根据8月8日里尔市议会(Magistracy)批准认可的关于上述那个动荡夜晚的报告所述,之前已有匿名信发出了7月22日可能发生骚乱的预警。21日,市议会两名成员前往觐见省军事指挥官布瓦泰勒(Boistelle)伯爵,提议成立民兵组织。布瓦泰勒否决了这个提议。他声称:"我会让军队服从指挥,我来负责。"然而不久,"讨厌的民众"就开始袭击富人的房屋,包括粮商马特尔(AML 17470)。

除了马特尔的房屋,骚乱者还洗劫了另外三家。这三家的主人都是控制粮食供应的重要人物,实际上都是里尔民生委员会(Subsistence Committee)的成员。其中两位——马德尔·德·乌尔桑(Madre des Oursins)和德·德吕埃(de Druez),还是市议会的成员。另外一位是监察官的代理人拉加什(Lagache)。他们没有受到旧制度下所应有的尊敬。当里尔的民众洗劫他们的房屋时,王室军队都拒绝出手干预。正如在巴黎一样,许多士兵已经不再服从旧政权的命令了。

为了砸毁房屋,骚乱的群众从当地一个锁匠那里借了许多锤子——一个小时后如数归还。民众还闯入军火库夺取火把。据当时一名目击者称,当军官命令一名骚乱者停止劫掠时,对方回答道:"长官,我们怎么可能任这些人为所欲为呢?他们竟然要我们吃稻草?那么现在我们就让他们吃吃稻草!"(Martinage and Lorgnier n.d.: 9)这些话带有明显不祥的言外之意。当天,巴黎群众就将王室顾问大臣富隆的头割下,嘴里塞满稻草示众。

对里尔的市民来说,警告来得清晰又响亮,他们不得不冲锋向前,以恢复秩序。第二天,里尔的资产阶级成立了临时委员会和民兵武装。因为7月21日至22日的起义而遭处罚的人只有两人:一个是莫妮克，被处以绞刑；另一人被控偷盗，被判处到船上服苦役。

附近弗雷兰吉安（Frelinghien）的一名公证员在 7 月 23 日造访里尔，对该城所发生的如此迅速的变化惊讶不已："人人都佩戴着象征国家的三色帽徽，甚至军队都完全服从第三等级。我不得已也戴上三色帽徽，以防被辱。"（Théry 1923: 199）现在，红、白和蓝三色代表的是人民主权。大革命的浪潮已经蔓延到了里尔。

佛兰德的民众开展革命行动已经有好几个月了。从 1789 年年初开始，农村里的民众就无惧狩猎监督官，在竖起界标的土地上狩猎。里尔早在 1 月 14 日就有手工业行会的代表抗议商业寡头。"期盼已久的时刻已经来临，"他们的发言人如是说，

> 长久以来我们的地方官总是压制我们的抱负，损害我们的权力、利益和公共福利，现在是该解救我们的时刻了……首要的问题就是要确保人民代表从人民中选出，阶级代表从该阶级成员中选出……地方官员总想代表我们，总想让我们只能通过他们才具备公民身份，而背地里却在暗暗策划如何侵犯我们最宝贵的权利。（D'Hollander 1970: 13）

他们大声疾呼，他们不再需要虚假的代表，只要真正直接的代表。

那年春天，民怨最大的是食物供应的问题。康布雷于 3 月 13 日爆发了第一次抢粮运动，紧接着是翁斯科特（Hondschoote）、阿兹布鲁克（Hazebrouck）、瓦朗谢讷、贝尔格、敦刻尔克、里尔和杜埃（Douai）。整个 4 月，因食物而起的斗争主要发生在城市。5 月 6 日，康布雷的民众从当地商人的仓库里抢了粮食，并低于市价出售。很快，农村的其他民众也开始不管地主是不是神职人员，闯入地主的粮店，然后将抢来的粮食就地出售。在有些地方［例如奥讷库尔

图 19　19 世纪的里尔

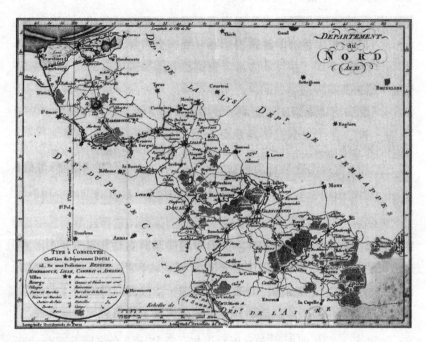

图 20　19 世纪的佛兰德

(Honnecourt)修道院],他们还将档案付之一炬——这些档案都是用来剥削他们的凭证。还有人毁坏地主的猎场,拒付欠款,开始使用已圈围的牧场,停缴什一税和其他赋税。

所有这些抗争行为综合起来就对政府当局形成了非比寻常的挑战。4月30日,里尔当局谴责"一些恶毒之人的可耻行径。他们攻击为维持生计将粮食运往城里市场的农民和其他外来者,以及去年冬季以低于成本的价格出售面包的面包商。而且这些行径仍在继续"(AML 412)。5月12日,佛兰德高等法院颁布法令,禁止民众侵入私人房产,但法令却行之无效。在法令中,高等法院还表示对民众"以国王之名"索取粮食的行为感到震惊。几乎与此同时,饱受惊吓的地方官员开始组织当地民兵自卫,以防范那些抗议粮食储量减少和价格上涨的强盗和乡下人。

1789年7月在里尔周围,每年教会都要对农作物征收的什一税早早地开始了。一些当地团体要求什一税征收者将一部分税款分配给穷人。这种要求史无前例,所以监督征税的里尔市主教座堂教士表示要征询教会其他成员的意见。这种拖延策略未获成功。7月21日上午,400名妇女从四面八方聚集到里尔,前往座堂会议厅,不断呼吁将三分之一的什一税款分给穷人。虽然军队在队列扩大之前就驱散了她们,但妇女们在街头的出场加剧了贫富之间的对峙。当天晚上,里尔城内养尊处优的精英们的房舍遭到了攻击,莫妮克为此送了命。第二天,农妇们返回,闯入座堂会议厅。教士们最终让步,同意分一部分什一税款给农村的穷人们[G. Lefebvre 1959(1924):378-379]。农村与城市里的革命交织到了一起。

里尔发生的事情在他处也在上演。杜埃在7月24日到27日也经历了骚乱,最严重的行为就是对城门收费站的劫掠。在康布雷,"2,000民众敲锣打鼓,使用武力强行打开监狱,释放了所有囚犯"(Martinage and Lorgnier n.d.: 15）。8月2日，图尔奈的群众对里尔人民的行动做出响应，也攻击了资产阶级的房屋。

与巴黎和法兰西岛不同，佛兰德在18世纪70年代和80年代高等法院与大臣们之间的斗争中没发出什么大动静。但是，一旦地主和官员可能失去王室支持，这个地区的民众就加入到斗争中进行报复。他们为食物供应、进入公用土地、减少什一税和狩猎权而战，他们反对封建税负和地主特权，对整个半资本主义农业政权发起了持续而长久的攻击。

对地主的直接攻击主要发生在该地区东南半边的埃诺和康布雷西。根据乔治·勒费弗尔（Georges Lefebvre），

> 在这些与法国其他地方更为相似的地区，封建领主制度还保留着相当大的势力。个人税、强迫劳役、磨坊使用税、森林私有权、公用土地使用权、剥夺老百姓使用权等无一消失。除了宗教什一税，还有付给封建领主的农产品什一税（Terrage）。当地农民生活贫困，加之征税的方式，两种什一税都令人难以忍受。其他地方的领主不会像这里的领主那样急于恢复已废止或收益甚微的封建赋税，由此而起的法律纠纷臭名远扬，在四处引发忧虑和愤怒。对地主和生活条件的憎恶将这些省内几乎所有的农民团结了起来。1789年7月，他们发动了反对旧制度的叛乱。[Lefebvre 1959（1924）: 171]

7月，农民们从村庄出发，前往城堡和修道院（尤其是修道院），要求领主和修道院院长取消甚至返还从农村收缴的税款。

在该地区北半边——确切地说就是佛兰德——民众行动主要围绕食物供应而展开。在那些人口密集的区域，显要的贵族或神职地主

不多，农民数量不少，无地工人或有地无钱的工人却很多。在北部地区，运河交织，主要语言是佛拉芒语，更像东北方向的佛拉芒和荷兰。不管这里的人从事的是经济作物种植、家庭小工业还是泥炭切割，主要还是以无产阶级为主。

观察敏锐的英国旅行家阿瑟·扬（Arthur Young）评论说："佛兰德拥有全欧洲最肥沃的土壤却养活不了自己的城市，可能要归咎于农村的人口过剩。佛兰德需要从阿图瓦和皮卡第输入大量粮食，这两个地方的大规模农场能够为其邻省提供粮食，而佛兰德的农场则成碎片化分布。"（Young 1976: III, 1220）佛兰德的农村无产阶级主要从事纺织品生产，需要购买粮食为生。在佛兰德、敦刻尔克、贝尔格、翁斯科特、巴约勒（Bailleul）、阿兹布鲁克、阿尔芒蒂耶尔、里尔和其他商业-工业城市，出现了抢粮、限价以及攻击有囤粮和投机倒把嫌疑之人的行为。

弗雷兰吉安是一个拥有2,000人的村庄，位于里尔西北10公里处，在这里爆发了半官方性质的抢粮行动。王室公证人让-巴蒂斯特·布朗卡尔（Jean-Baptiste Blanquart）在7月23日访问里尔时，觉得佩戴三色帽徽是不得不做的事情。他汇报了7月31日早上4点半发生的事情：

> 一些社区妇女来请求我去跟一名王室上尉协商，这名上尉率50名掷弹兵护卫着一艘为驻扎在里尔的部队输送粮食的船。被逼无奈，我只得前往迪皮尔（Dupire）磨坊。那里离粮船挺近，我请求与这支小分队的长官面谈。我跟他说："上尉，我被逼无奈前来，有幸向您传达一个不幸的消息，弗雷兰吉安的居民已经没有谷物或面包。没有食物可吃，人会饿死，人对食物的需求是无法律可言的。我非常同情他们的悲惨境况，所以

加入他们,请求您卸下足够的粮食以供居民生存所需。我保证这些粮食会用得其所,并支付合理的价钱。"上尉拒绝了我的请求,表示他收到严格的命令,不准卸下任何粮食。结果,我指着已经聚集起来的至少800名民众,说:"长官,如果这样的话,请允许我说:我阻止不了外面这么多居民,同时,我宣布与随后可能发生的流血冲突毫无干系。"我补充说,弗雷兰吉安可能还有两倍于这里的民众在集聚。在我的一番说辞之下,上尉命令手下备好武器,然后提供了一些面粉。(Théry, 1923: 201)

布朗卡尔这里借用的是一种经过检验靠得住的策略,就是将你的盟军或追随者描绘得比你更凶猛,这样就使你提出的条件看似比他们的更好接受一些。

布朗卡尔的策略奏效了。他进一步进行斡旋,最终成功买下130袋粮食。第二日,布朗卡尔去求见里尔的军事指挥官布瓦泰勒,以获得分发粮食的批准。布瓦泰勒大发雷霆,但最终还是接受了这项既定事实。里尔四周及其以北地区的无地劳动力数量很大,所以在当地,穷人的食品供应就成了优先考虑的问题。

往南,在埃诺,贵族和教会所拥有的财产更可观,承租大片土地的大农场主在一大群农民中显得鹤立鸡群,而且小农户的比例也在上升。农民和农业工人猛烈攻击地主。但这种攻击并非是不加选择的。一个地方接着一个地方,需要缴付诸如农产品什一税或宗教什一税之类费用的人群开始要求降低费用,接着就发展到威逼那些拒绝降低费用的地主彻底放弃征税的地步。大约在同一时间,农村民众开始群体性公开地反抗近期发布的对在公用土地上狩猎、捡穗、拾柴和放牧的禁令。他们试图扭转新近农业资本主义所取得的进步。

在南方和北方的城市与集镇，抢粮行动仍在继续。为了确保无谋生手段的穷人能获得充足的粮食供应，当地民众采取直接手段来对抗神职人员或贵族的权势及其象征物。反抗掌权者的行动浪潮从1789年7月中旬开始，一直持续到8月初，接着公开冲突大幅度减少：几次因食物和公用土地而起的小规模斗争，12月23日在里尔爆发了最后一次抢粮行动，其他就乏善可陈了。然而，发生在7月和8月初的攻击与请求已经足够了。虽然军队出动干预，也有骚乱的民众被下狱，但整体上来说政府当局还是发现根本无法镇压民众行动。结果，在1789年8月4日晚，封建制度开始正式废除之前，旧制度的某些部分在佛兰德已经瓦解了。

诺尔的革命

我所谓的"佛兰德"其实并不准确，因为到1790年，这片地域就成了"诺尔省"。诺尔省的革命经验中有两点与其他省份不同：法国的敌人在1792年、1793年和1794年曾几次入侵诺尔省；后来法国征服了低地国家，短期之内诺尔省就不再是位于国界边缘的边陲省份了。

但是在其他方面，诺尔省还是跟其他省份有着相同的经历。1789年震撼全国的冲突也在诺尔省持续。随后几年里，农民们继续反抗什一税，穷人继续到地主的土地上捡拾麦穗并攻击地主所雇用的拾麦穗者，而抢粮行动在一定程度上也像以前一样继续。

城市里发生的抢粮行动与旧制度下的抢粮行动一样，极具破坏性。在1796年1月23日（共和四年雨月3日），里尔的市府官员向内政部部长写信汇报：

> 昨天下午，我们经历了一次暴力危机，因为按您的指示，我们略微上调了面包的价格。15,000—20,000 名叛民来到市政厅及附近的广场和街道，要求市政府在一个小时内撤销上调面包价格的决定，否则就要开始屠杀，整个城市将遭到洗劫。我们在力量不足的情况下竭尽所能，试图恢复秩序。我们手边只有 100 名表现优良的步兵。但他们怎么能阻挡这么多的疯子呢？市长被愤怒的人群围困，如果我们继续抵抗的话，市长很可能就被谋杀了，所以我们只得让步，以避免弑杀父母官的事件发生。（AML 18008）

这种叛乱与之前在旧制度下发生的事件有很多相同之处。主要的不同在于，当局对这些民众行动的反应随着大革命的不同发展阶段而有所不同。例如，随着解散教会的进程继续，官员很快停止了对抗缴什一税的行动进行的惩罚。

在诺尔及其他地方，大革命的确带来了某些群体行动的新形式。当教会财产被出售时，许多村民联合起来将外来者排除在拍卖会之外。当教士们面临是否接受革命政府的《教士的公民组织法》（Civil Constitution of the Clergy）的抉择时，诺尔 85% 的教士拒绝了最关键的宣誓仪式。之后，那些从拒绝宣誓的教士手中接管职务的教士遭到大多数农村民众的白眼，许多村民则保护他们的本堂神甫免于革命政府的报复。

指券（assignats）——一种名义上得到国家财产担保的纸币——的发行及其随后的贬值，进一步激化了农民、商人和制造商的抗议运动。接受指券就意味着用物品去交换一种价值不稳定的通货。1793 年及随后几年里，为卫成国家而发动的大规模征兵激起了广泛的反抗运动。虽然反抗兵役的斗争在以前就曾出现过，但这次的行动整体上都是针对革命政府对普通民众的前所未有的索求而开始的。

　　大革命刚开始几年里,教会改革——更准确点说,就是替换掉拒绝接受革命改革的牧师——造成了地方社群的最大分裂。在杜埃附近的弗利讷(Flines),替换旧有本堂神甫的宪章牧师(Constitutional priest,发誓遵守《教士的公民组织法》的牧师)面对的是一个充满敌意的社群。1791年10月5日是弗利讷的一个地方假日。宪章牧师穆顿(Mouton)报告说,"一大群自称旧教士支持者和贵族的农民在教会对面的广场上聚集",然后走进附近的咖啡馆,高喊着"教士万岁!贵族万岁!""他们在那里喝着咖啡,高唱着一首自编的关于宪章本堂神甫和当地民主派人士的三节歌曲。之后,"穆顿继续汇报道,

　　　　他们离开了这家咖啡馆。他们的帽子上别着白色的徽章,列队排在两名士兵之后……两名士兵骑着马,手持军刀,引领着佩戴白色徽章的农民和手持缠绕着白色布条的树枝的民众。他们在村庄里游行,种种举动都带有侮辱性,高喊着"教士万岁!贵族万岁!绞死民主分子!"他们还高唱着上述三节歌。
　　　　(Deschuytter 1959-1961: I, 52)

　　穆顿是向杜埃区汇报这些反革命行径。杜埃区最终判处了四个日薪工人,因为他们参加了上述这次小夜曲式的示威行动,而且还在第二年2月参加了一次向革命政府展示敌意的行动。在其他地方,民众向宪章教士投掷石块或淤泥。出于报复,爱国的国民自卫军时常中断葬礼的进行,打断教堂的仪式,以阻止"顽固不化"的牧师继续其宗教活动。

　　只有在里尔和康布雷等城市里,充满革命热情的群体行动才轰轰烈烈地进行着,例如游行、节庆、自由树庆典、公开宣誓、革命委

员会集会等。革命的剧目既有真正的创新又有巧妙的改编。政治集会和群体宣誓几乎是前所未有的新形式。这两种形式模糊了之前少数参与者与多数旁观者的界限，这一点与旧制度的娱乐活动、列队游行和庄严集会有了很大的区别。但它们还是从地方节日的旧形式中吸收了节庆仪式上的盛大和欢乐气氛。再者，即使最独特的革命行动往往也是以旧制度的材料为基础的。例如在里尔，不同居住区的年轻人就将为五月柱集资的传统形式用在了新情境之中。他们向当地居民催讨钱款，用以购买自由树——革命时期的"五月柱"——栽种在自己居住的区域。

恐怖统治时期那些令人畏惧的仪式无疑已经与旧制度下的大相径庭。然而只有在恐怖派分子约瑟夫·勒邦（Joseph Lebon）坐镇的康布雷才建立了一整套革命司法机制，包括对革命敌人的审判法庭、断头台，以及公开的羞辱。也只有里尔、杜埃、康布雷和巴约勒建立了革命武装，其实这是恐怖统治时期民兵们的自我称谓。实际上，大革命早期的冲突往往是位于腹地的对大革命不情愿的农民和无产阶级对抗来自城市的国民自卫军以及之后的革命军队。国民自卫军和革命军队都迫切希望农村民众支持大革命，并确保城市的食品供应。

除了这些关键性例外，大革命时期的冲突一般还是采用了旧制度下民众所熟知的形式，例如抢粮、侵入田地等。大革命改变了民众的利益和群体行动剧目，但远不及对行动机遇的改变。

革命重组

大革命造成了一系列行政管理方面的重大变革。革命派建立了一种单线型等级式政府——市镇（commune）、行政区（canton）、政区（arrondissement）、省、民族国家——以取代之前那种相互交叠、相互竞争的杂乱无章的管辖系统。在这种层层套叠式的行政结构中，他们还配套了统一的等级式法庭、选举委员会、代表团体和宗教管理机构，以取代旧制度中各种对应机构。上述种种替换带来了大规模的行政重组，但这种重组还不是最根本的。另有两种变化更加深入地影响了民众的日常生活。

第一个深刻变化是将地方社区直接纳入到民族国家的结构当中。在旧制度下，虽说在大部分城镇和乡村都有王室官员和负有各种王室任务的人存在，但王室对地方社区的统治还是不完全、不直接的，还需要仰赖与王室有紧密联系的牧师、贵族及其他显贵。结果，监察官、监察官代理人和其他官员，不得不经常与地方上那些不遵守国家法律而是坚守地方特权的掌权派协商。为了改变这种情况，革命政权一开始就设立了一系列以国家的资产阶级为主导的非常委员会、议会和民兵组织。接着他们排挤委员会，将民兵组织纳入属下，并对每级议会配备完全听命于上级当局的行政机构。当大革命逐渐朝帝国方向发展时，行政机构的权力已经超过了议会。在此过程中，法国人民已经创建了世界历史上第一个统治权力直达每个村庄的中央集权式国家。

革命政府将地方社区纳入民族国家的方式，是旧制度政府一直梦寐以求却从未能实施的方式。革命政府不仅将各地方的税收，还将各地方的债务统统吸纳进国家财政结构当中。不过在大革命初期通货膨胀的日子里，这些债务也随之蒸发了。

垄断税收权力一下子就终结了几个世纪以来围绕税收而起的纷争。它不仅延续，甚至加剧了各地方对民族国家的依赖，但却结束了国家对地方上增加收入之能力的依赖，并且取消了使得各地方联合起来反抗王室税收的特权。将地方社区纳入到民族国家不仅是政治上，还是财政上的巨大成功。

一旦中央集权的行政结构开始运作,地方政府和中央政府的许多行动就进一步将地方社区纳入到了国家体制之内。政府前所未有地成为最终雇主。当战时的价格管控措施对里尔及其他城市的工匠和零售商造成一定挤压时,他们往往就到政府办公室找份书记员、警察或看守的工作。随着革命政府军事力量的建立,新的工作机会也随之出现:"里尔是边疆要塞,到处都是军事机构和仓库,有着大把的工作机会。"(Cobb 1965: 154)实际上,随着诺尔政府行政机构的完善,政府机关对一些人来说已经成为首要的雇主。革命委员会除了其他职责之外,还成为安置交往广泛的军事分子们的办公室。

无疑,征兵在所有举措中影响最大。1793年及之后的征兵直接将各社区乃至绝大多数家庭与政府的命运紧密相连。在大革命晚期和帝国时期,政府机关的专业化和军事组织的持续扩大化继续将地方日常生活纳入到整个民族国家体制之内。

第二个深刻变化紧随第一个而来。法国城市统治者长期以来都妄想获得对其腹地进行严格管控的权力,现在终于成功了。虽说城市居民和地主、什一税所有者、收税人和商人一样,长期以来都对农村民众进行剥削,但农村里享有特许权的贵族、牧师和市政当局对城市的剥削企图也形成了一定的制衡。例如,旧制度下的城市官员在食物短缺时,也几乎没有办法迫使外来人员为他们输送食物。结果,他们只能鼓励富有家庭和机构通过什一税、租金和城墙内外直接出产的农作物来确保自身的食品供应。

然而,大革命初期的食物短缺却促使委员会、议会、行政机构和民兵组织等联合起来,在腹地开展粮食征用和市场控制。农村民众竭尽所能抗拒或逃避这些令人胆寒的管控。但城市里的革命热情高涨,又拥有获得批准的军事力量,还有国家作为后盾,整个形势都对可怜的农村民众不利。虽然城市行政机构的确在国家的控制下丧失了自治权，但它们也获得了对其腹地的更多权力。

走入 19 世纪的佛兰德

19 世纪一开始，诺尔省的省长克里斯托夫·迪厄多内（Christophe Dieudonné）就在主要由他的秘书长塞巴斯蒂安·博坦（Sébastien Bottin）准备的著名的《数据一览表汇总》(Statistique，以下简称《数据》)上签下大名。根据《数据》显示，诺尔省经历了几十年的战争和革命，到 1801 年，总人口从 1789 年的 808,000 下降到 795,000，损失了 13,000 人。城市里的居民减少了 30,000，超过总人口的 10%，而农村人口反而增加了。"城市人口下降这一点其实不难理解，"《数据》这么说，"从城市往外迁移的人数多，而且据我们所知，许多迁出者死亡。从比例上来说，城市为军队输送的人员更多。贸易、商店和工厂的发展长达十年停滞不前，数以千计的工人找不到工作，只得到别处寻找工作机会。"(Dieudonné 1804: 37) 剩下的 795,000 人呈不均衡状态分散在诺尔省六个政区。表 6 概括了 1801 年土地和人口在这六个政区的分布情况。

迪厄多内的数据清晰地展现了这些变化。在北部的贝尔格，虽然经过改造，但沼泽地仍有不少，用于牲畜饲养的草场占了该区的三分之一。阿兹布鲁克周边水域不多，森林较多，但拥有的草场面积与贝尔格差不多。在里尔，用于盖房、建磨坊和工厂的土地与耕地所占比例最高，拥挤的城镇周围四分之三以上的土地都用于园艺和农作物培育。康布雷与里尔相似，用于园艺和农作物耕种的土地甚至更多。到东南部，阿韦讷（Avesnes）的森林和草场多，用于城市建筑的土

表6 1801年诺尔省土地和人口分布情况

(各政区占全省总土地的百分比)

土地类型	贝尔格	阿兹布鲁克	里尔	康布雷	阿韦讷	杜埃	全省
森林	2.8	8.6	4.0	5.5	21.4	12.4	10.7
水域	2.3	0.3	0.6	0.3	0.4	0.6	0.7
沼泽	3.5	0.6	1.4	0.1	0.2	1.2	1.0
草场	33.2	31.5	11.4	10.9	36.7	15.7	23.9
耕地	48.6	52.0	73.1	78.4	35.0	62.0	56.3
园林	2.0	0.9	3.4	1.1	0.7	1.9	1.6
公路	2.0	4.4	4.2	2.5	2.5	3.2	3.1
建筑[a]	1.0	1.2	1.8	1.2	0.6	1.4	1.1
荒地	4.6	0.4	0.0	0.0	2.5	1.5	1.6
总计	100.0	99.9	99.9	100.0	100.0	99.9	100.0
总公顷	73,706	70,818	90,410	87,361	149,510	107,884	579,689
人口数	83,685	101,970	226,519	112,944	98,288	171,466	794,872
每平方公里人口数	113.5	144.0	250.5	129.3	65.7	158.9	137.1

资料来源：Dieudonné 1804: 32-35。
a. "房屋、磨坊和工厂"。

地少。杜埃虽说森林不少，但更多的还是耕地。除了阿韦讷，其他五个政区的人口密度都达到了20世纪的城市标准，里尔的人口密度甚至超过每平方公里250人。

诺尔省的土地中还有一种重要的使用形式，因为所占面积太小而无法在这种比较中展示出来，那就是集中在该省东南部，包括人口密度偏低的阿韦讷在内的只有44公顷的矿场和采石场。弗雷讷（Fresnes）、旧孔代（Vieux-Condé）和昂赞这三个煤矿的产量超过法国其他所有规模相当的煤矿。根据迪厄多内和博坦的统计，在大革命时期，昂赞煤矿已经"规模庞大，达到了相当辉煌的程度"（Dieudonné 1804: I, 165）。根据《数据》显示，当时大约有 4,000 名工人在矿区工作。

同样，土地使用的数据中也没有提到诺尔省北部挖掘和燃烧泥炭的地区——这片地区与东北部说荷兰语的海岸地区的标准化组织有联系。最后，还有阿韦讷周围森林覆盖的地区，这里的铁矿开采并冶炼出铁来后，会送到那些以木炭为燃料的锻造厂。

这些燃料为诺尔省的金属加工业提供了丰富的资源。诺尔省中部和北部还有重要的植物油提炼工业。但在 19 世纪初，该省的制造业还是以纺织品为主。迪厄多内和博坦认为一般情况下，农村民众平时种地，农闲时从事纺织。里尔、康布雷和杜埃等城市不仅控制了纺织品贸易，还建立了大型工场。羊毛加工在诺尔东南边缘比较突出，棉纺织工业集中在里尔和杜埃，亚麻工业则在该省很多地方繁盛。截至 1804 年，所有纺织业使得诺尔成为全世界重要的工业区之一。纺织业、榨油业、采矿业、金属业及其他工业的发展，使得城市和乡村的贸易都生气勃勃。

集中和内爆

步入 19 世纪，诺尔省已经是一个工业和商业强省。城市和乡村与全国乃至国际市场都有联系。诺尔是法国各省中工业资本最集中的省份，但其工业和商业明显还是 18 世纪的形式。1804 年的诺尔人主要为市场生产，往往为薪酬而工作。但大部分还是在较小的生产单位内工作，例如工场、农场和住家。在乡村，大多数薪酬劳动者的工作时间被分为三块：在他人的农场上从事季节性劳动，在家里为地方商人制造产品,在承租或自有的小块土地上耕作。在城市里,商人、手工业师傅、熟练工和家庭佣工都为市场而工作。除了矿场,几乎所有生产性组织所拥有的工人数极少,而且资本量也不大。地区经济的连接组织是商人,而不是资本主义企业家。

到下个世纪就有了很大变化:资本集中,劳动力、生产和资本都流向城市,以机器和化石燃料为基础的生产开始扩张,无产阶级和无产阶级化的重心转移到城市。资本、劳动力和生产在全国范围内出现了内爆(implosion),诺尔将这种内爆引领进了城市和工厂。诺尔开始呈现出城市工业资本主义的面貌。

除了将生产转移到城市、扩大生产规模、加大动力、增加机器、引进成熟的工厂生产模式之外,诺尔的资本家所做的远不止于此。他们发动了与工人之间长达一个世纪的争斗,目标就是实现对生产和劳动力市场的掌控。工人们竭尽所能随时随地进行抵抗。他们成立组织,蓄意发动破坏,进行罢工,攻击破坏罢工者和外来的廉价劳动力。诺尔因其工人的好斗而远近闻名。

然而整个19世纪以来,资本家往往能得到地方政府和中央政府以"秩序"和"工作自由"为名提供的支援,所以赢面更大。无产阶级化和完全靠劳力为生的现象开始出现在矿场,后来又蔓延至金属制造业和纺织业。到1900年就发展到以下这种程度:大资本家根据国内和国际市场的变化,做出最基础性的决定,诸如生产什么、生产多少、在哪里生产、使用何种劳动力等,只有工人的实际工作条件可以进行开放式的协商。

纺织业仍旧主导着当地的工业。棉纺织开始取代羊毛和亚麻纺织。采矿业、金属业和以蒸汽为动力的制造业在分布范围和规模上都有所增长。昂赞等小工业城市开始扩张,以前以家庭小工业为主的村庄成长为煤烟缭绕的工业镇。图尔宽和鲁贝就是典型的例子。

在里尔市及其周边，棉纺织品生产在扩张，城市里从事服装工业的血汗工厂在增加，农村里供应城市企业家和远方市场的亚麻生产繁盛，工业地区的贸易活动剧增。附近的图尔宽以羊毛纺织为特色，邻近的鲁贝则以棉纺织为主。北方不远的阿吕安从事亚麻纺织。虽然1827—1831年的商业危机使鲁贝的制造业朝羊毛纺织转移，但棉纺织在整个19世纪还是保持在最首要的位置。在19世纪，随着家庭小工业的衰退，一些比利时人就从附近地区跨过边境，来到鲁贝、图尔宽和其他正处于扩张期的工业镇寻找工作机会。顶峰时期是1872年，当时鲁贝超过一半的人口出生在比利时（Reardon 1981: 172）。

与法国其他地区小规模工业中心的腹地不同，在诺尔省，里尔、康布雷和其他资本集中地周边的农村并没有出现工业衰退、人口减少，而转向以供应城市市场为导向的种植业。在棉纺织和羊毛纺织中心周边，生产高价布匹的手摇式纺织业在19世纪坚持了下来。在诺尔的其他地方，蕾丝和细麻布的生产为数以千计的纺线工和织布工提供了工作机会。昂赞、富尔米（Fourmies）和该省东南部其他地区的矿工开采的范围越来越广，也越来越深。工业村镇与日俱增，甚至季节性家庭生产也在继续。虽说这个地区有着辉煌的农业历史，但随着工业化的加深，越来越仰赖从外地输入粮食。

集中化和内爆不仅发生在资本领域，还发生在行政管控上。大革命之后的政府尽管对王室成员进行种种诱捕，却一直保留了大革命时期建立、帝国时期得以巩固的中央集权式体制。研究者可以从档案中看到这一点——档案其实就是编辑整理过的以前政府的文档。在大革命之前，王室官员的通信显示，他们都在极力增加中央政府的权力，尤其是财政权力。通信还显示他们会与市府当局和地方机构之间进行协商；他们的权力不断增加，会介入到地区事务，但只是作为外来者介入，而且是在事情发生之后。监察官、监察官代理人及其随从的确能提前获得有关地区掌权者所作所为的信息,他们中大多数本身就来自或加入到了现有的权力网络之中。但他们还是将监视和控制普通民众的任务留给了市府当局、地区法庭、教会官员和地方上的贵族。结果,关于工人和地区掌权者有可能采取什么行动的消息,很少会提前就从里尔或瓦朗谢讷传到凡尔赛。

大革命之前的情况与大革命之后的档案所反映出来的情况差别实在太大!虽说在19世纪,国家代表仍然要考虑到地区掌权者,但他们的通信和记录也显示出,他们所运作的政府机制已经深入到了各个社区;而且他们为巴黎源源不断地输送着地方信息,包括财政管理、道路建设、推动制造业或贸易的机遇、工人组织和政治行动等方面的信息。旧制度下的监察官可能会哀叹19世纪的省长没什么自主权,但肯定会羡慕省长所拥有的高压手段和唾手可得的各种情报。

资本和管控的双重集中化成为19世纪抗争史的基本框架。资本拥有者拥有绝对优势。他们在资本强化的时代掌握了不断增加的资本,从而成为生产领域的主人。大革命和帝国又赋予他们在管控领域的巨大权力。他们进入中央政府,可以将工人组织公开界定为一种对公共秩序的威胁,将罢工界定为"失序"或"混乱",或至少是"违反了工作自由权"。

而且,工人们从旧制度延续下来的组织和群体行动准则也在集中化过程中变得过时了。一般来说,一个行业的熟练工人在社区层面组织起来,试图建立共同阵线以对抗同一社区的其他工人,并试图控制这个社区内哪些人能够进入这一行业。为了控制这一行业中的现有工人和可能加入的工人,他们施展出各种手段,例如共享仪式和秘密,互相提供援助,对不遵守规矩者不透露信息或不提供帮助,对拖后腿者、破坏行规者、破坏罢工者等施以嘲讽仪式和直接管制。

19世纪初的工人们还有很多方法向雇主施压。我们现在总是将

"罢工"这个词语与一个个工厂所采取的行动联想在一起,但这并不能准确表现他们通常的行动模式。英式英语中的单词"停工游行"(turnout)相比起来更合适,其实就是一个行业中愤愤不平的工人集结在一起,诉说他们的愤懑,然后在社区里穿梭于这个行业的各个工场,制造喧嚣,号召工场内的工人参加进来,然后继续在街上游行,直到集结了行业内所有可能召集的人,再行进到一个相对安全的公共场所(例如城镇边缘的田地中),就他们的愤懑、诉求和可能采取的行动进行辩论,最后派出代表与雇主代表进行谈判。

因为雇主建造的大工厂里雇用了许多不同行业的工人,而且一个社区的工人数可能多达几千,所以旧的组织规模和类型已经不能满足工人的需要。在有些技术行业,雇用人数相对较少,雇员掌握的技术很关键,他人无法替代,因此一些旧形式经过改善还是保留了下来。事实上,在19世纪,罢工和行业工会还是非法的,工人的政治长期以来就依靠以行业模式成立的秘密激进组织。但是随着剩余劳动力的增加,旧组织逐渐萎缩,或者根本无法成立。大工厂和半熟练工业劳动力的增加最终威胁到了同一个行业的工匠。工匠和熟练工人在竞争中或者因直接受雇于大资本家,面临被无产阶级化的命运。

在19世纪,资本在集中,资本与国家的联盟越来越明显,于是工人们发展了新形式的组织和行动,诸如政治上相当活跃的工人协会、行业工会、公开示威、工厂罢工。到19世纪末,诺尔的工人们将自己视作社会主义者、集体主义者,以及政治激进派的盟军。1893年,伟大的社会党领袖茹尔·盖得(Jules Guesde)就是由鲁贝选区的选民推举进入众议院的。

工人的政治

诺尔省花费了一点时间才从严酷的拿破仑战争中恢复过来。该地区在 1815 年遭到敌军的重击后被占领，之后才慢慢恢复工业力量。战争失败的一个代价就是比利时再一次成为外国领土。这个结果切断了国界沿线商人与重要的国内生产区的联系。商人对此做出的反应就是鼓励移民跨越国界，前往新建立的工场和工厂。到 1819 年，一再出现在 19 世纪冲突中的主题之一开始清晰显现：削减成本的雇主从附近家庭小工业萎缩的地区雇用比利时工人，法国本土工人则试图继续控制劳动力市场——在一定程度上，还想控制薪资——赶走比利时人。

在鲁贝，雇主已经在削减工资，因为即使有关税壁垒的保护，来自英国的竞争还是给他们造成了损失。与此同时，他们开始雇用愿意跨越边界、以低薪酬工作的比利时人。他们还为工人们建造了高密度住宅区，从他们的工资里扣除房租，并开除寻衅滋事之徒。慢慢地，这些住宅和要塞就带上了浓重的比利时特色。据王室检察官记录，在 1819 年的巴士底日，

> 在这个人口众多的纯工业城市爆发了严重的骚乱……这起骚乱与政治毫无关系……法国工人联合起来，目的是驱赶鲁贝和周边地区的比利时工人。这些比利时工人在这些地区居住和工作，与法国工人竞争，使得法国工人预期增长的工资反而下降了。本月 14 日，晚上八九点之间，工人们离开工场，大约四五百人聚集到鲁贝。这次聚集的目的就是要攻击并驱逐受雇于同一工场的外来工人。地方警察出动后才恢复了秩序。（AN BB[18] 993）

7月15日，三名宪兵赶跑了另一支集结人群，但一名比利时人被石块击中。据说这名比利时人在宪兵的保护下高声喊叫："你们法国人不能把我们怎么样。我们现在是这里的老板！"（AN BB[18] 993）集结行动持续了好几天。

那名检察官排除了这起事件与"政治"的关联，是指当时没有任何对国家权力有要求的组织团体——共和派、拿破仑的支持者或其他类似团体——介入。实际上，这种对比利时人的敌意在鲁贝和其他边界城镇的地方政治中只占很小一部分。在随后二十年里，诺尔的工人政治关注的是劳动力市场、工资和工作条件。

1815—1830年波旁王朝复辟到1830—1848年七月王朝之间的变革对诺尔工人政治的基调或节奏几乎没有造成很大影响。确实，诺尔的工人政治在1830年曾一度卷入到全国性的政治运动当中。在七月革命时期，巴黎发生新叛乱的消息传来，里尔的工人们从工厂蜂拥而出，冲上街头，砸毁街边房屋的窗户并高喊："宪章万岁！"试图冲散人群的骑兵遭到了石块的攻击，而步兵们临阵倒戈，站到了抗议群众一边，抗议口号也随之改成"打倒骑兵！联合阵线万岁！"（*Gazette des Tribunaux*，1830年8月2日和3日）在杜埃，来自"工人阶级"的年轻人在街上游行，逼迫民众开灯，以欢庆大革命（AN F[7] 6778）。

不过，诺尔的工人最关注的还是与雇主之间的斗争。例如，1830年8月10日晚，鲁贝的工人大批集结，要求雇主增加工资。确切地说，他们要求恢复前一年遭雇主取消的每码成品布4苏的津贴。为了抗议取消津贴的决定，几个工人拆毁了自己织布机上的布匹以及织布机。莫特·布雷达尔（Motte Brédard）工厂的几名工人在1829年10月被鲁贝的商业法庭（merchants' court）判处入狱两天并支付诉讼费（Deyon 1981: 65）。十个月之后，在1830年8月，鲁贝的纺织工人"砸毁主要工厂的窗户"，王室检察官写道，"他们强制进入工厂，要求雇主书面同意增加工资"（AN BB^{18} 1186）。虽然巴黎的《总汇通报》（*Le Moniteur Universel*）将这些行为都归咎于"外来工人"，但主要的分裂很明显是发生在阶级之间的（*Le Moniteur Universel* 1830 年 8 月 18 日）。

总的来说，19 世纪 40 年代之前，诺尔的工人还是仰赖地方上的行会组织，还没有形成工会或其他专门的协会。大致而言，协会直到七月革命之后很久才开始作为（工人阶级或资产阶级）群体行动的组织者扮演主要角色。里尔政区的检察官提供了 1834 年里尔市各种协会的清单。他罗列了 106 个工人互助协会，这些协会各自出资组成共享基金，以圣徒之名命名基金，为伤病者提供资助。

里尔市的资产阶级——"商人、富有的资产阶级和国民卫兵"——成立了 12 个协会，目的就是一起喝酒打牌。检察官汇报说，唯一带有政治色彩的是"批发商沙龙"（*salon des Négociants*），成员主要是坚定的正统派。一个共和派的饮酒俱乐部有 22 个会员，但最近解散了。最后是一个医学院学生组成的协会，但"好似并不涉及政治"（AN BB^3 167）。只是到 19 世纪 40 年代，里尔的公共生活中才出现了一个有组织的共和派反对党。

由于缺乏正式的工人组织，也就几乎没出现过罢工。纺织城镇的工人们时常运用非正式的行业结构来阻止别人来抢他们的工作，制裁违反行规的工人，并偶尔组织停工游行的行动。但整体而言，在 19 世纪 20 年代和 30 年代，诺尔的纺织工人在工资和工作条件方面反抗该地区资本家的群体行动还是非常少。

说到这几十年里严重的、长期的罢工，我们就要去诺尔的矿场去看看，尤其那些在上圣瓦斯特（St.-Waast-la-Haut）和昂赞为庞大的昂赞公司（Anzin Company）在矿坑里辛苦工作的工人们。该公司以来自比利时的激烈竞争为由，在 19 世纪 20 年代初开始削减工资，同时加紧对矿场工人的监视和规范。这些节省开支的方式果然奏效，1833年公司的股东收获了8%的回报率（Guignet 1973: 351）。矿工们不仅抱怨在1823年他们的日工资被克扣4苏，还抱怨昂赞公司的管理人员对他们的鄙视态度。

于是矿工们每隔一段时期就会发起反击。七月革命之后不久，他们就起来反抗了，但时间不长，未获成功（Aguet 1954: 56）。1833年5月发生的反击情况却不同。这起被称为"四苏暴动"（émeute des quatre sous）的反击是法国劳工史上的重要事件。5月10日，昂赞公司的主管们在昂赞开会。矿工听到消息说主管们终于同意归还十年前克扣的每日4苏工资，但事实证实并非如此。这次会议令矿工感到失望，而会议过后又有新消息四处传播，说是公司实际上在考虑再一次削减工资，而且圣瓦斯特的矿井监督员夏尔·马蒂厄（Charles Mathieu，其兄弟约瑟夫是昂赞市长兼矿场视察员）因支持加薪而遭解雇。实际上，主管会议结束后不久，夏尔·马蒂厄的确离开公司到别处工作，这无疑在一定程度上增加了传言的可信度。

5月17日，两三百名民众——男男女女，包括儿童——聚集在昂赞公司位于圣瓦斯特的办公处。他们要求日薪增加4苏，解雇三名过于严厉的监督员，并大唱"打倒巴黎人，昂赞的马蒂厄万岁！"（Guignet 1973: 348）一些矿工还前往三名不受欢迎的监督员之一莫尼耶（Monnier）的住处，闯入室内捣毁家具，扯烂衣服。

公司的总代表英国人马克·詹宁斯（Mark Jennings）接见了暴乱群众的一些成员。之后，昂赞的市长和本堂神甫劝说矿工们及其家人解散。但与此同时，公司管理人员又召唤了警察。于是当天晚上，宪兵、骑兵和步兵小分队，再加上150名国民卫兵在昂赞会合。在随后几天，宪兵队逮捕了几个人，并支援了附近一些煤矿停工事件的处理，但矿工与军队之间很少发生正面对峙。菲利普·吉涅（Philippe

Guignet)将这些事件概述如下:

> 从 5 月 17 日到 22 日,矿工无疑占了上风。运动全面铺开,"维持秩序的兵力"在数量上不及工人群众,根本无法或者根本不愿意阻止罢工者。这也是为什么政府当局在 22 日决定召集正规军队前来终止这场运动。27 日,矿工们被围困,只得决定回去工作。(Guignet 1973: 348)

中央政府派遣庞大兵力去镇压这次暴动,可能是想起了 1831 年里昂的纺丝工人罢工,这场罢工后来发展成为大规模骚乱,所以这次他们不会让昂赞的事态失控。

昂赞的矿工作为造反者,其实在四苏暴动中并没有明显的暴力表现。但是作为罢工者,他们的表现还是稍显暴力。在 19 世纪 30 年代,矿工实际上还没有形成常规的抗争形式(诸如罢工等),就工作机会、工资和工作条件等与雇主之间进行群体协商,所以每次停工事件都带上了暴动的色彩。

19 世纪中叶的动员

19 世纪 30 年代和 40 年代,工业冲突的节奏明显加快,在一定程度上常规化了罢工这种形式。矿工在争取加薪和工作机会的斗争中频频落败。昂赞在 1833 年 12 月又爆发了一场小规模罢工,1837 年、1846 年和 1848 年分别发生了一些激烈冲突。在这些冲突中,矿工往往试图阻止坑口的机器运转,矿场主则招来军队以保护自己的财产。同一时期,德南(Denain)、弗雷讷、旧孔代和阿布斯孔(Abscon)

的矿场都成了大罢工的发生地。在大多数罢工中，只要有一个矿场的工人们走出来，至少还会有一个矿场的工人也停工。

在19世纪30年代后期，里尔地区的纺织工人开始前所未有地组织罢工。在里尔的纺线工厂，雇主在1839年削减计件工资。几十家工厂的老工人就开始集会，筹划如何应对。他们先凑了一笔钱用于资助失业工人，接着就逐渐将这笔钱转作罢工基金。第一次成熟的停工事件发生在8月。这场争端很快就解决了，因为市府官员进行了干预，取消了减薪的决定。之后，这个行业的"老人"开始起草全市范围内的协议。

到9月中旬，工人们因食品价格上涨，要求增加工资。巴黎的《立宪主义者报》(Le Constitutionnel)转载了《北方之声》(Echo du Nord)有关9月20日事件的报道：

> 棉纺织工人成群结队地离开工场，前往各纺线工厂，鼓动仍在坚持工作的工人跟随他们。在一些工厂，反叛者开始制造混乱，朝窗户投掷石块。国民卫队迅速备好武器，巡警当即集合并分散到城市各处，尤其是受威胁严重的地方。大约晚上9点的时候，之前被分散的人群又在大广场聚集。人群当中传来不甚连贯的大喊大叫，甚至嘲讽讥笑，国民卫队只能对此置之不理。一名警官宣读了市长禁止任何骚乱性集会的法令。宣读完毕，警官按规定发出三声"解散"的命令，然后国民卫队开始清场。一场暴雨助了清场卫兵的一臂之力。第二天清晨5点，国民卫队撤出广场，接下来的任务是确保那些不愿意跟随叛乱队伍的工人们能顺利返回工场。之后，还有一些人试图制造混乱，但遭逮捕。(Le Constitutionnel 1839年9月23日)

如我们所料，国民卫兵主要来自里尔的资产阶级。

虽然里尔的纺纱工人在1848年之前没有再发动任何规模的罢工，但1839年发生的一系列冲突还是显示了里尔市实实在在的阶级分裂和对抗，以及里尔纺织业工人开展群体行动的能力。在附近的图尔宽、鲁贝和富尔米，从1839年到1848年也不断发生类似的罢工，大多数起因都是雇主试图削减工资，结局往往是当局派武装力量驱散工人。

同一时期，一些小迹象显示，工人开始将自己的行动与全国范围内的政治反对运动相联系。在诺尔，这种迹象往往呈现出一种共和主义色彩，但有时又带有波拿巴派（Bonapartist）的特征。在1840年，杜埃皇家法庭的检察官开始报告民众在街头或剧院高唱半煽动性《马赛曲》的一系列事件。1841年，里尔和瓦朗谢讷的共和主义者加入到反抗全国人口普查的队伍中。这次普查被广泛认为是政府为了加强监控和给增税清理道路而采取的举措。

1846年，鲁贝的工人聚集起来抗议取消封斋前的狂欢庆典，他们转而攻击一群被称作"工业家之子"的衣着光鲜的年轻人，高喊着："打倒工业家！"他们还砸毁了资产阶级咖啡馆、警察局和制造商家里的窗户玻璃。他们在街上高唱着《马赛曲》行进。当里尔激进的资产阶级在1847年开始为全国性的政治改革运动组织动员时，一些工人的确加入到了他们的队伍当中。巴黎二月革命的消息传来，里尔街头的许多行动派分子都是工人。这些日子的主题曲当然就是《马赛曲》。

革命临时政府一在巴黎掌权并成立了共和国，诺尔的工人就开始经历一场壮观的动员。在瓦朗谢讷、图尔宽，尤其是里尔，人们对工人在街头游行已经见怪不怪了。而且，几乎二月革命一结束，一轮新的重要罢工就开始了。1848年，昂赞、里尔、鲁贝及图尔宽都发生了重大的罢工运动。接着，路易·拿破仑政府加强控制，开始右倾，并在全国范围内蓄意瓦解激进共和派运动，诺尔工人的动员行动也逐渐停止。

里尔的经历清楚呈现了这次动员从开始到停止的过程。当革命的消息最初在1848年2月25日抵达里尔时，成群的工人闯进省长府邸，抢走室内的地毯、墙上的挂画和路易-菲利普的胸像，然后在里尔市大广场（Grand' Place）将家居用品统统烧毁，扛着就像是被斩首的头颅一般的胸像在街头游行，之后将胸像扔进运河。还有工人烧毁了费维（Fives）的郊区火车站，攻击里尔的临时中央火车站。街头喧闹的人群持续聚集了几天。里尔的国民卫队奉命对他们严加监控。

两周后，里尔的工人再次发动游行。但这次，他们抗议的是工作日被缩短（因此造成总收入减少）。里尔市的纺织制造商迫于诺尔的革命专员德莱克吕兹（Delescluze）的压力，同意让失业工人回来工作，但条件是缩短所有工人的工作时间。一群工人试图组织一次全市范围的停工游行，但未能说服那些已经接受工作日缩短这一决定的工人。罢工者在工作场所门外聚集，大声喊叫，极力封堵入口。工人们［根据1848年3月20日的《世纪报》（Le Siècle），"还有妇女和儿童"］竖起街垒，并在街上与国民卫队展开打斗。但工人们的主要对手还是雇主和破坏罢工者。3月14日晚，大约四百名男女老少在里尔的大广场集合，然后朝纺纱厂前进，一路上高唱着《马赛曲》。根据里尔的政府专员库尔坦（Courtin）记载，大约8点的时候，

> 一大群工人穿过里尔的几条街，来到纺纱师傅博纳米·德弗雷纳（Bonami Defresne）的家门口。他们大声叫嚣着威胁之词，接着用石块和棍棒彻底捣毁了房屋的前门。窗户的玻璃、

窗棂和百叶帘几乎都被毁，屋内还发现了大石块。混乱局面直到警察和国民卫队逼近才告结束。如果警方不来，这群人可能还要闯入室内……他们都是失业工人，将失业的可怜境遇归咎于师傅们的坏心眼。德弗雷纳尤其不讨喜，因为他总是与自己雇用的工人相处困难。他的纺纱工场没和他家的房屋连在一处，所以未遭破坏。（AN BB[30] 360）

当时，有些工人在街上，有些工人则在出席劳工协会（Société des Ouvriers）的会议。在里尔，劳工协会在革命的第一阶段是人民之友共和协会（Société Républicaine des Amis du Peuple）的合作者。虽然工人政治的焦点仍然是工作机会、工资和工作条件，但它们又一次与全国政治有了直接的联系。

整个1848年，里尔的冲突一直在持续。4月15日，工人们闯入共和派的《北方之声》报社，抗议该报对工人的抱怨所做的评论；5月10日，工人集会，要求对失业工人施以援手；5月22日，一些工人被排除在专门为失业工人所设立的工场之外，引发强烈抗议；8月14日，因雇主引进一套一个纺线工管两套纺线筒的系统，工人举行示威；8月24日，围困市长，抗议在市立工场里以计件工资取代计日工资；另外，罢工频频发生。随着各种斗争的持续，省长派了军队来镇压罢工，并解散了里尔棉纺纱工共和协会（Société Républicaine des Fileurs de Coton de Lille）。市政府最终也解散了市立工场，并宣布要求成立"民主社会共和国"是犯罪行为。到1848年年底，与法国其他地区一样，2月份成立的工人与激进共和派的联盟对政府已不再具有控制力了。

政治上的右倾仍在继续。在里尔出现了一个反共和主义的协会——秩序之友（Les Amis de l'Ordre）。1849年年初，共和派工人发动了一轮示威行动（其中一次是封斋前的狂欢游行，工人们嘲讽新政权的大人物，包括总统路易·拿破仑）。之后，里尔市的左翼势力就开始瓦解。罢工行动的步伐也慢了下来。里尔的工人在采取了一年的守势之后，终于停止了动员。似乎是为了强调工人的不动员，政府当局在2月底禁止市民举行二月革命一周年的庆典，要求改为演唱赞美诗，而且又一次宣布演唱《马赛曲》是违法行为。

不论是工人还是资产阶级共和派，都未能有效地阻止路易·拿破仑最后篡夺政权。里尔成了逞口舌之利的共和主义中心。一份呈送给司法部部长的回顾性报告如此叙述：

> 随着《北方信使报》（Messager du Nord）主编比安基（Bianchi）先生开始积极的口头宣传，该报也就将自己置身于运动领导者的位置。在里尔及其周边地区，即使最积极的暗探也无法阻止极端危险的秘密会社的成立。10月20日，他们在阿韦讷的区政府门前发现一张匿名纸条，上面写着："区长公民，你解散了国民卫队……在1852年，你会得到报应的。等时机一到，我们就烧了你的总部，我们知道如何消灭你。"（AN BB^{30} 423）

显然，在1852年，以制造骚乱来建立民主社会共和国的梦想在阿韦讷还没有完全破灭，但这些梦想家只能趁着夜色以匿名的方式做做梦而已。

路易·拿破仑先发制人，在12月2日发动政变。里尔、杜埃和昂赞是诺尔省最主要的反抗行动发生地。12月3日晚，里尔发生"令人震惊的冲突"，警方与600名共和派示威者对抗，示威者高喊"共和国万岁！"并大唱《马赛曲》，但最终在试图夺取里尔市之前被驱散（*Le Constitutionnel* 1851 年 12 月 7 日）。杜埃也发生了相似的对抗，高喊"煽动口号"的 200 名民众与警方对峙。在昂赞，40 名工人闯入市政厅，抢夺了枪支，然后在昂赞、赖姆（Raismes）、伯夫拉日（Beuvrages）和维科尔涅（Vicoigne）等地的一家家工厂奔走，试图说服更多工人出来反抗，但未果。听说有骑兵分队从瓦朗谢讷开来，准备发动叛乱的人就四散逃跑了（*Le Moniteur Universel* 1851 年 12 月 10 日）。报纸称，昂赞的骚乱者并非矿工，11 名昂赞居民被控参与了反抗政变的行动，其中一个是昂赞公司的书记员，其余是矿场之外的工匠（AN BB[30] 396）。至此，1848 年的大规模工人动员彻底结束。

剧目的改变

诺尔省在法兰西第二共和国时期的抗争形式，有一些让我们回忆起了 18 世纪的抗争，也有一些直到今天还为我们所熟知。例如，攻击比利时工人在 1848—1851 年达到了 19 世纪的顶峰。尤其在德南周边，制造业工人常常试图迫使雇主解雇并驱逐比利时工人。但不仅仅德南如此。1848 年 5 月，图尔宽和瑟曼（Semain）的工人都呼吁赶走比利时人。在某个行业工人数目不大而且相对集中的地方，本地工人就希望能够控制当地的劳动力市场。在经济紧缩时期，这就意味着驱逐"外来者"的呼声增高，哪怕这些"外来者"已经在此工作了很长时间。

同样，纺织工人继续以全社区停工游行的形式开展抗争行动。他们试图使整个行业都停工，他们在一家家工场游走，封堵前来复工的工人。这种策略在鲁贝等拥有大工场和大量工人的城镇越来越不奏效。在这些地方，单个工场的罢工开始普遍起来。

因食物而起的斗争更清晰地呈现了新旧抗争形式的综合。"食物暴动"这个词语很好地展现了一种特殊的延续性。在19世纪,"食物暴动"包括阻止粮食输送,夺取囤积的粮食以供应公共市场,强迫粮食或面包低于市价出售,直接攻击可能的投机牟利者,举行示威以督促公共官员控制粮价、分发食物、惩罚投机牟利者。到法兰西第二共和国时期,上述所有这些行为在诺尔都时有发生。

阻粮行动发生得更频繁。例如在1848年4月,敦刻尔克的工人阻止一艘满载粮食的船离港,而在比利时边境上的特雷隆(Trélon)、阿诺尔(Anor)和拜弗(Baives),民众则阻止运粮船离开法国。在阿诺尔,民众还从一个商人那里没收了8袋面粉,将之放置在镇政府大厅后让镇政府免费分发。在富尔米,

> 民众逼迫市长与工人们一起去突袭搜查一家面包店。他们从面包店拿走了170袋面粉。这些面粉同样被送到了镇政府,但民众对这家面包店囤积这么多粮食感到气愤不已,尤其是妇女们。她们大吵大嚷,威胁要将这家面包店的主人绑到自由树上。面包店主人及其合伙人为了逃跑,就表示将面粉作为礼物送给全镇。(AN BB[30] 360,阿韦讷副检察官报告,1848年4月29日)

当来自特雷隆的工人前往拜弗以阻止运粮船跨过国界时,拜弗市政府敲响警钟,召唤国民卫队。国民卫队抵达后向入侵者开枪,重伤2人。(传至巴黎的《立宪主义者报》和《世纪报》的报道夸大事实,说是有12名特雷隆的工人在冲突中死亡。)

除了这些传统行动之外,民众还组织了一些与18世纪的抢粮运动截然不同的行动方式。例如在1848年5月19日,在康布雷附近的

维莱乌特雷欧（Villers-Outréaux），"滋事者拎出一批对穷人吝于施舍的地主，要求他们捐出一定的面包和金钱"。一支宪兵队和50名骑兵很快出动，终结了这起民众组织的慈善事件（*Le Siècle*，1848年5月29日）。在大城市的工人示威中，提出的要求经常是调整工资以适应食品价格，或调整食品价格以适应工资水平。实际上，直到20世纪，食品的价格和供应一直是诺尔工人运动的关键主题。例如，诺尔的男男女女都积极参与了1911年抗议食品价格高的全国性示威行动。

但是到1911年，旧式的阻粮、抢粮和强制销售等都已经淡出人们的记忆。在全国层面上，最后一次重要的旧式抢粮潮出现在1853—1854年。在那段时间，成群结队的乞丐在诺尔游荡，骚扰住家。在康布雷，有人分发匿名传单，威胁粮商。在阿韦讷附近的艾姆里（Aymeries），有人试图点燃一个草垛，并在地上插了一根长杆，上面吊着一块面包和一张纸条。纸条上面写着："面包限价15苏，否则烧毁所有农场！"（AN BB[30] 432）这差不多就是饥饿的诺尔省发生的抢粮行动了。之后，尽管围绕工资、物价和生活条件的斗争一直持续，但诺尔省再未集中发生过阻粮、抢粮或强制销售等行动。在1911年抗议高生活成本（*vie chère*）的运动中，诺尔许多市场上的妇女的确制订了黄油、鸡蛋和牛奶的价格，但她们的行动一般采取组织化示威的形式，组织者是妇女"反抗联盟"（Flonneau 1966）。抢粮行动在1789年是最常见的民众抗争形式，但60多年过去了，它的重要性也消逝无踪。

与此同时，罢工、示威、选举动员、公开集会就成为民众公开斗争的标准形式。在1848年和1849年，诺尔的普通民众，尤其是工人，在投身全国性政治运动中时采用了这些新的斗争形式。1849年及之后的镇压的确压制了这些新形式的民众运动，甚至长达20年，但并未能将其彻底消灭。

罢工本身在19世纪50年代也经历了变迁，从开始时一个行业内的停工游行和社区范围内的相关行动，发展到在一家家工厂蔓延开来的罢工。以鲁贝为例，19世纪40年代与60年代的情形就截然不同。在40年代，织布工和纺线工一般极力鼓动这个行业的工人停工游行，以反抗行业师傅，争取群体谈判的砝码。而在60年代，莫特、图尔蒙德（Toulemonde）、鲁塞尔（Roussel）、德尔福斯（Delfosse）和其他大工厂的工人们则分头进行罢工，各自解决争端，虽然在每个公司里，不管是资方还是劳方都密切关注着其他工厂里的进展情况，并随时准备彼此提供支援。

　　唯一重要的例外是1867年发生在鲁贝的总罢工。罢工的起因是资本家提议一个工人同时照管两台织布机，而不是一台。许多工厂的工人于是集会起来，攻击这些资本家的住所和工场。然而这次罢工开始的时候也是三家大工厂的工人各自采取行动，只是等到发生罢工的工厂主彼此沟通并向其他同行咨询时，城里所有的织布工人才联合了起来（ADN M 619）。资本的集中和劳动力市场规模的扩大，使得旧形式的工人阶级群体行动很难行之有效，于是推动工人不再跨厂进行组织，而只是在各自的工厂内形成一定的组织。

　　到19世纪60年代，更普遍的情况是资本和管控的集中化与国家化导致了民众抗争的大转型。到法兰西第二帝国末期，诺尔的普通民众就采取集会、示威、选举、协会和工会等形式，而这些形式以20世纪的眼光来看都是非常熟悉的。

　　还有更多的变化纷至沓来：世俗化激进派与反对解散教会的天主教会拥护者之间持续不断的斗争；以前所未有的规模和频率发动的罢工，包括爱弥尔·左拉（Emile Zola）的小说《萌芽》（*Germinal*）中描述的1884年昂赞大冲突；五一劳动节成为罢工和示威的高发期，包括1891年5月1日发生在富尔米的屠杀工人事件；茹尔·盖得领导的强大的马克思主义工人政党诞生；竞举运动，例如 1891 年的选举让马克思的女婿保尔·拉法格（Paul Lafargue）当选为里尔议员；敌对政党的行动分子彼此争斗；1911 年针对食物价格过高的抗议；等等。总之，所有这些都是 20 世纪所熟悉的抗争形式。这些抗争形式明确地在劳方与资方之间划了一道分界线。1885 年，鲁贝的酒吧招待兼诗人维克托·卡帕尔（Victor Cappart，也曾是一名织布工）用诺尔工人阶级的语言发表了一首歌曲（Marty 1982: 199）：

> 银行家和大资本家们
> 你们生来就命好，
> 看来你们是不想知道
> 无产阶级的穷困潦倒。
> 你们闲庭信步，
> 而工人们正挥汗如雨；
> 你们一身轻松，慵懒地躺在羊毛被上，
> 而工人们只能睡在草秸秆上。

并非所有工人都是凶猛的好斗分子，也不是没有工人愿意与资本家合作。在鲁贝，法国工人与比利时工人之间持续的对立经常破坏工人阶级内部的团结一致。在 19 世纪末，鲁贝的雇主成功地组织起公司联盟以对抗工人组织。工业家欧仁·莫特（Eugène Motte）甚至挤走了当地社会主义者，夺得市长的位置。然而在鲁贝及其他地方，民众群体行动的最关键主题还是源自阶级冲突。

19 世纪末，罗贝尔·皮埃勒斯（Robert Pierreuse）有一次带着点抱怨的口气，如此评论鲁贝的工人政治：

工人们对政治不感兴趣，除非政治的议题和谋求选票的人会有助于或者可能有助于解决资产阶级与无产者之间的社会问题。富有的资产阶级拥有生产工具，而无产者的生计主要仰赖为他们提供工作机会并支付低工资的老板，所以他们感觉受到了压迫。鲁贝的工人只有一个目标，即自身的解放。他们加入到选举的喧嚣中，只为了能够降低资本的影响力。（Pierreuse 1969: 250）

上述情况可以解读为鲁贝的工人对政治的见解狭隘，而且以自我利益为中心，也可以解读为鲁贝的工人已经成长为具有洞察力和自觉的阶级意识的分析家，而且已经成立了具备自主权的组织。无论哪种解读，鲁贝的工人组织都足以在1892年推动彻底的社会主义市政府执掌政权，并于次年选举茹尔·盖得走上议员的职位。

整个诺尔省成为法国最重要的马克思主义政党即法国工人党（Parti Ouvrier Français）的总部和荣耀之地。1896年，诺尔省超过63%的劳动力从事制造业，成为大规模资本主义生产的典范。自1789年后历经一个世纪，这个曾以商人、农民、日薪工人、家庭生产者、小工场工人为主的地区，发展成为一个拥有矿场、工厂和煤烟缭绕的城市的复合型地区。在这一发展过程中，诺尔的人民彻底改变了自己的群体行动方式。

第九章

革命与社会运动

19世纪上半叶，法国总参谋部正忙于准备绘制一张1∶80,000的法国地图。这项任务在专业地理工程师的指导下进行，但在地方层面，隶属于总参谋部的青年军官承担了大部分跑腿勘探的工作。除了要准备分配区域的详细地图，军官们还要准备一份特别报告，描述该区域的基本情况和民众特点，还要解决某些假设性的军事问题，例如如何抵挡拥有一定兵力、来自某一既定方向的入侵者。每个军官都得手持指南针和笔记本，在乡间奔波搜集资料。

虽然许多报告对一些事实做了详细精准的记录，但作者们也采用了当时在地方官员和地方学者中颇为流行的统计学模式。他们转述已经著就的地方史，选取其中与军事有关的内容，勾勒当地民众的文化特征，清点经济活动，将人口方面的数据列表，如果有重要地标的话还要具体描述。这些军官们不仅为地图绘制工作做出了贡献，还对记录19世纪某段时期法国某一小块区域的人民生活有所助益。

地理工程师将这张地图分割成小块区域并分派给各个军官去勘测，大多数军官发现自己分配到的区域是农村或田地。但是在1846

年,第 55 大队的少尉诺尔芒·迪菲耶(Normand Dufie)分配到的任务却有很大不同:他负责的区域是有着 75,000 名居民的里尔市。"这里的民众富有、勤劳,从事商业的居多。""普通民众使用的语言是一种非标准形式的法语,"迪菲耶汇报说,"其实就是佛拉芒土语。但里尔的居民多少都能说一点儿法语。"他补充道,在农村,"午饭和晚饭基本上都是用黄油或猪油煮的浓汤。夏天的时候再加一顿早饭和点心,主要是面包、黄油和奶酪"。

在迪菲耶的描述中,这里的民众"喜欢饮酒,对他们来说,酒馆是个消耗热情的好地方。要想恰当地概括佛兰德人的性格特征,我们可以说,他们对酒馆就像对弥撒一样忠诚"。他评论说,不过可惜的是,他们喜欢的是杜松子酒,"这种酒质地不纯,总掺杂了一些危险、有害的成分"(AA MR 1169)。

对民众性格的描述结束后,迪菲耶接着详细列举了里尔及所在地区从事的"产业",有生产大炮和钟的锻造业、制铜业、制金业,以及生产淀粉、杜松子酒、各种植物油、皮制品、亚麻布、棉布和羊毛布料的制造业。他总结说:"里尔市是这个地区的制造业中心,同时也是整个省及邻近省区的中心。由于地理位置邻近国界,里尔市的商业也很繁荣,因为这里是许多贸易的进出口地。"(AA MR 1169)虽说腹地的民众也在努力从事商品蔬菜种植,但很明显,这里的制造业和贸易主要依靠诺尔的农业支持。

安茹距离佛兰德很远。泰斯蒂(Testu)上尉在 1839 年谈到索米尔与绍莱之间的地域时,描述的是完全不同的画面。"人们在经过西南地区时,"他写道,

> 常会走过狭窄、纵深的河谷。河谷中的小溪到冬季就变成大河。当地的道路每年有八个月无法通行,因为道路环绕森林

和草场，两旁的树枝总是挡住道路，每个站点都要停下来开关大门或栅篱。道路深陷林中，只有高高仰头才能看到天空，而且岔道多，很容易就迷失方向，走入极偏僻的地方。

这就是树篱区，也是莫日（Mauges）地区出现的一种树篱景象。泰斯蒂在更靠近索米尔的地方却看到了与这种难以涉足的乡村截然相反的景象：

整个索米尔政区几乎是本省最富裕的平坦地区。田地开阔，小麦产量丰富。当地盛产名为"索米尔丘"的葡萄酒，大部分是白葡萄酒，但卢瓦尔河左岸的尚皮尼－勒塞克（Champigny-le-Sec）也出产少量精致红酒，可与波尔多红酒媲美。当地还种植桑树，饲养蚕虫，是值得支持的产业。（AA MR 1275）

泰斯蒂继续比较莫日地区的"落后"农业与索米尔地区的"先进"农业。他在森繁林密的莫日地区穿行，并没有注意到分布广泛的生产亚麻和棉布的家庭小作坊，也没有看到为巴黎市场供应肉牛的养殖业。他还漏掉了绍莱市有一定规模的棉布制造业。而且，昂热的纺织工人和采石工又不在他的责任区内。不过，泰斯蒂还是准确地看到安茹被分成两种截然不同的种植区，而且在这两种种植区内，农业都是最重要的产业。

其他地区的勘测军官们所负责的区域界于工业化且商业化的佛兰德与高度农业化的安茹这两个极端之间。在勃艮第，负责勘测的军官注意到，东部（尤其是靠近弗朗什－孔泰的山区）和靠近北部（特别是塞纳河畔沙蒂永周围的林区）地区零散分布着锻造厂；北部和西北部的开阔田地上种植着谷物，农村比较富裕；靠近南部和东部地区，圈用地和家畜养殖更重要；第戎以南是集中化葡萄种植区；沙蒂永和勒克勒索（Le Creusot）以南，铁矿、煤矿和资本集中的制造业经济效益较好。1839年负责尼依（Nuits）地区调研的布罗萨尔（Brossard）上尉发现，该地区扩大生产诸如佳美（Gamay）和努瓦略（Noirieu）之类成本更低、获利更多的葡萄酒，却放弃生产颇受品酒师青睐的勃艮第美酒。他和许多其他军官对此都表示惋惜（AA MR 1200）。

朗格多克的勘测军官相比于负责勃艮第的同事们，发现了更多值得争议的地方。他们看到图卢兹平原上的谷物种植业、比利牛斯山山脚下小规模的金属加工业、纳博讷附近扩大的廉价葡萄酒生产、从塞文山区到尼姆一带的羊毛和丝绸制造业、洛代沃或卡尔卡松相对集中的纺织品生产、山区的走私现象（对于心思狡诈的人来说，这就是一种产业）。负责东朗格多克及其邻近地区的本塔波勒（Bentabole）上校在1842年的综合报告中这么写道：

> 没有参与走私的居民在收割粮食的季节会下山，分散到平原。对他们来说，这个季节带给他们更多的不是劳累，而是快乐。他们习惯了最艰苦的劳作，所以低地上的劳动根本累不到，也苦不到他们。他们经常在吃晚饭的时候载歌载舞，就像是在山里的时候一样。（AA MR 1303）

相比于安茹、佛兰德和勃艮第，季节性移民在朗格多克的经济中起到了更为关键的作用。

负责法兰西岛的总参谋部勘测员发现这是商业化程度最高的地区。不管他们到达腹地的哪一片区域，都能看得巴黎的广泛影响：商品蔬菜种植业距离近，高度资本化的谷物种植距离远，制造业与博韦

等中心地区城市的制造业联系紧密,以巴黎为导向的贸易和移民犹如细水汇入大川。让我们来细细品读以下勘测报告:

> 从巴黎到欧奈－苏布瓦(Aulnay-sous-Bois)沿路(1822):他们从巴黎运来大量肥料;农民们来买肥料,同时带来自己种植的蔬菜和其他农产品。(AA MR 1287)
>
> 比耶夫尔河(Bièvre)河谷(1822):靠近巴黎,居民所有的收成都运到巴黎待售,而市镇之间的交往不重要。(AA MR 1288)
>
> 通往万塞讷之路(1822):与周边行政区、市镇和教区的联系不重要。与首都的联系更活跃,居民到巴黎出售产品。他们与拥有一个重要市场的拉尼(Lagny)也有联系。……他们没有自身的零售业,四个村庄完全从事农业。很多巴黎人在此置办乡间房产。(AA MR 1287)
>
> 通往莫(Meaux)之路(1825):这里的居民要输送石灰,要运送水果、蔬菜去市场,经常来回奔波,还要与巴黎的居民频繁打交道。所以他们总是对人不信任,甚至有时候还有点儿傲慢无礼。(AA MR 1289)
>
> 从沙朗通到巴黎沿路(1827):所有人群之间的联系紧密,主要从事以巴黎为导向的贸易和零售业,因为供应的市场在巴黎。(AA MR 1290)
>
> 从军事学院(Ecole Militaire)到阿让特伊的塞纳河沿岸(1833):塞纳省是法兰西王国中最小的省,但却是最富庶最重要的省,因为首都巴黎就在其中心。……河两岸簇拥着许多村庄,点缀着富裕精致的乡间别墅,提示着人们这里邻近首都。(AA MR 1291)

蒙马特尔（Montmartre）、科隆布（Colombes）、库尔贝瓦（Courbevoie）、圣旺（St.-Ouen）之间的地区（1833）：沿岸所有村庄都可以看到巴黎制造业的影响。（AA MR 1292）

庞坦（Pantin）、勒普雷－圣热尔韦（Le Pré-St.-Gervais）、罗曼维尔（Romainville）、努瓦西勒塞克（Noisy-le-Sec）、博比尼之间的地区（1846）：如果说邻近首都这一地理位置消磨了50年前使该地区变得独特的特点，但也让他们感受到了现代文明带给他们的好处。来到这里的人们会惊讶地发现，当地人说的话居然没有土话或者地方词汇。（AA MR 1293）

旺夫（Vanves）和比塞特要塞之间的军事区（1856）：邻近巴黎和大工厂这一点对该地居民造成了不良影响，从他们的体格就可以看到这一点。（AA MR 1294）

正如上述最后一条所显示，重型制造业一般建在郊区。专门化贸易、零售业、国际商业、金融和政府管理则占据越来越多的中心位置。尽管巴黎显然仍是法国最大的、唯一的制造业集中区，但是这个以各种小规模生产为主的首都，与诸如鲁贝和勒克勒索之类以煤为燃料的工业区之间还是有很大不同。"工业化"等同于"工厂"的观念初具雏形。

全国范围的集中化

对于法国 18 世纪大部分时期来说，将"工业化"等同于"工厂"是荒谬的。一些具有代表性的生产类型一开始的时候规模就很大，尤其是由国家垄断或与国家有重要的直接利益关系的生产类型，例如武器、食盐、帆布或烟草生产业。负责照顾或教化孤儿、贫民或有违道德者的宗教组织有时也生产纺织品，虽然采用的是人力机器，但在规章制度和空间隔离上与工厂相似。对资本要求高的采矿业也会涉及相当规模的工厂和集中化的规章制度。

但是法国主要的制造业还是以小工坊和家庭作坊为主。诸如里昂和鲁昂周边的大工业区拥有各大商业城市之间所组成的网络，这些城市中的金融家和企业家是数以千计的小规模生产者的指导者。这些小生产者几乎无法自行决定生产什么或生产多少。商人经常通过债务、法律施压，以及对房屋、生产工具或原材料的所有权等方式对他们进行控制。然而从事实层面来说，这些生产者可以将生产的产品出售给商人，而不需要将自身的时间和精力完全任由雇主处置。他们几乎是无产阶级，但还不是完全意义上的无产阶级。

商人们对收购工人生产的产品制定了严格的标准。商人与表面上独立的工匠之间每天争执的问题就是成品是否合乎标准，是否可以支付全款，工人们有没有偷拿商人提供的原料，以谁的量具来测量，等等。但是商人们还是无法规定一名织布工、纺线工或木工何时、何地、以何种方式工作，更无法确定家里其他成员是否得提供协助才能完成工作。

另外，从事工业生产的农村居民还有一部分时间要花在农业生产上。法国18世纪晚期的制造业劳动力主要是这些在自家或小工坊里从事生产的准无产阶级。因此，高度工业化地区并不是拥有许多工厂的地区，而是拥有大量准无产阶级制造业劳动力的地区。

洞察力敏锐的观察家在观察1789年的法国时，可能会看到19世纪的工业生产结构于此时已经初具规模。在佛兰德、诺曼底和其他一些地区已经开始出现一些以水力或蒸汽为动力的相对规模较大的作坊，这些作坊与当时在英国大批出现的作坊相似。1788年，法国商业局要求各省监察官汇报各自辖区内"工厂和锅炉"的情况。佛兰德和阿图瓦的监察官埃斯曼加尔（Esmangard）报告说，在他管辖的省内没有锻造厂或其他金属制造厂。但是使用能源的生产者却能列举一些，包括里尔和敦刻尔克的几家玻璃厂，杜埃的1家制陶厂，里尔的1家制瓷厂，阿拉斯的2家制管工坊，敦刻尔克的1家杜松子酒蒸馏厂、21家食盐提炼厂、26家肥皂厂、12家糖厂，另加16家陶器砖瓦厂。书记员概括埃斯曼加尔的报告如下：

> 我们看到，其中大部分工厂都是以煤作为燃料，使用木柴的工厂规模都很小，不会造成木柴短缺。在滨海佛兰德，煤来自英国，所以价格便宜。农村的居民主要烧泥煤。但在里尔、阿拉斯、杜埃和圣奥梅尔（St.-Omer），大量木材都用于采暖。监察官提到，在这些区域，木柴价格昂贵，但没有具体说明价格如何，消费量是多少。在埃诺，煤实在太贵，一般没人使用，主要是因为在埃诺和阿图瓦能找到的少量煤根本无法满足需要。已经有相关公司成立，在这些省区开始勘探，希望在大城市或河流附近找到矿床。（AN F^{12} 680）

勘探的结果卓有成效。在40年时间里，在佛兰德和阿图瓦，以蒸汽为动力的磨坊和烧煤的锻造厂雇用了数以千计的工人。但是在1788年，使用燃煤作为工业动力的转变才刚刚开始。

另一个极端的情况则是，图尔监察官提交的关于安茹"工厂和锅炉"的报告却几乎乏善可陈。例如，在蒙特勒伊贝莱（Montreuil-Bellay）那个部分只是平淡地写道："该区无工厂。"索米尔地区那部分记录了20家使用木炭的石灰窑，再无其他（AN F^{12} 680）。

当时其他的报告清楚地显示，安茹人制造并出售了大量产品。

在 1781 年，王室制造业视察员在卢瓦尔河以南的亚麻纺织中心绍莱，只计算出在城内从事纺织业的"商人、服装商和工人"有 234 人。这些人几乎都是在自己家中进行手工制造。另外还有 848 人——只计算了成年男子，不包括在家中工作的数以百计的妇女和儿童——在周边村庄工作，并将产品销售给绍莱的商人（ADIL C 114）。

绍莱的亚麻织品，尤其是手绢，主要供应国内市场，但通过南特也进入到奴隶贸易当中。正如上述那名视察员在报告中所写，大部分真正的制造者自身并没有资金，而是依靠小额预付款为服装商工作。然而，就是这些家庭式工人每年完成大约价值 300 万里弗尔的成品，而当时全国纺织品的生产总值是 11 亿里弗尔（Markovitch 1966，表 6）。

虽然在绍莱腹地零散分布的纺织品制造业坚持了几十年，绍莱的商人也于 19 世纪在城市里建了一些小工厂，但是类似于佛兰德的城市内爆（Urban implosion）的现象，在绍莱地区或安茹其他地区还未出现过。安茹从整体上来说，在大革命期间和之后实际上经历了一个去工业化的过程。居民的精力越来越多地投入到农业上，而不是制造待出售的商品。

从这个意义上来说，我们讨论的五个地区中有三个在 1789 年之后发生了去工业化的情况。不仅安茹，而且朗格多克和勃艮第都坚定地转向了农业。在 19 世纪的安茹，卢瓦尔河沿岸酿酒业扩大，其他区域则扩大了谷物种植业和肉牛养殖业。安茹去工业化进程中唯一的大规模例外，发生在昂热东南邻近蓬德塞及卢瓦尔河的特雷拉泽（Trélazé），这里的采石场出现了扩大的发展趋势。

同样，朗格多克山区的家庭式纺织业也衰退了。虽然洛代沃几十年以来因为生产做军队制服所用的羊毛布料而经济繁荣，但是贝达里约、卡尔卡松和洛代沃的纺织品生产还是在 19 世纪难以延续，马扎梅（Mazamet）仍坚守着羊毛产业，但只能从事剪羊毛和羊皮加工（Johnson 1982）。在勃艮第，烧木柴的锻造厂，与弗朗什－孔泰的锻造厂一样，生意也慢慢凋敝，但酿酒业的重要性却在增长；只有在勒克勒索以南到里昂的区域，才有集中化的制造业。随着安茹、朗格多克和勃艮第的去工业化，法兰西岛和佛兰德却以另一种方式进行着工业化的进程。

经济命运

上述三个去工业化地区都转向了酿酒业，但投入的精力和取得的收获却各不相同。在安茹，卢瓦尔河谷和附近莱永河流域的葡萄园有所扩大，但没有新的、重要的葡萄园区出现；也没有出现可观的土地集中化现象，安茹的酿酒业还是以小规模葡萄园园主和日薪工人为主。在勃艮第，用黑皮诺（Pinot noir）葡萄酿造美酒的旧酿酒区仍旧保持着小规模的生产模式，而且还是以小规模葡萄园园主为主导。用佳美葡萄酿造的廉价葡萄酒在邻近的区域有所扩张，但主要是因为小葡萄园数量上的增加，而不是因为大葡萄园规模上的扩大。

甚至到19世纪中期，法国铁路系统已经大幅扩展，朗格多克的酿酒区域也没有很大发展。实际上，盛产优质美酒的丘陵地带和农民的房屋都保持着原有特色，直至20世纪。然而，靠近地中海从佩皮尼昂（Perpignan）到尼姆的弧形平原上却发生了巨大变化。在这里，19世纪60年代资本主义酿酒业迅猛增长，70年代和80年代爆发葡萄根瘤蚜虫灾害，之后大规模葡萄种植区里廉价葡萄酒的生产大幅度增加。

上述早期的增长与其之后的危机，以及再次的扩张之间彼此有着联系：19世纪70年代，资本主义化的葡萄园园主希望赚更多的钱，所以从美洲引进葡萄，但不曾想已入侵美洲葡萄的根瘤蚜随之进入法国；法国葡萄害虫病，促使从阿尔及利亚、西班牙和意大利引进价廉、掺水、加糖的葡萄酒，南方人则致力于培育新的美洲葡萄品种；从虫病中恢复后，法国葡萄园园主得以进入方兴未艾的批量生产的酒水市场。

但是，朗格多克的农村并不是全都转变成了葡萄园。例如，图卢兹附近的平原继续专注于小麦生产，高地则维持着放牧业、小规模手工业和季节性迁移劳作相结合的经济形式。同样，安茹的树篱区还维持着在中等大小租借农场上种植谷物、养殖家畜的经济模式；不同的是，一些贵族地主开始对管理产业和其佃户的政治观点越来越感兴趣，甚至每年有一段时间会住在面积不大的城堡中。在勃艮第，尽管农村工业在衰退，佳美葡萄的种植在扩张，但大部分区域还是保留着农作物混种的形式，不过到19世纪中叶以后，经济作物逐渐占据更大比重。诺尔的农业更加屈服于制造业。法兰西岛仍保持着高度市场化的蔬菜种植区距离近、资本主义谷物生产区距离远的布局。

即使在农业地区，资本和制造业也越来越集中在城市。在昂热、第戎和图卢兹，贸易都在扩张，从事贸易的人有钱了，银行变大了，小规模手工业也让路于大工厂了。例如，昂热的特点在于工业的发展是建立在农业基础上的：不仅食品和酒水的生产与批发是这样，帆布制造业与羊毛、棉花和大麻纺织业都是如此。只有重要的采石场打破了城市与农业之间的紧密联系。实际上，直至19世纪中叶，昂热四分之一的劳动力都是在城市内直接从事苗圃和商品蔬菜种植业。然而在1856年，昂热有整整57%的劳动力靠制造业维持生计（Lebrun 1975: 199）。从那时起，昂热市就主要通过拓展商业服务来获得发展。像第戎和图卢兹一样，昂热越来越专长于协调贸易与资本的关系。

里尔和巴黎于是成为截然不同的工业城市。假使我们将里尔、鲁贝、图尔宽划归到一个城市集合体当中,那么这个 19 世纪大都市集合体就集中反映了法国新型制造业中心的所有特征:工厂密集,工人阶级住宅区密集且相对隔离,增长速度快。从 1806 年到 1906 年,鲁贝的人口数量从 9,000 增长到 121,000,图尔宽从 12,000 增长到 82,000,里尔则从 50,000 增长到 215,000(4 倍多!),从而导致它们所构成的城市集合体的居民从 71,000 增加到 418,000。在这个集合体中,尤其在 19 世纪中叶以后,劳动力出现了分化:鲁贝和图尔宽成为以家庭工厂为主导的工厂城,里尔成为与国际化首都更加紧密相连的金融、行政和文化中心。这个城市集合体共同形成了法国最大的大规模制造业集中地。

至于巴黎,我们必须将旧的市中心与新的边缘区域区分开来讨论。在市中心,贸易、金融、服务业和行政的扩张对制造业区域和工人阶级居住区造成了挤压。经过工业转型和高雅居住区的新建,巴黎市的阶级隔离更加明显。将工人及其工作场所彻底分离出去的做法在七月王朝统治时期就已经出现,并在 1852 年奥斯曼和拿破仑三世的大规模城市重新规划之后则达到了顶峰。小规模制造业搬迁到城市建成区的边缘,而重型工业则越来越远离城门收费站——那里地价便宜,免收城市税,运河和铁路交通四通八达,所以吸引力日增。

例如,金属加工厂在 1848 年之前已经迁到克利希(Clichy)、圣乌恩、圣但尼及巴黎以北和以南的其他地方。(请记住,1833 年那个负责圣乌恩附近区域的、颇有预见性的军事勘测员这么写道:"沿河的每个村庄都能看到首都制造业的影响。"AA MR 1292.)巴黎东北的郊区变得类似于鲁贝和图尔宽,唯一重要的区别在于贝尔维尔及周边地区的工人制造的不是纺织品,而是需要大规模使用资金和能源的火车、机器、化学品及其他产品。

图表 6　1801—1921 年主要城市的总人口变化图

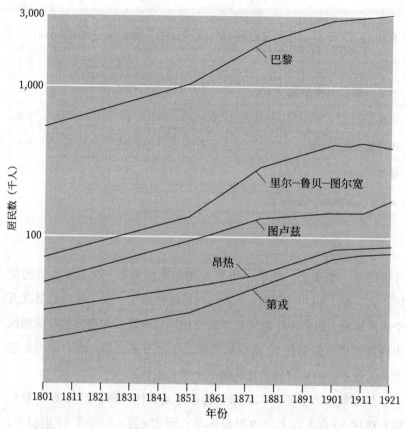

资料来源：各时期人口普查数据。

正如图表 6 所显示的，这五个城市集合体在 19 世纪上半叶增长的速度大致相同，巴黎领先，昂热最后，但都在增长。在 1851 年之后的大内爆时期，差距就拉开了。里尔－鲁贝－图尔宽势头最猛，第戎和巴黎在加速，昂热实现稍许增长，而图卢兹的增长实际上已在减缓。进入 20 世纪之后，尤其在第一次世界大战期间，城市的增长

第九章　革命与社会运动　375

表7 1801—1921年五个地区首府人口的年平均增长率

(单位：%)

城市	1801—1851	1851—1901	1901—1921
巴黎	1.3	1.9	0.3
里尔－鲁贝－图尔宽	1.2	2.2	−0.2
第戎	0.8	1.6	0.5
图卢兹	1.2	0.9	0.8
昂热	0.7	1.1	0.2

资料来源：各时期的人口普查数据。

几乎停滞。事实上，里尔－鲁贝－图尔宽作为第一次世界大战的战区，人口在1901年和1921年之间已经略微减少。表7展现的是这五个地区首府人口的年平均增长率的变化。所有这一切都发生在法国城市内爆时期。但是在20世纪早期状态平稳下来之前，两个作为制造业和工业中心的首府还是比其他三个增长得快。

虽然城市大小不同，但增长比率还是大体一致。巴黎在19世纪初有居民50万人以上，19世纪末增长到270万人。整个19世纪中，巴黎的人口数都大约维持在其劲敌马赛的5倍和里尔－鲁贝－图尔宽的至少6倍。这种在数量上的差距意味着，巴黎在工业上可能不如里尔－鲁贝－图尔宽，但在制造业规模方面却是全国最大。在制造业、商业，当然还有在政府管理方面，巴黎冠压其他地区。这种集中化进程持续了整个19世纪。

集中化的结果就是，工业中心的大制造商和商人越发富有。图表7展现了19世纪巴黎、里尔和图卢兹的财富变化。数据来自在这

图表 7　1806—1911 年里尔、图卢兹和巴黎居民去世时的平均财产值

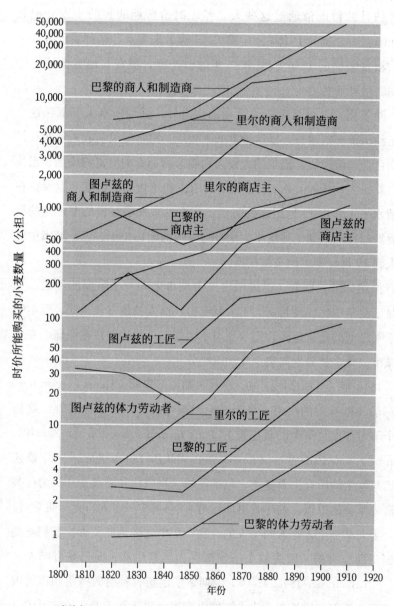

资料来源：Daumard 1973: *Annuaire Statistique* 1966: 406-407。

三个城市中从 1806 年到 1911 年期间逝去之人所拥有财产的估计值。这种估计的财产值通过这些人当年以时价所能购买的小麦公担数（quintal，1 公担等于 100 公斤或 220.5 磅）来表示。这种表示方法会低估粮价较高的 1846 年和 1847 年的财产值，但在其他方面还是能客观表现其购买力。

除了图卢兹的日薪工人逐渐消失之外，其他所有人群都在这个世纪经历了一些增长。以这种方式来表现，财富等级与收入层次正好相吻合。一般来说，巴黎的大商人和制造商拥有的财富约相当于巴黎市日薪工人的 5,000 倍。三个城市的店主和零售商的财富大致保持在一致水平；邻近 19 世纪末的时候，一直以来发展缓慢的图卢兹的批发商看似也加入到上述这个生活舒适安逸的团体里了。三个城市中的工人到 19 世纪末也越来越接近。

虽然如此，图表 7 也显示出三个城市之间一个重要的不同。那就是工业集中化程度越高，工人就越穷，商人就越富，因此，资本家与工人之间的贫富差距，巴黎比里尔明显，里尔比图卢兹明显。在工业城市，整个趋势走向集中化和阶级分化。

1848 年二月革命刚结束，亨利·勒库蒂里耶（Henri Lecouturier）就写了一本有趣的小书，名为《论巴黎与共和制的不兼容性：规划一个不可能发生革命的新巴黎》(Paris Incompatible with the Republic: Plan of a New Paris Where Revolutions Will Be Impossible)。书中概述了巴黎发生的所有主要变化，包括增长、集中化和隔离，并认为这些是造成革命的原因。勒库蒂里耶写道："当城中一半人口死于饥饿时，另一半人却一个人吃着两个人的食物。集中化要为此负责，我们看到法国正面临衰竭，因为整个法国都在为巴黎生产，而巴黎吞噬着一切。"（Lecouturier 1848: 15-16）他列举了巴黎种种腐败堕落和道德败坏之事，接着抱怨某个不为人知的纵容腐化堕落和犯罪恶行的元凶。

勒库蒂里耶宣称："只要分裂的过程还未完成，只要万物富足的人不比事事都缺的人多，巴黎就会发生革命。"（Lecouturier 1848: 65-66）然而，他并没有从这一原则推导出某种社会学意义上的结论。相反，他对新巴黎的规划包含了以下细节：

> 除了绝对必需的工业生产之外，其他工业生产都必须禁止；
> 除了满足居民的必要需求之外，其他所有商业都必须禁止；
> 将所有不在任何行业工作的人驱逐出城后进行人口普查；
> 设定劳动力数量的上限；
> 用绿地将整个城市分成四个区，每个区再分成四个自治村；
> 建设像华盛顿特区那样的宽阔笔直的街道；
> 建造一批易于购买的新房屋。

除了宽阔笔直的街道这一点被奥斯曼采用之外，巴黎并没有采纳勒库蒂里耶的其他建议。然而，勒库蒂里耶的分析反映了在法国统治阶级中普遍存在的一种想法，即中央集权、集中生产、快速增长和不平等加剧等现象招致了败德、失序和叛乱的威胁。

转变中的国家

在勒库蒂里耶写下他认为巴黎集中化可能造成的后果之后不久，阿历克西·德·托克维尔（Alexis de Tocqueville）也对1848年革命做了一番分析。托克维尔提到两个因素，一个是工业革命，另一个是集中化。他写道："30年以来的工业革命使巴黎成为法国主要的制造业城市，并在城内形成了一支全新的工人群体，城防工程又导致了一批失业的农业工人加入他们的行列";"集中化也导致所有革命行动就是为了抢夺对巴黎和政府机器的控制权"[Tocqueville 1978（1893）：113-114]。之后，托克维尔泛化了这种分析，将之推至18世纪法国大革命的阐释。

尽管托克维尔低估了1789—1799年法国革命在建立新体制方面的程度，但他清楚地看到，巴黎既拥有中央集权的国家机器，本身又是一个大都市，这一特点使得掌控巴黎对全国政治来说至关重要。革命者一路奋斗，着力建造一种中央集权式的国家架构，后来的拿破仑家族、复辟王朝以及19世纪的革命者都未曾真正采取过任何解散这种架构的措施。

加强和集权化法国国家的显著过程是：建立革命委员会、民兵组织和临时政府；解散敌对的政府架构；取得财政权并承担金融责任；在全国范围内对征税、征兵、投票及其他形式的市民义务强制实施统一的原则和程序；建立从国家到市镇的层级式议会和行政机构；通过派遣代表中央权力的官员到地方上巡视来控制各级议会和行政机构，这些官员主要仰赖现有资产阶级爱国者网络的支持；逐步但强制性地用正式的层级式架构去取代种种委员会和民兵组织；建立完善的国家监控系统，这种系统类似于旧制度下用于掌控这一都市的警察系统；建立唯中央政府马首是瞻的武装力量。组织革命和建立帝国的那批人建立起了一个全世界前所未见的、权力触及程度最深远的中央集权式国家。

中国和罗马帝国确实曾建立范围更广泛的政府系统，但是它们及其他帝国的行政管理基本上终止于地区层面，只在省级首府设置官僚机构和驻扎军队，在此层面以下则依靠与之合作的本地掌权者来处理日常事务。旧制度下的法国在一个更小的规模上也未能超越这一模式。但是大革命及之后的帝国通过激烈的斗争，在全国性政府与单个市镇，甚至通过市镇委员会与地方家庭和家族之间建立了直接联系。地区和地方上的当权者对现有全国性政权心怀不满的抗议仍然会对中央政权的代表造成困扰，但这些抗议再也不能像旧制度下的抗议那样，拥有高等法院、三级会议、行会，以及获特许权的市政府作为其反抗的后盾。

国家机器的营建工作在法兰西第一帝国之后并没有结束。专业警察的出现就是 19 世纪国家机器不断扩张的一种表现。如果我们排除诸如狩猎监督官之类的地方警力，大革命和帝国时期的官方警力得到巩固后，主要形成了两股力量。第一股是国家宪兵（Gendarmerie Nationale）。他们向战争部汇报工作，负责公路和农村的巡逻工作，取代 1720 年成立的骑警队行使职能，不过两者成立的初衷和目的基本一致。

第二股是由内政部领导的国家保安局（Sûreté Nationale）。它将大革命之前巴黎的警察组织结构扩展到全法国的城市地区。保安局不仅负责巡逻街道和追捕窃贼，还发展了一条从每个省和大城市直到首都的传递政治情报的常规渠道。在整个过程中，保安局稳定地吸收已有的市级警力——例如，在 1851 年接管里昂的警察，1908 年接管马赛的警察，1918 年接管土伦的警察，1920 年接管尼斯的警察。

国家宪兵和国家保安局在 19 世纪继续扩大，尤其是后者。图表 8 展现的是目前我们可以找到的有关警方人员和预算的零碎资料。其中，增长曲线出现了一些有趣的不规则变化。宪兵的支出在 19 世纪 40 年代已经出现上升趋势。路易·拿破仑在掌权后的最初几年加快了宪兵的扩充，之后就保持平稳状态。在法兰西第二帝国的最后几年，对宪兵的资金投入下降。之后，在 1870 年革命中掌权的政权再一次扩充警力。

保安局的数据波动则更加剧烈。在 19 世纪，每一次革命——

图表 8　1825—1895 年法国警力支出和人员变化

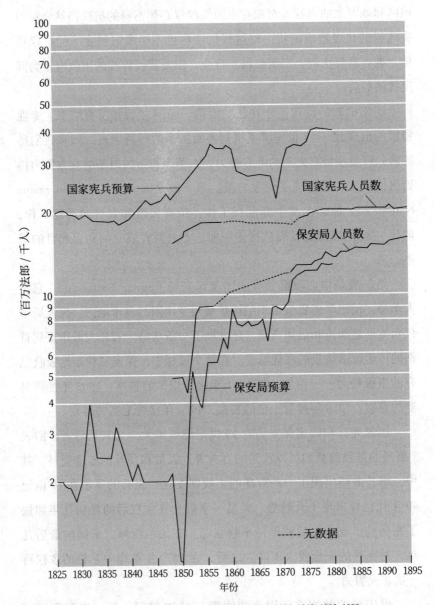

资料来源：Nicolas 1883: *Annuaire de l'Economie Politique* 1884, 1869, 1883, 1899。

1830年、1848年和1870年——之后，新政权为了加强对全国的控制，就大幅度扩充警力。其中有一次重要的例外发生在法兰西第二共和国时期，当时从1848年年底开始担任总统的路易·拿破仑在加紧对国家机器的控制之前，削减了保安局的一半支出。整体上来说，警力的扩充与政治镇压的消长趋势大致同步，最终结果就是在整个法国织就一张统一的监控网络。

然而，在19世纪国家机器的扩张进程中，并不是所有地区都具有相同的参与热情。一方面，法国各个地区对接替政权的支持程度有很大不同。例如，在七月王朝统治时期，安茹和朗格多克有很多强势的正统派，而勃艮第、法兰西岛和诺尔就没有几个。安茹的正统派主要是居住在乡村的贵族及其支持者，他们联合起来反对居住在城里的奥尔良党人（Orleanist）和共和派。在朗格多克，图卢兹等城市里有许多势力强大的正统派，而且朗格多克的正统派强烈反对信奉新教的资产阶级。这些不同既会影响省长能否完成中央政府的指令，也会影响地方上的贵族能否从政府的慷慨中分得一杯羹。

另一方面，政府自身对资本密集型项目的资金注入也有明显的地区差异，典型的例子就是铁路的建设。早期的铁路建设或者出于矿主的需要，或者出于王室的心血来潮。后来，法国开始构建铁路系统，将巴黎与各省主要城市相连接。相比于勃艮第、安茹和朗格多克，整个工程更有利于诺尔，尤其是法兰西岛。而勃艮第因为地处巴黎至里昂和马赛的中途，又略胜于朗格多克和安茹。

巴黎于1837年拥有了第一条客运铁路，又于1843年建立了与鲁昂和奥尔良的直接联系。里尔通过1846年完成的干线与巴黎建立了直接的联系，其余与巴黎通过铁路建立直接联系的城市有1849年的第戎、1856年的图卢兹，而昂热则在1863年。铁路的拓展反映了一种普遍模式：总的来说，一个地区资本集中的程度决定了该地区获得国家经济设施支援的速度和总量，该地区主导阶级受当前政权赏识的程度决定了它能获得便利的程度，该地区反抗运动的强度决定了镇压机制的程度。

　　从这些方面来看，大革命造成了深刻差异。比较直接的统治方式削减了各地区在经济上占主导之阶级对政府模式的影响。财政系统的统一和官僚化进一步减少了税收特征和税收负担的地区差异。从大革命中幸存下来的天主教会势力不大如以前，只能沦为一股独立的力量。尽管拥有土地的贵族和资产阶级，在以资产来决定投票资格的选区仍具有很大影响力，但是在全国范围内，商人、金融家和制造商的权力与日俱增。虽然在大革命中，生产、分配和消费在经历了早期的一些实验之后并没有发生很大改变，仍保留了许多当地社会生活的特点，但是全国性的统治结构却发生了重大转变。

五种形式的革命

　　由于旧制度下的社会组织和机关与中央政府的关系存在很大地区差异，所以大革命在我们讨论的五个地区呈现出截然不同的五种形式。在诺尔的东南部（埃诺和康布雷西），在大革命早期已经出现了小地主和农村无产阶级反抗大地主的剧烈斗争，在西北部（准确地说是佛兰德），广泛爆发了农村无产阶级反抗地主和商人的斗争。在埃诺和康布雷西，废除封建税和出售教会财产的做法有助于建立属于小地主们的共和国。

　　在佛兰德，富有的农场主和城市资产阶级主导了销售。整体而言，农村居民反对解散教会，仍然与教区的教士们紧密联系在一起。诺尔的农村居民一旦看到由资产阶级发动和控制的革命具有局限性时，随即就转为捍卫自身已获取的利益。所以，在农村地区，革命运动真正发生了，但时间不长。在城市里，已然有权有势的商业和制造业资产阶级所做的主要是巩固其权力。在法国革命战争的最初阶段，沿国界线的省份再次成为安营、侵略和战斗的所在地。也就是在这最初的阶段，诺尔经历了唯一一次大规模的恐怖统治。总的来说，我们所看到的诺尔省，最初与大革命达成一致，之后就主要致力于捍卫已有的利益。

在朗格多克，高等法院长期以来为了捍卫省自治权而反抗王室扩权，但是一旦看到自身特权受到威胁时，又迫不及待地与旧制度站到了同一条战壕。在大革命早期，农村无产阶级曾试图矫正大地主们在18世纪所做的恶行，但后来还是因缺乏资本而无法从教会财产和流亡贵族财产的出售中获得任何好处。

朗格多克的革命集中在城市里。在图卢兹，由于缺少独立于大地主的大资产阶级，革命权力就落到了商人、专业人士和手工业师傅们的手中。图卢兹成为雅各宾派的全国中心。1793年6月，国民公会推翻吉伦特政权，之后，图卢兹的爱国者们才最终开始支持国民公会。1793年，包括联邦主义者叛乱（Federalist insurrection）之前和之后，从图卢兹到蒙彼利埃之间的所有城市都成立了革命志愿军。这些革命志愿军在保卫家乡和确保家乡民众温饱的同时，积极投身于与南部反革命分子的斗争之中。

尼姆则转向了联邦主义者。整个尼姆市分成了两大阵营，一边是有权有势的新教企业家少数派，另一边是意志坚定的天主教工人多数派。在尼姆及其腹地发生的革命，大部分是这两大阵营之间的冲突。在巴黎肃清吉伦特派时，尼姆及其所在地区也发生了一次叛乱，不过以流产告终。

朗格多克的新教徒，不论是在城市还是在农村，都积极支持大革命。而一场由地主领导、天主教农民和农村无产阶级参加的大规模反革命运动在该地区迅速爆发。他们以非革命派的神职人员为中心，反抗革命政权的征兵和征税。1799年，他们的起义在朗格多克的多个城市成功驱逐革命政府，但未能占领图卢兹，并最终被共和国的军事力量击败。1815年的白色恐怖时期，天主教和保王派开始疯狂报复图卢兹、尼姆及其他中心地区的前雅各宾派分子——无论他们是新教徒、天主教徒还是无宗教倾向者。

在勃艮第，大革命开始于对酿酒业地区内外地主们发起的大规模攻击行动，另外还有在博讷等城市发生的夺权斗争。然而，一旦大革命早期的斗争已然确立了新的权力结构，大革命持续过程中就没有出现像朗格多克那样公开的派系分裂。1789年和1790年，原先三级会议的支持者和追随者组建了一个重要政党。1790年，这个政党甚至从1789年7月夺权的好战律师和商人手中抢过了第戎市政府。然而，由于遭到镇压，其部分成员出走，不久这个反革命政党就解散了。自此，律师、商人及其他资产阶级接过了领导权。

第戎、博讷、马孔及这些地区之间的葡萄园园主们倾向于革命派左翼，塞纳河畔沙蒂永附近从事工业的工人们也是如此，但这些人手上都没有多大权力。除了零星发生的抗议征兵的行动和偶尔发生的要求提供更廉价更充足食物的行动之外，这些人行动力不足，而且取得的效果也不明显。1789年7月成立的资产阶级委员会、民兵组织和市政府，在做出必要的调整后，于整个大革命期间一直掌握着权力。

法兰西岛培育了蔓延全国的革命运动，同时也创造了一些神话：启蒙思想摧毁了君权；革命运动起因于严重的民生危机；流浪汉和盗贼的威胁催生了政治机制；嗜血的群众推翻了旧制度；坚定的各省议会与腐败的王权发生冲突，并坚持改革。以上种种神话反映了巴黎人民在1789年的真正体验。

实际上，汇聚在巴黎的新闻记者、出版人、神职人员、书记员以及能够识文断字的工匠，确实为在1788年和1789年大量出现的政治俱乐部和沙龙提供了充足的客户。早期高等法院的捍卫者和之后第三等级的捍卫者，确实运用启蒙思想的话语来武装自己的辩护，天赋权利和理性为他们反对专制统治提供了正当理由。然而，他们保护的是真正的民众权益，使其免受真实存在的王室威胁。

第二个神话同样也反映了部分真实情况。1788年开始的民生危机确实在巴黎及其腹地激起了广泛的阻粮和抢粮运动。到1789年年中，三级会议的第三等级宣布成立国民议会，在法兰西岛确实成立了应急委员会和民兵组织，而且从原先的市政府手中夺了权。但是，1789年及之后发生的相当一部分食物冲突，都是巴黎派往邻近城镇负责查抄粮食的官方和半官方分遣队所造成的。生产商不愿意将粮食投放到市场，村民们也不愿意将当地的粮食输往巴黎，而这些分遣队的任务就是要确保首都的食物供应。

1789年春季，农村里的失业工人确实在该地区的公路上晃荡。许多教堂司事会敲响警钟，以提醒武装队伍做好盗贼接近的防卫准备。然而，劫掠者很少会真的出现。而且即使他们真的来了，通常也是可怜的乞丐，或从巴黎来搜寻食物的人。除了阻粮行动和对地主狩猎设备的零星攻击以外，在1789年法兰西岛的乡村，公开的冲突相对来说还是很少。

演说者、文人和工人确实定期聚集在皇家大宫殿及其他地方，号召大家反抗王室的压迫，阻止甚至策反那些被派来驱散他们的军队。而且，巴黎的普通民众确实经常走上街头，确实不断宣扬人民主权论，确实偶尔会自行执行法律——甚至自行对叛国者施刑。事实上，巴黎的渔妇、民兵和官员的游行震慑了国王，并最终于1789年10月迫使王室返回巴黎。这些似乎都暗示群众在宣泄怒火。但我们还要多想想其他的情境，包括首都巴黎不断发生的游行、集会和其他组织活动，选举人会议和临时委员会转化成市政府的各级机关，街头民众与议会代表之间结成的既紧张又强大的联盟。大革命早期，法兰西岛展现出前所未有的民众动员的特点。

实际上，在凡尔赛开会的第三等级中有许多省份代表确实对作为王宫所在地的凡尔赛有所畏惧。但他们在明确采取革命行动之前，已经远离凡尔赛，迁往巴黎很久了。在巴黎，他们暗中与城里的工匠和店主结盟，同时又获得持异见的神职人士和贵族的支持，所以根本不惧王室。而且，在王室试图制衡他们、派遣军队包围首都并将坚持改革的内克尔撤职之际，他们密谋发动政变之举就更加易于理解了。因此，每个神话都折射出一定的事实，但同时又模糊了真实情况。

而且，这些神话还忽视了巴黎的一些基本事实，例如将地方上的工匠和店主组织编入革命议会、协会和委员会之中，此举是在支持还是威胁革命领导，两者之间还是存在一定的张力；位于首都的全国性议会难以抵挡某些坚定的激进分子的组织化进攻；巴黎与法国其他城市之间还是有民众和信息在不断流动；一定程度上仿效旧制度王室警察机制的、以首都为先锋的监管和政治控制系统在全国范围内广泛推广。综上所述，巴黎和法兰西岛在大革命的整个进程中具有独一无二的地位。

安茹的革命和反革命

安茹也可以自称独一无二。虽然它与朗格多克一样都以发动反革命运动著称，但这里的反革命运动在大革命之后还在持续；虽然这里的反革命运动晚于朗格多克的，但对大革命的延续却构成了更加严重的威胁。

在1789年和1790年，安茹看上去与勃艮第或朗格多克并没有很大不同，整个区域因食物供应而起的斗争都在考验着政府当局。面对这些斗争和其他包括巴黎在内的大城市中出现的新联盟，一些较大城市也组建了各式委员会、俱乐部和革命机构。商人和律师——基本上与1787年和1788年在新省议会中涉足政治的是同一批人，这批人在1789年负责省内三级会议的准备工作——建立了新的统治联盟。贵族们愤怒了，接着开始大批迁出。

大约在同一时期，发生了剥夺教会财产、强制教职人员实施行政服务、出售教会财产、革命政府渗入到村庄层级等事情，所有这一切都加剧了安茹的分裂。一边是以城市为基地的资产阶级革命者及其在村庄里的盟军，另一边则是大量的农民、农村里的工匠和教区神职人员所组成的联盟。两极化的形式相应地迫使大部分农村居民必须选择立场。

与巴黎及其腹地所发生的斗争相似，该地区小城市的国民自卫军也试图征服桀骜不驯的穷乡僻壤。他们在四周巡游，试图迫使民众服从革命法令，保护宪章教士，支持为数不多的乡村盟军，并确保自身的食物供给。军队的改宗加剧了分裂。在安茹南部的莫日树篱区，大部分民众都联合起来反抗革命的资产阶级。

在法国西部，几乎所有的树篱区——不仅在安茹，而且在普瓦图、布列塔尼和曼恩——都发生了相同的进程，许多农村居民都联合起来反对大革命。保罗·布瓦（Paul Bois）评论道："叛乱地区主要在树篱区，这里居民区比较分散；靠近开阔地区的边缘，叛乱往往就终止了。"（Bois 1981: 124）但是各个树篱区之间的两极分化程度、冲突程度，以及在军事和政治上受该地区城市控制的程度还是有很大不同。

在卢瓦尔河以北，对革命当局的武装反抗一般采取朱安党叛乱

（Chouannerie）的形式。朱安党叛乱很少会采取公开的斗争形式，而是采取伏击、骚扰、个人攻击、财产攻击等形式——到底是游击战还是恐怖活动，这取决于你是否同情这些叛乱分子。

在卢瓦尔河以南，形势的发展则有所不同。莫日和附近普瓦图的树篱区，对革命分子实施控制的企图进行了长期且卓有成效的反抗。造就这种不同的是当地社会组织的一些特点：农村里有一批资产阶级在组织家庭式纺织品生产，管理不在村里居住的贵族的房产；许多农民虽然是贵族或拥有土地之教会的佃农，但直接打交道的对象却是资产阶级代理人；教区神职人员与在村里居住的资产阶级之间长期以来都因地方优先权而争斗不休；在该地区，国家军事力量和革命的民兵组织都相对较弱。在1791年和1792年，秘密弥撒和夜间游行成为反革命的集结号。以下这些又加快了反革命的进度：攻击宪章教士，拒绝缴付赋税或拒绝接受革命的管理措施，联合抵制选举、议会或就职，暴力威胁农村里的爱国者。

索米尔周边区域的情况与莫日的截然相反。在索米尔地区，农村里的酿酒者和小农场主很快就与革命的资产阶级合作，同意教会改革，劝诱他们的教士接受这一点，购买教会产业，出席革命庆典，在国民自卫军中服役，应征入伍到国家部队，甚至加入被派往邻近的莫日去镇压叛乱的部队。

在1791年和1792年发动了几起对爱国者的攻击之后，抗议全国范围内征兵举措的大规模叛乱于1793年3月爆发，之后又发起了对当地爱国者和邻近城市的攻击。社区内的临时士兵被组织起来，权且凑成军队，通常由当地具有军事经历的贵族担任指挥官。与军队齐头并进的还有一些牧师，他们之前反对大革命对教会的重组，后来藏身于乡间，反对已然遭到围攻的革命政权。

这些参差不齐的势力控制了莫日及附近普瓦图的大部分区域，

并暂时占据索米尔、昂热、绍莱及其他爱国者城市，与革命军队对抗长达六个月。该地区在 1794 年、1795 年、1796 年、1799 年、1815 年和 1832 年分别发生了各种叛乱，1799 年之前的这段时期更是充斥着各种攻击和对抗。和朗格多克的情况一样，大革命早期形成的反抗运动后来在性质上发生了相当大的改变，但还是持续了几十年才完全消失。

在安茹，革命与反革命地区之间的一些差异，都直接来自当地物质利益与革命纲领之间的不同对应关系。例如相比于莫日，在索米尔，修道会（monastic orders）和教会以外的其他什一税持有者，所拥有的教会财产要多得多。在莫日，掌握大部分教会财产的是教区的神职人员。所以在索米尔，反对教会更容易，也更有利可图。

另外，在索米尔，许多农民拥有土地；而在莫日，大部分房屋所有者都是佃户。而且，莫日唯一拥有资本的农民就是租用土地较多的佃农，他们经常通过地主的资产阶级代理人从出租土地的贵族地主那里租赁 20 公顷的土地，所拥有的资本也就是牛群和生产工具。他们几乎无法在竞拍教会或流亡贵族的财产时胜过资产阶级。于是，一种支持私有财产权、限制教会权力、推进贸易并在有产者之间实现相对的政治公平的革命，在索米尔和卢瓦尔河谷地区的商人和小农户中就有了拥护基础。但是在莫日，占人口绝大多数的佃农、农业工人和纺织工人通过这种革命几乎就得不到什么好处。

而且，一旦教会解散，莫日的民众还会有所损失，因为教区的税收会用于在他们失业时提供少量补助金，而且教区神职人员还可以对当地的资产阶级形成制衡。领导革命的那批商人和律师为了自身的利益而削减工资，提高他们所拥有或管理的土地租金，攫取更多土地自用。对于大多数农村民众来说，要把自身的福利和政治权力交到这批人的手中，都是要危及自身福祉的。

虽然如此，这种说法并不意味着树篱区的农民和工匠就必然走向反革命，这还取决于他们的结盟和对立情况。莫日的农村民众因反对资产阶级而结盟，投入到神职人员和贵族的怀抱。而在西部其他地区，由于农民社群在地方资产阶级之下还保留着一定的独立性，所以就能够与大革命和平共处（Le Goff and Sutherland 1974, 1983）。

在法国其他地区，类似的阶级联盟导致了或支持或反对大革命的不同立场。佛兰德的农民和农业工人长期以来都在反抗资本主义化的地主的攻击，但是对第一轮革命性改革表示了支持。在朗格多克的新教徒中，商人、工匠和农民等都一致支持大革命，因为联合反对天主教徒的出发点超越了其他利益之间的分歧。

整体而言，在法国全国，财富较少的农民和农业工人一直都在竭力阻止农业资本主义化的进展。革命的土地纲领是否符合他们自身的利益，整个影响了他们对大革命的态度。但是在此前提之下，是否与这些最终会推进农业资本主义化的革命者相合作，还要看地方上与资产阶级的结盟情况。

安茹在后革命时期的抗争行动

1815年拿破仑战败后的一个世纪里，法国逐渐发展成我们如今所见的样子。这种自明之理用来说明民众抗争的情况，比用来说明政府结构或领导阶级的特征更为准确。

确实，安茹看起来似乎是个反例。毕竟，在这里，表面上的反革命运动从大革命早期到19世纪40年代一直在农村里制造事端，而且曼恩－卢瓦尔省在20世纪还作为右翼大本营进入政治选举程序。1815年5月，多蒂尚（d'Autichamp）侯爵在安茹南部敲响警钟。与附近德塞夫勒（Deux-Sèvres）和旺代的盟友一样，多蒂尚也组建了一支几千人的部队，与几个爱国城市和拿破仑的军队展开对抗。叛乱队伍控制树篱区长达一个月，甚至迫使拿破仑从滑铁卢战场上抽调2万名帝国士兵来镇压叛乱。

1815年7月拿破仑第二次退位后，保王党的军队占领迪尔塔勒（Durtal），并解除了卢瓦尔河以南爱国者中心的武装。1832年，贝里伯爵夫人在普罗旺斯靠岸，前往旺代号召正统派发动叛乱，反对新的七月王朝。几个半心半意的团体集结在一起，在再一次投降认输之前对政府军发起了几次攻击。在随后两年，几支小规模的朱安党队伍继续攻击政府人员和设施。

所有这些反革命活动似乎是18世纪的余波，其贵族领导者实际上也将其描述成1793年斗争的延续。但事实上，安茹19世纪的政治正在步入正轨。与1793年广泛的民众叛乱不同，1815年和1832年的事件很大程度上是地方上的显要贵族以波旁王朝的名义发起的，参与者都是这些贵族的私人扈从。安茹的大地主回到自己的产业后，就致力于管理自己的财产，在当地建设政治基地，并建构了一个农民都是忠诚保王派的神话。

在城市里，尤其在昂热，事态发展的节奏有很大不同。例如在1826年2月，封斋前的狂欢节上，绍莱的自由派对安茹的贵族进行了象征性的批评。根据绍莱区区长的描述，在一场节日表演中，

> 一名被称作黑暗王子的封建领主，带着许多随从出现。他们都戴着灭烛罩形状的帽子，并携带两块标语牌：一块牌子上画了一头背驮火把的驴子，火把被灭烛罩盖着，四个角上则画了蝙蝠；另一块牌子上写着"美好的旧时光长存！"其他人则扛着猫头鹰和绞刑架。最后是伏尔泰的胸像。

这群乔装打扮的人上演了两个场景：一个是领主的婚礼，以列举其封建权利而告终；另一个是一个仆佣因杀死一只兔子而受审并被处以绞刑的场景（ADML 21 M 162）。据区长所说，当地的保王党对此并不觉得好笑。

在之后几十年的时间里，安茹的自由派和共和派激进分子都采取象征性形式进行抗争，诸如化装舞会、到处呼喊口号和宴会等。政府的管制使更大规模的行动很难开展。1830 年 6 月，昂热的自由分子筹划一次集会，以迎接两名最近公开发表言论，反对国王剥夺部分公民权的代表。曼恩－卢瓦尔省的省长对此集会发出禁令。但群众不管不顾，还是去迎接两名代表进城，于是宪兵队包围了代表们将要会见其支持者的房屋，并驱散了人群。这场温和的反抗也随之落幕（*Le Moniteur Universel* 1830 年 6 月 15 日）。

19 世纪 30 年代的情况一直如此，1834 年 4 月安茹地区检察官关于"道德和政治形势"的报告很明显就透露了这一点。虽然报告一直在强调肃清朱安党人的重重困难，但其中有一段提到，昂热的"人权协会"（Société des Droits de l'Homme）"企图煽动他们门口和小酒馆里的工人"，但"由于民众情绪平和而未能成功"（AN BB^3 167）。昂热的共和分子主要是学生和地方上的资产阶级，在 19 世纪 30 年代一直举步维艰。然而，他们在 1840 年创办了自己的报纸——《西部先驱报》（*Le Précurseur de l'Ouest*），在随后的十年里，开始致力于争取新闻自由和选举权的普及。

安茹共和派未能做到与有组织的工人结盟，也未能将有组织的或无组织的工人吸纳进自己的团队当中。其中的原因并不是工人们不够活跃。在 19 世纪 30 年代和 40 年代，安茹各城市就不断爆发罢工，采取的形式仍旧是停工游行：发起者竭力鼓动所有当地工场的工人走出来，然后在一个安全地点召开该行业的全体会议，接着集体同城里的师傅们讲条件。这种停工游行不断遭到镇压，昂热发生的主要罢工事件包括1834年的锁匠罢工、1836年的裁缝罢工、1841年的细木工罢工以及1845年的建筑工人罢工。这些罢工，尤其是最后这次，都导致一些人被捕和获罪。

在其他地方，政府当局同样采用压迫性话语来描述并处理工人的群体行动。例如，普瓦捷的检察官使用"骚乱"（troubles）的字眼来形容1840年10月8日和9日发生的绍莱纺织工人罢工。当时，绍莱市的纺织工人聚集起来，要求提高他们的成品价格。来自邻近塞夫尔河畔莫尔塔涅（Mortagne-sur-Sèvre）的200名纺织工人在街头参加了他们的集会。当服装商同意以新价格来支付时，骚乱才平息，按检察官的话来说就是，

> 工人们回到家中继续工作，对服装商的退让感到心满意足，以为自己的不幸就会过去，然而不幸的是，这一切都不会成真。
> 平静的局面并没有持续多久。服装商拒绝按之前商定的价格来收购纺织成品，10月12日再次爆发动乱（émeute）。这次，莫尔塔涅的工人没有采取行动，治安法官（justice of peace）利用其影响力使工人安心工作。
> 我的副手不断向我保证，到目前为止，绍莱的叛乱（mouvement séditieux）与政治毫无关系。他补充说，暴民（attroupement）中有人宣称真诚拥护七月王朝和我们的宪政制度。这些工人所言很可能是真的，除了非法集会外，他们也没犯什么大错。但无论如何，我们要看到他们身后站着正统派。他们密切关注着事态的发展，不放过任何一个利用贱民阶级（classes inférieures）的不满和愤怒为自己造势的机会。（AN BB[18] 1386）

请注意上述文字中的一些关键词：骚乱、动乱、叛乱、暴民和贱民阶级。当局查找"政治"联系，试图将罢工者与反对现有政权的组织联系在一起，这说明当局对工人进行了监控。由于没有找到任何政治联系，又考虑到地方资本家食言，检察官就意图甩手不管。因此我们可以看到，整个系统为工人的群体行动保留了一定的空间。

然而，除了采石工人，安茹的工人们并未好好利用1848年革命来组织自身或建立现有组织与全国政治之间的联系。当时，采石工人成立了一个总工会（syndicat）。一个名为"玛丽安"（Marianne）的具有社会主义倾向的秘密会社，就是于1851年之后在这个总工会的基础之上发展而来的。1852年，500多名采石工人进行罢工，比原先的罢工行动具备更广泛的组织基础，而且其中很可能还涉及"玛丽安"会社。这个秘密会社不断发展壮大，到1855年就在特雷拉泽、圣巴泰勒米（St.-Barthélemy）、蓬德塞和昂热组织了一次武装叛乱，不过最终流产。

然而，19世纪30年代和40年代在安茹公开抗争的最常见形式并不是罢工或叛乱，而是一些旧式的阻粮运动。在这种抗争中，民众试图将本该运往其他市场的粮食抢夺过来，以供当地居民消费。安茹地区在1839年和1840年大范围爆发的阻断谷物输送的行动并未发生在城市，而是主要发生在诸如埃夫尔河畔勒迈（Le May-sur-Evre）、圣皮埃尔－蒙特利马尔（St.-Pierre-Montlimart）、雅莱（Jallais）和科龙（Coron）等树篱区村庄里。在这些地方，相当一部分居民都从事家庭式纺织生产。

在随后大约10年间，每当粮食短缺时，这些地方就会发生阻粮运动。安茹最后一波大规模阻粮运动发生在1846年和1847年，尽管有些地方的民众直到19世纪50年代还发动了几起阻粮事件。自此以后，饥饿和贫穷仍在持续，但民众的反应方式却有所不同。在大约

150 年里，为争夺地方上粮食控制权而展开的各种形式的公开抗争已经跑完了全程。

从 19 世纪 50 年代开始，安茹的公共抗争形式以罢工、示威和公共集会为主。虽然罢工在 1864 年之前被视为非法，1868 年之前工会被禁止，但是工人、雇主和政治当权者都在试探摸索以便了解合法的罢工和工人组织会碰到哪些新的限制。

并不是说当局已经不再将罢工视作必须镇压的失序状态。1860 年 5 月，昂热的木工举行罢工，该市的副检察官当即控告他们犯非法结盟罪。虽然如此，罢工在 7 月还是再度发起。于是检察官对罢工的可能领导者采取了预防性羁押措施。他是这么解释为什么这么处理的：

> 我们在昂热有很多建筑工程，所以我们要提防各种建筑业行会像 1854 年那样跟随木工的领导，将罢工的范围扩展到所有建筑工地。这就是为什么我要求副检察官一定要将这个案子递交到本法庭的预审法官手上，以便给那些容易受到蛊惑的工人们一个有益的警告。(AN BB[18] 1609，1860 年 5 月 26 日信件)

五天后，这位检察官认识到，在目前罢工正兴起之时，"工人们发现正是提要求的好时机，他们也确实提了要求"(AN BB[18] 1609)。

同年发动罢工的还有拉弗莱什的木工、特雷拉泽的采石工人、昂热的石匠、绍莱的漂洗工和博福尔的建筑工匠。检察官还记得五年前的"玛丽安"叛乱，所以仔细审查特雷拉泽的罢工，查看是否有秘密会社的活动痕迹。但是除了发现几个"玛丽安"前会员参与其中之外，其他一无所获。

从 19 世纪 60 年代到第一次世界大战，罢工是安茹民众进行大规模公开抗争行动的主要场合。率先行动的是纺织业工人、建筑行业工人以及（一贯如此）的采石工人。制鞋工、铸造工和铁路工人时不时地加入到他们的罢工行列。相对来说，安茹的工业集中化开始得比较晚，但即使在这个地区，罢工的发生地也从整个社区拓展到大工厂和城市中。

1887年和1888年在绍莱及其周边地区爆发的大规模罢工，是小工场和家庭式工坊中的纺织工人最后一次为抗拒集中化而采取的群体行动。虽然特雷拉泽及其邻近地区的采石工人竭力保留了一些半农村式的抗争场所，以免其完全消失，但安茹罢工的特点还是越来越接近1903年的冲突——当时有1,500名贝索诺（Bessonneau）的纺织厂工人停工走上街头。虽说这种罢工以鲁贝或巴黎的标准来看根本就是小巫见大巫，但是却将昂热与法国其他地区的工业中心紧密连接在了一起。

随着工厂罢工已经自成一格，集会和示威也发展了起来。宗教问题在安茹比在其他地区更为严重。1895年的德雷富斯（Dreyfus）事件在昂热引发了长达三天的大规模反犹示威，参加者有牧师和天主教大学的学生。然而，解散教会进一步加剧了安茹的分裂。在19世纪的前几年，教会支持者抵制关闭修道院、世俗化学校和清查教会财产。在其中一次抵制行动中，参与暴力示威活动的"暴动者"中最显眼的竟然是贵族，这种情况极为罕见。以下是1902年8月从昂热传来的消息：

> 为抗议解散女修道院，省议会的多数派在环形广场（the Circus）组织了一场有关教育自由的讲座，主持人是议员马耶（Maillé）伯爵。讲座之后，爆发了示威活动。大概2,000名参加集会的人走上街头，朝省政府办公楼前进，无视未经许可不得

靠近的规定。当局采取了严密的安保措施，宪兵旅被派来增援昂热的宪兵队。

　　示威当中，一些人被捕，其中包括：勒布尔迪雷（Le Bourg-d'Iré）的市长亨利·达马耶（Henri d'Armaillé），因为他拒绝离开；努瓦昂拉格拉瓦埃尔（Noyant-la-Gravoyère）的市长皮埃尔·德·康代（Pierre de Candé）男爵，理由同上；皮埃尔的弟弟路易·德·康代（Louis de Candé）男爵，因为袭击一名军官；勒布尔迪雷的有产者亨利·多比涅（Henri d'Aubigné）先生，因为呼喊煽动性口号；马克西米利安·尼科勒（Maximilien Nicolle）和亨利·诺尔芒（Henri Normand），因为侮辱军官。（Le Temps 1902 年 8 月 25 日）

虽然这些反对世俗化的行动是由精英领导，而且纲领在性质上是反动的，但却借用了当时流行的抗争形式，即公共集会和示威。安茹，同法国其他地区一样，也采用了新的抗争剧目。

其他声音

　　正如佛兰德、勃艮第、朗格多克和法兰西岛所展现的，法国其他地区的变迁历程与安茹的差不多。不过总体来说，它们发展得更早，更直接参与了全国性革命运动，并提出了对民主、工人权利、免受专制统治迫害的集体诉求。我们可以通过简要比较这五个地区在五个政治危机时期的不同情况来考察这种不同。这五个时期分别是 1830 年、1848 年、1851 年、1870—1871 年和 1905—1907 年。

　　1830 年，当安茹的正统派正筹备推翻七月王朝时，他们在朗格多克的同伙们也开始行动起来。但在朗格多克还有一个重要的共和派运动正在形成当中。实际上，在图卢兹附近，正统派与共和派已经暗中结盟，共同对抗七月王朝。除了停工游行和反抗收税人之外，1830年朗格多克的公开抗争行动主要是展示和破坏政治象征物，例如百合花旗和三色旗。8月4日，在图卢兹就发生了不同旗帜拥护者之间的争斗。虽然勃艮第的酿酒人积极反抗营业税，但当年的大事件还得说是7月28日爆发的骚乱。当日，第戎的民众不仅轰赶长公主殿下，还朝被派来维持秩序的部队投掷石块。对流亡在外的查理十世仍表示忠诚的军队也遭到了里尔民众的投石攻击，不过这起事件发生在7月30日。在当年其余时间里，诺尔发生的停工游行和食物暴动要比安茹、朗格多克或勃艮第发生的多。

1830年革命的关键事件都发生在法兰西岛，包括民众聚集以抗议查理十世解散国民议会和严格管控新闻出版，民众搭建街垒，民众强占市政厅，民众与军队展开巷战等，此类事件直到国王退位才告结束。而且，新政权上台后，当局不得不与要求分享成果的工人们继续进行斗争。后革命时期的冲突高峰出现在10月12日。当时，民众在街上认出了被判有罪的旧制度时期的警察局局长维多克［Vidocq，也就是巴尔扎克笔下的"伏脱冷"（Vautrin）］，于是包围了他藏身的那栋房子。

在1848年，安茹又一次被革命边缘化，只发生了几次侵入森林、工人喧闹等小规模冲突。相反，朗格多克则爆发了一系列抗争行动，包括共和派宴会活动、城市里对革命的积极支援以及农村里相当多的反革命行为、多次侵入森林、罢工、抵制收税人，以及在图卢兹发生的共和派内部温和派与激进派之间的争斗等。在勃艮第，1848年该地区城市里的工人和酿酒人得到广泛动员，另外，广大农民也试图要求地主平均账目。在诺尔，共和派几乎与他们在巴黎的同道同时组织了反抗路易-菲利普的示威行动，而且迅速地以自己的方式投身到二月革命中。在整个地区，工人与雇主之间的对抗活跃了 1848 年的政治生活。抢粮和阻粮行动到处发生，比利时工人与法国工人之间的争斗再次出现，时而骚乱时而平和的罢工不断发生。而法兰西岛，尤其是巴黎，再一次主导了全国的革命运动。这里发生的行动有早期对铁路资产的攻击、2 月和 6 月的巷战，以及频发的工人罢工和示威。

1851 年呈现了不同的模式。整体而言，路易·拿破仑自 1849 年开始就积极搜查政敌，使得各个地区的激进共和派几乎无法展开行动。但是，作为其压迫性政策的最后一步，路易·拿破仑于 1851 年 12 月 2 日发动政变，终于导致了革命。在安茹，即使是政变，也只是引发了在昂热的一次非武装示威行动。朗格多克在政变前就出现了严重而激烈的分裂现象，小城镇里的共和派都积极踊跃地亮明身份。政变发生时，城镇和农村共派出几千名群众前去保卫共和国。朗格多克的阿尔代什（Ardèche）省（大约 3,500 人参加了武装叛乱）、加尔（Gard）省（4,000 人）和埃罗（Hérault）省（8,000 人）招募了三支最大的叛乱武装力量（Margadant 1979: 11）。在埃罗省，贝济耶是由叛乱小镇所构成的大型网络的中心。实际上，贝济耶是 1851 年 12 月共和派叛乱分子所占据的最大的城市。

比较而言，勃艮第的反抗行动分布得更零散，规模更小。虽然路易·拿破仑的反对者在塞纳河畔沙蒂永、第戎、博讷、卢昂（Louhans）、圣让古-勒纳雄耐尔（St.-Gengoux-le-National）和克吕尼（cluny）都组织了反对政变的示威，但只有在马孔附近地区爆发了武装叛乱。同样，诺尔在 1851 年年初曾发生过几次共和派与路易·拿破仑的拥护者之间的冲突，但政变只引发了里尔和杜埃的几次小规模示威，以及昂赞附近一次发动武装叛乱的失败尝试。

同往常一样，这次的反抗行动也开始于巴黎，但并不在此地结束。在 1851 年 12 月之前，严密的监控和严酷的高压不断挤压着巴黎及其邻近地区的政权反对者。接着发生了政变，路易·拿破仑解散并占领国民议会，宣布进入戒严状态，又逮捕了持反对意见的政客。在城内，政变导致大约 1,200 名共和派起义，到处是街垒和巷战，最终大约 400 人死亡。然而，镇压行动的效果显著，路易·拿破仑的军队快速碾压巴黎的叛军，其他地方都没来得及加入。1851 年的叛乱主要发生在占法国三分之一的东南部的小地方。在我们讨论的这五个地区中，只有朗格多克发生的叛乱较多。

到 1870 年，巴黎民众再次主导了群体性行动。无论在 1870 年还是在 1871 年，安茹都未真正卷入这场震撼全国的冲突当中，只有几次采石工人的罢工打破了这种沉寂。相反，朗格多克发生了反对普法战争的共和派运动，运动迅速支援了 1870 年 9 月的共和派政权，而且倾向于支持巴黎公社。实际上，图卢兹和纳博讷都在 1871 年 3 月宣布成立自己的公社，但都未能坚持过一周。

在勃艮第，勒克勒索也发起了一次激烈的小规模共和派运动，并成立了一个持续时间不长的公社。1870—1871 年，普鲁士军队占领第戎，使得这一地区首府的共和派销声匿迹，该区其他地方也不如以前活跃。诺尔在 1870 年成了战争区。诺尔较少涉足当时主要的政治争斗，而将重心放在罢工上。例如 1871 年 3 月鲁贝的罢工事件就导致当局派遣军队前往镇压。法兰西岛是战争的重灾区，因为双方都要争夺巴黎和凡尔赛。巴黎之所以重要，不仅因为 1870 年 9 月皇帝兵败被俘后共和派迅速攫取了政权，还因为 1871 年的巴黎公社。在此期间，争夺法国未来政权的各种政党在巴黎展开激烈斗争，整个巴黎城风雨飘摇。

1905—1907 年作为全国性政治危机时期，知名度没有 1830 年、1848 年、1851 年和 1870—1871 年高。但是在这几年，法国国家教会

图 21　1871 年 3 月 18 日巴黎公社在市政厅广场宣告成立

图22　1885年5月25日拉雪兹神父公墓示威

明确被解散，社会主义者组成一个全国性政党，试图在5月1日发起总罢工，爆发了由巴黎工人领袖负责协调、有大批半熟练工人参与的全国性罢工潮，工人领袖与政府展开公开对峙，南部酿酒人被广泛动员起来。

在安茹，共和派与神职人员不断因关闭女修道院和清查教会财产而发生冲突。朗格多克是1907年酿酒人大规模动员行动的主要发生地。先是酒商集中的小镇中出现地方性组织，接着大批酿酒人集会，成千上万的支持者前往卡尔卡松、尼姆和蒙彼利埃，导致市政委员会集体辞职，军队与示威者之间发生血腥冲突。然而，位于山区和图卢兹附近的原纺织工业和小麦种植区，在酿酒人运动和席卷法国工业区的罢工潮中却没有采取什么行动。在朗格多克北部的天主教小镇［如今的阿尔代什和洛泽尔（Lozère）］，1906年发生了坚决抵抗清查教会财产的行动。

在勃艮第，酿酒人没有参加全国性运动。在此期间最重要的行动是蒙索莱米讷（Montceau-les-Mines）、勒克勒索和其他几个大规模工业中心发生的罢工。诺尔在1906年罢工潮中占据中心地位，这里的矿工、纺织工人、码头工人、机械工人和汽车工人都参加了罢工。在博舍普（Boeschepe）、阿吕安、里尔和其他城镇还发生了反抗清查教会财产的行动。法兰西岛发生了为数众多的罢工。在1906年罢工潮中，与诺尔一样，巴黎汽车厂的工人们第一次参加全国性运动。另外，1906年5月1日的示威行动展示了巴黎工人阶级团结一致的革命热情。

从一波波的危机当中，我们可以看到群体行动基本形式的变迁。从1830年到1907年，大罢工越来越多地出现在重大的政治危机中。1848年之后，一度常见的抢粮和阻粮行动，作为重大政治危机的组成部分，开始消逝。自1848年之后，特意筹划的示威行动，伴之以摇旗、喊口号和游行，成为重大政治冲突的标准特征。另外还有群众集会。到1907年，法国人民已经鲜明地创造了自己的社会运动模式：将提前策划集会和示威与创建专门利益协会相结合，以协会的名义颁布章程和提出诉求，寻求广大群众的支持，与掌权者形成对峙，为争夺运动组织和策略的内部掌控权不断发生争斗。

在重大危机之外，还发生了其他一些变化。1848年之后，夏力瓦里作为在19世纪30年代和40年代的地方性政治斗争中重要的抗争形式，几乎完全绝迹于法国的政治生活。其他一些重要形式也消失了，例如侵入田地或森林、破坏机器、毁坏城门口的收费站等。法国的抗争剧目很快就出现了变化。

大体上，在资本和高压政策集中化开始得早的地区，抗争剧目的变化也发生得早。相比于勃艮第、朗格多克和安茹，法兰西岛和诺尔更早进入大规模罢工、公共集会、召集动员、示威、协同作战的叛乱和社会运动时期。而且在地区内部，资本集中的地方一般都是领导者。虽然博讷和马孔的手工酿酒师在很长一段时间都斗志昂扬，但最终成为勃艮第地区工人阶级行动和创新的主要所在地的，还是诸如勒克勒索和蒙索莱米讷等中心。

在我们讨论的这五个地区中，抗争形式的不同与各自不同的生产组织和高压政策紧密相关。安茹的政治形势与其所拥有的强势地主和商业资产阶级有关。佛兰德主要是因为资本集中化和无产阶级化。勃艮第的生产形式从手工酿酒业转向金属制造业和矿业。朗格多克的几大区域之间存在很大差异：规模大但发展迟滞的农业区、商业酿酒区、小规模农业与小规模纺织制造业相结合的区域。法兰西岛则展示了一个不断壮大的首都所拥有的强大影响力，巴黎近郊是不断膨胀的重工业区，远郊则是大规模的经济作物农业区。

工人组织的规模和重要性随着资本集中化程度的加深而增长。

从这方面来看，诺尔和塞纳强于其他省。另一方面，诺尔和塞纳的政府官员在监控和压制方面比大部分其他省更严苛。所以，更边缘地区的工人组织和持异见的政治集团，更有可能在中央控制加强的时期得以幸存。

反叛的世纪

新的抗争剧目在不断发展变化中慢慢定型。就某种行业或城镇而言，资本集中和国家权力的增强所带来的频繁重组，改变了普通民众群体行动的能力，也改变了其他团体（包括教区牧师、地主、当地雇主、国家政治人物等）影响其命运的重要性。例如，当全国性政党的领导人对某种行业从业人员之福祉的影响力越来越大的时候，地方上的行业结构就丧失了作为群体行动大本营的重要性。

发生变化的不仅有抗争剧目，抗争演员表也在变化。地主不再是重要演员。中央政府代理人越来越关键——最后以观察者、警察或调停人的身份出现在几乎每一次罢工中。政党、工会及其他利益协会也公开登场。组织化的资本、组织化的劳动者、国家控制权的争夺者，以及国家官员，作为大规模群体行动的主要参与者——粉墨登场。

就某个城市、地区或整个国家而言，每一次重大政治动员都在改变群体行动的演员表，以及不同形式群体行动的相对效果。不论是动员的整个过程，还是各种形式的群体行动在策略上的成与败，都会对随后发生的动员产生影响。

从1789年到1914年，发生了多次动员，最显著的就是在以下几年中发生的革命：1789年、1830年和1848年，以及更具争议性的1815年、1870年和1871年。在每次革命中，大规模民众动员都伴随着，同时也导致了民族国家政权的转手。另外，从 1793 年到 1871 年，其间不时发生一些失败的叛乱行动。假如我们所谓的"叛乱"意味着至少几百人抢占某一重要的公共空间、与军队对抗，并持续一天以上，那么 19 世纪的法国就发生了几十起叛乱。仅在七月王朝统治时期，重要的叛乱就有 1831 年在里昂，1832 年在巴黎，1834 年在里昂、巴黎和圣埃蒂安，以及 1839 年在巴黎发生的叛乱。

后来，像 1880 年诺尔发生的大罢工或者 1906 年库里耶尔（Courrières）矿难之后席卷法国所有矿业地区的大罢工都不断以叛乱的样子出现。自 1870 年革命以后，组织化的社会运动以集会、示威、声明、请愿等方式，时不时就召集 100 人以上的法国民众到公共场所表达共同的诉求和怨怼。南部酿酒人的大规模运动在 1907 年达到顶峰，同时也是第一次世界大战之前这类动员行为的最高峰。

所有这些事件都不是独白表演。每一次行动都涉及与掌权者的对话，而且往往还很激烈。在对话过程中，发生了三件重要的事。第一，掌权者与挑战者协商达成新的协议。协议对双方都有所限制：一方面回应将民众逼上街头的诉求和怨怼，另一方面也限定了将来的群体行动。所以，工人们通过在一个个工厂里举行罢工，不仅与雇主和当局就他们在罢工中所陈述的不满和诉求达成协议，还获得了组织权和罢工权。但协议往往并不能令人满意，组织权和罢工权都必须在严格的限制下才能行使。但无论如何，不能否认的是，通过对话产生的协议束缚了后来的群体行动。

第二，掌权者改变了压制和管理的策略，通常会为了应对下一次对峙而增强兵力，但有时也会采用新的压制形式而放弃旧的。所以，随着示威的存在成为既成事实（fait accompli），政府当局只得对集会或游行进行批准，划定地理范围。超出范围的话，警察或军队就有权攻击示威者。

第三，挑战者也改变了自己的策略。自 1848 年开始，公共集会的权利有所扩大（虽然这还要看情况而定），民众就放弃了在官方许可的庆典上（例如在宴会和葬礼上）陈述观点的做法，而选择举行群众集会、游行和示威，借此明确表达自己的不满和诉求。另外，抢粮行动的消失并不意味着粮食短缺和物价高涨也消失了，或者它们不再是政治问题了。早期革命中在巴黎经常发生的抢粮行为，在 1870—1871 年因普鲁士围城而造成的饥荒时期却没发生过一起。当 1911 年诺尔和勃艮第发生大范围的抗议生活成本太高的运动时，出现过强制限价和洗劫商人住宅的行为，但主要还是秩序井然的联合抵制、示威和一些坚定的妇女所进行的游行。关注食物价格的民众采取了新的应对方式。

总的来说，掌权者与挑战者之间的协商、压制和管理模式的改变、挑战者策略的改变等综合起来，就改变了抗争剧目。19 世纪抗争剧目的改变甚至比 17 世纪的改变更多。在 17 世纪，地区掌权者与地方民众同仇敌忾的叛乱形式几乎完全消失，平民暴动也慢慢消退，大规模抗税叛乱的重要性下降，抢粮和阻粮行动已经自成规模。但还是有许多民众抗争形式在 17 世纪的转折期间仍然被保留在抗争剧目中，譬如夏力瓦里、村际争斗、工匠的喧闹、侵入田地和排外行为等。

事实上，19 世纪初盛行的民众抗争形式并没有一个能坚持到该世纪末。侵入田地、工匠喧闹、村际争斗，甚至抢粮和阻粮基本上都消失不见了。取而代之的是罢工、公共集会、动员、示威、社会运动及其他相关行动形式。

我们可以看看第戎 1913 年的五一劳动节。在 4 月的最后一周，建筑行业工会和法国总工会（CGT: Confédération Générale du Travail）就散发传单，号召工人们参加示威，要求缩短工作周，反对要求年轻人服三年兵役的法令。隶属于劳工联合会（*bourse du travail*）的工人们策划了一场音乐会、一次集会和一次示威。然而，传到科多尔中央警务专员的绝密报告说，工人们要等参加人数达到500才会举行示威。从博讷、沙蒂永、欧索讷和瑟米尔传来的报告都向省长保证，这些城市及其所辖政区在5月1日肯定会平安无事。但索恩-卢瓦尔省省长却要求派遣宪兵队到蒙索莱米讷，以防骚乱发生。他的同事科多尔省省长派了44人前往蒙索。

科多尔省省长按照内政部部长的指令，也要求第戎市长禁止任何反对《三年法令》（Three Year Bill）的示威。警务专员发现这个指令会给第戎市长带来政治难题：如果他禁止这次示威，而允许几天后的天主教青年会（Jeunesses Catholiques）游行，就显得他有失公允。不管怎么说，市长最后拒绝服从指令。他称："我有幸按照共和主义原则来实施行政管理，按照此原则，我们应该尊重公民的自由，包括走上街头的自由。"他拒绝采用双重标准，并指出：

> 在圣女贞德日，我曾批准教会学校的支持者及其体育协会组织一次街头游行，并允许他们的乐队在人民广场举办一场音乐会。
>
> 而且，我已经明确批准劳工联合会在劳动节进行街头示威，往年都是如此。
>
> 我们接到情报，说劳工联合会的成员在示威中准备提出某些关于工作条件的要求，也就是要求实行所谓的英式工作周，另外，他们还可能反对《三年法令》。
>
> 组织者向我们保证，一切都将按常规进行。但不管怎么说，我们已经给我们的警察派下了指令，要求做好准备以应对任何可能发生的不测事件。

由于熟知我们民众的脾性，所以我们认为禁止劳工联合会成员在 5 月 1 日举行示威只会激怒民众，是不可取的，也是危险的。

　　这么做还可能导致暴力性报复行为，尤其可能会在 5 月 4 日报复教会学校的支持者，尽管这些支持者只是带领其乐队穿过第戎市而已。(ADCO SM 3511)

事实证明，只有 100 多名工人参加了劳动节的集会，所以组织者取消了示威。然而在这次未能按计划发生的事件背后，种种周旋却展示了一个新的世界和新的剧目：一个严密的监控和政治算计的世界；一个挑战者与掌权者不仅协商权力运作，还协商示威界限的世界；一个由专门协会来处理大量公共事务的世界；一个有秩序地展现力量就会带来政治新局面的世界。1913 年的第戎让我们看到了如今我们所知道的群体行动的世界。

第十章
法兰西岛的节庆和斗争

到 1906 年，五一劳动节作为全世界工人阶级的节日已经走到了第二十一个年头。美国行业联盟（America's Federation of Organized Trades）在 1884 年芝加哥会议上，确定 1886 年 5 月 1 日为八小时工作制运动的起点。美国工人对此所做的反应就是，将古老的五朔节转变成了展现工人力量的盛大节日。1889 年，第二国际（Second International）在巴黎召开会议，将 1890 年 5 月 1 日指定为八小时工作制示威运动的国际日。当时的《佩纳爸爸报》[Le Père Peinard，佩纳爸爸是该报作者埃米尔·普热（Emile Pouget）的笔名]将这一新节日与 1870 年一个重要的日子相提并论——那个日子发生在法兰西第二帝国摇摇欲坠的那几个月，当时"每个人"都放下工作，加入到维克托·努瓦尔（Victor Noir）的葬礼行列。

努瓦尔是《马赛曲报》（La Marseillaise）的记者，这份讽刺性报纸由亨利·罗什福尔（Henri Rochefort）创办。路易·波拿巴的侄子皮埃尔·波拿巴（Pierre Bonaparte）亲王准备与该报的一名编辑进行决斗，在争执的过程中杀死了努瓦尔。大张旗鼓地向努瓦尔表示哀悼,其实是在向帝国政权示威,表示反抗,但又无须承担公开表达政治态度的风险。难道政府会因为民众向一个被杀之人表示悼念就要惩罚他们吗?这实在是一个不容错过的好机会。

　　五一劳动节的情况与此类似,也是一个从有权有势的富人们手里偷回来的节日。实际上,在1890年,佩纳爸爸就建议工人们好好利用这个节日,到那些富丽堂皇的、公然向资产阶级献媚的新百货公司去随意取用:"卢浮(Louvres)、春天(Printemps)、美园(Belle Jardinières)、波坦(Potin)这些百货公司都向我们展开了双臂,抛着媚眼。身上穿着新大衣,脚上穿着好鞋子,这滋味多么美好!……你们要走上街头去处理社会问题,"佩纳爸爸称,"要去看看到底哪些人钱多得用不完,哪些人却一文不名。"(Pouget 1976: 33)

　　因为刊登了上述文章,《佩纳爸爸报》的社长被判入狱15个月,并处以2,000法郎的罚款,这反而激起了该报的猛烈抨击。同往常一样,这篇新文章的署名还是佩纳爸爸,文中大声疾呼:

> 为什么?因为我口无遮拦,鼓动五一劳动节的示威。不过我肯定不会就此闭嘴。我仍旧要说,民众正被抢、被劫、被暗杀。现在5月1日这么好的机会要来了,再不抓紧它就是傻瓜。大人物最不喜欢的就是你们朝他们的罗特席尔德(Rothschild)大吵大闹,那个畜生可是他们的神。让他下地狱吧。他也不是死不了。毕竟,他们也曾砍下过路易十六的脑袋。(AN BB[18] 1816)

　　1890年五一劳动节,巴黎发生示威和罢工,正是对佩纳爸爸这些反叛言论的回应。

　　这就是劳动节的精神。1906年,雅克·特尔宾(Jacques Turbin)写了一首叫"总罢工"(The General Strike)的歌,前两段歌词如下

（Brécy 1969: 97）：

> 走吧，各行各业的人们，
> 全世界的各个地方
> 每个地方的人们都同心协力
> 在同一时刻，凭着我们的自由意志：
> 去参加罢工吧！
>
> 厌烦了受人驱使
> 像牛马一样辛勤工作，
> 厌倦了生活没有希望，
> 日复一日，夜复一夜：
> 去参加罢工吧！

靠一次大型行动来求得自身解放的想法在日常经验中得到了共鸣。

五一劳动节也释放出较长期的政治信号。自1890年起，法国的劳动节就成了每年一次的总罢工演习日，也是工人们为自身利益争取来的革命节日。一开始，法国的工人——尤其那些支持"集体"社会主义而非无政府工团主义的工人——就利用五一劳动节提出八小时工作制的诉求、表达不满和展现自身的力量。在1904年的布尔日（Bourges）大会上，法国总工会决定开展八小时工作制运动，发动时间就定在1906年五一劳动节，正式的计划就是号召工人从那天开始每天工作八小时后就下班。

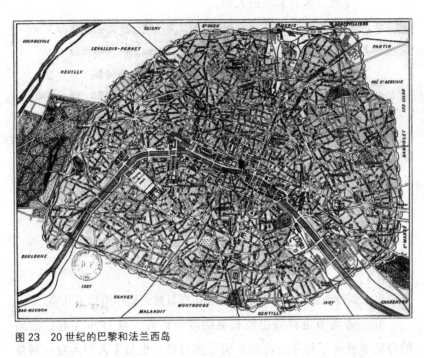

图23　20世纪的巴黎和法兰西岛

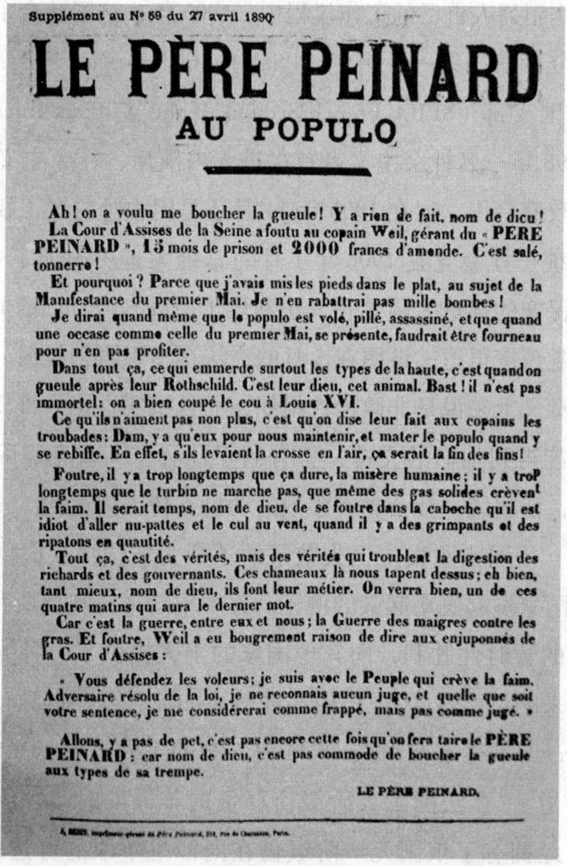

Supplément au N° 59 du 27 avril 1890

LE PÈRE PEINARD

AU POPULO

Ah! on a voulu me boucher la gueule! Y a rien de fait, nom de dieu!

La Cour d'Assises de la Seine a foutu au copain Weil, gérant du « PERE PEINARD », 15 mois de prison et 2000 francs d'amende. C'est salé, tonnerre!

Et pourquoi? Parce que j'avais mis les pieds dans le plat, au sujet de la Manifestance du premier Mai. Je n'en rabattrai pas mille bombes!

Je dirai quand même que le populo est volé, pillé, assassiné, et que quand une occase comme celle du premier Mai, se présente, faudrait être fourneau pour n'en pas profiter.

Dans tout ça, ce qui emmerde surtout les types de la haute, c'est quand on gueule après leur Rothschild. C'est leur dieu, cet animal. Bast! il n'est pas immortel: on a bien coupé le cou à Louis XVI.

Ce qu'ils n'aiment pas non plus, c'est qu'on dise leur fait aux copains les troubades: Dam, y a qu'eux pour nous maintenir, et mater le populo quand y se rebiffe. En effet, s'ils levaient la crosse en l'air, ça serait la fin des fins!

Foutre, il y a trop longtemps que ça dure, la misère humaine; il y a trop longtemps que le turbin ne marche pas, que même des gas solides crèvent la faim. Il serait temps, nom de dieu, de se foutre dans la caboche qu'il est idiot d'aller nu-pattes et le cul au vent, quand il y a des grimpants et des ripatons en quautité.

Tout ça, c'est des vérités, mais des vérités qui troublent la digestion des richards et des gouvernants. Ces chameaux là nous tapent dessus; eh bien, tant mieux, nom de dieu, ils font leur métier. On verra bien, un de ces quatre matins qui aura le dernier mot.

Car c'est la guerre, entre eux et nous; la Guerre des maigres contre les gras. Et foutre, Weil a eu bougrement raison de dire aux enjuponnés de la Cour d'Assises:

« Vous défendez les voleurs; je suis avec le Peuple qui crève la faim. Adversaire résolu de la loi, je ne reconnais aucun juge, et quelle que soit votre sentence, je me considérerai comme frappé, mais pas comme jugé. »

Allons, y a pas de pet, c'est pas encore cette fois qu'on fera taire le PÈRE PEINARD: car nom de dieu, c'est pas commode de boucher la gueule aux types de sa trempe.

LE PÈRE PEINARD.

图24　1890年五一劳动节《佩纳爸爸报》的海报

1906 年五一劳动节

1906 年这个时机似乎选得刚刚好。自 1866 年起，第一国际就将八小时工作制列入自己的工作议程中。1905 年，法国社会主义分子联合起来成立了法国统一社会党（PSU: Unified Socialist Party），成为工人国际法国支部（SFIO: French Section of the Workers' Internaitonal）。虽然自 1898 年一名社会主义者首次进入内阁后，社会主义者就断断续续地与政府合作，但在 1905 年 11 月还是因教师的罢工权与政府决裂。法国统一社会党在 1906 年 1 月的总统大选中施加了一定影响，使得不太保守的候选人阿尔芒·法利埃（Armand Fallières）当选。之后，该政党再接再厉，试图在 5 月的立法选举中再创佳绩。法国总工会从官方意义上来说是非政治性组织，而且事实上也一直反对政党控制，如果能得到他们的支持，将有利于社会主义政党稳固自身的支援。所以，法国统一社会党有强烈的动机支持工人运动。

而且，俄国刚刚发生但失败了的革命为法国民众提供了一个在高压统治国家发起民众起义的例子。苏维埃的形成和莫斯科、圣彼得堡总罢工的暂时性胜利，向其他国家的工人提供了一种为自身利益而行动起来的可能性。[效仿俄国的热情如此强烈，以致让·饶勒斯（Jean Jaurès）不得不在 1905 年 11 月 5 日的《人道报》（*L'Humanité*）上撰文写道："在法国工人阶级诠释俄国革命的时候，绝对不能忘记他们已经拥有了俄国无产阶级仍在向沙皇争取的普选权。"Jaurès 1976: 124.] 许多激进派工人期待 1906 年五一劳动节成为总罢工的起点，进而摧毁整个法国资本主义。建筑行业联盟（Federation of Construction Trades）分发的宣传小册子上写道："八小时工作制只是预付款而已，或者你愿意将它称作餐前开胃酒，等到工人们发起总罢工，赶走了资本主义寄生虫，社会革命和共产主义政权这道主菜就会上桌。"（Lefranc 1967: 129）乔治·索雷尔（Georges Sorel）似乎也选对了为大罢工大唱赞歌的时间，他从1906年6月开始在《社会主义运动》（*Le Mouvement Socialiste*）上以连载的形式发表了他的著作《论暴力》（*Reflections on Violence*）。

法国总工会其实给了成员们两个选择：一个是在5月1日开始罢工，但截止日期未定；另一个就是在当时当地开始执行八小时工作制。巴黎劳工联合会悬挂的旗帜上写着："5月1日一开始，我们就每天只工作八小时。"（Julliard 1965: 23）总工会的全国委员会每天都收到大量来自巴黎及其他地区工会的求援，包括请求支援能鼓舞人心的演讲者。警察局局长派遣便衣警察跟踪委员会成员。

4月26日和27日，警察局局长的属下呈上文件，详细"预测"了工人的意图：劳动节当天不上班，进行长期罢工。他们的预测都是基于总工会一名高官的机密报告而得来的。顾问们预测，8,000名平版印刷工、25,000名制车工人和5,000名金属业工人会开始无限期罢工。

这些预测的信息来源都很可靠，其中有些预测提前变成了现实。原本预测有25,000名制车工人会参加罢工，4月30日，10,000名汽车工人加入到了1,200名已经开始罢工的同事当中。然而，警察局局长安排的劳工监管员却发现，建筑工人才是罢工行列中最活跃的人群，其中有10,000名泥瓦匠、5,000名石匠、20,000名粉刷工、2,000名木工和细木工，另外还有30,000名粗工。"不算当下正处于罢工过程中的印刷工人和珠宝业工人，"报告如此写道，

> 我们估算巴黎共有185,000名罢工者。但是某些人的自愿罢工可能会导致其他人的被迫罢工……所以罢工者总数据估计可能是200,000。其中最麻烦的是粗工、烘焙工人、杂货工人和

理发匠。对他们来说,通过和平罢工的方式不太可能成功,他们可能会采取蓄意破坏的方式迫使雇主屈服。(AN F^7 13267)

警察局局长及其上司内政部部长克列孟梭得到以上报告,于是在4月30日逮捕了总工会的秘书格里甫埃勒(Griffuelhes)。在监狱里,格里甫埃勒碰到委员会的同事皮埃尔·莫纳特(Pierre Monatte)。克列孟梭在此前北方矿工罢工达到高潮时,以煽动朗斯(Lens)暴动的罪名逮捕了莫纳特。为了装样子,他还逮捕了一名波拿巴派的领袖(罪名居然是资助莫纳特煽动暴动)。政府禁止在5月1日举行游行或集会,接着警察局局长和内政部部长在全市范围内部署警力。

事件发生之后,对于真实发生的事情到底哪种解释是对的,是镇压有效还是政府高估了可能的威胁,这还真的很难说。不管怎么样,虽然当时大批工人聚集在劳工联合会门口和共和广场附近,热烈响应斗志昂扬的演讲,但都没有占领整个巴黎城的企图。他们整天呼喊的口号是"八小时工作制万岁!五一劳动节万岁!"(*Le Temps* 1906年5月3日)在白天的街头上,只发生了几起民众与警察或龙骑兵之间的小规模冲突。

但是临近黄昏的时候,几百名激进分子聚集在共和广场周围的街道上,与部队或警察发生正面冲突。有人边冲锋边高唱《国际歌》或《卡马尼奥拉歌》(*Carmagnole*)。工人们开始在贝尔维尔街上砌街垒,但政府力量明显占上风。当天的官方记录如下:

> 逮捕665人,其中173人经审讯后被羁押(173人中有53名外国人被遣返,另外35人有犯罪记录)。
> 1名警方总督察、12名警察和3名共和国卫队的卫兵受伤
> 12名示威者受伤。(*Le Temps* 1906年5月3日)

无疑还有更多受伤的示威者自认为最好还是不要上报。即使民众伤亡的数目是报告中的几十倍，1906年五一劳动节可能看起来还会是一场劳工展现其力量和决心的和平表演，只是被笼罩在政府力量和决心的阴影之下。

在随后几天，罢工倍增。在巴黎，大约70,000名建筑工人（这个数据相对接近警察局局长的预估数）在5月2日放下了工作。整个5月，全国约有158,000名工人（超过当年工人总数的三分之一）参加了罢工。5月12日至20日，全国罢工运动达到一个高峰，之后就再一次消退。

在法国劳工史上，1906年的罢工潮标志着一个关键转折。虽说此前同年3月和4月发生在北部的矿工罢工很重要，但这次却是第一次由巴黎负责协调并主要集中在巴黎附近区域的全国性罢工。这也是第一次在全国范围内产业（包括农业）工人所占比率更高。无产阶级工人，例如巴黎的汽车工人，在发动罢工时扮演的角色比以往更重要。劳工组织与中央政府之间的正面交锋（自七月王朝以来的第一次）使得1906年4月和5月的罢工潮成为组织工人要求在全国范围内行使权力的主要呼声。

随着罢工潮的推进，5月的立法选举使法国统一社会党获得近900,000张选票和众议院（Chamber of Deputies）中51个席位。虽然他们的主张存在一定争议，但大多数还是选择替1906年的罢工者说话。1906年7月通过确定周日为休息日的法令，10月成立独立的劳工部（Ministry of Labor），这些都反映劳工已经成为一支新的全国性力量。另外，在7月，德雷富斯上尉在被宣布无罪后重返部队（更别说众议院于12月决定将爱弥尔·左拉的骨灰迁入先贤祠），于是，这场长期的斗争以法国左翼的胜利而告终。

然而，很多观察家，包括法国总工会自身的领导人都认为，这场运动的结果最多算是一种僵持局面。八小时工作制还没得到认可，决定性的总罢工也没有落实，甚至在首都的力量展现也得在政府势力明确划定的界线内进行。这并不是劳工激进分子所想要的。而且，法国总工会1906年10月的亚眠大会通过著名的《亚眠宪章》（Amiens Charter），宣称不会和社会主义政党在内的任何政党结盟。宪章呼呼以没收资本家财产的方式实现"彻底的解放"，申明如今的工团（syndicate）将成为今后的生产单位，并重申相信工人可以通过采取罢工等直接行动达成自己的目的（Lefranc 1963: 151-152）。总工会的激进分子并没有放弃让劳工为自身目的而展现力量。

五一劳动节在随后几年提供了一年一度展现力量的好机会。虽然社会党不断试图将五一劳动节为自己所用，但全国工会还是坚持了对事件发展的牢牢掌控。然而，组织化的劳工并不能保证每次所展现的力量都差不多。正如1908年五一劳动节之前呈交内政部部长的机要报告所写到的，

> 1906年五一劳动节之所以会出现群情涌动，是因为工会中的普通成员认为可以从雇主那里获得每天只工作八小时的许可。这一努力失败了，失败的原因是几个大组织退出，而其他组织之间又缺乏一致性，这就导致1907年五一劳动节很平静。1906年五一劳动节之后的长时间罢工已经耗尽了全国工会的精力，尤其在冶金业，到第二年还没完全恢复过来。（AN F^7 13267, 1908年4月28日）

警察局局长预计，1908年，在金属业、建筑业、汽车业、烟草业、火柴业、机器制造业等行业，会有大量工人庆祝5月1日这个未获官方许可的节日，在别的行业人数会少一些。他也预料到会有集会、示威

及声明。他是基于工人运动中的卧底和线人提供的机密报告做出上述预测的。

警察局局长的预测大体上都言中了。警察局局长所拥有的警力，加上军队这个后盾，足够掌控这个节日，并减少总罢工发生的可能性。实际上在 1910 年，工会看到成功的希望渺茫，就取消了当日的示威。

但五一劳动节并未就此消失了。1911 年，大约 4,000 人在纽扣上别着红花，在街道上游行，以此庆祝劳动节。当游行者试图在协和广场举行动员大会时，警察将他们冲散，接着发生争斗，2 名警察受伤。之后，又有示威者在圣保罗广场与警察发生冲突。当晚，在蒙马特尔的一家酒馆中，乐队演奏了《马赛曲》，听众中的"反军国主义者"则以《国际歌》回应，于是发生争斗（Le Journal des Débats 1911 年 5 月 2 日：1）。当天共有 60 多人被捕，几十人受伤。

第一次世界大战对五一劳动节形成了一定的限制，但工人们的节日并未完全消失。1919 年和 1920 年的罢工潮超过了 1906 年的：1919 年共有 130 万名工人参加了 2,047 次罢工（据官方统计）；1920 年，110 万工人参加了 1,879 次罢工。两次罢工潮在很大程度上都仰赖五一劳动节的动员。

到 1919 年五一劳动节，法国总工会为了争取八小时工作制再一次组织大规模示威和总罢工，政府则再一次禁止示威者集聚。迫于双方筹划所施加的压力，众议院首次通过实行八小时工作制的法案。这一行动促使法国总工会调整计划，要求在全国所有工作场所立即实施此法案。五年前暗杀饶勒斯的拉乌尔·维兰（Raoul Villain）在劳动节前夕被判无罪释放，工人的不满清单上由此多了一条内容。1919 年五一劳动节，劳工游行队伍试图前往波旁宫（Palais Bourbon）向众议院表达他们的诉求，但遭遇了警察和军队的阻挠。等到白天的阻挠和斗争结束时，至少有 1 名工人死亡，600 人受伤。

1920 年，铁路工人工会在五一劳动节举行罢工。法国总工会号召矿工和其他交通行业的工人在 5 月 3 日举行罢工以声援他们，但被劝服的工人不多，而且铁路工人发现他们的工作还被志愿者取代。梦想正在远离，本来准备将 5 月 1 日从工人节日过渡到总罢工，最后到革命，但这个想法似乎越来越不可能实现。从 1933 年到 1936 年，在左翼、右翼与中间派之间的激烈争斗中，巴黎一些共产主义者将 5 月 1 日视作向政权及其警察发出挑战的日子。于是，五一劳动节就不再是展示力量的场合了。

其他人的节日

然而，其他节日还是能与五一劳动节相提并论的。例如，7 月 14 日就仍旧象征着政权革命的源头。1880 年，胜利的共和派将这一日确定为正式的国庆日，这一日又被称为巴士底日。每年一度的巴士底日游行展现了全国人民的决心、团结和军事力量。因此，它也为不同团体的民众提供了一个机会来展现自身与国家及政治之间的联系。在巴士底日被设定为官方节日的早期，无政府主义者和组织化的工人经常抵制巴士底日庆典，因为这种庆典意在庆祝资产阶级革命，并为资产阶级政权歌功颂德——尽管彩旗和街头节庆主要安排在工人阶级的居住区。1919 年 7 月 14 日，为庆祝第一次世界大战胜利而举行的游行暂时将除了极左派之外的所有人群都吸纳到了队伍当中，尽管游行乐队经过的路线实际上是从协和广场到凯旋门的资产阶级路线。

接着各不同团体之间的分离再次出现：5 月 1 日是工人组织的，5 月 8 日（圣女贞德日）是保王派的，11 月 11 日［停战日（Armistice

Day）］是老兵组织的，而巴士底日是留给愿意容忍甚至支持共和国的共和派的。

情况远不止于此。1921年是巴黎公社成立15周年，新成立的法国共产党（PCF: Parti Communiste Français）准备在5月29日（周日）举行盛大表演，以此标志左翼内部的分裂。大约2万名共产主义支持者一路上遇到了无政府主义者的起哄和一支天主教的游行队伍，最后来到拉雪兹神父（Père Lachaise）公墓的巴黎公社社员墙（Mur des Fédérés）。巴黎公社的老兵们在距离1871年50年之后，来到这里凭吊公社社员。

在1871年屠杀公社领导人的遗址上，这堵墙恰当地象征了共产党对匡正过去错误的决心。这种象征意义如此贴切，以至于1926年当非共产主义的左翼为了自身利益决定游行到这堵墙以纪念巴黎公社时，他们特意避开了共产主义者的5月30日（AN F^7 13322）。到20世纪20年代末期，出现了很多目的地选项（例如在1928年，克利希的共产党就在该市的战争纪念碑前集会），彼此竞争的政治派系可以选择自己的游行日期、路线和目的地。所以，在纪念巴黎公社上的分歧和一致就展示了左翼内部分裂的程度。

每个派系的庆典为敌对派系提供了反示威的好时机。停战日在20世纪20年代成为举行反军国主义示威活动的好时候，而巴士底日则是共产党公开藐视共和党政权的好时机。例如在1929年7月14日，巴黎郊区的许多地方庆典上出现了兜售共产主义期刊的人，他们及其同志向官方游行起哄，然后上演自己的小规模游行。在蒙特罗（Montereau），

> 将近晚上11点30分的时候，火炬游行结束后的乐队在市政厅内廷演奏了《马赛曲》，500名共产党员突然唱着《国际歌》

闯入内廷。警察总长招来宪兵队驱赶示威者。一名巡佐被打。一名叫格鲁塞勒（Grousselle）的示威者被捕后被带到宪兵队。示威者要求释放被捕的同志，否则就破门而入。莫伦的宪兵队队长只好派了下属一个班的共和国卫队前来，才于将近早上4点的时候恢复了秩序。（Le Temps 1929年7月15—16日：4）

相互竞争的力量展示和对抗仍旧持续着。

右翼，然后左翼

在随后几年里，一个新的主题开始凸显。慢慢地，法西斯主义和右翼民族主义者成为左翼组织的攻击目标，反之亦然。起初，意大利法西斯主义和法国国内的右翼分子吸引了大部分的注意力。实际上，意大利左翼也经常与其右翼同胞相互斗争。但是，随着希特勒在德国开始掌权，他的支持者也参加到了斗争当中。

然而在20世纪30年代早期，法国国内民族主义组织的影响力远远超过正宗的意大利或德国法西斯主义的信服者，例如火十字团（Croix de Feu）和法兰西行动党（Action Française）。火十字团当时还是一个上年纪老兵的协会，于1933年为年轻人建立了国民志愿军（Volontaires Nationaux），1936年通过新成立的法兰西社会党（Parti Social Français）表达政治诉求。法兰西行动党的成员越来越擅长寻找机会扩大民族主义思想的影响，以打击政府或左翼。典型的例子发生在1931年2月，当时一部以德雷富斯事件为题材，根据德国戏剧改编过来的戏剧，正在圣马丁街上的努韦尔-安碧谷剧院（Théâtre du Nouvel-Ambigu）上演。2月19日该剧上演时，"从第二幕开始，示威者就在各排座椅上散开，大声叫喊，朝台上扔臭蛋，强迫演员停止演出"。最终，警察将他们逐出剧院，并逮捕了 75 名法兰西行动党的激进分子，将他们押往区警局（Le Journal des Débats 1931 年 2 月 20 日：2）。

在随后几天里，激进分子与反示威者在街头打了起来。混战每晚都在发生，一直到 3 月。在火十字团的请求之下，警察局局长夏普（Chiappe）发布了对这部戏剧的禁令。他的决定标志着右翼在政治上的胜利。但两周后，这项禁令迫于政治压力被解除，听到这个消息的右翼联盟在剧院外的街道上制造危险事件，以致该剧在再次上演两场后就又停演了（Weber 1962: 298）。法兰西行动党的突击部队"国王的报贩"（Camelots du Roi）在这次事件中战胜了左翼对手和市警察局。

在动荡不安的这几年中，抗争行动的旋律似乎就是机遇、示威、反示威、镇压、计算得失和新机遇。虽说 1931 年、1932 年和 1933 年都发生了许多斗争，但之后的 1934—1936 年却是这个世纪法兰西岛抗争史上地位最重要的三年。单 1934 年 1 月就发生了一系列事件：

1 月 3 日：楠泰尔的 525 名汽车工人罢工，反对削减工资。

1 月 5 日：努瓦西勒塞克的 170 名锻造工人同样因反对削减工资而罢工。

1 月 6 日：左翼与右翼报纸的报贩在亨利四世中学门口混战。

1 月 9 日：《法兰西行动党报》（Action Française）号召民众在众议院门口示威，反对政府与骗子萨沙·斯塔维斯基（Sacha Stavisky，官方报道此人已于 8 日自杀，但更多人相信他是被灭口了）之间犹如"小偷"与"刺客"的关系。随后"国王的报贩"就聚集在圣日耳曼大道，阻断交通，拔除树木、栏杆和长椅，与警察混战，但最后还是没能到达众议院。

1月11日：大量"国王的报贩"成员试图前往众议院，一路上的毁坏和斗争行为比9日的表现还要激烈，但还是未能成功到达众议院。同日，几百名乘客"示威"，抗议一列来自巴黎北站（Gare du Nord）的火车晚点。一群居住在郊区的右翼激进分子从发生事件的巴黎回到凡尔赛，闯入一个激进的社会主义者集会，并挑衅演说者，还与听众发生冲突（*Le Journal des Débats* 和 *Le Temps* 1934年1月13日）。

1月12日：虽说大雨以及与警方的协商在还未发生混战之前就驱散了大批示威的"国王的报贩"成员，但还是有60多名激进分子从歌剧院广场（Place de l'Opera）朝共和广场行进，一路上与警方发生争斗，一直呐喊着"打倒肖当（Chautemps，总理）"。法兰西团结党（Solidarité Française）成员夏尔·莫罗（Charles Moreau），因高喊"你们这群警察就知道保护窃贼"而被捕。法兰西行动党前领袖的儿子皮埃尔·阿米奥（Pierre Amiaud），因为拒绝离开也被警方逮捕（AN F^7 12963）。

1月14日：400名火十字团成员聚集举行纪念仪式，200名共产党员对此示威抗议。警方竭力分开两派，但收效甚微。

1月18日：在勒瓦娄哇佩雷（Levallois-Perret），150名车身制造工罢工，抗议削减工资。

1月19日："国王的报贩"和爱国青年团成员高喊着"打倒肖当，打倒窃贼"的口号，试图将路人吸引到他们的反政府示威队伍中。

1月22日：在《法兰西行动党报》的号召下，示威者再一次出现在圣日耳曼大道，高喊口号、砸毁物品、与警方争斗、搭建街垒，但还是未能抵达众议院。之后有报告称，3,000名工会组织的公共服务人员拥堵在市政厅广场上，抗议削减他们的福利。

1月23日：又有2,500名右翼激进分子游行在拉丁区的街道上，路线与之前的基本相同，其间有325人遭逮捕。同日，巴黎大约180名金属业工人罢工，抗议对工作规定的修改；库尔贝瓦的19名制镜工人罢工，要求让1名遭解雇的同事复职。

1月24日：巴黎350名金属业工人罢工，抗议削减工资。

1月27日：在斯坦（Stains），20名锻造工人罢工，抗议削减工资。同时，在巴黎，大约10,000名民众在法兰西行动党的号召和带领之下，在歌剧院广场聚集，进行示威。警方几乎无法阻拦他们穿过协和广场和塞纳河，来到众议院。当天，司法部部长雷纳尔迪（Raynaldy）辞职。

1月28日：肖当内阁全体辞职。

在巴黎右翼群众的协助下，政府成功被推翻。

斯塔维斯基、夏普和达拉第

事实上，不久之后，他们又推翻了一届政府。警察局局长夏普与右翼之间的联系以及他对右翼的同情人所共知，许多左翼政客认为他纵容"国王的报贩"和其他右翼激进分子，却压制左翼政党。所以当激进的爱德华·达拉第（Édouard Daladier）接替垮台的肖当内阁重新组阁之后，颁布的第一波法令中就有一项是任命夏普为摩洛哥的驻地总督。虽说这是个殖民地的要职，但意味着夏普必须离开巴黎。夏普愤怒地拒绝接受该项任命，达拉第就将其革职。于是巴黎街头的行动又开始了。

2月1日，巴黎17,500名出租车司机罢工，抗议新增的燃油附加税。2月3日，罢工的司机攻击不参加罢工的司机，在共和广场示威，并与前来驱散他们的警察发生争斗。2月4日晚（周日，当天报纸报道了夏普被革职的消息），一群"国王的报贩"成员闯入法兰西喜剧院（Comédie Française），打断了正在上演的莎士比亚戏剧《科里奥兰纳斯》（*Coriolanus*）。该剧讲的就是将流氓无赖赶出权力中心的故事。2月5日，这些人又来到剧院，提出更多要求。然而与第二天发生的事件相比，上个月发生的街头混战根本就是小巫见大巫。

简明扼要地说，2月6日发生的事件遵循的是1月份反政府示威行动的模式：先在《法兰西行动党报》上刊登行动的号召，然后在圣日耳曼大道和协和广场集结，准备前往众议院，接着发生的就是搭建街垒，与警方搏斗，之后出现街道损毁，人员受伤被捕。在众议院里面，跟以前一样，右翼与左翼相互大声咆哮，誓要压过对方。但这次，右翼政党火力全开——除了法兰西行动党，还有爱国青年团、火十字团、全国战士联合会（Union Nationale des Combatants）、全国纳税人联盟（Fédération Nationale des Contribuables）等——鼓动所有支持者走上街头。这次事件造成14人死亡。

爱国青年团宣布要在"公共自由的摇篮，也就是市政厅门口的河滩广场"上集会，号召群众自这里开始游行，前往国民议会（*Le Temps* 1934年2月7日）。法国总工会、共产党，以及亲共产主义的老兵组织老兵共和协会，号召他们的成员进行反法西斯主义的示威行动。另一方面，当时法国颇具影响力的法西斯协会中最为公开的法兰西法西斯（Francistes）则决定这次不冒险公开露面。

民众都注意到各方面发出的不同号召。这一次是19世纪以来巴黎重大骚乱中规模最大的一次。所有右翼团体都动员了起来，还加上一些极左派成员，走上街头的有120,000人。协和广场上的混战造成14人死亡，大约1,700人受伤，600人被捕。达拉第政府倒台。

一名激进的左翼社会党成员达尼埃尔·介朗（Daniel Guérin）具体生动地追忆了当晚的情景：警方与示威者在协和广场发生正面冲突，广场上一辆公共汽车被点燃；煤气管和海军部都起了火；右翼和左翼的老兵队伍各自唱着《马赛曲》和《国际歌》抵达现场；前往协和广场清场的警方遭攻击后开枪；有人中枪倒地；一排排的警察封锁了一些出口；一名年纪较大、身裹貂皮的美国女人边喝酒边旁观，高喊着"我爱巴黎！"；一名衣着笔挺的男人，被一颗子弹打中了脸颊，他大声咆哮"一群杀人犯！"；深夜2点，一名知识分子领袖趁这个机会展示了其真实面目：

> 他双手背在身后，满脸胡须突兀，像子弹一样在大道上独自飞奔，愤怒地踩踏四处散落的瓦砾，接着摔倒在一堆石头上，似乎在大声宣泄复仇的情绪：达尼埃尔·阿莱维（Daniel Halévy）精神错乱了，失去所有束缚，抛弃所有伪装，公开宣称自己是极右派分子。（Guérin 1970: 69）

在斯塔维斯基暴乱时期，很多人公开投靠右翼。诸如国民志愿军等杂乱无章的右翼组织吸纳了数以千计的新成员。然而2月6日事件不仅推翻了又一届共和政府，还动员了左翼。在2月7日和9日，共产党领导了大规模反法西斯示威。2月9日的街头巷斗中又有四人丧生。2月12日，整个地区伴随着得到广泛响应的总罢工发生了几起左翼示威行动。这一天成为法国共产党的转折点。这是其历史上第一次与其他政党一起参加全国性政治罢工，也是将罢工作为一种常规政治武器的开始。2月17日，左翼政党为在2月9日的罢工和示威中丧生的工人举行葬礼，该葬礼也成为左翼政党宣示决心的示威。

之后，罢工的节奏在整个法兰西岛越来越快。2月12日的总罢工之后，14日巴黎的电报工人罢工和普瓦西（Poissy）的粗工罢工，17日在罗尼苏布瓦（Rosny-sous-Bois）爆发泥水匠罢工，20日阿让特伊的金属业工人罢工，21日圣但尼的橡胶业工人罢工，26日克利希的金属业工人罢工，28日巴黎制箱工罢工和阿谢尔（Achères）粗工罢工。其中，罢工的出租车司机与蓄意破坏罢工的同事在街头血战。1934年的其余时间里，组织化工人、雇主、左翼激进分子、好斗的右翼成员、政府力量彼此之间冲突不断。

人民阵线对抗国民阵线

随后两年，示威、反示威，以及左翼团体、右翼团体与警方的街头冲突等层出不穷，节奏也越来越快。反犹亲法西斯的行动在右翼集团越来越普遍，而左翼各政党则开始彼此结盟。1934年6月和7月，在莫斯科的支持下，社会党和共产党签署协约，一致行动对抗右翼威胁。在1934年停战日，左翼组织了大规模的示威行动，与此同时，社会党和共产党时常谈论要将总罢工作为团结左翼各政党、增强左翼政治力量的有效方式。1935年，人民阵线开始形成。这一联合阵线没有共同纲领，主要以对抗右翼极端主义和政府压制措施为基础。共产党领导的联合劳工总联盟（CGTU: Confédération Générale du Travail Unifiée）与规模更大的非党派性质的法国总工会开始着手合并。在长期采用其他政党所中意的节日之后，统一的左翼阵线决定将1935年7月14日设定为发动大规模反法西斯示威的日子。

经过1936年4月和5月的选举，结合了社会党、激进社会党（Radical Socialists）和共产党的联盟确实开始掌权了。同年5月，在全国范围内掀起了大规模静坐罢工潮。工人们暂时性占据某一场所的罢工形式在法国历史上可以追溯到 1920 年。从 1933 年到 1935 年，工人们抢占了几家大工厂，包括雪铁龙（Citroen）和西姆卡（Simca）。1936 年 3 月中旬，迈松阿尔福（Maisons-Alfort）的佛杜拉（Verduraz）面条厂里，380 名工人占据工厂长达一个上午（AN F^7 12964）。4 月 10 日，亚眠附近布蒂勒里（Boutillerie）军火厂的工人（在其经理的怂恿之下）占据工厂并封锁交通，抗议为缴付税款而没收工厂（Prouteau 1938: 107-108）。然而，法国人前所未见的还是 1936 年 5 月到 6 月发生的狂潮。

5 月的前两周，巴黎市外围——埃纳、上加龙、下塞纳（Seine-Inférieure）——也开始出现占据工厂的事件。在图卢兹和勒阿弗尔，经理开除了那些在五一节不上班的工人，于是工人开始静坐。在市长的干预下，被开除的工人复职。巴黎地区第一次占据厂房的事件[5 月 14 日，在库尔贝瓦的布洛克（Bloch）飞机制造厂]中，工人们在当局未直接干预的情况下于两天之内达成所愿。但即使如此，双方与政府官员之间都有广泛接触，官员们一直谨慎关注着事态的发展。

从此，占据工厂的工人们不仅要求当即满足他们的诉求，还要求在工厂内部成立能够进行集体协商的常规工人代表组织。金属业工人和法国总工会自第一次世界大战结束以来，就一直致力于这两大诉求，如今实现这两大诉求显得更加紧迫和广泛。随着社会党和共产党可能联手激进社会党以共同执掌国家政府，工人们也开始要求权力。5 月 24 日，每年一度的巴黎公社墙游行吸引了 60 万名示威者走上巴黎市的街头，领头的是共产党总书记莫里斯·多列士（Maurice Thorez）和即将上任的总理莱昂·布鲁姆。在下一周，静坐罢工的狂潮蔓延至巴黎附近的所有大型金属工厂（尤其航空方面的）。静坐罢工在圣灵降临节假期暂停，之后继续，直到 6 月 2 日。法国最大的罢工潮已经开始。

占据工厂的工人们在工厂里安排日常生活和政治活动。比扬库尔（Billancourt）的雷诺（Renault）工厂拥有 33,000 名工人，工人们从 5 月 28 日开始静坐。共产党员作为组织者与雷诺管理层进行协商后，指示工人们于第二天晚上离开工厂。但是经过一个周末后又返回，工人们继续占领工厂，罢工未能得到妥善解决。据一名参与者叙述，

> 我们即刻解决了食物供应问题。我们从窗口用绳子往下送空篮子，拉上来的时候里面已经装满了面包、香肠、烟酒。两天后，我们让女人们先离开。我们在里面跳舞、游戏。外面有高举着共产党和社会党旗帜的游行。这才是真正的狂欢节，这次狂欢持续了三周。（R. Durand 1971: 66）

6 月的第一周，法国数以百万计的工人与比扬库尔的工人们有着相同作为。

1936 年之前，1919 年是法国发生罢工最多的一年，大约 130 万的法国工人参加了 2,047 次罢工。而 1936 年的数字却是前所未有的，约 240 万工人参加了 16,907 次罢工。只塞纳省就有大约 333,000 名工人参加罢工。

当年的罢工中有 12,000 次开始于 6 月，其中 9,000 次涉及劳工占领工作场所的行为。法国每个地区的罢工者数量都比以往多。然而，尤其是大规模静坐罢工，主要集中在从巴黎到佛兰德的北方地区。在全国范围内，在大型工厂所主导的地方和在 4 月和 5 月选举中左翼获更多选票的地方，罢工次数和罢工人数所占比率更高。在运动过程中，大工场的无产阶级工人纷纷加入法国总工会的各种工会组织。1936 年，工厂、百货商场和大办公室的雇员都在呼吁改革，这是前所未见的。工薪收入者中，只有农业和公共服务行业的雇员没有大规

模参与这次行动。

虽然没有发生革命，但这次运动改变了组织化劳工的全国性地位。6月6日，布鲁姆的人民阵线政府上台。有关罢工的艰难协商和公开表态随之开始。制造商协会要求工人在罢工达成解决方案之前先从工厂撤离，但未得到同意。当时担任巴黎市议会主席的夏普表面上召集其执行委员会商讨"治安和食品供应"问题（Schwarz 1937: 79）。在6月6日的众议院辩论中，布鲁姆提交关于建立集体协商和缔结合约制度的法案，该法案获得通过，从而大大削弱了雇主的地位。

到6月8日，罢工已经使工业家、组织化劳工和政府达成了《马提翁协议》（Matignon Agreement），这一协议深刻改变了三方之间的关系。协议要求管理人员接受集体协商，不歧视工会成员，不对罢工者进行处罚，选举工会代表进入管理层，并将实际工资提高7%—15%。简而言之，协议满足了几大劳工联合会的主要诉求。组织化劳工获得了前所未有的合法地位。《人道报》用整整一版刊登"获胜！"的消息。

但这并不是彻底的胜利，全国工会领导人发现了自身权力所受的限制。当直接签署《马提翁协议》的政党呼吁结束罢工时，有些工会和很多工人仍在坚持斗争。他们所寻求的利益并未被列入到全国性协议中，例如年假、特殊工资协议、特别雇佣程序、改善当地工作条件等。包括零售企业的在内的小工场工人们开始了新的静坐行动，一直持续到7月。共产党总书记多列士在6月11日发表著名宣言："你应该知道如何终止罢工。"当天，众议院开始通过法律，实行带薪假期、集体协商，以及——终于——一周工作40小时。但是直到大约一周之后，一个个罢工事件才被解决，全国性罢工运动随之慢慢消退。

余 波

1936年巴士底日参加停工游行的工人甚至比1935年7月14日参加联合示威的人还要多，因为他们要庆祝胜利。然而，即使左翼政党和组织化工人的权力大增，也不能限制老板、消除罢工，或是让右翼激进分子们闭嘴。布鲁姆政府贬值法郎，拒绝干预西班牙内战，另外还有几项颇有争议的决议，所有这些疏远了它与其支持者之间的关系。布鲁姆政府与1937年3月正式重返金融正统，此举安抚了资本家，但对最初纲领来说却是一个大大的妥协。

人民阵线政府在踌躇动摇，支持者却催促它加快步伐。与此同时，其政敌也在动员民众，准备重新赢回阵地。实业家及其全国性协会在完成和履行《马提翁协议》规定的工厂合约时，有意拖延。虽然罢工行动在1936年6月之后大幅度减缓，但占据工厂和商店的工人数远比5月之前要多。

1936年6月19日，布鲁姆政府解散火十字团、爱国青年团［又名国家人民党（Parti National Populaire）］、法兰西法西斯、法兰西团结党［又名国家联合共和党（Parti National Conjonctif Républicain）］，之后一些团体转入地下，另一些则改名后继续活动。例如，德·拉罗克（de La Rocque）上校的火十字团就以法兰西社会党的名称再次出现。早在1936年6月底，好斗的右翼分子就盗用三色标志作为其徽章，以此刺激左翼分子去攻击国旗。法兰西社会党与法国共产党之间的示威、反示威和殴斗又一次剧烈爆发。

政府作为法律执行者的一些行为有时反而有助于敌人，并疏远了盟友。例如在1936年10月，警方使用武力驱散维奥莱街（rue Violet）上古尔美（Gourmets）巧克力工厂静坐的罢工者，政府征用索泰－阿尔莱（Sautter-Harlé）的国防工厂。左翼激进分子与右翼集团之间的斗争［例如 1937 年 1 月 21 日在欧奈苏布瓦发生的冲突，当时，法国共产党攻击了销售法兰西社会党《火炬报》(*Le Flambeau*) 的报贩］同样将警方置于反动的一边。

右翼组织者充分利用了这点。1937 年 3 月 16 日，四五百名法兰西社会党成员在克利希一家电影院聚集，然后将此消息传到巴黎市工人阶级居住的红带区 (Red Belt)。于是五六千人在巴黎市共产党官员的号召下在市政厅门口集会示威。防暴警察出动，保护电影院不受近 1,000 名示威者的攻击。可能是因为人群中先响起了枪声，警方接着开火，打死了 5 人，打伤 300 多人，包括布鲁姆的幕僚长。这起克利希枪击事件 (*fusillade de Clichy*) 导致法国总工会发起总罢工，并为受难者举行盛大的葬礼游行。

然而，在 1937 年 6 月布鲁姆政府全体辞职时，却没有发生类似于它刚成立时所爆发的示威和罢工。新一轮的重要罢工于 1937 年秋季才开始，包括静坐罢工。12 月 23 日在科隆布发生占据古德里奇 (Goodrich) 大工厂的事件，12 月 28 日发生巴黎公共服务行业的总罢工，1936 年 5 月和 6 月的运动狂潮似乎又要开始了。1938 年 2 月果然发生了席卷法国各省的占领工厂的狂潮。

布鲁姆（不包括他之前的共产党盟友）于 1938 年 3 月重掌政权。巴黎的金属业工人也当即开始重演 1936 年 6 月的盛况，于是一面红旗飘扬在巴黎雪铁龙工厂的上空。不过，整个事件也就到此为止，因为当布鲁姆在法国组建内阁时，纳粹正在攻占奥地利，与德国开战的可能性越来越明显。1938 年，布鲁姆的内阁执政四周之后再次倒台，罢工运动也慢慢平息，未能迫使雇主与工人签署或遵守任何集体合约。

1938 年的其余时间里，形势对人民阵线联盟中的极端左翼分子越发不利。虽说 1938 年秋季零星发生了几起静坐罢工事件，但工厂主人能够成功招来警察驱赶占据厂房的工人。很大一部分涉及工人的冲突发生在罢工者与非罢工者之间，以及彼此敌对工会的成员之间。如今当百货商场的雇员沿着奥斯曼大道游行，抗议开除他们的同事时，警察轻易就能驱散游行队伍。

在雷诺（Reynaud）政府于11月12日宣布高压措施之后，工会领导人尚在迟疑不决，工人们则未经他们同意就在巴黎地区的大型工厂里仓促组织了起义。11月24日，雷诺工厂的管理人员宣布压制计划，取消人民阵线所取得的一些权益。于是工人们放下生产工具，占领部分厂房，管理人员向政府请求武装力量前来驱赶工人。驱赶的过程非常暴力，但卓有成效。雷诺公司无限期关闭工厂。等到法国总工会（在11月25日）决定在11月30日发动总罢工时，该地区的其他罢工大部分都已经结束。虽然红带区的大工厂积极响应"罢工一天"的号召，但巴黎市不同区域的反应还是很不一致。在军队和警察的严密监控部署之下，巴黎市的运转一切正常。政客、雇主和劳工领袖等都认为总罢工失败了。1938年12月11日，爱德华·达拉第成立了一届比其前届更加亲近右翼的政府。很明显，资本与武装力量正在握手言欢。

人民阵线在1939年2月12日（1934年总罢工的五周年纪念日）发出了最后一声叹息。一周前，政府拒绝赦免在1938年11月30日被捕的罢工者，于是在1939年2月12日，25,000人参加游行（比往年少）。他们在共和广场示威，布鲁姆亲自来到现场。示威者高唱《国际歌》，与警方发生小规模冲撞，40人被捕。之后，来自莫斯科的指令变化不定，致使法国共产党与其前盟友彻底分裂。法国工业为备战所做的动员分裂了社会主义政党，并将工人们吸纳到暂时性扩张的经济当中。1939年的巴士底日与之前的民众运动不同，主要是为了展现法国的军事力量。政府的压制以战争临近为名更加收紧了。雇主利用政府改变态度的机会，加强工作方面的规范并解雇工会领袖。

在 1940 年 6 月纳粹征服法国之前，20 世纪 30 年代的抗争旋风已经刮过无痕了。

压制、抵抗和释放

从 1940 年 5 月中旬到 6 月中旬，巴黎经历了历史上最令人震惊的一次变化。一个月之内，这个大都市就从人员流动的大漩涡变成了寂静无声的大陵墓。巴黎前几天还是个嘈杂混乱的大城市，随着数以百万计的老百姓车载马拉着所有能拿走的家私，匆匆逃离步步逼近的德国军队，没几天工夫就成了沉寂、黑暗、人口锐减的战利品。6 月 13 日，中央政府弃巴黎而逃，而三分之二以上的巴黎居民早已逃之夭夭。第二日滚滚开进巴黎城的德国军队迅速开始强制实施他们自己的规定。在纳粹军事占领下，这个前首都感受到了前所未有严苛的政府压制——严苛程度甚至超过早期两位拿破仑建立的帝国时期。为了明确他们的统治地位，每天正午，德国占领军都会派遣一支小分队从香榭丽舍大道行军至凯旋门，然后在那里接受检阅。

如果德国占领军能在街上随意行走，那就意味着其他人不能这么做。然而，在德国的怂恿下，各色法西斯集团组织起来，并穿上统一的制服。他们趾高气扬，到处攻击犹太人、共济会、共产党和其他敌人。大多数投敌的伪政党规模都很小，而且朝生暮死。少数几个稍具规模、持续时间稍长的有社会革命运动 [Mouvement Social Révolutionnaire，欧仁·德隆克勒（Eugène Deloncle）在蒙面党（Cagoule）的基础上重组后建立]、法兰西法西斯 [从法兰西第三共和国到德国占领期间几乎都由马塞尔·比卡尔（Marcel Bucard）领导]、全国民众联盟 [Rassemblement National Populaire，马塞尔·德亚（Marcel Déat）新成立的组织］，尤其是全国革命联盟［Rassemblement pour la Révolution Naitonale，这是得到德国授权的雅克·多里奥（Jacques Doriot）领导的法国人民党（Parti Populaire Français）］。这几个规模较大的团体得以在德国管理人员设定的界限内存活，也是基于它们可以充当控制法国民众的工具。

虽然到1940年年末，坚持逗留在巴黎的几百名共产党员还在表面上维持着组织形式，但当时莫斯科与柏林之间的关系相对良好，这些共产党员只得主张与占领军合作，鼓动他们释放此前被法兰西第三共和国逮捕的共产党员同志。但是，这两个主张都未能坚持多久。一些共产党员很快就开始反抗德国的占领，而且当德国在1941年6月发动对苏联的攻击时，所有的合作计划就都土崩瓦解了。

不久以后，德国占领军和维希（Vichy）政府都开始疯狂追捕共产党员，不论是怀疑的还是真实的，以前的还是现在的。1941年9月，在法国沦陷区，发生德国士兵被谋杀的事件。于是纳粹下令，如果1名德军士兵被杀，就处决50—100名在押法国人，首先选择共产党员。占领军和维希政府都在随意使用"共产党员"这个称呼，但这种过于广泛的用法其实是将任何反对新政权的人都等同于真正的共产党员。共产党很快就成为反抗德国及其合作者的行动中组织最完善、行动最积极的核心。

公开的对抗危险而又困难。在巴黎，那些还未被占领军及伪政权征用或消灭的资源主要都用于个人和集体的生存。于是巴黎人创建了逃生路线、消息渠道、黑市和互助网路。但是，一些半隐蔽状态下的组织结构迟早会成为发动群体反抗的工具。

在1940年的巴黎，学生是为数不多建立起不受德国直接监控的群体政治生活的群体之一。高校当局在德国占领开始后不久就重新打开大门，以防止征服者接管高校的设施。德国人从自身利益出发，选择让大学和其他教育机构在监控之下恢复运作。索邦（Sorbonne）的学生创造了一种地下抵抗文化，包括笑话、标语、仪式和匿名小册子。1940年10月30日，听闻著名左翼学者保罗·朗之万（Paul Langevin）被捕，学生和教授们立刻行动起来，要求释放朗之万。他们运用涂鸦、小册子和口信来传递消息。11月8日，在原定朗之万上课的时间，一群支持者勇敢地聚集在法兰西公学院（Collège de France）门外，要求释放他。

在1940年的停战日，成群的学生和教师聚集在香榭丽舍大道，一些人在法西斯青年组织经常光顾的咖啡馆外高喊"法兰西万岁！"和"戴高乐万岁！"虽然警方冲散了人群，但还是有大约1,000名示威者从香榭丽舍大道一路行进到凯旋门的无名战士墓。之后，一些示威者又重新聚集在法西斯召开会议的地方，边喊边唱。警方驱赶他们，但无法清场。德国军队大约晚上7点到达现场，他们配备着棍棒、枪支和手榴弹。大约花了一刻钟才终结了这一行动，造成三四人重伤，100多人被捕。

可以说，在人民阵线那段风云翻涌的日子里，这类示威行动几乎每天都在发生。而在被军事占领的形势下，即使举行一次示威都需要卓越的组织能力和坚定的决心。压制措施增加了风险，也改变了评价系统。随着压制措施越来越紧，抵抗形式转为暗杀、走私、蓄意破坏，以及保护受占领军和伪政府威胁的人。示威及其他类似行动几乎完全消失。在法兰西岛，四年的占领导致民众群体行动的急剧减少。

偶尔逃脱控制的事件犹如黑夜中的彗星。1941年巴士底日在共和广场附近、8月13日在圣但尼城门附近分别发生小规模示威。1942年3月10日，有学生在布丰公立高中（Lycée Buffon）门口示威；5月31日，妇女们闯入比西街（rue de Buci）上的食物仓库。对于这些以及其他一些反叛式的集结行为，德国人进行了迅速且残暴的报复。

面对高压，巴黎人民找到了更加隐蔽的方式来表现团结一致的决心，正如皮埃尔·奥迪亚（Pierre Audiat）所忆及的 1942 年 11 月 8 日所发生的事件。当时英国军队登陆法属摩洛哥的消息传到了巴黎，

> 刚过正午的时候，一群周日闲逛者走到主要大街上，像过节一样涌到马路上。蒙马特尔曾经的气氛就像是一个寂静无声的乡村集市；而当日，从布拉贝－罗什舒阿尔（Brabès-Rochechouart）到克利希广场，游行的人群连绵不绝、熙熙攘攘，看似在闲逛，实则在示威。人们相视微笑，当德国士兵经过时，他们的脸上闪过丝丝不屑的神情。（Audiat 1946: 196）

当天下午稍晚，多里奥伪政党的蓝衫军团气势汹汹地来到香榭丽舍大道，街上聚集的人群严守纪律，保持缄默。静默可以是一种安全、有效的武器。例如索邦的学生和教员在 1943 年纪念停战日时所采用的方式就是保持集体肃穆一分钟（Audiat 1946: 224）。

1943 年无疑是有史以来最黑暗的一年：参加布丰公立高中示威的学生在 2 月 8 日被执行死刑；弗雷讷监狱每天都有囚犯被行刑；犹太人遭围捕后被送到集中营，再运往德国；体格健全的非犹太人被送到德国工厂做工；食物短缺和艰难的处境越来越严重；盟军对巴黎及其郊区的轰炸越来越密集。种种方面的禁声政策压制了任何大声呐喊的可能。

直到 1944 年的巴士底日，也就是盟军登陆诺曼底的数周后，在巴黎才再次发生公开表示反抗的大规模示威行动。当天，法国共产党组织的工人们沿着大道游行。在德国军队前来驱散他们并打死一名示威者之前，示威坚持了长达 45 分钟。德国军队从 8 月 9 日开始撤离巴黎，铁路工人（8 月 10 日）和警察（8 月 15 日）相继举行罢工。

接下来一场大规模行动发生在 8 月 19 日，当时盟军正逼近巴黎，法国傀儡政府已经从维希逃亡至贝尔福（Belfort）。这次起义彻底摆脱了德国残部及伪政权对巴黎的控制。

枪声在巴黎几乎持续了一周。但是到 8 月 25 日，勒克莱尔（Leclerc）的军队入驻巴黎，德国投降。戴高乐当日稍晚抵达。尽管胜利的喜悦溢于言表，但这一时刻还是很微妙，因为戴高乐不仅面临来自美国军事指挥官的挑战，还要面对几支反抗军团的竞争，他必须树立自己就是法国国家化身的形象，以此合法化自己的统治。他成功地运用政治手段击败了竞争者。例如，他拒绝按 19 世纪的传统，在市政厅的露台上宣布共和国的诞生，而是声称共和国从未解散，只是在他的监护下流亡了而已。

第二天，戴高乐沉浸在举城欢庆中。一支机动化的队伍从凯旋门出发，沿着香榭丽舍大道前进到协和广场，然后沿着里沃利街前往市政厅，最后抵达巴黎圣母院举行胜利的弥撒。这条路线的最后几站让人们回忆起大革命前的大游行。

巴黎复苏

"巴黎烧着了吗？"希特勒在德军撤退时这么问道。帝国梦已经破碎，所以他迫切地盼望毁灭巴黎。但他的部下让他失望了。虽然德国占领军将炸药堆满了埃菲尔铁塔、巴黎圣母院和其他几个重要历史遗迹，却没找到机会去引爆。巴黎城几乎完全自由了，但只有遭到损毁的皇家大宫殿，以及先前盟军的轰炸所造成的零星毁坏见证了这一解放过程。相比于伦敦、柏林及其他几个欧洲国家首都，历经第二次世界大战的法国首都几乎毫发未损。

然而法兰西岛却需要大规模重建。战争严重破坏了首都的政治和组织结构。法国需要重新组建自己的政府,恢复凋敝的经济,并为政府和经济重新创建社会基础。经济萧条的十年、被占领的四年、地方层面的又一年战争等,使整个地区处于衰败的境况。总之,百废待兴。巴黎人民精神抖擞地开始了重建工作。从1946年到1966年的这20年里,整个法国的生产量翻了三倍。巴黎的翻新工程在这个迅猛发展的过程中功不可没。

图表9显示,第二次世界大战之后,巴黎与法国其他地区的人口之间的关系发生了改变。法国总人口在经历近两个世纪的缓慢增长,甚至偶尔的负增长之后,从1946年的4,000万人突增到1968年的5,000万人。但巴黎市的人口变化情况与此有所不同。从20世纪初到1960年前后,其人口一直在略低于300万的数字上下波动,之后就开始下降:1962年280万,1968年260万,1975年230万,1982年220万。在这两个世纪的大部分时期中,巴黎占全国总人口的比率一直在稳定上升,从1801年的2%到1921年的7%,但现在却开始下降,1982年只占4%。

这些只是巴黎市的数据,不是指以巴黎市为中心的整个建成区的人口。为了便于比较,将塞纳省(或者自1968年之后巴黎所占据的更大区域,包括上塞纳、塞纳-圣但尼和瓦勒德马恩)的人口作为整个建成区的人口,我们会发现在1900年前后已经出现了显著的城郊化发展趋势。我们也发现,大萧条时期郊区发展缓慢,第二次世界大战造成了衰退,自1946年至20世纪60年代晚期出现急遽增长,之后开始下降。这时,以巴黎为中心的大区域仍在不断发展,但新建设主要集中在塞纳省原来省界之外的区域。

第二次世界大战后,法兰西岛(大致上来说,1960年之前包括塞纳、塞纳-瓦兹、塞纳-马恩、瓦兹和埃纳,1960年之后则包括

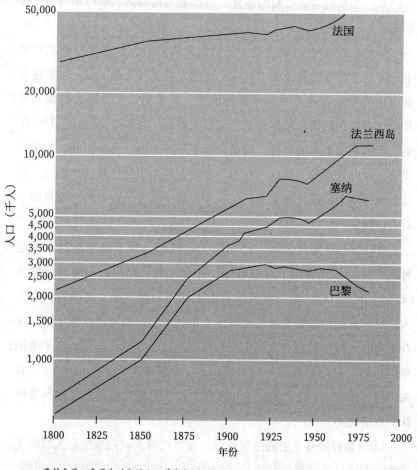

图表 9　1801—1982 年巴黎、塞纳、法兰西岛和法国的总人口数

资料来源：各历史时期的人口普查数据。

巴黎、上塞纳、塞纳－圣但尼、瓦勒德马恩、瓦勒德瓦兹、伊夫林、埃松、塞纳－马恩、瓦兹和埃纳）在全国的地位也发生了改变。虽然这个地区占法国总人口的比率自 18 世纪至第二次世界大战时期，大致上处于持续增长的态势，但它的增长几乎完全来自巴黎市和塞纳

省。第二次世界大战开始后，该地区其他地方人口才不均衡地快速增长起来，尤其是紧邻巴黎的部分。以巴黎为核心的大都市集合体已经形成了。

虽然表面上看起来这是个离散的发展趋势，但这个过程其实将全法国更多的珍贵资源集中到这个庞然大城及其周边区域。虽然这个集中化的现象要花点时间才能讲清楚，但在第二次世界大战期间那几年，它强劲的实际运作却是丝毫没有减缓。在整个20世纪前40年里，法国花费最多的项目，包括大型工厂的建设、科学研究、艺术和娱乐、政府管理等，都以一种不均衡的方式集中到巴黎这个地区。以资金对劳动力的高比率来看，这些项目集中高价值资源的速度也高于对人口的集中。

20世纪50年代之后，巴黎的天际线上出现了高层建筑，为这种集中化的显现提供了有效证据。在意大利广场附近和塞纳河岸区（Fronts de Seine），雨后春笋般冒出了许多公寓大楼，这些为更高收入阶层家庭提供的低密度住宅整体上取代了破旧的高密度住宅区。这些更高收入阶层家庭在大型组织和高级单位工作的比率远远高于全国平均水平。在拉德芳斯（La Défense）、蒙帕纳斯（Montparnasse）和朱西厄（Jussieu）建成的商业和研究大楼，更是直接彰显了这种集中化的发展态势。

这种态势发展下去的结果就是，虽然巴黎人口占全国总人口的比率高，但还是远远落后于其人口在银行、政府部门、铁路单位、报纸、出版社、研究中心、公司总部、图书馆、大工厂、大学或计算机行业中所占的比例。虽然一再有去中心化的表示，但多数上述机构的建设速度还是高于人口增长的速度。而且，城市居民人口开始下降的时候，这些机构却仍在兴建。一般来说，兴建机构和人均收入的增长在巴黎比在法国其他地区要快得多。这就意味着不平等的情况在加剧。

再者，巴黎市的总人口在 20 世纪上半叶变化不大，在 20 世纪 60 年代终于出现了显著下滑，因为随着留在巴黎城内的收入较高的居民开始扩建房屋，商业、政府和交通设施就占据了原来高密度的居民区。例如在巴黎大堂（Les Halles）和圣梅里（St.-Merri）居民区，从 1968 年到 1975 年，人口下降了 30% 多。发生什么事了呢？因为在兴建蓬皮杜中心和庞大的大堂广场（Forum des Halles）时，开发商将这个区域的小商人和低收入住家都清除了出去。旧居民区被办公楼、商店、画廊、饭店和豪华公寓所取代，从而造成低收入居民的住宅大幅度减少，而日间、非居民性人口急剧增多。

从巴黎市整体来看，以上种种变化造成的直接影响就是总人口的减少。同时，也造成小资产阶级和工人阶级家庭的比例下降，贫富差距加大，老人数量增多，儿童数量大幅度下降，外来人口增多。相反，巴黎市周边区域及其外围的卫星城镇则持续增长。

规划者和开发商喜欢用一种径向隔离的方式来展现新的都市格局。在城外沿一定半径建设广阔的、高密度的住房供穷人居住，沿另一半径建设独栋式或低密度住房和购物中心供富人享用。在巴黎市中心及其附近工作的巴黎人需要每天往返，而且这种人的数量越来越多。要真正考察巴黎市的变迁，必须将这些每天往返于住家与工作场所之间的人作为有效人口考虑在内。

战后的斗争

巴黎解放了，但战争还未结束。德国军队到 1944 年 9 月底已经撤出法国大部分地区，但要将他们从最后一个落脚点连根拔除尚待时日。直到 1945 年 3 月底，法国境内的战斗才真正结束。等到欧洲战争在同年 5 月完全结束时,还有 180 万法国公民仍在德国境内的监狱服刑或被迫服劳役。法国的交通系统彻底崩溃,工业生产几乎倒退 15 年。工厂、办公楼和住家面临严重的燃料匮乏。大型黑市控制了食物及其他生活必需品的分配。法国大部分住房残破不堪,甚至完全倒塌。所有这一切都有待法国人来修复。

法国人要修复破败的房屋,与此同时,掌权者则要竭力重组一个政府。成立于 1944 年 8 月的临时政府面临的是类似于一个新革命政权所要面临的情况:其主权和合法性还不确定;只有一支衣衫褴褛、临时拼凑的军队听其号令;地方管理权还掌握在已经倒台的伪政权官员手中;数以千计的通敌协作者被关在监狱或拘留所;支持者决心要对过去的错误拨乱反正,要求分享影响力;盟友及政敌一切就绪,准备抢夺对国家未来的话语权。即使声名显赫、态度强硬的戴高乐,也遭遇了来自共产党和独立于其解放力量之外的其他反抗军集团的激烈竞争,直到 1946 年 1 月才获得政府的领导权。

用这样一个政治体系来恢复已然衰颓的经济,对戴高乐及其同僚来说,无疑是一个挑战。与许多革命领袖不同,戴高乐将最强大的对手即共产党吸纳进临时政府。但是他又像 1792 年和 1793 年的革命者一样,采用一些权宜之计使现有结构发生了一些改变:安插与新统治者关系密切的人担任省长;成立或吸纳已在地方上扎根且与政府私交甚笃的省临时委员会;解散上述委员会在解放时期设立的民兵组织;派遣特别授权的专员到地方上代表中央政府;成立特别法庭负责审理及惩处以前的通敌者;强制实施配给制和征收制。

在上述革命手段之外,1944 年的临时政府增加了雅各宾派未曾使用过的一项措施。戴高乐于当年秋天在各省进行了一次凯旋巡游,以鼓舞新政权的支持者,并加强新政权与他个人的联系。正如在 1792 年和 1793 年,这些权宜之计一旦奏效,便以中央政权取代了地方自治。

但并不是所有权宜之计都奏效。例如,政府未能形成对食物供应和分配的强硬控制,因此未能有效实施配给制。但是,试图实现强硬控制的努力在1944年和1945年激起了大规模抗争。1945年实际上就是在抱怨食物供应的风暴中结束的。1945年12月31日,人们在巴黎的面包房门口排起了长队,当得知储备的面包已卖完时,人们开始砸窗户、毁家具。整个1946年和1947年,针对政府对工资、物价和食物的控制,巴黎人民不断走上街头进行抗争。要想恢复已经千疮百孔的经济谈何容易。

不过恢复工程还是缓缓启动了。到1947年年底,工业生产已经恢复到1938年的水平;1950年年底,农业生产恢复到1938年的水平。在艰难的恢复期,戴高乐派(Gaullists)、共产党、人民共和运动(MRP, Mouvement Républicain Populaire,以天主教反抗军团体为基础组成)的支持者,以及其他战前政党的残部都蜂起争夺对政府及其政策的掌控权。在劳工运动内部,共产党经过长期努力,终于成功掌控法国总工会,但因此造成法国总工会与其他派系之间更加尖锐的分裂,以及自身与内部少数派——工人力量(Force Ouvrière)——之间的争斗。工人力量派致力于开展政治上相对独立的劳工运动。

法国内部发生纷争的同时,美苏及其各自盟友之间的冷淡关系也发展到了冷战阶段。国际上的牵扯对抗使得法国共产党与其他党派之间的协商更加困难。

戴高乐于1946年1月辞去临时政府主席一职。他直到1947年4月才组建法兰西人民联盟(RPF: Rassemblement du Peuple Français),但其追随者早在该政党组建之前就已经采取了政治行动。为了纪念戴高乐在1940年号召法国人民反抗德国的侵略,戴高乐派在1946年6月18日举行游行,之后重新集结,高喊"戴高乐上台!"其他人则砸破一家共产党书店的窗户,抢走并烧毁了陈列的书籍。第二天,共产党和工会组织的工人进行"反法西斯"示威,抗议前一日的攻击行为。

随后几年,戴高乐派与共产党之间的两极分裂,不管在地方还是在全国层面都激起了政治冲突。戴高乐派在1946年1月进行了极其激烈的抗议。1947年5月,旧党派的领导人强迫共产党退出了政府,之后,戴高乐派与共产党之间的斗争更加激烈,使得任何政府都难以立足。

随着上述争斗的加剧,法国工人恢复了大规模罢工的抗争形式。共产党之所以被迫离开内阁,事实上就是因为共产党支持在新近国有化的比扬库尔雷诺工厂进行大罢工。罢工开始于1947年4月25日,开始的时候未得到工会的同意,但后来由法国总工会接手管理。1947年五一节庆祝活动上,工人们从巴士底广场游行至协和广场,最后比扬库尔罢工委员会成员与仍然犹豫不决的总工会领导人之间发生了对峙。

1947年6月、7月和11月爆发了全国性罢工潮。在11月那次罢工潮中,工人们又开始占据工厂,全国联盟要求增长25%的工资,并向政府发出直接挑战。还是在这次罢工潮中,共产党代表效仿工人占据了国民议会,以阻止一项要制裁工人蓄意破坏和煽动罢工的议案。共和卫队终于在12月2日早上6点将他们逐出议会。

当时,法国民众政治在20世纪30年代的许多特点再现了:

罢工潮与全国政治斗争相结合,尤其是与组织化劳工在全国政治中的地位变化相结合。

全国劳工联盟与左翼主要政党结盟,尤其是共产党。但这种结盟很艰难,而且根据情况有所不同。

罢工与示威总是同时出现。

政治团体的示威往往伴随着其对手的反示威，还经常与正面对峙所产生的后果展开斗争。

占据房屋以强调对权力的诉求，并预先准备对付当局的措施。

以上这些自 20 世纪 30 年代以来就一直是法国政治生活的标准要素。

虽然法国人民还是在咖啡馆、新闻媒体、和平集会和选票箱等处进行政治活动，但在 20 世纪 50 年代和 60 年代，随着每个新议题的出现，街头政治的特点再次出现。正当代表们就北约、印度支那战争、德国重整军备、美国军队驻军法国、北非独立战争、皮埃尔·布热德（Pierre Poujade）的追随者的抗税斗争及 1956 年匈牙利骚乱等问题争论不休时，这些问题的支持者与反对者则在街头示威、反示威、罢工、占据和斗争。有时，就像 1953 年 8 月的巴黎公共部门大罢工一样，街头行动就是摆在政府面前的问题。国家政治与街头政治相互交织。

与第二次世界大战前的冲突相比，如今促使巴黎民众走上街头的更多的是跟国际政治有关的问题。与抗争相关的炸掉房屋等攻击行为也比 20 世纪 30 年代发生得更加频繁。当北非独立运动在 20 世纪 50 年代动员民众时，一些北非集团对警察、士兵，尤其是持不同政见的同胞发动武装攻击，这种武装攻击在当时相当普遍。20 世纪 50 年代和 60 年代的冲突比 1940 年之前更容易导致阻断交通和封锁公共场所的行为。而第二次世界大战前参加罢工、动员集会、示威、街头巷斗和其他抗争形式的老手们，也在有关新议题的斗争中发现了很多相似之处。

民众叛乱还是国家政变

　　相似之处锻造了不同之处。虽然以下说法有存在争议的地方，但我们还是有理由说，拿破仑在1799年发动的雾月政变是1958年之前法国军事力量最后一次直接介入全国政治并在政权倾覆中扮演主要角色。在法国大陆以外的地区，1958年之前从没有发生过这种军事介入的情况。

　　1958年5月，居住在阿尔及利亚的法国公民一直在抱怨，当地政府几个月以来都未能消灭当地的阿尔及利亚独立联盟，即民族解放阵线（FLN: Front de Libération Nationale）。4月26日欧洲人在阿尔及尔（Algiers）举行大规模示威，之后在5月11日，《阿尔及尔的回声》（Echo d'Alger）刊登了向戴高乐的请愿。

　　5月13日，阿尔及尔又发生了两次示威，分别由欧洲平民和军人发起，两次示威都向皮埃尔·弗林姆兰（Pierre Pflimlin）政府发起了挑战。最后，一些示威者冲到总督府，轻松将其占领。外面有示威的群众，于是占据总督府的示威者成立了一个公共安全委员会，并起草一份发给远在巴黎的科蒂（Coty）总统的电报，提议成立一个全国性公共安全委员会。许多参与者都呼吁戴高乐重新掌权。

　　5月15日，法国驻阿尔及利亚的军事指挥官拉乌尔·萨朗（Raoul Salan）赞颂戴高乐，认为他才是可能拯救国家的人。戴高乐没有公开表达自己的态度，但在5月19日召开的记者招待会上明确表示不赞同现有的政治体系。他最后说道："现在我要回乡，并留在那里，但随时听命于国家。"（Maier and White 1968: 293）五天后，另一个公共安全委员会占据了科西嘉岛（不在欧洲大陆上，但至少是法国本土的一部分）的首府阿雅克肖（Ajaccio）。阿尔及尔和阿雅克肖的组织者开始制订计划，准备在巴黎发动政变。同时，在阿尔及尔、科西嘉岛、巴黎，以及戴高乐的家乡上马恩的科龙贝双教堂村（Colombey-les-Deux-Eglises），正在进行热烈的商谈。

地中海地区发生的事件在法国大陆激起了广泛的反响。5月13日，阿尔及尔总督府被占领的消息传到巴黎之前，本应该行进到凯旋门的老兵游行就转变成了支援"法属阿尔及利亚"的示威，之后又发展成与警察的混战。这些警察封锁了前往议会及其他类似目的地的通道（Le Combat 1958年5月14日）。在阿雅克肖抢占事件发生之后，尽管巴黎没有，但里昂及其他大陆城市都成立了公共安全委员会。

在巴黎，弗林姆兰总理派遣特使到所有政党，寻求联合的可能性。但等到戴高乐发表了一份强烈暗示他愿意接手政府的声明之后，弗林姆兰在5月28日辞职。同日，萨朗将军派遣一支代表团应戴高乐之命，前往科龙贝简要汇报阿尔及利亚和科西嘉岛的情况。同日，一支共和主义暨反法西斯主义的示威队伍从国家广场游行至共和广场，参加者包括皮埃尔·孟戴斯－弗朗斯（Pierre Mendès-France）、弗朗索瓦·密特朗和爱德华·达拉第。这场非共产党左翼的示威活动显示了1958年斗争的又一个独特性：组织化劳工在共产党领导的总工会与其他派系之间的分裂如此严重，以至于第一次出现了无大规模罢工运动伴随政府危机的情况。

与戴高乐的协商仍在继续，最终因戴高乐要求应急处理权和新宪章而告终。5月29日，科蒂总统请求戴高乐组建新的政府。第二日，发出上述邀请的策划者正在谋划如何形成必需的多数派时，戴高乐的支持者已经占领了香榭丽舍大道，并获得一定程度上的警方保护。左翼反示威者抵达现场，一边高喊"法西斯主义通不过！"，一边高唱《马赛曲》，他们与警方进行了大约半小时的战斗。

但这次，戴高乐的支持者得偿所愿，戴高乐于6月1日从严重分裂的众议院手里获得了所有权力。当天，共产党发出最后诉求。1万名示威者在巴黎不同区域集结，反对戴高乐，大声广播"法西斯主义通不过"。在之后与警察的冲突中，190人被捕，50人受伤。与此同时，戴高乐组建内阁，主要从旧政党中吸收成员。他的政府在6月3日获得议会两院的通过。第二天，他抵达阿尔及利亚，宣布："我理解你们。我了解这里发生的情况。我看到你们想做什么。我看到你们在阿尔及利亚开辟的道路是复兴之路，是兄弟情义之路。"（Maier and White 1968:347）事实证明，这条道路导致了阿尔及利亚的独立，也导致大批法国国民从北非返回法国。但是，这条道路的第一站却给法国带来了一个新政权。

5月和6月

法兰西第五共和国的建立虽然缓解了斗争，但没有完全终结斗争。在随后四年里，阿尔及利亚的冲突各方——阿尔及利亚运动中各竞争团队、法国移民、持异见的军官、法国政府等——在巴黎和北非为了各自的不同立场而争斗不休。极右派的团体秉持着"法属阿尔及利亚"（Algérie française）的观点，再次出现在公开场合。学生们又积极行动起来，既关注地方上的问题，也关心全国性政治问题。越南问题也再次出现，但这次跟法帝国主义无关，而是为了反抗美帝国主义。所有这些问题，大部分都与1968年5月和6月的工人问题汇集到了一起。

战后时期出现的经济发展和婴儿潮，造成20世纪60年代中期大量年轻人进入法国的高等教育，数量之大，史无前例。巴黎郊外楠泰尔出现的新大学接收了从索邦大学满溢出来的学生。楠泰尔大学（今巴黎第十大学）的诞生正好概括了高等教育的扩张过程及其结果。校址选在一个外来工人阶级聚居的地区，学校就以这里原来的一个军事基地为基础迅速地建立起来。通识课程涵盖了社会科学的各个方面；校长提倡学生、教师和管理层之间进行广泛协商；教学内容与学生将来的就业关系不紧密；到1967年年底，学校还没有图书馆或研究设施；校园里只有教室、办公室和宿舍。一言以蔽之，这是一个标准化教育的装配工厂。

楠泰尔的大学生成立了一些左翼团体，积极支持左倾的法国学生全国联盟（UNEF: National Union of French Students）。相反，楠泰尔新成立的法学院（属于法国的本科课程）却为右翼学生提供基础，成立了一个规模虽小但相当活跃的右翼团体，致力于欧美运动（Occident movement）。1967年3月16日，楠泰尔一个致力于言论自由的学生组织发动了"自由传播"运动，要求获得举行政治集会和在校园里传播或张贴政治材料的权利。在运动过程中，150名男学生搬进一栋女生宿舍楼。3月21日，学校管理层招来的警察包围了这栋宿舍楼，而一群学生又将警察团团围住。经过一晚上的协商，终于在不确定身份、不进行任何处罚的条件下，男学生离开了宿舍楼。

1967年秋，左翼与右翼学生之间的冲突在楠泰尔校园越演越烈。与此同时，学生会发起一场运动，反对政府即将推行的关于考试和文凭方面的改革。11月，学生会一些成员组织罢课，抗议在楠泰尔实施的改革，并阻止不罢课学生进入教学楼。虽然罢课行动失败，但几乎直接导致了围绕教育政策、校园纪律和越南战争等主题而组织的一系列行动。行动包括蓄意破坏考试和与当局正面对峙。

当一名楠泰尔大学的学生被指控在巴黎的美国运通公司（American Express）大楼实施爆炸并遭到逮捕时，学生们未经许可就在学校讲座大厅举行集会，接着占据学校的理事会会议厅。这件事发生在

1968 年 3 月 22—23 日的晚上，因此被称作"三二二运动"。但当运动领袖号召仿效德国的模式设立"批判性大学日"时，校长格拉潘（Grappin）下令全面停课，直至 4 月 1 日。

从那时起，学生团队的集会和反集会、攻击和反攻击成倍增长。到 4 月底，法国学生全国联盟、三二二运动组织、欧美运动团都配备了武装。4 月 19 日，在巴黎，2,000 名学生示威，抗议近期德国学生领袖鲁迪·杜奇克（Rudi Dutschke）遭受攻击一事。4 月 22 日，5,000 人示威反对越南战争。各种突袭和反示威迫使欧美运动团在索邦和楠泰尔开始对其左翼对手发起反击。政府当局开始对达尼埃尔·科恩－本迪（Daniel Cohn-Bendit，楠泰尔大学社会学系学生领袖，出生在法国，父母亲是德国人，拥有德国公民权）采取法律程序，准备将他驱逐出境。5 月 2 日，校长宣称楠泰尔校园被一群"战争疯子"所控制，所以关闭了校园，并将 8 名学生拖到学校的管理委员会。

行动转移到了巴黎。五一节的时候，虽然法国总工会（自 1954 年以来首次获准在这一节日游行）未能成功举行反对戴高乐政权的左翼联合示威行动，但还是吸引了不少学生。总工会的领袖们强硬地将极左团队及其横幅排除在游行之外。5 月 2 日，索邦发生大火，法国学生全国联盟认为这是右翼学生所为，并对此加以谴责。5 月 3 日（当天《人道报》将科恩－本迪称作"德国无政府主义者"），索邦的学生组织在校园内举行集会。会上，科恩－本迪号召大家抗议法西斯的攻击。校长以右翼团体可能发动攻击为名，招来警察驱散在校园集会的学生。警察在离开索邦时逮捕了大约 600 名示威者。在驱散行动结束后，一小伙学生在附近街道与警察发生冲突，直到当日夜晚。

5 月 5 日，周日，学生团体号召在次日举行示威，教师工会号召所有大学教职员工发动总罢工。次周周一，学校当局关闭索邦大学，4 名学生因参与上周五与警方的冲突而受审。当警察对游行的队伍发起冲击时，原本只是抗议关闭索邦大学的示威就转变成了席卷拉丁区的街头巷斗。5月7日，法国学生全国联盟组织了一次从丹佛－罗什洛（Denfert-Rochereau）经拉丁区直到凯旋门的游行。之后，在索邦大学附近，学生开始向警方投掷铺路的石块。

集会和示威在各省区的大学里也开始发生。戴高乐总统表示不会容忍这种街头暴力。在随后两天里，学生和工会组织者都试图在运动中保持克制，将目标锁定在对政府的一系列诉求上。但是在5月10日的周五，一些示威者（声称"要不惜一切代价占领拉丁区"）开始搭建路障，并打砸或焚烧汽车。警方从5月11日深夜两点开始，一个路障一个路障地对该区进行清场，直到破晓。

经过暴乱的一晚，法国总工会和法国工人民主联盟（CFDT: Confédération Française Democratic du Travail）号召在5月13日周一进行全国示威和总罢工，这一天也是促使戴高乐重掌政权的阿尔及尔叛乱的纪念日。巴黎的示威游行大约有70万人参加。虽然罢工未能达到全面罢工的规模，但在巴黎以外获得了很大反响。当天，乔治·蓬皮杜（Georges Pompidou）总理要求重开索邦大学，并同意考虑特赦在上周争斗中被逮捕的学生。被捕的学生的确获得了释放，协商也在重新开学的索邦大学彻夜进行。随后几天，学生议会开始就学校的机构改革进行讨论，学生们开始拒绝参加已经排定的考试。同时，在5月14日，右翼学生在巴黎示威，并在随后几周内发动了好几次反示威。

5月14日和15日，楠泰尔、克莱翁（Cléon）和塞纳河畔弗兰（Flins-sur-Seine）的工人占领了工厂。16日，一群学生从索邦大学游行至新近发生罢工的比扬库尔雷诺工厂。从那时起，轰轰烈烈的罢工运动开始朝着总罢工的趋势发展。巴黎的罢工使交通、公共服务和食品供应完全瘫痪。

这些罢工中多数都涉及工人组织和工人权力，而不再是工资和工作时间。而且，许多罢工在没有得到工会支持的情况下就开始了。实际上，一些罢工者抵制工会引导罢工的企图。相比于之前的罢工潮，这次的罢工潮中白领工人和高技术产业的雇员扮演了更加重要的角色。工人的诉求看起来严肃庄重。戴高乐总统宣称"改革，可以；造反，不行"，并从罗马尼亚访问途中匆匆返回。

法国当局于5月23日拒绝批准科恩－本迪从德国再次进入法国，于是新的示威和与警方的对峙开始了。同日，众议院投票否决了谴责蓬皮杜和戴高乐政府的提议。第二天，戴高乐在广播中宣布将在6月13日举行全民公决，就是否同意学生和工人分别更大程度地参与学校和工厂的运作而向全体国民征询意见。戴高乐承诺，如果全民公决不通过，他将辞职。当晚，法国学生全国联盟的示威者朝市政厅行进，可能打算在那里宣布成立公社，但警察驱赶他们，致使他们跑到证券交易所（Bourse）、大堂广场和拉丁区。他们在那里砸毁大门，连根拔除大树，搭起路障。

5月25日，蓬皮杜总理邀请劳资代表参加劳工部的总会议。两天后，全国工会代表从这场协商中获得了一些权益，包括增加工资，缩短工时，承诺与各工厂签订个性化协定，重新考虑工厂内部组织化工人的地位，设立有关工人福利、所得税和青年人培训的组织。但是在随后几天，多数组织化工人都拒绝接受这项《格勒内勒协定》（Grenelle Agreement）。在5月28日，900万法国工人举行了罢工。

这次罢工潮非比寻常。不仅在规模上史无前例，还比以往吸纳了更多的专业人士、技术员和白领工人，而且运用了新的行动方式。总会议的成立和工人选举的总罢工委员会在一定程度上效仿了学生的做法。而且，要求在高科技产业里扩大工人的掌控权这一点，也为这次罢工潮注入了一种完全不同的特点。然而，这次罢工还是在某些方面遵循了格勒内勒的模式，从 6 月初很快走向终结。

在拉丁区，学生组成的巡逻队在维持秩序，其他学生继续在占领的建筑物里进行协商、重组。5 月 30 日，戴高乐总统宣布结束国民议会，并开始全民公决的新一轮选举。同日，总统的支持者举行了大规模示威，其规模与 13 日的反政府游行相似。大规模的反动员行动开始了。

在 6 月的前三周里，学生们继续重新构建的工作。新的罢工开始了，其中较显著的有工作人员占据全国电台和电视台的行动。警方也开始清除占据工厂的反抗工人。因为政府解散了一些左翼团体并严禁示威，所以解决罢工的速度也加快了。到 6 月 23 日和 30 日议会改选的时候，戴高乐已经获得了巨大胜利，而组织化运动的优势所剩无几。

又一个 5 月

1968 年的 5 月狂飙过去了 15 年，五一劳动节仍然吸引着数以千计的人们走上巴黎街头。在 1983 年 5 月 1 日，经历了四年的尖锐分裂后，法国工人民主联盟、法国总工会和全国教育联盟（FEN: Fédération de l'Education Nationale）都各自派出代表参加了同一次游行。工人力量这个团体却于当日清晨组织了自己的游行前往巴黎公社墙，使得这个事件显得并不如宣传上所讲的那样"团结一致"。当天下午，冷风还有些刺骨，大约 10 万人或步行或乘车（乘着花车或广播车）从东站（Gare de l'Est）经共和广场，行进到巴士底广场。这一次，相当一部分团体代表的不是组织化劳工，而是女性主义者、同性恋、和平主义者、伊朗领导人阿亚图拉·霍梅尼（Ayatollah Khomeini）的支持者、霍梅尼的反对者、土耳其政权的反对者、巴勒斯坦人等。每个团体都有出现在那里的理由。例如，同性恋组织就在高唱："异性恋、同性恋，大家在一起——同样的老板，同样的战斗。"

在左岸，另一支游行队伍从荣军院行进到先贤祠，共有 3,000 人参加，其组成人员与右岸的游行队伍一样庞杂。虽然对政府的控制和工会的权力一直颇有微词的小商业代表们主导了这次游行，但右翼学生、基督教团结会（Solidarité Chrétienne）、国民阵线（National Front）、其他反共产主义分子，以及一些出于私人原因的示威者都参加了这次游行。左翼在右岸游行完，右翼就在左岸开始游行。

但 1983 年的这两次示威游行都不能像 1906 年、1936 年和 1968 年的游行那样清晰地反映过去几个月的斗争。1983 年 4 月，医学院学生罢课，反对政府改革。根据政府的改革提议，医学院（和法学院一样，也是法国一种本科项目）学生学习六年后必须参加考试，以限制学生进入热门的医疗行业。实习医生和诊所所长们也因这项改革提议而进行了罢工，但主要是希望能更多参与项目的筹划，而不是反对它们所体现的组织原则。就在当月，牙科学生也加入到运动当中，示威者高喊："牙医……发怒了！"

法国总工会和法国工人民主联盟并没有组织医学院的罢课，但在一定程度上进行了扶持，使其持续发展下去。可能是因为看到工会介入到了这场反对高校改革的运动中，法学院的学生于是开始组织反对运动，既反对改革，也反对社会主义政府。他们采取的形式也是罢课和示威。他们的行动获得了诸如防卫联盟（Groupe Union-Défense）等极右力量的支持。4 月 27 日，约 7,000 名法学院学生从整个地区的各个学校出发，准备到国民议会会师。那些没有在分散进行的示威中走散的学生们最终抵达国民议会，但面对的却是一排防暴警察。4 月 29 日，人数大致相同的一支队伍从索邦大学出发，在前往国民议会的路上被阻。在这两次游行中，学生将石块砸向警察，而警察使用催泪瓦斯、水枪和警棍在街上驱赶学生。人们说这一切似乎又回到了1968年5月，不过这次是右倾。

实际上并没有发展到那种程度。学年临近结束，政府仍然在讨论改革的提议，所以运动也就偃旗息鼓了。到五一劳动节时，形势已经很明显，学生之间的分裂太严重，与法国工人的诉求又太疏离，难以发起像1968年5月和6月的那种运动。而且，尽管有右翼力量的积极动员，但他们也很难有机会发动又一个1934年2月那样的运动。

然而观察者们还是强烈地感觉这次行动似曾相识。1983年的巴黎学生、工人及其他团体采用了历史悠久的行动方式来表达诉求，例如成立协会和委员会、集会、示威、罢课罢工、与警方对峙等，这些方式一个世纪以来的变化不大。所有行动者，包括组织者、参与者、警方、官员、工会等都熟知这些形式，而且已经形成了他们各自标准的行事规则。新闻媒体按部就班地（不一定每次都准确）报道人数、社会构成、表决心的标志、标语、逮捕情况、受伤情况，以及当局的回应等。

当然也会有一些变化。从20世纪初开始，组织化工人曾经尝试举行短期的全国性总罢工，向政府和首都发出警告。罢工者和示威者有意占据建筑物，要求长期控制这些建筑物的权利，而且就是否离开进行艰难协商，这些行为从1936年起变得更加普遍。静坐罢工是最为显著的例子。但是拒付租金、擅自占用场所、挟持人质和占据街道等行为都属于这同一范畴。

而且，所有方面都在逐渐采用更强劲的技术装备，譬如手提式扩音器、广播车、印刷的标识、防暴警车和水枪等，这些装备已经成为运动场景中的必然组成部分。报纸、广播和电视长篇累牍地报道1968年和1983年的运动进展，篇幅之长肯定令他们的前辈们艳羡不已。

然而，最重要的是这种抗争行动的延续性。虽然抗争的议题和各种结盟在变化，但行动的方式大部分保持不变。一般来说，掌权者吸取经验教训的速度至少不会比他们的挑战者慢，而且他们还拥有更多将所学付诸实践的方法。如此一来，可能造成的结果就是，继承自19世纪的群体行动剧目，在改变权力结构方面的效果越来越不明显，但在表明对权力结构内部的不同倾向方面，效果却越来越好。1968年的挑战者们试图突破这种局限，但失败了。而1983年的挑战者甚至试都没试。

第十一章

政党、政权和战争

保罗·维达尔·德·拉·白兰士（Paul Vidal de la Blache）在他那本著名的法国地理学著作中，将1900年前后法国人文生活与几千年来的地表变迁相结合。他表示："一个民族的历史与这个民族所居住的土地密不可分。"（Vidal de la Blache 1908: 1）所以，他没有严格地按照历史政治的疆域或者地理特征来区分不同地区。他试图绘制的是生态位（niches），这种生态位的地理疆界未必鲜明，但长期以来却促成了一种连贯的、相互依存的人类生活。

维达尔的"佛兰德"就是按照这种标准来划定的，包括阿登高地（Ardennes）与滨海沼泽之间的一整片平原——即埃诺、康布雷西、阿图瓦的部分地区和皮卡第的部分地区，再加上历史上属于佛兰德的大部分省份。当维达尔开始描述佛兰德时，他似乎对这座烟雾弥漫的砖城感到很灰心。"在这个地带，"他指出，

> 每个历史时期都会出现新的城市疆界，一些城市消失，又有新的城市兴起，城市的创建从来没有停止过。地下矿藏造成

了这种交替。一个世纪以前，人们就开始在瓦朗谢讷附近勘查煤矿，但直到 1846 年才到朗斯和贝蒂讷来勘查。在统一的小规模城市旁边，出现了一种前所未有的新形态——工业聚集区。朗斯的农业平原上散布着轮廓怪异的矿坑，矿坑周围出现了每排八间或十间的一排排矿工宿舍。为了容纳那些越来越多却毫无价值的人，这些在同一时间匆匆搭建起来的小房子，看上去整齐划一，简直糟糕透顶。一边是犹如凡·德·默伦（Van der Meulen）油画中所描绘的图景，优雅的教堂尖塔，宏伟的建筑，城里狭窄的街道围绕着中央广场，让人从很远就能分辨得出来那是瓦朗谢讷。而刚出城门外，就来到了一块肿瘤似的彼此毫无联系的庞大郊区，这里只能看到一排排房舍、酒吧和工厂。有时候，这种反差实在太强烈。（Vidal de la Blache 1908: 79-80）

看来，人们已经决定放弃大自然的馈赠了。

维达尔发现朗格多克的人工化程度要低一些。他分析道，朗格多克是围绕一道巨大的海峡而产生的，如今的平原和山谷曾经都深埋于海底，两侧的丘陵是曾经的海岸。"这条走廊，"他写道，

> 曾经连接了罗马大道、王室公路、运河和铁路，是一条民族通道。当然，连接下朗格多克与图卢兹或阿尔比乡村地区的道路也毫无例外地与这条通道相连。山区与平原之间往往取道圣蓬斯、贝达里约和勒维冈以进行必要的物品交换。这种因地形差异的并置而造成的小规模联系，在南部人民的生活中占有非常重要的地位。（Vidal de la Blache 1908: 324）

维达尔还说，人们仍然可以在 20 世纪的朗格多克地形中看到古代的自

然风光。

按照维达尔的自然区域划分标准,安茹根本不具备统一性。古老的安茹省跨越了从布列塔尼山脉的东部和南部边界到巴黎盆地的西部边界,包括整个卢瓦尔河谷的大片区域。从图赖讷到安茹的路上,维达尔进行了一番情景速描,这也是后来具体描述的基本框架:"南下,生活富足轻松;北上,就看到在西部边陲,生活艰难穷困。大革命时期的争斗有助于我们深切体会这其中强烈的反差。"(Vidal de la Blache 1908: 155)他还写道:

> 卢瓦尔河谷以南是绵延起伏的高地,头顶古老村庄的陡峭悬崖就像是风景明媚的河谷上突然冒出了一堵震慑力十足的墙。由此往南就是以前被称为"莫日"的地区,这里虽然有一些工业,但基本上还是一个农业区,而且相比于安茹,更接近普瓦图。这里长期以来与海上有商业往来,但还是不喜欢卢瓦尔河沿岸的城市生活。整体而言,这个地区表现出来的还是1793年时的特征。(Vidal de la Blache 1908: 288)

维达尔相信延续性。

勃艮第也是一条通道,这里既有平原又有丘陵,维达尔称它为"欧洲的十字路口"(Vidal de la Blache 1908: 216)。据维达尔估计,由于勃艮第连接了东部与西部、巴黎盆地与索恩河谷、地中海与北海,它成为天然的商业性农业、军事行动和文化创意的中心。而且,勃艮第的丰水沃土也有利于形成人口密集、联系紧密的居住环境。农业再次主导了维达尔的分析,而勃艮第边缘地区正在蓬勃发展的采矿业和制造业几乎没引起维达尔的注意。按他的观点,首屈一指的酿酒业和商业化小麦种植业已经成功完成了该地区的自然使命。

面对巴黎和法兰西岛时,维达尔却不能忽视人类干预的重要性。"巴黎周围,"他观察道,

> 一直充盈着一种罗马和柏林都不曾有过的勃勃生机。如今,这座大城市向外拓展前沿房舍,而这些房舍犹如行军的部队,不断侵入平原,爬上高地,圈围了整个山丘。以前因有利于小规模群居的地方条件而独立存在的小镇和村庄,如今不少已被不断扩张的城市所吞噬。(Vidal de la Blache 1908: 130)

接着,维达尔就不打算再分析这个城市了。他总结说:"这就足够了。我已经研究了未来的种子以何种方式种在哪里,也研究了这么一株生命力旺盛的植物如何成长,以至于任何一种风暴都无法将它拔除。我还向大家展示,这株植物的活力来自土壤,深埋于地下的树根盘根错节,伸向各个方向,无人能将它挖出或者砍倒。"(Vidal de la Blache 1908: 133)

然而,等到全书快结束时,维达尔又担心巴黎的扩张是否抢夺了外省的营养供给。他沉思道:"巴黎与外省的紧密关系反而对各省之间的联系造成了破坏。从阿尔卑斯山到大西洋,法国东部与西部的关系曾经带来累累硕果,如今却几乎成了历史回忆。"(Vidal de la Blache 1908: 348)他认为,一个人为地集中化的国家所带来的风险就是,法国农民身上仍然保有的坚韧容忍的天性正在慢慢流失。

人口结构的转变

农民在哪里呢?维达尔在 20 世纪初开始书写对此问题的思索。

然而，即使从最宽泛的角度来说，农民都不再是法国的主导性人口。1901 年，法国的劳动力人口有 1,970 万，其中的 43%，也就是大约 820 万地主、租户、佃农、薪资劳工等从事农业。虽说农业还是最大的单项行业，但大多数劳动力还是从事非农业工作。其余 1,150 万名劳动力差不多平均分摊到制造业和服务业，极少数从事采矿业、渔业、林业及其他冶金工业。直到 20 世纪 50 年代，从事制造业的劳动力才真正超过农业。

然而，从事农业的人多并不足以使法国成为一个农业国家。1901 年农业劳动力的数据中，只有少数人能作为地主、租户和佃农拥有土地。农业人口中一半以上都是薪资工人，包括雇工、日薪工人和仆佣。表 8 显示了 1901 年各省从事农业的男性劳动力人数。"田地管理者"包括地主、租户和佃农；"个体工人"主要是日薪工人；"田地工人"则包括雇工、监工和参与工作的家庭成员。在以家庭佃户种植为主的上加龙和曼恩－卢瓦尔以及盛产美酒的索恩－卢瓦尔，田地管理者占总劳动力的比例超过了全国的平均水平。另一方面，在以半工业化酿酒业为主的奥德（Aude）和埃罗，雇佣劳动力所占比例相对较高。要想看真正的无产阶级农业劳工，就得去佛兰德和法兰西岛。在诺尔、塞纳－马恩和塞纳－瓦兹，近四分之三的农业劳动力都是靠赚取薪资为生的。

虽说有些以赚取薪资为生的劳工是农民的子孙，最终可以从父辈那里接手自己的农场，但大多数无论按何种标准都不能算是农民。在 20 世纪（如同在 19 世纪下半叶），薪资工人先小地主一步离开了农业。结果，自有经营人和大量承租人在农业这一衰退行业中所占比例开始增加。然而，这些自有经营人和承租人的生活方式也在发生改变，他们与农民不同，更像是小商人，甚至大商人。简单地说就是，按照宽泛的标准来算，1901 年法国大约有五分之一的家庭是农民，

表 8　1901 年各省从事农业的男性劳动力人数

省份	田地管理者	田地工人	个体工人	总计	田地管理者所占百分比
奥德	21,390	29,829	13,934	65,153	32.8
科多尔	20,415	21,794	18,470	60,679	33.6
上加龙	34,204	24,680	16,003	74,887	45.7
埃罗	25,061	34,528	24,905	84,494	29.7
曼恩－卢瓦尔	39,246	37,975	19,003	96,224	40.8
诺尔	23,810	50,820	24,951	99,581	23.9
索恩－卢瓦尔	45,215	38,464	26,408	110,087	41.1
塞纳－马恩	11,824	25,226	14,953	52,003	22.7
塞纳－瓦兹	17,898	31,094	17,519	66,511	26.9
全国	2,028,955	2,151,623	1,396,674	5,577,252	36.4

资料来源：1901 年人口普查数据。

而且这个数字还在缩减。到 1982 年，只有不到二十分之一的家庭是农民。

　　第一次世界大战之后，法国农业人口在经历了几个世纪缓慢但连续的增长后，最终停滞不前。实际上，法国劳动力总数在 20 世纪 20 年代就停止了增长，之后还出现大幅度下降，直到 20 世纪 60 年代才有所上升。这种转变凸显了法国人口变化的长期发展趋势，那就是总人口中从事生产性行业的人口比例在下降。造成这种劳动力短缺的原因包括退休、失业和入学人口增多，以及出生率低和老龄化现象严重等。到 20 世纪 70 年代末，总人口在加速增长，全国劳动力也随之恢复到 1921 年的大致规模。图表 10 展现了这段时期以来的劳动力变迁情况。

图表10还显示了1785—1981年三种劳动力的不同增长情况（虽说1856年的估计数值比较粗略）。20世纪20年代之前，制造业、矿业和建筑业（法国人往往将这三种产业统称为"工业"）总体上比服务业（包括贸易、交通、政府、专业领域、收租业、未经分类的行

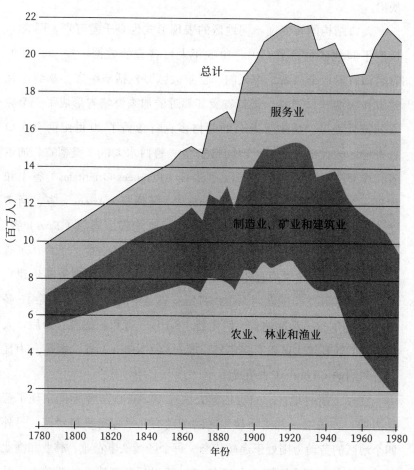

图表10　1780—1981年法国劳动力变化图

资料来源：Toutain 1963；1962年、1968年和1975年人口普查数据。

业，以及其他小规模边缘性经济活动）增长稍快。服务业的扩张速度到 1900 年之后才超过农业、林业和渔业。第一次世界大战之后，随着农业的下滑，工业和服务业在法国经济中所占比重越来越大。自 20 世纪 50 年代以后，从事制造业的劳动力规模基本稳定，从事服务业的劳动力人数开始增加。到 1981 年，法国一半以上的劳动力从事服务业。享有盛名的农业国家消失了。享有盛名的产业工人国家也在淡出。

  人口结构的转变在不同地区的表现形式也是千差万别。图表 11 按照不同地区整合了 1901—1975 年人口普查的数据。按 1901 年的省名和省界区分来看，今天的"巴黎大区"包括塞纳省、塞纳－瓦兹省和塞纳－马恩省。诺尔省及其邻近的加来海峡省形成了一个独立的统计地区。历史上著名的朗格多克省覆盖了 20 世纪两个人口普查地区的大部分区域，即朗格多克－鲁西永大区［奥德省、加尔省、埃罗省、洛泽尔省、东比利牛斯（Pyrénées-Orientales）省］和南部－比利牛斯大区（Midi-Pyrénées）［阿列日（Ariège）省、阿韦龙（Aveyron）省、热尔（Gers）省、上加龙省、塔恩（Tarn）省、塔恩－加龙（Tarn-et-Garonne）省］。卢瓦尔大区结合了下卢瓦尔省［即现在的大西洋岸卢瓦尔（Loire-Atlantique）省，因为戴高乐建立了法兰西第五共和国以后，下令将所有省名中的"下"字去除］、曼恩－卢瓦尔省、马耶讷省、萨尔特（Sarthe）省和旺代省。最后，人口普查的勃艮第大区由科多尔省、涅夫勒（Nièvre）省、索恩－卢瓦尔省和约讷（Yonne）省组成。

  在以上所有地区，只有巴黎大区在 1901—1975 年期间出现了劳动力增长。诺尔－加来海峡大区的劳动力几乎保持平稳状态，另外四个地区的劳动力则处于递减状态。每个区域从事农业、林业和渔业的劳动力数量都在下降，尤其在 1946 年以后。制造业的劳动力人数

图表 11　1901—1975 年六个地区的劳动力人口对比

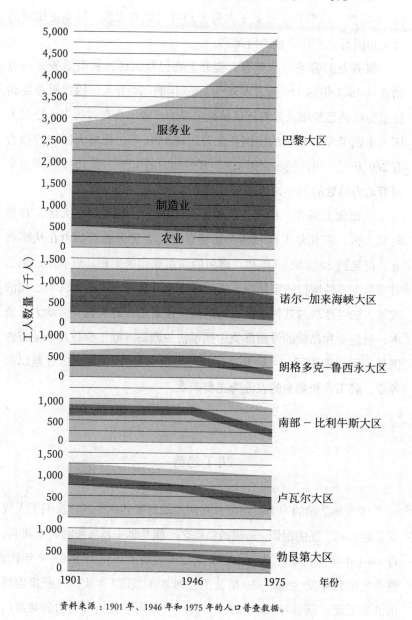

资料来源：1901 年、1946 年和 1975 年的人口普查数据。

在所有地区都未出现显著增加，反而在大多数地区出现了明显的下降。（当然，这些数字掩盖了大量劳动者向更大规模、资本更雄厚的公司和国有化产业迁移的情况。）

服务业的劳动力却有很大提升。在巴黎大区，从事服务业的劳动者从 1901 年的 110 万人发展到 1975 年的 320 万人，因此服务业到目前为止是巴黎市及其邻近区域最主要的产业。在此过程中，巴黎大区占全国劳动力总量的比例在上升。在 1901 年，巴黎大区的劳动力有 260 万人，约占当时全国 1,970 万劳动力的 13%，到 1946 年则占全国劳动力总数的 16%，1975 年占到整整 22%。

从比例上来看，相比于巴黎大区或诺尔－加来海峡大区，在勃艮第大区、卢瓦尔大区和两个朗格多克，有更多的劳动力在从事农业。但是到 20 世纪 70 年代，诺尔的纺织业和采矿业几近崩溃。虽然对首都主导性地位的抱怨声不断，政府也一再宣布要实施去中心化的政策，法兰西岛与其他地区之间的反差还是越来越尖锐，劳动力、资本、制造业和昂贵的设施都集中到了法兰西岛。除了少数几个地方性例外（例如钢铁厂、飞机制造厂和核电厂），法国其他地区逐渐以服务业、轻工业和剩余的农业为主要产业。

罢工趋势

1975 年之前的一个世纪里，在法兰西岛及其他地区，法国工人成立了越来越广泛的组织，造成的结果之一就是越来越高涨的罢工倾向。自 1864 年罢工合法化之后，罢工就越来越频繁。在 19 世纪 70 年代，整个法国每年发生 40—150 次罢工，到 20 世纪 70 年代，政府报告列出的罢工就达到每年 3,000—5,000 次——这还不包括农业和公共部门的冲突。一个世纪的时间里，罢工发生的频率就增长了几十倍。

图表 12 展示的是从 1865 年到 1981 年每年参加罢工的总人数，曲线图显示了明显的上升趋势。从 19 世纪 60 年代到 20 世纪 60 年代这一长时段来看，罢工人数以大约每年 5% 的速度上涨。19 世纪 60 年代后期，法国每年大约有 2.7 万名工人罢工，到 20 世纪 60 年代后

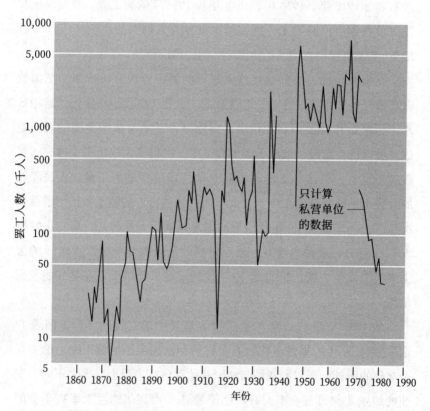

图表 12　1865—1981 年法国每年的罢工人数

资料来源：Perrot 1974: I, 61; *Statistique des Grèves* 1890-1935; *Annuaire Statistique* 1966, 1969, 1970, 1982; *International Labour Organization Year Book* 1951-52, 1957, 1966, 1969; Delale and Ragache 1978: 226-227; Durand and Harff 1973。

期，这个数字就上升到 250 万。如果考虑到总劳动力人数的变化，以上数字就意味着从每 10 万名工人当中有 200 名罢工者增长到每 10 万名工人中有 1.1 万名罢工者。19 世纪 70 年代，平均每年大约每 500 名工人中有 1 人参加罢工。到 20 世纪 60 年代，这数字就增加到每年大约每 10 个人有 1 人参加罢工。

然而，虽说罢工人数整体上呈增长趋势，但有些年份的起伏程度还是非常剧烈。罢工人数的陡然上升发生在罢工潮期间，包括 1906 年、1919 年、1936 年、1948 年和 1968 年的罢工潮。政治高压和经济萧条都会抑制罢工，例如两次世界大战期间的政治高压，19 世纪 70 年代中期和 20 世纪 30 年代早期的经济萧条。

在省级层面，我们很难找到连续的罢工资料。1885 年，法国政府官员开始发布罢工行动的综合数据。直到 19 世纪 90 年代，这项日常工作都运作得很顺利，相当详细地报告了来自法国全国的罢工数据。虽说也会出现小纰漏，例如有关第一次世界大战中工业冲突的报告就不完整，但这项工作还是坚持到了 1936 年的罢工潮。人民阵线的大罢工中断了这项工作。自此以后，法国官方的罢工数据记录就每况愈下——20 世纪 30 年代后期的记录只剩下一些碎片，第二次世界大战期间的记录根本没有，战后时期的记录零零散散，1968 年的罢工潮又造成了中断，20 世纪 70 年代的记录只局限于正在萎缩的私营单位。

从 1885 年到 1935 年的罢工报告是其中最完整的部分，图表 13 选取了这 50 年的报告来比较五个省份和法国全国的罢工率。除去几个有趣的例外，诺尔和塞纳与法国其他地区在表现上有很大不同。安茹的纺织业和采石业工人有时会使曼恩-卢瓦尔的罢工率高于全国的平均值。在一定程度上，科多尔、上加龙和曼恩-卢瓦尔的工人在第一次世界大战后都加入了全国性罢工运动。然而，在这 50 年的

图表 13 1885—1935 年五个省每 10 万名非农业工人中参加罢工的人数 361

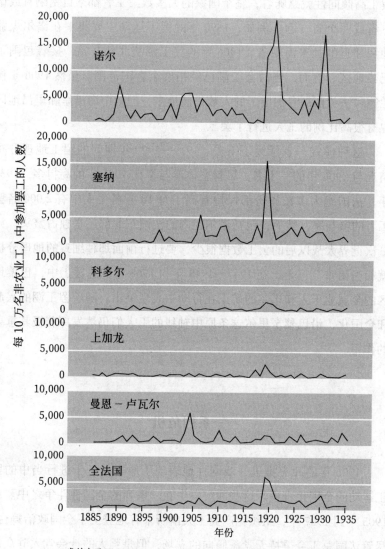

资料来源：*Statistique Annuelle* 1885-1889; *Statistique des Grèves* 1890-1935。

大部分时期都高于全国平均罢工率的是塞纳和诺尔,尤其是后者。

因为塞纳和诺尔的劳动力中工人比其他省份都要多,所以这种罢工高倾向性就意味着,整个国家的大多数罢工者都来自塞纳省或诺尔省或两个省一起。例如,1890年的罢工运动主要集中在诺尔煤盆地和邻近的加来海峡省。1906年的罢工潮从北部开始,接着包围了巴黎地区。然而,当时罢工潮已经拓展至全国范围。虽然1906年佛兰德和法兰西岛参加罢工的人数仍然最多,但地中海沿岸和里昂地区也有很高比例的工人进行了罢工。

这种模式一直延续了下去。1919—1920年期间的罢工地理分布情况与1906年的差不多,尽管整体参与率比1906年的高得多。1936年,法国绝大多数省份都保持着高于每10万名工人中有2,000名罢工者的参与率,然而,包括诺尔在内的法国东北部还是独占鳌头。第二次世界大战以后的罢工数据很少,要进行前面那种细致的地理分析就相当困难。但是,在1947—1948年和1968年的总罢工中,巴黎地区的金属业工人和诺尔的矿工在行动中表现突出。随着罢工潮的兴起和全国化,沿巴黎至里尔这条原中轴线的工人们仍然发挥着极其重要的作用。

一系列危机

1906年的冲突推进并戏剧性地表现了原本就处于进行当中的罢工运动的全国化进程。这些冲突发生在一系列的全国性斗争之中。从1905年到1907年,组织化产业工人前所未有地登上了全国政治舞台。尽管法国总工会秉持无党派倾向的立场,但是强大的社会党入驻众议院后,劳工还是在政府中获得了从未享有过的直接发言的机会。

但是劳工、资本家与政府之间的争斗仅仅是事情的一部分。自20世纪初以来，朗格多克葡萄园的小农户和薪资工人就一直在举行罢工和抗议，要求政府提供援助。1907年，他们联合起来，参加了足以撼动全国的运动。另外，自1902年起，几届共和政府都开始限制天主教会在国民生活中所起的作用。他们取消自拿破仑的《教务专约》（Concordat）以来由政府支付给牧师的薪酬，关闭宗教学校，接着还实施了明确的政教分离。每一步措施都遭到了天主教组织的抵抗。

天主教的抵抗在1906年2月和3月达到顶峰。法律刚规定教会财产要调配到宗教协会，于是政府派遣专使对教会财产进行正式的清查盘点。忠诚的信徒立即占领当地的教堂，驱赶政府官员，而且这种行为在一个个小镇上蔓延开来。在巴黎，法兰西行动党与当地人民一起在圣克洛蒂尔德（Ste.-Clothilde）和圣皮埃尔-格罗卡尤（St.-Pierre-du-Gros-Caillou）设置路障。占据这两个教堂的人们与前来保护财产清查工作的警方展开斗争，并迫使那些不受欢迎的访问者打道回府。在圣克洛蒂尔德，很多人被捕，包括路易·德·波旁伯爵（Count Louis de Bourbon）和居伊·德·拉罗什富科伯爵（Count Guy de La Rochefoucauld）。正统派贵族在抵抗运动中加入了当地的忠诚信徒。

在法国其他地方，参加行动的人主要是教区居民和少数当地的显贵。最严重的冲突发生在3月6日诺尔的博舍普。当时，一名负责财产清查的官员的儿子为了保护自己的父亲，开枪打死了一名示威者。议会关于这次枪杀事件的辩论最终导致政府下台。十天后，新政府向其代理人发出指示，一旦有可能发生公开的抵抗行为，就暂缓财产清查。到4月，面对面的对峙不如之前频繁，但还未完全消失。

一般来说，地方民众是否能积极参与抵抗运动，取决于两个因素：完善的天主教宗教活动和积极踊跃的地方领袖。这两者结合得最好的地方是法国西部的布列塔尼及其邻近区域。位居第二的是朗格多克北部及其邻近区域（阿韦龙省、洛泽尔省和上卢瓦尔省），以及包括诺尔省在内的零星省份。抵抗运动的地区分布也大致预示了后来天主教徒抵制公立学校运动的地区分布。1957 年，在以下 12 个省中，就读于天主教会学校的小学生超过 30%：莫尔比昂（Morbihan）、伊勒-维莱讷（Ille-et-Vilaine）、下卢瓦尔、旺代、曼恩-卢瓦尔、马耶讷、菲尼斯泰尔（Finistère）、阿韦龙、洛泽尔、阿尔代什、上卢瓦尔和北滨海（Côtes-du-Nord）（Mayeur 1966a: 1272）。1906 年与 1957 年的抵抗运动地区分布图几乎完全一致。

在我们讨论的五个地区中，安茹和诺尔参加抵抗运动最踊跃，法兰西岛和朗格多克的边缘地区也参加了，但勃艮第保持沉默。之后，安茹和诺尔的表现形式出现了不同。在安茹，对已有教会的支持与反对固化成了一种长期的政治分裂。神职人员整体上来说处于上风。选择什么学校成为一种艰难的、可见的政治抉择。

在诺尔，对财产的清查同样造成了社群的分裂。例如，在图尔宽，社会主义派系的工人在街上砸破了一些工厂的玻璃，他们怀疑这些工厂主为天主教徒提供沙袋，用以防护地方教会（Mayeur 1966a: 1265）。然而在诺尔及其他地方，绝大多数的财产清查工作平和地进行着。到 1906 年 4 月，诺尔的分裂并没有造成天主教徒与共和派的分离，只是在组织化工人与资本家之间划清了界线。

来自美洲的虫害

20 世纪初另一场大危机的地区分布却与上述情况有很大不同。在 1900—1910 年期间困扰法国酿酒人的问题要往前追溯 20 年。尼姆腹地的企业式酿酒人在 19 世纪 80 年代引进了耐寒、高产的美洲葡萄树，希望能够增加产量。这种美洲葡萄树根部携带了一种名为根瘤蚜的小昆虫，它们自身对此虫具有免疫力，但法国葡萄树却不行。根瘤蚜名副其实，它所带来的疫病彻底毁了法国的葡萄园。艰苦的补救工作开始：所有法国葡萄树被连根拔起，改种具有免疫力的美洲葡萄树。为了守住市场，商人和大生产商容忍甚至鼓励了以下两种做法：从西班牙、意大利，尤其是阿尔及利亚进口廉价葡萄酒；适度兑水加糖以增加存量。然而后来，他们对这两种做法后悔不迭。

随着南部葡萄园慢慢恢复，大葡萄园主和商人面对新的竞争做出回应，转向大规模普通葡萄酒的生产。铁路运输便于葡萄酒输往全国各地的市场，但更加有利于出产质量可靠、价格低廉的葡萄酒大生产商。这就意味着资本的集中化和劳工的无产阶级化。例如在 19 世纪 80 年代，南部萨兰公司（Compagnie des Salins du Midi）白手起家，成为法国最大的葡萄酒生产商之一。到 1900 年，南部萨兰公司在埃罗省拥有 700 公顷的葡萄园，每公顷以工业化方式生产出来的葡萄酒是当地葡萄酒产量的 2 倍。在葡萄丰收的年份，南部萨兰公司每年生产 1,000 万升的葡萄酒，年平均获利是其资本的 10%［Pech（1976）：153-178］。

一年又一年，朗格多克的葡萄酒产业是否昌盛，取决于全国市场上廉价葡萄酒的价格，而这种价格基本上与前一年的全国产量成（反）比。在 1900—1906 年的大部分时间里，价格在压缩，酿酒人的收入也在下降。在短时期内，三种不同的冲突就交叠发生了。首先，所有生产商，不管大的还是小的，都感受到了来自其他地区廉价葡萄酒的竞争压力。生产商组织起来抗议"作假行为"（例如往酒里兑水，使用甜菜糖提升甜度，销售未缴税的酒等），要求政府出面干预。其次，小园主感受到了来自资本主义化酿酒人的挤压，对税收、破产法和不公平竞争怨声载道。最后，薪资劳动者则感受到了失业和工资减少的压力，有些工人开始成立工会，进行有组织的罢工。

在19世纪90年代的集中化和无产阶级化进程中，大规模生产区里出现了零散分布的酿酒人行会。1904年，南部葡萄园区的工人们对大生产商发动了一轮相对成功的罢工，从而引起了全国的关注。在东比利牛斯省（尤其在佩皮尼昂附近）、奥德省（尤其在纳博讷附近）和埃罗省（尤其在贝济耶附近和最邻近纳博讷的区域），在1904年发生了129起酿酒人的罢工（Gratton 1917: 164）。

但是到1907年，三大主流——大生产商、小园主和薪资工人——合成了一股洪流。来自葡萄种植区的代表们在1月组织了一场关于"作假行为"的辩论，并提请议会对此问题进行调查。3月，议会的调查专员抵达尼姆。当地酿酒人委员会迅速召集会议，向专员抱怨。阿热利耶（Argelliers）的酿酒人兼旅店老板马塞兰·阿尔贝（Marcellin Albert）几年来一直致力于酿酒人行动委员会，这次终于盼到了能有所回应的听众。

3月11日，一连串决定命运的游行开始了。大约90名酿酒人从阿热利耶游行到议会专员正在开会的纳博讷。接着，游行数量开始成倍增加。虽说有时大园主也赞同游行，普通的薪资工人也参加行动，但运动的核心组成部分还是两大有所重叠的团体：一是小园主，二是熟练的葡萄园工人。这批工人既要照管自己的小块葡萄园，又要在别人的葡萄园里工作领薪（Smith 1978）。这些人在一个个村庄里组织起来，慢慢地集中成地区性联盟。

到5月，集会游行都汇聚到了地区的首府，包括纳博讷、贝济耶、卡尔卡松、尼姆和蒙彼利埃，吸引了成千上万的参与者。周日是重要的日子。5月5日，大约4.5万人从150个村庄汇集到纳博讷。5月12

日，大约 15 万人来到贝济耶；5 月 19 日，17 万人来到佩皮尼昂；5 月 26 日，25 万人来到卡尔卡松；6 月 2 日，15 万人来到尼姆。规模最大的是 6 月 9 日的蒙彼利埃群众集会，大约有来自 430 个村庄的 50 万人参与（Smith 1978：118）。这些是 20 世纪最多姿多彩的游行队伍之一。示威行列中展示的象征性物品包括：

> 马塞兰·阿尔贝的肖像画，画中的阿尔贝长着先知的胡子。
> 标有"给骗子们"或"去死吧，骗子们"的小断头台。
> 上面吊着"骗子"和甜菜根的小绞刑架。
> 黑布装饰的葡萄藤。
> 威胁着要劈死骗子们的镰刀。
> 空钱包和掏出来不见一文钱的口袋。
> 欠税出售的官方告示，上标"骗子的下场"。
> 一条沙丁鱼，标价牌上写着"人们的微薄收入"。
> 用丧葬黑绸装饰的瓶子。
> 一口小棺材，上写"葡萄园主，我的朋友，准备好了吗？我来找你了"。
> 一片面包，用丧葬黑绸装饰的标牌上写着"最后的口粮"。
> （Gilbert 1970：328）

一些示威（例如 6 月 8 日在佩皮尼昂火车站的示威）发展成了与军队和警方的正面对峙。与此同时，阿热利耶的酿酒人行动委员会，在阿尔贝的带领下组织了一次抗税罢工，奥德省、埃罗省、东比利牛斯省有几百名市政官辞职，以表对他们的支持。克列孟梭总理派出军队镇压。

军队抵达纳博讷、蒙彼利埃、佩皮尼昂、阿格德和其他城市后，激起了新一轮的示威和攻击行动，但这些新的战斗主要参与者是城市居民，而非酿酒人（Smith 1978: 118-119）。就在政府以煽动反抗行动批捕阿尔贝及其委员会成员的时候，国民议会通过了严禁在葡萄酒里兑水和过度加糖的法律。

到夏末，已经取得部分成功的运动开始解散。一些参与者按照法国总工会的模式成立了酿酒人总联盟（General Winegrowers' Confederation）。（这个总联盟出于保护自身生计的共同需求，联合了小葡萄园主和熟练工人。这一点后来让许多社会主义者和劳工领袖们颇为懊悔，因为这个无产阶级政党居然要依靠小资产阶级的追随者。但不管怎么说，从1908年到1911年，组织化的葡萄园工人经过一系列罢工成功地提高了工资收入。）

与此同时，饱受骚扰的政府不得不释放被捕的人，并放弃起诉。又一次，运动以隐性特赦的方式落下了帷幕。胜利的果实经常就这样被特赦封存，即使这种胜利也并不完全。

无产阶级及其他

勃艮第的酿酒人并没有参加1907年的运动。实际上，在1900年后的第一个十年里，当朗格多克的许多葡萄园发生罢工的时候，勃艮第一次都没有出现过。1907年7月，科多尔省的省长自鸣得意地评论道："1907年6月我省最为人们所关注的政治问题是南部事件。科多尔的人民听到那些省的骚乱消息，更多的是感到惊讶和好奇，而不是同情。"（ADCO 20 M 60）这种不同的态度源自20年前对根瘤蚜的不同反应。整体上来说，南部酿酒人已经将其产业转向以耐寒的美洲葡萄为原料大批量生产廉价的佐餐葡萄酒。在此过程中，薪资工人成为最主要的劳动力形式。

而在勃艮第，小葡萄园主和大生产商将法国葡萄树嫁接到对根瘤蚜免疫的美国葡萄藤根上，以此复兴高质量葡萄酒的生产。这种嫁接所需要的技术以及随后对葡萄树的精心呵护，让小葡萄园主和薪资工人有了一定的用武之地，不至于像南部那些人一样一无是处。生产、需求和价格的波动对他们影响不大。工业化普通生产与工匠型葡萄种植之间的对立越来越尖锐。

后来在别的地方，小葡萄园主和熟练的农业工人也完美地证实了自己具有群体行动的能力。例如，1911年，香槟的酿酒人遭遇危机，小生产商们带头攻击大商人，积极参加抗税罢工，共同请求政府采取行动制裁"作假行为"。但后来，在香槟及其他地区，薪资工人朝工会和罢工组织靠拢，小葡萄园主则投向合作社和压力集团。

当然，在全国范围内，农业工人无论在罢工行动还是在行会联盟中都未能扮演重要角色。就现存的法国罢工数据来看，农业工人无论是参加罢工的次数，还是参加罢工的人数，都很少能超过全国的5%。1890年到1935年期间，非农业劳动力整体上每年保持在每100万人中有大约60人参加罢工的比率，农业劳动力则是每100万人中有约3人会参加罢工。在20世纪的前几十年里，法国工业冲突中的核心力量是大矿场和大制造业工厂的薪资工人。

诺尔省以矿业和纺织业为主的城镇中就有很好的例子。我们可以看看阿吕安这个例子，这是一个位于里尔以北17公里的工业镇。阿吕安位于国界边上，隔着利斯河（Lys）与比利时的要塞城市梅嫩（Menin）遥遥相对。19世纪中叶，随着亚麻纺织的机械化，阿吕安很快就成长为一个拥有小工坊和家庭式纺织工人的紧凑型城市。工坊生产的亚麻制品输送给里尔的商人。19世纪80年代，当地企业家建成了由蒸汽机驱动的纺织工场，这些工场逐渐主导了城市景观。从比利时农村来的人源源不断，很多永久定居下来，还有好几千人则每天穿过国界来此地工作。佛拉芒语成为当地日常使用的语言。

阿吕安的居民增长到大约 16,000 人，其中不包括那些每天往返两地工作的人以及国界两边附近村庄里不断减少的居民（这些居民主要从事纺织和阿吕安工业中的一些外包工作）。这个数字一直保持到第二次世界大战以后。大部分居民都住在低矮且整齐划一、只有两到三个房间的房屋里。这些房屋沿狭窄街道、庭院或死巷而建，排列得密密麻麻——正是维达尔所强烈反对的生活环境。与诺尔省的其他工人阶级城镇相似，阿吕安的许多公共生活都以街角的小酒馆和小咖啡馆为中心。1901 年，在阿吕安，每 11 座房屋中就有一间咖啡馆（Vermander 1978: 35）。阿吕安保留了 19 世纪工业城镇的外观和条件。例如，在 1968 年，阿吕安只有 34% 的住所具有浴缸或淋浴设施，只有 19% 具备室内卫生间（Bruyelle 1976: 59）。

然而，稳定的人口数和环境并不意味着这里的人们就很安静。19 世纪 90 年代，在阿吕安及其比利时人聚居的郊区，有罢工倾向的工人成立了社会主义工会和劳工联盟。在随后十年里，当地组织者仿效比利时的模式，保留了两个彼此敌对的工会：一个是天主教工会，另一个是反教权主义的社会主义工会。他们有时会相互合作。例如在 1909 年到 1910 年纺织工人的大规模长期罢工中，工会得到认可成为关键，于是两大阵营合并力量，彼此合作，最后取得了胜利。但是从长期来看，世俗的社会主义工会将其竞争者逼入了墙角。阿吕安朝左翼靠拢。

当地政治也出现了左倾。第一次世界大战之前，地方资本家控制着市政府，市长本人就是典型的纺织企业家。但是自 1919 年开始，社会主义者和共产主义者开始接手政府。当 1922 年全国劳工联盟分裂时，隶属于共产党的联合劳工总联盟成为当地占主导性地位的工会。在 1928—1929 年和 1930 年的纺织业总罢工中，联合劳工总联盟身先士卒。1930年大规模地区性罢工期间,《辩论报》(Journal des Débats)如此讲述以下典型事件：

> 周四下午，400名共产主义者在阿吕安的主要街道上游行，其间发生了一些事件。机动卫兵遭到许多示威者的侮辱和推搡。两名年轻女工和一名来自梅嫩的男性罢工者被捕。他们被捕后，示威者逐渐离开游行队伍，游行最后因示威者人数不够而解散。经过这些事件，诺尔省的省长下令，诺尔的所有城镇都禁止游行。(Le Journal des Débats 1930年9月11日)

罢工、游行和示威三者合一。

虽然联合劳工总联盟和法国总工会在1936年的静坐罢工中结合了双方的力量，但共产党在阿吕安的实力还是很强。实际上，1938年11月30日，共产党在诺尔省号召总罢工，阿吕安是少数几个做出广泛回应的地方之一。劳工斗争与全国政治之间的区别变得模糊了，阿吕安作为"红色城市"而声名鹊起。

到20世纪30年代，阿吕安周围成为法国红色城市最密集的地区之一。我们来看看1934年2月12日爆发的全国性罢工示威运动吧。这次运动是左翼对右翼于2月6日在巴黎举行的示威所做出的回应，以展示自身的力量。法国共产党也打破孤立的状态，与其他左翼政党联手。虽然诺尔的共产主义者未能实现与社会主义者的统一行动，但在诺尔发生的独立示威还是比在法国其他省区要多。有些还不是和平示威。在鲁贝及其周边，共产主义罢工者封锁了国界，阻拦2,000名比利时人前来工作，用石头砸他们的班车，在公路上铺满石块，烧毁了一辆卡车，闯入并劫掠了一家工人不参加罢工的梳毛厂，并在街头与这些工人打斗。在阿布斯孔和敦刻尔克，加入工会的工人也与未参加罢工的工人发生了斗争。同日，在里尔、鲁贝和图尔宽，共计约 25,000 名游行者进行了三次示威，反对法西斯主义。与之对照的数据有：巴黎大约 65,000 人，图卢兹 32,500 人，蒙彼利埃 6,500 人，第戎 1,600 人和昂热的 2,000 人（Lefranc 1965: 33；Prost 1966: 27）。

尽管在诺尔等省左翼力量未能实现联合，但 2 月 12 日的示威罢工还是预先勾勒出了人民阵线的主题和地区分布情况。例如，在 1936 年、1937 年和 1938 年的五一劳动节，塞纳省、塞纳－瓦兹省和诺尔省再次在示威次数上领先全国（Prost 1964: 91）。表 9 进一步表明了各省之间的不同之处。

表 9 1936—1938 年各省参加工会情况暨 1936 年投票和罢工情况表

省份	工人和官员参加工会比例（%）		金属业工人参加工会比例（%）	亲左翼投票比例（%）	每 10 万名工人中参加罢工人数
	1936	1937	1938	1936[a]	1936 年 6 月
科多尔	11	42	20	30	6,189
上加龙	22	58	33	46	4,678
曼恩－卢瓦尔	16	41	34	6	1,199
诺尔	15	57	84	47	37,838
塞纳和塞纳－瓦兹	13	78	72	43	12,639
全法国	11	60	60	29	9,036

资料来源：Prost 1964: 214-219; *Bulletin du Ministère du Travail* 1936; 1936 年人口普查数据。
a. 基数为所有登记注册的投票人，包括未实际投票的人。

有一点显而易见，随着人民阵线的势头增强和罢工范围的扩大，工人们开始蜂拥参加工会。在全国层面，1937 年的工会入会率几乎是前一年的 6 倍。在法国，罢工潮总会提升工会入会率，但是 1936

年的罢工潮却有着不同寻常的动员效果。1936年6月，在全法国又一次出现了每10名工人就有1人参加罢工的现象——这些比率都以总劳动力人数作为基数，其中包括农业工人、专业人士、政府行政人员、商店店主及其他。虽然科多尔、上加龙和曼恩－卢瓦尔的数字要低于全国平均数，但是以通常的标准来看，这些省还是有很高的罢工参与率，有1.2%—6.2%的劳动力参加了1936年6月的罢工。

几乎法国所有省份在1936年6月至少都发生过静坐罢工。尽管上加龙省在1936年6月的罢工率相对较低，但明显协助过全国运动的发动。5月13日，图卢兹拉泰科埃尔（Latecoère）工厂的工人举行静坐罢工，抗议解雇在五一节停工的工人；5月27日之后，图卢兹其他许多工厂也纷纷效仿。

在加入工会和罢工行为方面，诺尔和巴黎地区截然不同于科多尔、上加龙和曼恩－卢瓦尔。这两个地区的入会率、左翼投票率和静坐参与率都相对较高，使得这里成为工人阶级行动主义的堡垒。

按法国政治的逻辑，工人阶级的行动主义也使得诺尔和巴黎地区成为左翼不同阵营之间正面对峙的发生地。在20世纪30年代及之后，共产党与社会党未结成暂时性的紧密联盟，他们（或他们的敌对工会）之间经常发生争斗。按相似的逻辑，在诺尔和巴黎地区，左翼组织与右翼行动者之间的公开斗争也异乎寻常地多。右翼行动者包括第二次世界大战之前的法兰西行动派、火十字团和其他威权主义集团，以及第二次世界大战之后的戴高乐派、法属阿尔及利亚的支持者、布热德分子（Poujadist）[1]等。

然而，所有地区都不乏左翼与右翼之间的冲突。例如在1948年

---

[1] 1953年法国皮埃尔·布热德创立了所谓的"保障商人和手工业者联盟"（UDCA: Union de Défense des Commerçants et Artisans）。——译注

春季，戴高乐派与共产党之间在全国范围内你来我往地角力，共产党人不断试图破坏戴高乐派的法兰西人民联盟公共集会。3月21日在图卢兹，300—400名共产党人成功闯入1,500名听众当中。当演讲者开始攻击他们的政党时，共产党人就在集会进行过程中开始示威，大声喊叫并高唱《国际歌》。戴高乐派自然以大喊大叫和《马赛曲》进行回应。集会的主持人试图驱散示威者，预期的打斗就爆发了。一些参加斗殴的人使用了铜指套、棍棒和弹簧刀。等到防暴警察抵达并清理大厅时，已有16人（8名共产党人、5名法兰西人民联盟成员和3名警察）受伤严重，另有大约50人被砍伤或打伤。之后，集会在警方的保护下继续进行（Le Monde 和 Le Figaro 1948年3月23日）。在随后几十年里，图卢兹的剧情以各种不同形式在法国的大部分城市一再上演。一旦尖锐对立的政党招募了年轻的激进分子，并在公共场所展示决心，其对手就会不时地对其实施打击。

战后最初几年，日子艰难，所有地区都发生了抗议政府经济措施的群体行动。1947年5月21日，在第戎，政府宣布定额面包券无效，愤怒的人们举行了前往省政府的游行。第二天的《纽约时报》报道了这次游行："商店店主、工业家、旅行推销员、专业人士和工人等共计约8,000人，呼啸着冲进第戎的经济控制系统办公室，烧毁了档案和食品票券，砸毁了家具和窗户。"更接近现场的《战斗报》(Combat)也报道了"这群数量庞大的劳动者"（Le combat 1947年5月22日）。省长下令恢复面包券。同年7月2日，工人们应法国总工会的召唤，聚集到昂热。他们抗议政府对工资的严控。在派出代表团前往会见省长之后，5,000人在省政府前示威。之后，示威者冲入省政府的前院，省长只好拿出葡萄酒和黄油以安抚、拖延他们。但是，省长此举并未让示威者离开，后来警方前来才清场（Le Monde 1947年7月3日）。

第二次世界大战之后，劳资冲突迅速复苏，而且涉及国家官员的程度比战前更深。到1947年年中，法国经历了又一波罢工潮。在5月的巴黎金属业工人罢工之后，铁路工人、矿工和银行职员在6月和7月进行了总罢工。11月，巴黎的金属业工人与诺尔的矿工这对经典搭档开始罢工。到11月底，铁路、港口和许多其他行业都发生了罢工。到处都是蓄意破坏和占据厂房的行为。罢工者占据了许多火车站和邮局。在贝蒂讷附近，纠察队拦下并搜查过往的汽车，检查司机的身份证件。

在滨海阿尔卑斯（Alpes-Maritimes）省、加尔省、埃罗省、上加龙省、塔恩-加龙省、卢瓦尔省和阿列（Allier）省，即以朗格多克为中心的南部各省，1947年的运动越来越接近总罢工的规模。整个罢工过程背后都有国内政治和国际政治在运作，无论是罢工委员会的组织以法国共产党为基础但独立于法国总工会，还是保罗·拉马迪埃（Paul Ramadier）政府下台，为布鲁姆腾位，或是共产党与右翼政党联盟以阻止布鲁姆担任总理，还有要求在全国范围内增长工资25%，象征性毁坏英国和美国国旗，通过罢工委员会与政府之间签订全国性协议来解决罢工等。1947年的工人运动甚至比1936年的更接近革命。

硝烟四起的农村

虽然法国农民于1907年在朗格多克、1911年在香槟都有过抗争的经历，但在20世纪20年代和30年代的工人动员中却几乎迷失了。不过还是有比较激烈的例外。例如：

1933年1月14日：来自博斯（Beauce）的组织化农民占据

了位于沙特尔的省政府。

1933年6月：在亚眠附近，一名保障农民委员会（Comité de Défense Paysanne）的行动分子拒绝向自己的雇员收取社会保险费，以致自己的财产被司法没收，于是开始示威。

1934—1935年：许多地区发生一连串抗议集会，这些集会以警方与反示威者之间的对峙而告终。

1935年3月16日：菲雅克的农民集体拒付市场费。

1935年整年：小蒸馏酒从业者对财政控制进行了零星的反抗，导致诺曼底和布列塔尼的市府官员频繁辞职。

1935年9月22日：布卢瓦（Blois）的一次集会之后发生了农民阵线（Front Paysan）成员与共产党反示威者之间的流血冲突。

1935年11月24日和1936年1月26日：蒙彼利埃和圣布里厄（Saint-Brieuc）也发生类似事件。

1936年秋季以后：在法兰西岛和诺尔地区发生农业劳动力的罢工，同时出现罢工与非罢工者之间的斗争。

1938年6月：在菲尼斯泰尔，保障农民委员会的突击队毁坏了不参加罢工的农民的蔬菜地。

农民组织证实自己同样具有动员和攻击的能力。但是相比于20世纪30年代附近产业工人的抗争浪潮，农民们发动的这几次骚乱及其他几次行动实在是不值得一提。

1934年到1936年期间，组成农民阵线的是当时代表法国农民的利益并成为自发性群体行动中心的四个集团：雅克·勒鲁瓦·拉迪里（Jacques Le Roy Ladurie）领导的全国农会联合会（Union Nationale des Syndicats Agricoles）、弗勒朗·阿格里科拉［Fleurant Agricola，加布里埃尔·弗勒朗（Gabriel Fleurant）的化名]领导的农民党（Parti Agraire）、亨利·多热尔[Henri Dorgères，亨利·达吕安（Henri d'Halluin）的化名]领导的保障农民委员会，以及诸如甜菜农总联盟（Confédération Générale des Betteraviers）之类的一系列专门化生产商协会。这四个集团都倾向于采取极端保守的政治路线，这也预示了维希政府强调工作和家庭的政治主张。但在实际运作上，他们针对价格支持和保护国内市场组织了游说和竞选运动。1936年农民阵线分裂以后，多热尔的青年农民会（Jeunesses Paysannes）及其准军事组织绿衫军（Greenshirts）开始领导各个自封的农民组织。就是这批人组成了突袭队，前去打击1936年和1937年诺尔与法兰西岛的日薪工人发起的收获季罢工。绿衫军在农村所奉行的反左翼行动主义，与青年爱国会、火十字团及其他原始法西斯主义集团在城镇里的所作所为大致相当。

所有这些合作集团在法国解放之后都未能幸存。但是多热尔本人在经历被判通敌、定罪和平反之后，于1949年重新开始行动。他通过自己的报纸《农业报》（La Gazette Agricole）发现，在农村地区仍然存在对政府控制和征税的抗争。他的保障农民委员会重新登上政治舞台，成为农民党乃至更强大的全国农业经营者行会联盟（RNSEA: Fédération Nationale de Syndicats d'Exploitants Agricoles）的竞争对手。多热尔再次成功地将诺曼地区酿造苹果白兰地的小蒸馏酒从业者组织了起来。他的组织力量主要集中在从波尔多沿大西洋海岸到安茹、诺曼底和布列塔尼，接着沿英吉利海峡直至诺尔的这一地带，涵盖了法国苹果白兰地的主要生产和消费地区（Royer 1958: 170-181）。

在20世纪50年代初，多热尔的追随者举行集会，撕开蒸馏器上的封条，并闯入国家制酒业机构的办公室。20世纪50年代中期，多热尔与布热德领导的保障商人和手工业者联盟交好，但关系不稳定。他

图 25　1947 年老年工人在市政厅前示威

图 26　1955 年诺尔农民示威

们联合起来阻止税务稽查、蓄意破坏官方庆典,并劫掠收税人办公室。

在第二次世界大战后,布热德在发动有效的全国性运动方面比多热尔更成功。他的保障商人和手工业者联盟在法国许多地区动员了商店店主去反抗政府的财政控制。布热德首次引起全国的注意是在1953年7月,当时他在家乡圣塞雷(Saint-Céré)组织了一次抗拒税务稽查员的行动。他的组织通过在西南地区保障商店店主的权益,于1954年赢得了广泛的支持。1954年11月,他们的运动在卡斯特尔萨拉桑(Castelsarrasin)、蒙托邦、罗德兹(Rodez)和图卢兹招致了防暴警察的镇压。

1955年1月,布热德在巴黎组织了大规模示威,并在群众集会上发言,一手玩着选举的把戏,一手挑动商店店主进行罢工和财政抵抗。到1956年,布热德和他的50名合作者坐到了众议院议员席上,这就意味着保障商人和手工业者联盟的相当一部分行动与全国政治直接相关了。1956年6月27日,在博讷,五六十名布热德分子封堵了一家商店的入口,这家商店的主人是一名政敌议员。警方在清除封堵时逮捕了2名示威者。到那时,保障商人和手工业者联盟的可见度足以吸引共产党对他们的许多集会发起反示威行动,因此也导致了两者之间的混战。

布热德在发动农民方面收效甚微。这点让我们有些惊讶,因为20世纪50年代正是农村动员蜂拥而起的时候。组织化农民采用了与多热尔和布热德相同的策略,采取直接行动的规模堪比1907年。他们不仅召集传统的集会、游行和示威,还进行拖拉机游行、封堵公路、占据公共场所、将多产的农作物倾倒在街道上。1955年2月1日,大约15,000名来自诺尔和加来海峡的农民聚集在里尔的商贸展销会上。他们要求政府协助降低成本、打入国外市场,并抗议政府对甜菜糖的限制。当他们从战争纪念碑朝省政府行进,突破了警方封锁时，防暴警察采取行动，使用催泪瓦斯驱散人群。

在随后几天，农民们封堵了诺尔和加来海峡的公路，使事件升级。在贝蒂讷城外阻断进出通道的农民们将马解套，赶着马去对抗警方。杜埃附近的农民们聚集在一起将12吨土豆分发一空。北方的这些行动在法国其他地区得到了响应。1955年2月的前两周，农民们阻断了法兰西岛、博斯、诺曼底、布列塔尼和朗格多克的道路。埃罗省和加尔省的示威者不仅拦下驾车的人，还免费提供给他们葡萄酒。不久以后，分发或倾倒低价农产品的行为就成为农民运动的标准特征。

虽然农民的抗议会随着价格的波动和政府的措施而有所不同，但还是轰轰烈烈地持续到了20世纪60年代。1961年6月，在法国的整个农村地区，从普罗旺斯到诺曼底，以及诺尔和加来海峡，集会、示威和封堵公路的行动成倍增加。布列塔尼的群体行动最激烈。例如在5月27日，蓬拉贝附近的生产商将几百公斤土豆倾倒在城市的街头，并用机油将其浸没。6月8日凌晨，"大约2点的时候，农民会的所有成员接到指令，开着拖拉机或汽车前往莫尔莱（Morlaix）。5点，三四千名农民包围了城市，阻断了所有道路。其中有三四百人占据了区政府"（Mendras and Tavernier 1962: 650）。实际上，示威者破门而入，赶走了区长。

后来，省长和区长都拒绝与他们会面，并就由政府协助出售肉、菜的请求进行商谈。省长说："我愿意接见意图维护自身权益的农业领袖，但绝对不会接见今天早晨入侵区政府的示威者。"（*Ouest-France* 1961年6月9日）当天晚上，有人割断了城里的几条电话线。随后几天，布列塔尼又有多条电话线被割断，铁路轨道被阻断，成百打鸡蛋被倒在街上，以及另外几起农民的反抗行动。农民们用攻城槌闯进了蓬蒂维（Pontivy）的市政大厅。在遥远的莫斯科，《真理报》（*Pravda*）刊登了一篇关于法国骚乱的长文，并配以事件照片和"法国农村的痛与怒"的标题。

与此同时,普瓦捷的农民也闯入省政府。旺代的近1,000名农民开着拖拉机封堵了位于永河畔拉罗什(La Roche-sur-Yon)的省政府。在图卢兹附近,拖拉机游行队伍阻断了多条公路。快到6月底的时候,农民示威者包围贝济耶,还有人在该城市腹地的铁轨上横置长木和大树。

20世纪50年代和60年代的农民运动与之前的运动相比,有三点重要的不同。首先,他们达到了全国性运动的规模,而且参加者为数众多;其次,他们不断采用破坏性策略,例如倾倒农作物和阻断道路;最后,组织完备的地方性和全国性协会承担了协调工作,而协会的基础大多数是更年轻、更富有、更具实业家精神的农民。农民运动显然采用了20世纪的风格。当然,抗争的主题和所采取的行动会有地区差别,但基本立场相同,都是为了保护为市场提供农产品的农民的利益,另外行动的方向都是针对中央政府的。1961年的运动是法国自1851年骚乱以来波及范围最广的农村动员。它使政府政策发生了一些改变。1962年,所谓的《皮萨尼宪章》(Pisani Charter)设定了一系列措施,鼓励有意投资和革新的小农户。

虽然1961年是运动的高潮年,但农民运动并没有就此结束。皮诺尔(Pinol)对1962—1971年的调查记录道,在这段时期,平均每年发生60次示威行动,其中13次涉及暴力。在这十年间,农民示威及其他相关行动的经常发生地是布列塔尼、诺尔、普罗旺斯和朗格多克。高达59%的示威事件涉及政府的农业政策,还有26%与农产品价格有关。在南部葡萄种植区,"既有为争取好价格的斗争,也有反对进口葡萄酒的争斗"(Pinol 1975: 120)。诺尔和加来海峡省的土豆农和布列塔尼的蔬菜农也担心价格,但认为政府恰当的农业政策[包括保护他们免于欧洲经济共同体(Common Market)竞争威胁的措施]

能够确保他们的利益。

到 20 世纪 70 年代，各种对交通系统的有计划破坏行为成为农村行动分子专门采用的策略。1973 年 7 月 20 日，布里夫拉盖亚尔德（Brive-la-Gaillarde）附近的畜牧业者为了抗议肉类批发价格过低，不惜触犯众怒，封堵了公路，致使一年一度的环法自行车赛推迟了一个小时才开始。

农村抗争行动的主题和具体策略在不同生产地区有所不同。但是除了地区差异，农村里的群体行为还有两个重要的相同点：首先，工资、工期和生产技术不如对价格和市场的掌控重要；其次，不言而喻，中央政府对满足农村需求有方法，有义务。

重拾占据策略

20 世纪为法国的抗争剧目贡献了一项重要革新，那就是抢夺空间。这种抢夺往往还包括控制该空间内的人，并对处于该空间之外的人施加压力。集体占据空置的住所、劫持、控制人质、静坐罢工、占据公共建筑物等行为都会涉及抢夺空间这一招。

当然，这种行为与竖起路障以保护居民区免受外来者入侵的做法有异曲同工之处。竖路障的做法在 1648 年就存在，并在 19 世纪的一段时期内成为一种革命行为。历史上也曾出现过农民突破围栅进入以前的公共田地放牧的现象，这也是对空间的一种诉求行为。而且，20 世纪的这种行为开始时也只是一种为了阻断驱逐、避免雇主提前闭厂等而采取的防卫性策略。

但是 20 世纪的行动分子们却创造出了一种更具有进攻性和冒犯性的占据行为。按照他们的说法，占据者"有权利"掌控建筑物，并以掌控空间为基础，向同样宣称对此空间拥有权利的政府当局提出要求。占据与进攻性协商相结合的特点，使得这种行为与"一战"前的类似行为有了很大的区别。

在1936—1939年期间的静坐罢工中，以及1968年5月和6月那段非比寻常的日子里，这种有意抢夺空间的行为发生得最为集中。但即使不是抗争大规模爆发的时期，这种行为也越来越普遍。20世纪70年代，人们占据工作场所［例如历溥（Lip）手表厂、提腾编码器厂（Titan-Coder），甚至法兰西客轮］以阻止其永久关闭。工人们试图自行经营一部分业务，但通常都不大成功。

除了出现在一些影响巨大的抗争运动中之外，这种策略还被泛化到小规模的地方冲突中。1981年11月17日，在奥德省利穆（Limoux）的一家小型米莉丝（Myrys）鞋厂，大约250名雇员发动罢工，反对工厂的所有者兼经营者路易·里于（Louis Riu）。他们要求将工作时间缩减到每周38个小时，减缓生产速度，并将退休年龄提前到55岁。但里于先生拒绝了工人们的要求，提议旺季时每周工作不超过44个小时，淡季时工作36个小时，另外增加假期加班工资和自行调整度假时间。当正在上班的工人得到消息后，

他们立即封堵了118号省际公路，开始将所有车辆弄出工厂。同时，由于对协商被拒心怀不满，他们封堵了管理层办公室的出口。当时是上午9点50分。老板里于先生冲破工人纠察队的重重包围，坐进停在工厂院子里的汽车。汽车当即被十几个人包围，他们不准他离开。里于先生从车上下来，穿过院子，跑到当地的一条环山公路上。于是，一支奇怪的队伍就出现了，前面是手拿公文包的老板，后面跟着大喊大叫的各色示威人等。队伍一直走到一座葡萄园时，罢工者才拦下了工厂的老板，开

始谈判。无论是雾气蒙蒙的地点还是上午这个时间点，都不适合真正的协商，于是他们另选了一个时间。这支奇怪的队伍才迅速地解散了，正如它迅速地集结。（Babou et al. 1981: 27-29）

当天下午，从附近卡尔卡松和基扬（Quillan）的工厂里来了一些罢工代表，加入鞋厂罢工者的队伍，开始横穿利穆的游行。游行队伍抵达利穆区区政府，在那里，区长与罢工者就工人、管理方与政府之间的三方会谈达成一致。

之后的会谈使工会代表发出了停止罢工的指示。但是，大部分工人不同意工会的意见，决定守在工厂外，阻止工厂进货。罢工者在工厂外搭起帐篷，封堵车辆入口长达两周。不参加罢工的工人在工厂内继续工作，但因为原材料进不来，也就没有成品鞋运出。

工人们在占据进出货区域的同时，还在坚持游行，并派代表前去会见省长和主教。利穆市议会投票决定给予工人们道德上和物质上的支持。协商继续进行。12月2日，管理方宣布临时解雇未罢工的工人，因为"原材料和取暖燃料运不进来，成品也运不出去"（Babou et al. 1981: 78）。与此同时，管理方威胁要依法起诉那些封堵工厂的人。但那也只能是以后的事了。12月4日上午，管理方与罢工者达成协议——每周工作39个小时，发40个小时的薪水，其他大部分要求也都一一满足。工人们获得了巨大胜利，采用的方式既不是传统的静坐，也不是简单的纠察包围，而是两者相结合的一种方式。

占据全部或部分建筑物并不是总能成功。位于巴黎郊区普瓦西的大型塔伯特（Talbot）汽车厂是标致（Peugeot）旗下的工厂。1983年，因销售量下降，该厂的管理方计划解雇大约3,000名工人。迫于工会和政府压力，他们将解雇工人数降到1,905。生计受到威胁的工人们大部分是非洲移民，又得不到被重新雇用的保证。几百名下岗工人,同一些仍然保有工作的同事一起在工厂进行静坐,随后发展成殴斗。罢工者与非罢工者之间互砸螺栓和其他汽车零件。

1984年1月5日,法国工人民主联盟和法国总工会的代表无法喝止殴斗,只得同意招来防暴警察。政府提议支付移民工人一大笔钱,供他们回国之用,于是工厂慢慢恢复了生产,下岗工人被挡在工厂大门之外。社会党执政的政府在经济萎缩的状况下,面临劳资双方尖锐分化的工人运动。

占据空间的举动还可以是为了表示对某一事业的决心,不涉及就是否离开此空间进行协商。当普瓦西-塔伯特的冲突濒临危急关头时,布列塔尼的农民们又一次进行了示威。1月份的第一周,布列塔尼的农民占据了莫尔比昂省的省会瓦讷(Vannes),在街上销毁肉类,并在公路上设置障碍。这些展示力量的做法都是为了声援让政府提供保护的请求。到那时,这些还都是些我们熟知的惯常做法。

实际上,1月份的许多行动从情况来看都很熟悉。保罗·刘易斯(Paul Lewis)在1月24日从巴黎发出的新闻报道中写道:

> 法国的社会动荡越来越严重,工人和农民继续抗议政府的经济紧缩政策……今天,来自北部地中海地区造船厂的3,000多名工人在巴黎游行,抗议一项削减6,000份工作的计划。法国北部愤怒的工人抗议猪肉和禽肉的收购价过低,以及进口的商品出售价格偏低,他们在铁路轨道上停驻卡车和拖拉机,阻断进出巴黎的交通。本周,他们砸毁了当地政府办公室,与防暴警察发生冲突,劫持了从英国、荷兰和联邦德国输入猪肉香肠的卡车。另外,有五个工会预备从2月17日开始在国有煤矿发动总罢工以示抗议,因为政府准备减少煤矿产量,从而造成当年可能6,000名矿工失去工作,随后三年失业矿工可能增

加到 20,000 人。还有，政府拒绝出资支援钢铁业，可能造成 35,000 名工人失业，愤怒的钢铁工人在阿尔萨斯－洛林与警方发生小规模冲突。甚至政府工作人员也在策划"行动周"，准备停工和怠工。(*New York Times* 1984 年 1 月 25 日)

1 月份的冲突遵循了经济紧缩时期的模式：抗议利益丧失，要求补偿，警告不得触及现有权利和特权。然而，无论是在经济紧缩还是在经济扩张时期，公众表达诉求和不满的方式都遵循着相同的常规模式。到 1984 年 1 月，这些常规模式中的大部分，基本上都已经运作了一个世纪，甚至更久。

第十二章

四个世纪的斗争

经历了动荡的 20 世纪 60 年代,在余波中,并不是只有美国一个国家举国焦虑,并专门设立委员会来分析暴力发生的原因及如何预防。1976 年 4 月,法国总统吉斯卡尔·德斯坦应公众的呼声,专门成立了一个委员会来研究"暴力、犯罪和违法行为"。委员会成员中有诸如雅克·埃吕尔(Jacques Ellul)和让·富拉斯蒂耶(Jean Fourastié)等名人。委员会秘书罗歇·迪穆兰(Roger Dumoulin)就是一名省长。在委员会完成研究工作之前,其主席阿兰·佩尔菲特(Alain Peyrefitte)就任司法部部长。显然,这是一个一流的委员会。

在委员会存续的 15 个月里,召开了 65 次全体会议和 7 次研讨会。出席委员会听证会的包括加斯东·德费尔(Gaston Defferre)、皮埃尔·莫鲁瓦(Pierre Mauroy)、雷蒙·阿隆(Raymond Aron)、皮埃尔·肖尼(Pierre Chaunu)、斯坦利·奥夫曼(Stanley Hoffmann)、埃德加·莫兰(Edgar Morin)、罗贝尔·巴丹戴尔(Robert Badinter)、吉赛勒·艾里米(Gisèle Halimi)和其他全国著名的重要人物。法国总工会为了向听证会表明政治立场,拒绝派遣任何人员出席。委员会工作人员组织了著名的专业人士成立任务小组，要求他们提供详尽报告。简而言之，政府就控制暴力问题广泛征询严肃认真的建议。

委员会声称，民意调查和防御行为反映出人们的不安全感正在上升，这都源自个人和群体性暴力事件的增加。这种危机并不是第一次在法国发生。委员会成员在报告中写道："在我们国家，定期发生的反社会骚乱使人民陷入焦虑，甚至苦难的状态。"（Peyrefitte et al. 1977: 43）以前的政府当局面对这些危机时，采取镇压和劝阻的方式。他们建议，现在的当局应该要考虑预防暴力。为了这个目的，他们听取了一些建议，包括建设更综合的城市，减少滥用公共权力的现象，将资金投入到就业率低的地方等。所有建议都流露出谨慎的自由主义色彩。

佩尔菲特的委员会鲜明地区分了暴力与合法武力。他们竭力在武力使用的情况中找出非法滥用武力，也就是施用暴力的例子。他们主要致力于对付个体性暴力，尤其是那些已经被界定为犯罪的个体性暴力。委员会将战争、政治恐怖活动和暴力性体育运动排除在考虑范围之外。但他们也认为部分问题出自群体性暴力和半合法性暴力。"除了犯罪性暴力，"委员会的一般性陈述认为，

> 还有通常意义上的暴力（听起来好像生活本身就很暴力）。一种新的攻击性行为正出现在个人和社会关系中，并成倍增加。侮辱、人身威胁、挟持、爆炸等成了新的冲突形式。破门而入和劫掠一空的行为，往往规模不大但毫无理由，正成为一种表达自身的方式。（Peyrefitte et al. 1977: 32）

在工作环境中，他们提到了挟持、静坐罢工和蓄意破坏。委员会继续报告道：

在其他公共生活领域，暴力正自我建构为一种正常的运作途径。诚然，暴力团体的反应并不是什么新鲜事。但它们近来几乎成了一种习惯性的"社会对话"方式。占据场所的团体毫不迟疑就采用暴力来辅助主要诉求的提出（暴力行为包括封堵公路、阻断港口、劫掠行政人员办公室、骚扰公职人员等）。委员会遗憾地发现，在这些例子中，暴力最终都要付出代价。民众通过代理人向公共服务部门提出挑战，公共机关与民众之间的关系有时发展成暴力。这些事件不时发生，但越来越壮观，因为本来爱好和平的普通市民也纷纷加入。另一方面，暴力也是吸引公众注意的一种方式，为的是能够将在文化、道德或宗教上的诉求广而告之。所有这一切都证明，暴力有可能成为一种正常的社会关系形式。（Peyrefitte et al. 1977: 88-89）

如果佩尔菲特委员会能够更清楚地界定他们所讨论的主题即暴力的话，他们可能收获会更大。事实上，他们有时分析的是群体行动，即民众基于共同利益为了统一行动而采用的一系列方式；有时指的则是更狭义的群体行动，一种会直接关系到其他行动集团利益的共同行动，也就是我们所谓的抗争；还有些时候单列出更狭义的群体性暴力，那种伤害或抢夺他人及物品的抗争行为。

这个政府顾问委员会并没说所有的抗争都是暴力的，或正在朝暴力的方向发展。他们认为有些抗争形式只能鼓励，例如通过结盟和有序地召开公众集会的方式来鼓动选举或支持某项有争议的议题。然而，他们有三个看法还有待商榷：第一，暴力是一种各变量之间相互影响的连贯性现象；第二，一种暴力的使用会引导出另一种暴力形式的使用；第三，在法国，1968年及之后，暴力开始渗透到公共抗争行动中。

　　法国抗争的历史很容易让人将民众群体性行动等同于暴力。回溯四个世纪以来法国的国内冲突，我们最先想到的是涉及暴力的17世纪大内战，1789年巴黎革命的伟大日子，1830年、1848年和1871年的起义，1934年2月6日被镇压的右翼示威等。1622年，路易十三的法官们判决斩首反叛头目莱斯坎，并将其头颅高悬在鲁瓦扬城门示众，莱斯坎那双毫无神采的眼睛朝向拉罗谢尔。法官们特意将民众的注意力吸引到群体行动的暴力上来。同理，1848年2月23日，工人们将他们遭十四军团（Fourteenth Line regiment）杀戮的同志的尸体拖到车上，在城里的街上四处兜转，长达三小时，这简直就是一种恐怖的广告。不论是掌权者还是反叛者，有时都竭力使死亡和复仇看起来像行动的核心。

　　而且，抗争中的死亡人数有时接近灾难。1830年的"光荣三日"（Three Glorious Days，即七月革命），大约650人死亡；1848年巴黎工人六月起义，1,400多人死亡；1871年，大约20,000名巴黎公社的支持者牺牲。这些数据是令人震惊的，死去的人们使民众抗争史血迹斑斑。

死亡，因为抗争还是其他原因

　　但是在抗争与暴力之间建立紧密关联之前，还应该考虑一下我们考察过的漫长历程中的三个经验教训。首先，绝大多数事件都没有明显涉及暴力。如果我们将"暴力"界定为对人或物的实际伤害，那么17世纪要求纠正不公的一般集会、18世纪常见的夏力瓦里、19世纪标准的罢工和20世纪的日常示威都算不上暴力，只是偶尔的推推搡搡而已。而且随着时间的推移，法国民众更加倾向于采取不太可能发生暴力的群体行动形式。公共集会或示威的破坏程度肯定比不上驱逐收税人或侵入圈围田地的行为。

其次，大部分杀戮都是职业军人和警察所为。军警死亡人数与平民死亡人数之间的比率就能说明问题。例如，1830 年 6 月 27 日到 29 日的巴黎叛乱虽然成功了，但根据报告，这次叛乱造成了 163 名军警和 496 名平民死亡。如果叛乱失败，平民通常会有更高的死亡率。普通民众的行动其实不像死亡人数所显示的那么暴力。

最后，即使在暴力抗争事件中，除了少数例外，暴力的规模都不大。据伊兰尼（B. Ts. Urlanis）估计，法国军队在 17 世纪战争中伤亡人数超过 500,000（Urlanis 1960: 44）。18 世纪，他估计有 1,400,000，因为单拿破仑战争就有 226,000（Urlanis 1960: 63, 91）。斯莫尔（Small）和辛格（Singer）对 1816—1980 年期间所有阵亡人数超过 1,000 的国际战争进行了统计。根据他们的统计，法国在参战次数（22 次）和参战时间（平均每年 3.71 个月）上都领先于其他国家。只有德国和俄国的阵亡人数超过了法国。斯莫尔和辛格估计法国在此期间的阵亡人数是 1,965,120，大约每年 12,000 人（Small and Singer 1982: 168）。

与这些数字相比，法国国内斗争中的可能伤亡人数就不值一提了。斯莫尔和辛格对同一时期死亡人数超过 1,000（包括军警和平民）的内战也做了统计，其中包括 1830 年、1848 年和 1871 年的斗争。他们的统计表格显示死亡人数是 24,700（Small and Singer 1982: 276）。根据这些数据，在 1816—1980 年期间，法国在国际战争中的死亡人数是在主要内战中的近 80 倍。

为什么要着重讨论死亡？实际上，我们有充分的理由这么做。因为只要死亡人数与破坏程度之间存在一定的关联，死亡就可以是一种相对可靠的表现暴力程度的指标。死亡比受伤或财产损失更明确，不会产生歧义，而且死亡人数的报告可能更慎重。

除了叛乱及其他民众抗争形式，战争、行刑、谋杀、自杀和意外事故中也会产生暴力造成的死亡。对于某起死亡到底归属哪种范畴难免会有争议，但从19世纪开始，还是对各种范畴的死亡人数进行了粗略估计（Chesnais 1976）。

例如，在1830年，大约有1,000名法国人死于民众抗争，其中包括7月27日至29日在巴黎七月革命中死亡的约650人。按官方说法，法国的1830年是和平的一年，因为在战争这一项中，只有400多名军人在征服阿尔及利亚的战役中阵亡。我们没找到1830年谋杀项的数据，但官方数据记载了1,756例自杀身亡和4,478例意外身故，民众抗争中因暴力致死的比例则不到八分之一——包括军队杀死的平民。

1848年，民众抗争造成大约1,900人死亡（大约1,400人死于六月起义）。而官方记录中，这又是和平的一年，新近在阿尔及利亚战场上打了胜仗的法国军队几乎未损一兵一卒。根据政府报告，当年有3,301名法国人自杀，另有8,218人死于事故。实际上，其中溺水而亡者有3,554人，几乎是革命冲突中死亡人数的2倍。

接下来我们反过来看看有战争但无革命的历史时期。1854—1856年，法国正与克里米亚（Crimean）酣战，造成10,000名法国军士阵亡，另有85,000人死于霍乱、伤寒、伤口久治不愈或三种情况综合。与此同时，全国总计有11,700例自杀和28,500例意外造成的死亡。在克里米亚战争期间，由于拿破仑三世的严格管制，法国城市里鲜少发生任何形式的民众抗争。无人死于群体性对峙。

1871年，民众抗争中有21,000多人死亡，这可能在法国史上是最高的数字了。这些人几乎都是在血腥清剿巴黎公社中被杀的。但同年在普法战争中阵亡的法国人有77,000人，另外国内还有4,000人自杀，14,000人死于意外。即使算上对巴黎公社的血腥屠杀，民众抗争所造成的暴力死亡也未超过总数的五分之一。

虽然在20世纪，罢工和示威的节奏明显加快，但民众冲突所造成的死亡数量还是出现了显著下降。战争带来的死亡数却远胜于前。第一次世界大战中大约130万法国人丧生，第二次世界大战中为60万人。第二次世界大战后，法国人在印度支那和阿尔及利亚解放战争中失去了26,000名军人和警察，另外有几千人死于战场之外。随着法国汽车的增多，单单车祸致死的人数就从20世纪初的每年2,500人上升到20世纪70年代的每年约15,000人。概括地说，在20世纪的法国，每年有数千人死于暴力，但很少是死于民众抗争。

1944年法国解放这一年，他杀造成的死亡人数达到6,455。相比于1946—1950年期间每年336人的"正常"值，这个数字实在是不同寻常，这可能要归咎于民众抗争。真是如此的话，1944年可能不仅在法国历史上创造了他杀致死的新纪录，还是20世纪民众抗争者所遭遇的致命年。

同样，1961年他杀致死的人数高达1,009——这是1930—1972年期间的第二高峰——这肯定跟法国从阿尔及利亚撤军一事的解决脱不了干系。1961年也是群体抗争的动荡之年，到处是农民运动、关于北非问题的示威、摇滚音乐会上的喧嚣、罢工，以及占据矿场的行动等。然而当年只有七八人死于群体对峙。同时，官方数据报告了7,300人自杀身亡，11,000人车祸丧命，另有其他意外导致18,000人死亡。

在1968年5月与6月的广泛民众动员中，最多只有12人直接死于数以千计的罢工、示威和占据行动。德拉勒（Delale）和拉加什（Ragache）对"直接死难者"的界定比较宽泛，并将这12名死难者列举如下（Delale and Rogache 1978: 2307）：

5月24日，巴黎：*房产经理菲利普·马泰里翁（Philippe*

Mathérion）在学院街的路障边被手榴弹击中身亡。

5月24日，里昂：警官勒内·拉克鲁瓦（René Lacroix）被示威者推动的卡车撞死。

5月30日，卡尔瓦多斯省（Calvados）的蒙潘松（Montpinçon）：工人勒内·特勒帕克沃斯基（René Trzepalkowski）被一名宪兵开枪打死。

6月7日，格勒诺布尔：酒吧老板马蒂厄·马泰（Mathieu Mathei）被人从背后开枪打死，可能是黑社会所为。

6月10日，弗兰：中学生吉勒·托坦（Gilles Tautin）在逃避防暴警察的追捕时落水溺亡。

6月11日，索肖与蒙贝利亚尔（Sochaux and Montbéliard）：汽车厂工人皮埃尔·贝洛（Pierre Beylot）被防暴警察开枪打死。同日，另一名汽车厂工人亨利·布朗谢（Henri Blanchet）被手榴弹击中，摔下悬崖而死。

6月28日，厄尔（Eure）省的韦尔农（Vernon）：货车司机让－克洛德·勒米尔（Jean-Claude Lemire）在5月的索邦大学事件中是右翼暴徒的领袖，6月28日被一名海外军团（Foreign Legion）的逃兵暗杀。

6月30日，阿拉斯：仓库工人马克·朗万（Marc Lanvin）是一名共产党员，在张贴选举法海报时被右翼突击队杀害。

7月1日，瓜德罗普（Guadeloupe）：加埃唐·波波特（Gaetan Popotte）和雷米·罗利亚（Rémy Lollia）在从选举动员会返回的路上遭燃烧弹袭击，被烧死。

如果更严格地界定"直接死难者"，上述死亡人数就会下降到5或6。但无论哪种界定，这个数字相对于1968年5月和6月的900万名罢工者以及更多的示威者来说，都是微不足道的。所以，这些罢工和示威的重要性肯定不在于导致的死亡数。

抗争何以重要

这些罢工和示威事件非常重要，但其重要性远甚于造成众多生命损失的意外本身。它们之所以重要，是因为秉持不同政治信仰和享有不同权力的所有法国人民，在这些抗争事件中能够得到某种政治信息。死亡本身只是附带发生的偶发性后果。但人们可以将事件参与者甘冒风险投身于其中的决心看作一种信号，这种信号可以显示能否发动新的斗争以争夺权力，或者显示旧的权力斗争是否会产生新的结果。公开的抗争可以展现所有争权集团的意愿和能力，这些集团包括政府当局、政府的敌人和竞争对手、对某种利益有诉求的抗争者、追求足够空间以平安生存的普通民众。

无论在何种对峙中，已掌握权力的那批人都想维持既得权力，所以现存的不平等和不公正现象可能会保持现状。然而，在极少的一些尝试中，普通民众会有所斩获，或者至少没有什么损失。例如，被骚扰的收税人确实会暂时离开，抢粮一定程度上增加了当地的食品供应，静坐罢工确实让管理层做出了让步。

对于我们来说，这些事件本身也重要。民众抗争的记录为我们提供了一种更确切的指导，让我们能考察普通民众在面临重大变化时的种种经历。法国人民是否对18世纪和19世纪的大规模无产阶级化做出过反应？要回答这个问题，我们可以去看看在18世纪末朗格多克的贫农如何反抗私人占用森林和共用田地。我们还可以问问1848年巴黎的工匠和熟练工人如何要求成立"工人组织"，以维持工人的自主权和控制权。

　　法国民族国家的大幅度扩张是否对普通民众的生活造成了影响？我们可以考虑一下享有特权的布洛奈，那里的5,000名市民在1662年起来反抗国王非法"常规化"对他们的征税。我们还可以想一想1793年安茹南部及其邻近地区有大约10万人起来反抗革命政权。民众抗争能够传达别的渠道无法提供的政治信息。

　　当然，我们也不能过于夸大这种传达政治信息的作用。并不是所有处于权力中心之外的人都享有平等的发声机会。仔细考察"民众"抗争，我们总是看到地方领袖、鼓动者、动员者和组织者在发声。一般来说，在利益受到相同威胁的情况下，熟练工人比非熟练工人在行动之前准备得更加充分，有地产农民比迁徙农民的行动基础更有利。另外，因为群体行动要依靠组织，而且往往需要高花费，所以许多人还是会遭受不公正待遇，被剥夺权利，或者梦想破碎后只能辞职或忍气吞声。法国民众的抗争记录，相比于政客和哲学家们的宣告来说，能让我们更贴近普通民众的连续性经历。但即使如此，我们还是无法考察最不容易动员的那群人，而且可能是遭受困难最严重的那群人。虽然有上述这些不足，但长时段的法国民众抗争行动还是让我们看到，民族国家和资本主义是如何在牺牲普通民众的代价下得到扩张和发展的。

抗争的转型

　　然而，对资本主义或民族国家的反应并不是一成不变的。虽然20世纪的酿酒人要求采取行动，商店店主也组织了抗税，但是类似于1662年布隆内的卢斯图克鲁叛乱或18世纪朗格多克侵入圈围共用田地的事件都没有再发生。为什么会这样呢？

回顾1598年到1984年的历史，我们会看到，在17世纪，面对大肆扩张的王室，新教徒和地方掌权者为了维护自治权而展开斗争，地方人民起来反抗一个不断发动战争的国家对资源的不断索取，以及所谓投石党运动中的一系列冲突。

18世纪则充斥着因争夺食物、土地和劳动力而展开的种种抗争。我们发现，在17世纪的斗争中，资本家主要以国家财政代理人的身份出场，到18世纪则独立扮演着土地和资本积累者的角色。到18世纪末，我们还发现一系列争夺国家控制权的斗争。这些斗争短时期内改变了民众群体行为的节奏和色彩，也永久性地改变了主要社会阶级与国家之间的权力对比和国家本身对日常生活的渗透。

在接下来的19世纪，我们看到劳工与不断集中化的资本之间的分裂，受国家保护的集团与被国家限制的集团之间的分裂，这两种分裂是造成大范围抗争行动的基本主题。在整个19世纪，我们都可以看到一连串对国家权力结构的挑战，发起挑战的是资产阶级与组织化工人之间不甚稳定、不断变化的联盟。挑战的结果就是部分组织化工人进入国家权力结构，而天主教教会几乎完全被剔出权力结构。

在20世纪，各种全国性政治行动协会更加热烈地投入到追逐利益分成的运动之中——这一点在19世纪就已经很明显了。在组织化工人和组织化资本家无休无止的运动中，我们除了发现民众越来越倾向于在全国掀起罢工潮和社会运动以提出诉求外，还注意到学生、知识分子、政府雇员、独立农民、商店店主和服务业工人更广泛地参与到行动当中。虽说四个世纪以来，民众抗争的主要问题可能都是资本组织的变化和国家权力的扩张，但各个世纪之间还是有些不一样。

然而要明确区分这些变化，分别贴上"17世纪"或"20世纪"的标签也不大可能。根据民众群体行动的形式和行动者，我们可以看到，变化最快的时期是投石党运动和1848年革命时期，其次是18世纪大革命时期和20世纪初。

投石党运动时期，长久以来对于民众群体行动至关重要的地区掌权者开始从民众联盟中撤退，转而向王室臣服（当然会因此得到好处）。在此过程中，地方议会不再是民众群体行动的重要推动力，各种暴动也不再有效，城市或地区叛乱迅速销声匿迹。

如果要用一个年份来标志这个转折点的话，1661年甚至比1648年更合适，因为在1661年，国家构建的好搭档科尔贝和路易十四下定决心，要使法国成为一个在内不受挑战、在外不受恐吓的强国。科尔贝的继任者与大商人和资本主义农户合作，强行决定全国市场和流动资本优先于地方上对商品、土地和劳动力的需求。于是，抢粮行动和反抗资本主导的行动与日俱增。

到1789年大革命及之后的时期，两种相互矛盾的变化出现了。一方面，1787年到约1793年期间的反抗资本主义和国家需求的大规模民众动员，催生了一整套民众群体行动的重要创新，例如委员会、民兵组织、议会、俱乐部、参与式节庆、游行、庆典、入侵立法院、象征性毁坏行为、人民法庭等。所有这一切都以某种方式展现了人民主权的观点。

另一方面，人数相对来说较少但实际上已掌控国家机构的组织化资产阶级，为了牵制和引导民众群体行动，当即行动起来。在实际过程中，他们首先拓展国家结构，以实现在单个社区层面的直接统治，接着建立了一套监视和控制的中央化机构。这种新的国家结构连所谓的独裁统治者都要艳羡。民族国家的重塑限制了群体行动的创新潮，使法国重新恢复到大革命之前普遍采用的斗争形式。

在1848年革命和1851年路易·拿破仑上台掌权时期，民众群体行动在形式和人事上发生了最大的转型。随着资本的高度集中和国家中央化进程的加速，抗争本身延伸到了全国范围。地方上对抗资本需求的抗争形式基本消失了，例如抢粮、集体入侵设有岗哨的森林等形式。地方上常规的模拟嘲讽形式，诸如夏力瓦里和具有倾向性的封斋前狂欢盛会之类，都失去了存在的理由。民众司法诉讼、毁坏收费站、强制照明、破坏机器、推倒并劫掠私人房屋和村际混战等都很快成为历史。整个社群停工上街游行的形式缓慢而又非常明确地被工厂罢工所取代。竞选运动、罢工、有计划的骚乱、示威和公开集会很快成为民众群体行动的主要形式。

1905—1907年期间抗争形式的变化相对较少。在此期间，国家教会被取代，工人作为全国层面上的一支组织化政治力量的地位得到部分确立，1906年爆发全国罢工潮，1907年南部酿酒人开始动员。于是，19世纪过渡时期就已初露端倪的一些变化也随之完全展露。这些变化包括政党、工会和其他全国性协会在民众群体行动的组织过程中越来越重要，薪资工人作为抗争参与者在大型组织中越来越突出，有意识地发动席卷较大地区乃至全国的社会运动，发动深入涉及国家代理人的全国性罢工潮。

当今是不是又要出现一个转折点呢？以下三点可能真的会让我们这么认为：一是在近几十年里，占据工厂、劫持人质、城市游击队、绑架、封堵公路、倾倒农作物、抢占公共建筑物、群体占用公共场所、群众突击队及其他蓄意占据空间并挟持该空间内的人的行为变得越来越重要；二是1968年5月和6月产生了一些非同寻常的创新，包括内部议会、罢工委员会、涂鸦等；三是民众群体行动中所有政党都增加了对大众媒体的使用。

然而再仔细考察一下，又会发现几乎所有典型事件其实都与历史上的一些行动方式相似。真正的不同之处在于集团或诉求的不同。例如，在工业冲突中，罢工仍然是工人群体行动的最主要方式，但白领工人和高科技工人的参与度有所增加，而且一些工人集团要求享有生产和投资决定方面的话语权。另外，自第二次世界大战以来，对地区自治权、性别权利、自由追求个性化生活的诉求也越来越显著。然而，这些诉求的支持者所采用的方式却是在19世纪末就颇为显著的示威、游行及其他类似的常规做法，在形式上并没有很大突破。

群体行动的剧目

因此，重要的改变发生在19世纪。为了方便起见，我们可以将这些改变称为民众群体行动剧目的转变。所有人群都有一套有限的群体行动剧目，即在共同利益基础上协同行动的各种方式。例如，在我们所处的时代，大部分人都知道如何参与选举运动，如何加入或成立一种特殊利益协会，如何组织写信请愿、示威、罢工、举行集会和搭建影响力网络。各种不同的行动组成了类似于戏剧或音乐剧中的剧目，但是这里讨论的剧目更像一种即兴戏剧或爵士乐的剧目，而不是严谨的古典音乐剧目。人们多多少少了解这些演出的规则，并根据当前的不同目的调整表演形式。每一次演出至少涉及两个方面：发动者和行动的对象，往往还会涉及第三方。例如，即使有时候国家代理人并不是群体行动的目标，但还是要花许多时间去监督、规范、推动、镇压各种群体行动。

已有的行动剧目会限制群体行动。我们有时会将参加群体行动的人想象成盲目愚笨的人，因为他们的行动都在已知界限内，只在已有行动方式的边缘有所创新，还可能错失理论上本可以得到的许多机遇。之所以会有这种限制，一部分是因为对原有剧目太熟悉，另一部分原因是第二方和第三方鼓励使用已成形的群体行动方式。虽然看起来可能不是这么回事，但即使在20世纪，政府官员和工业管理者一般都宁愿去处理示威和罢工，而不愿意去对付完全非传统型的群体行动方式。

我们能获得的关于法国群体行动最详尽的叙述主要涉及一些非连续发生的公开形式，例如罢工、示威、占据空间等，有关建立影响力网络或运作特殊利益组织等形式则着墨不多。虽然这些连续性的、私密性更强的群体行动方式的变化也很深远，但相比于非连续性的公开形式来说，形成历史记录更困难。

造成这种文档资料不同的主要原因很简单，但也很重要。首先，在大部分非连续性的公开行动中，关键是要发表某种声明，这种有意为之的公开声明会留下文档资料。其次，政府当局一般会对非连续性的公开群体行动进行监视并试图进行控制，因为这些行动本身就对现有权力结构隐含着一定的诉求。因此，在之前政府当局的档案里就保留下来许多监控报告、对暗探和警方的指令、内政部部长的备忘录等。

这些档案资料能够告诉我们的是，在19世纪某段时期，法国人民放弃了已经使用了近两个世纪的群体行动剧目，开始采用至今我们仍在使用的一些剧目。新剧目的确定直到19世纪50年代才最后完成。

表10概述了这种不同。17世纪中叶到19世纪中叶的群体行动剧目，总的来说只发生在部分地区，具有区域性；行动的目标是地方当权者或者国家当权者的地方代表。另外，这时期的剧目对庇护制依赖性强，民众请求直接有效的掌权者来上传民怨或解决争端，还会暂时性取代不称职或不作为的掌权者采取行动，但在行动结束后主动放弃权力。抢粮、侵入田地、毁坏机器等类似行动虽然被贴上了"骚乱"或"失序"的标签，其实都有着共同的逻辑和内在的秩序。

在19世纪已经清晰、如今仍被普遍采用的行动剧目，一般来说涉及的范围更广，遍及全国。尽管这些行动还涉及地方性议题和抗争

图 27　1983 年巴黎的五一劳动节

图 28　1982 年 6 月巴黎的和平游行

对象，但在协调各地区关系方面驾轻就熟。与原先的剧目相比，新的行动剧目自主性更强。采用新剧目的民众会主动发表民怨声明并提出诉求，而不是躲在已有掌权者的庇护下，采用经他们批准的常规方式。罢工、示威、选举动员及其他类似行动一般都是在特地成立的组织基础上发动的。

表10 1650—1980年法国民众群体行动剧目特征一览表

1650—1850年：区域性和庇护性
整体特征
采用政府当局的一般行动方式，或以嘲讽的形式，或以地方社群的名义暂时性特意行使当局特权；
倾向于作为合作团体和社群的成员或代表，而非特殊利益的成员或代表参加行动；
倾向于依附有权势的庇护者来纠正不公，仰赖他们作为代表来处理与外来权威的关系；
广泛运用经批准的公共庆典和集会来表达民怨和诉求；
不断采用以肖像、人偶表演、仪式物品为主要形式的各种无礼的象征手法来表达民怨和诉求；
在作恶之人的居所和坏事发生地，而不是人民权力的所在地和象征地集结。
具体行动方式
抢粮（"食物暴动"）
集体入侵禁止入内的田地、森林和河流
毁坏收费站和其他障碍物
毁坏机器
夏力瓦里和小夜曲
驱逐收税官、外来工人及其他外来者
宣传性假日游行
村际殴斗
推倒并劫掠私人房舍
强制照明
民众模拟司法程序
停工游行

（续表）

1850—1980 年：全国性和自主性
整体特征 使用自主性行动方式，或当局很少或从未使用过的行动方式； 倾向于作为特殊利益和特定协会或伪协会（例如正义联盟、反……人民联合会）的成员或代表参加行动； 倾向于向竞争对手或政府当局，尤其中央政府及其代表直接发出挑战，而不是仰赖庇护者； 特地组织议会以表达诉求； 展示纲领、标语、会员标志； 倾向于在可见度高的公共场所行动。 **具体行动方式** 罢工 示威 选举动员 公共集会 请愿游行 有计划的起义 侵入官方会议 社会运动 选举运动

我们所知的社会运动就是随着新剧目而形成的。社会运动其实就是以没有选举代表权的选区为名，对现有政府当局，尤其是中央政府发动的一系列挑战。实际行动则结合了新剧目中的不同形式，例如公共集会、示威、游行、罢工等。运动领袖试图从组织上和象征意义上将这些不同形式结合起来，并以他们所声称代表的选区的名义与现有当局讲条件。虽然这种特地组织的社会运动在选举和请愿活动中没有正式地位，但在法国当代群体行动方式中的重要性却是公认的。社会运动运作的生动例子包括 1907 年朗格多克酿酒人发动的广泛联合的示威行动和 1961 年布列塔尼农民们联合发动的封堵公路和倾倒土豆的行动。

那些宣称为同一社会运动代言的人往往会分裂并彼此竞争。他们与所代表的社群之间的关系也有很大区别。在20世纪50年代和60年代，像多热尔和布热德这种与社群关系紧密的组织者也从未搞清楚过到底谁在为谁说话。然而，在公共场合，他们展现的都是共同阵线。虽然分裂和联盟的不稳定会带来一些挑战，但社会运动的主要焦点还是制造一种统一的外观。

这种行动的复杂性在西方国家直到19世纪才开始为人所知。在那之前，虽然大大小小的叛乱不断发生，但实际上没有人会将抢粮、侵入田地、停工游行等整合成对现有当局可见的、持续性的挑战。直到后来，社会运动才变得更为普遍。整体上来说，这种行动在范围上是全国性的，从掌权者方面来说是自主性的。

区域性/全国性和庇护性/自主性这种二分法过度简化了两种不同的方式。首先，它们将一种真正连续性的过程分割成了两个范畴。事实上，罢工、示威和其他形式在实际运作过程中或多或少都具有全国性和自主性，不可能是非此即彼的状态。其次，朝全国性和自主性行动方式的过渡也不是一蹴而就或同时发生的，而是由在不同地方和不同时间以不同行动方式进行的运动和反运动促成的。

以停工游行为例。某一行业的工人对当地的雇主心存不满，于是奔波于该地区的一个个工坊，号召工人加入他们的队伍，在城内举行游行。游行最后，所有人聚集在城镇一隅，投票决定一整套要提出的诉求，然后派代表与雇主协商，宣布停工并尽可能加以实施，直至与雇主达成协议。停工游行在范围上是区域性的，但对附近地区的庇护者，包括雇主和地方当局都造成了一定压力。

工厂罢工覆盖的范围是全城镇、整个行业，甚至在某些特殊情况下是全国。然而，主要的罢工行动一般都发生在某一个工作场所之内或外围。法国大规模罢工的一些具体做法的确让我们想起了停工游行,例如穿梭在所有工坊的游行,(如果可能)鼓动仍然坚持在工作岗位上的工人加入他们。然而,这种行动的目标是某一个雇主,而不是整个行业的雇主。罢工还允许工人阐发自己的不满,并有望与直接雇主开展独立对话。通过罢工,他们可以将信息传达给政府及所有公民。

大致而言,但也只是在大致上,新剧目中的罢工、示威和公共集会等行动方式,与旧剧目中的停工游行、侵入土地和抢粮等相比,对现有掌权者的依赖性更少,活动范围更大。这也就是为什么说"新"剧目相对而言自主性和全国性更强。图表14展现了新旧剧目之间的这种反差和过渡。

图表14 法国抗争的"新"剧目与"旧"剧目

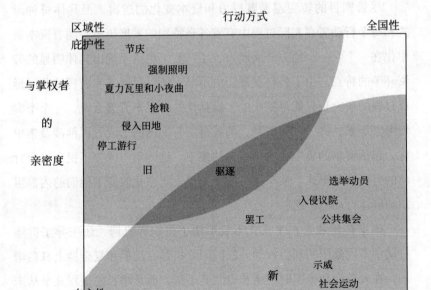

为什么剧目会发生改变

为什么风靡一时的民众群体行动剧目会从区域性和庇护性转变为全国性和自主性呢？要回答这个问题，理论上来讲容易，实践上来分析则很难。理论上来说，是因为普通民众的兴趣和组织发生了转变，从地方事务和有权有势的庇护制转变成了全国事务和权力、资本的大集中。随着资本主义的发展，随着民族国家的日益强大和集权化，地方事务和当地庇护主对普通民众命运的影响日益减弱。掌握大量资本和国家权力的人所做的决定对他们的影响则随之增强。结果，抢粮、群体入侵土地及其他方式的效力开始减弱，相关性也在减弱，最终就过时了。为了响应权力和资本的变化，普通民众发明并采用了新的行动方式，诸如选举运动、公共集会、社会运动及其他新方式。

尽管剧目的转变遵循着权力和资本变化的逻辑，但具体每种形式和每个行动者在实际过程中有着各自特别的发展历史。随着资本集中化在一个又一个地方开展起来，工厂罢工也就呈现出具体明显的劳资斗争的特点。由于各自发展历史不同，所以对示威和游行的共同形成过程的研究也只能是笼统的、概括性的。但不管怎么说，一个个案例考察下来，有一点很清楚，那就是所有案例的形成过程都涉及集中化，包括资本的集中和政治权力的集中。这些集中改变了民众抗争行动的可能性和形式。从个体行动者来说，集中化改变了他们的内部组织和群体行动的机遇。

国家构建和资本主义化不仅形塑了组织和机遇，还主导了群体行动中不同集团的利益波动。法国国家机器在规模和复杂性上日益增加，在大革命和帝国时期增长得尤其迅猛，而且增长的进程几乎从未停止过。当然，它也从未停止过施压和强取。诸如黎塞留、拿破仑和戴高乐等强势的国家构建者，留下的最显著的遗产就是国家日益增强的渗入公民日常生活的能力。

国家构建的进程影响了法国人民的利益，所以当组织和机遇正合适的时候，民众就开始发动群体行动。引爆方式主要有三种：第一，直接宣布对某种物资的所有权，例如1791年革命政府强制征收教会财产；第二，与敌对政府和准政府竞争，例如黎塞留、马扎然和科尔贝以国王的名义撤销一些城镇的自治权；第三，鼓励争夺政府优待、资源和保护的各抗争团体彼此竞争，例如在1936年，雇主和工人都在对抗人民阵线。这些进程当然不能一帆风顺——毕竟掌握国家政权的那些人同样受到自身组织、机遇和利益波动的影响——所以民众抗争也会随着国家构建而上下起伏，就像狭窄海峡中随风而起的波浪。

当今以国家为中介的法国资本主义的最终形成经历了很多阶段。主要趋势是朝着资本的集中化、劳动力的无产阶级化以及随之导致的劳资之间的极端两极化发展。这种利益冲突以三种不同的方式导致了民众群体行动。首先，劳资之间存在尖锐的利益区分，例如19世纪纺织制造业削减工资以应对外来竞争，工人们反抗以维持自己的收入。其次，资本家与其他对商品和生产要素拥有所有权的人之间存在竞争，例如当商人们试图将粮食运往更有利可图的远方市场，或在当地市场上囤积粮食待价而沽时，抢粮运动就发生了。最后，相同市场的参与者之间也存在竞争，例如，组织化的当地工人攻击为了削减工资或打击罢工而引进的外来工人。

这些利益冲突持续了很长时间，但并没有产生连续性的公开抗争，抗争还是断断续续地发生。之所以如此，原因有很多。首先，随着冲突各方回归日常有规律的生活，组织和机遇也出现了波动。其次，冲突各方一直在针对各自的行动做出策略性的调整。再次，冲突的第三方——例如管理层与工人之间发生冲突时的国家政府——同样也采取了影响各方组织和机遇的行动。最后，一方的行为变化具有非同寻常的力量，可以引起另一方的回应。虽然17世纪的法国人民一直以安全方式来避税，但是当君王或包税人强制征收新的、不合法规的赋税，导致人民要经历新一轮的艰辛时，他们就尤其可能团结在一起进行反抗。

以一种最简明扼要的方式来说，我们在这里讨论的四个世纪可以分成两个抗争阶段。在第一阶段，资本主义所有权在创建，国家构建者在努力榨取资源（尤其是发动战争所需的资源）并镇压异己力量。在这个阶段，民众群体行动的主要议题是征收资源、强制实施国家控制、确定资本控制的地位，以及对上述所有这些的反抗。

在第二阶段，在资本主义所有权和强大民族国家的框架内，民众抗争的主题是劳资之间的斗争、市场内的竞争、掌控国家及其资源的群体性努力。总的来说，"旧"剧目属于第一阶段，当代的新剧目则属于第二阶段。

五个地区

法兰西岛、朗格多克、安茹、佛兰德和勃艮第都经历了法国作为国家的成长和世界资本主义的发展，都历经19世纪民众群体行动剧目的大转型。而且，在经历了路易十三的军事扩张，投石党运动，天主教与新教之间的斗争，1789年、1830年和1848年的革命，全国罢工运动的形成，人民阵线，德国占领和解放，1968年5月和6月的纷扰日子之后，它们都以各自的方式得以幸免。然而，每个地区所经历的资本主义、国家构建和民众抗争却有不同的组合方式。

在法兰西岛，集中化工程庞大而且表现最直观。1598年之后的整整四个世纪中，巴黎都是法国政治斗争的主要争夺目标。只要没有被迅速连根拔除，掌握了巴黎就意味着控制了法国。从17世纪开始，资本和高压权力的集中使巴黎的重要性进一步增长。

争夺首都的大部分斗争都是在两个全国性掌权者之间展开。但也有些时候，不掌握实权的民众与从国家权力结构中分离出来的持异见者结成联盟，联合起来争夺巴黎市，甚至推翻国家政权的掌控者。例如在投石党运动、1789年大革命、1830年7月的光荣三日、1848年的二月革命、1870年革命、1871年的巴黎公社、1936年5月和6月的总罢工、1968年5月和6月的民众占据公共场所（后两者程度稍差一些）等行动中，国家政权一直在巴黎和法兰西岛的民众群体行动中竭力维持平稳状态。

我们也看到了一些变化。投石党运动是最后一次地方上地主组成的联盟严重威胁到当时掌权者对国家政权的掌控。相比而言，1787年或1788年高等法院所造成的威胁就相形见绌了。如果巴黎的运动偶尔一次具有完整的独立性并获得成功的话，法国就可能在1653年出现一个大地主政府，1788年出现一个行政官员、商人、工匠师傅和商店店主组成的政府，1793年出现由资产阶级、商店店主和工匠师傅组成的政府，1848年或1871年出现由工匠、大工坊熟练工人、知识分子和专业人士组成的政府，1936年出现由大工坊组织化工人、知识分子和专业人士组成的政府，1968年出现由学生和政府雇员所组成的类似机构了。

尽管自18世纪以来巴黎工人的动员就效果卓著，但18世纪工坊工人的抗争在仰赖半公开化行会的基础上所采取的酒馆集会、庆典、列黑名单和停工游行等形式，相比于20世纪工人所采用的与竞争工会、政府官员、政党领导层协商，以及半组织化工厂工人采取行动表达不满和诉求的方式,还是有很大不同。两个世纪的主要共同之处在于,由于巴黎及其邻近地区在地理位置上靠近国家政权掌控者,又具备必要时封锁首都的能力,所以这里的工人具有无与伦比的优势。在20世纪,法国其他地区的社会运动组织者认识到了这一重要性,为了增加挑战的力度,他们将示威者和象征苦难的物品从省会带到了首都。

朗格多克当然也参加了全国的权力斗争。1632年,路易十三坚持将叛乱的蒙莫朗西公爵在图卢兹斩首,从这一点就可以看到当年发生在该省的叛乱有多么严重。朗格多克也有与众不同的地方。大朗格多克地区有多种不同的经济形式,每一种都以各自不同的方式经历了国家成长和资本主义发展。在西南部(上朗格多克),农业资本主义在17世纪,尤其18世纪成长起来。当地人口主要分为少数大地主与大批小农户或薪资劳动者;地主与政府官员结盟,而且有些政府官员本身就是地主;城市里的掌权者主要是农业和官员精英,当地长达两个世纪之久(甚至更久)的民众政治基本上就是如此。

在东北部(下朗格多克),在规模不大但相对活跃的商业中心周围,环绕着小规模、欠富庶的农业和蓬勃增长的家庭小工业。在这个家庭小工业网络中,从农村的外包工人到城里富裕的企业家,新教徒所占比例非常大。在下朗格多克,纺织制造业的经济活力上下浮动,严重影响着民众抗争的节奏。长期以来不定期的去工业化现象表明,这个地区的小企业家和工人一直处于严阵以待的防备状态。新教徒与天主教之间的分歧进一步加剧了当地的斗争——尤其当中央政府决定为了保护一种宗教而破坏甚至取缔另一种宗教时。

19世纪和20世纪葡萄酒大规模生产的增长进一步使农村人口无产阶级化,重新布局了整个朗格多克的社会地理分布,也为新形式的民众政治打下了基础。自19世纪晚期开始,朗格多克成为首要的组织化农业激进主义地区,同时也是不断向全国农业政策发起大规模挑战的根据地。虽然巴黎腹地的资本主义农场上的薪资工人有时也会与首都的全国性劳工联盟团结起来，但其规模从未达到朗格多克农业群体行动的规模。

安茹呢？在这个小省份，历史上的对立规模上赶不上朗格多克的，但更持久。在1598年之后四个世纪的绝大部分时期里，大地主主导了树篱区，并视昂热为其社会基地。他们将自己定位为食利者，而不是完全意义上的农业资本家。他们将自己的土地分割成中等规模的农场出租，农民们在小农户和日薪劳动力的协助之下租种土地以获得收入。与此同时，随着奴隶买卖的兴起，小商人建立起广泛的农村亚麻工业。几经变迁，家庭式和小规模农村制造业直到今天仍旧是当地民众收入的重要来源。卢瓦尔河谷及相关地区则有着一种不同的经济形式，经济作物种植业和葡萄酒酿造业养活了当地大量小农户、薪资工人、商人和（大革命之前的）神职人员。

安茹的民众群体行动反映了其长久存在的对立。在这么一个长期臣服于王室的地区，城市叛乱很少有机会能得到当地精英的支持——投石党运动是个暂时性的例外，因为该地区的大掌权者之间存在分裂。昂热的工匠和商业人口在这个地区其他地方能找到的盟军很少，只能依靠自己采取行动。树篱区的民众发起了反抗大革命代理人的大叛乱，他们接受了在革命之后回归农村的地主们的支持。这种农业联盟成了该地区反抗取缔天主教会的基础。

在河谷及邻近区域，温和的共和政治建立了一个小型根据地。全国政治斗争在这些区域也产生了回响。说到安茹的群体行动，树篱区、河谷区和昂热（更别说在昂热腹地长期活跃的采石场工人了）等地都爆发过地方民众冲突。但整体而言，在20世纪，安茹的民众相比于法兰西岛、朗格多克、佛兰德和勃艮第的民众，显得不够活跃，与其他几个地区有很大区别。

佛兰德尤其活跃。从17世纪到20世纪，佛兰德比其他四个地区更频繁、更直接地在战争中经历了法国民族国家的构建和解构。佛兰德最初是哈布斯堡家族的领地，后来几经易手，一再地构建防御工事，又反复地被攻占，行军的部队在这里来去穿梭，每次战争都要付出至少三重的代价——房屋毁坏、财产充公、赋税缴纳。以上种种经历使得佛兰德能够亲身体会发动战争与构建国家之间的联系。

佛兰德也是法国商业化农业、家庭式纺织生产、大规模采矿业和资金集中的制造业最密集的地区。这是一个证实法国资本主义的地区。无产阶级群体行动的发展高度，无论是在农村还是在城市，都超过了其他地区。在20世纪，佛兰德培育了激进的工人阶级政治，并一贯加入巴黎地区，走在全国性罢工运动的前列。佛兰德的里尔、鲁贝、阿吕安、杜埃、瓦朗谢讷及其他城市共同书写了法国工人阶级政治的历史。

勃艮第则显得有点遗世独立。在这里，酿酒人不断行动起来以捍卫自身利益。在19世纪，像博讷这样的葡萄酒生产中心成为共和派政治的温床。蒙索莱米讷和勒克勒索的工人们与全国工人运动保持着很好的联系（毕竟勒克勒索在1871年组建了自己的公社）。然而，随着沙蒂永地区（Chatillonnais）及其他区域稳定的去工业化进程，资本集中的生产中心一下子就被孤立起来，工人们很难在勃艮第地区找到潜在的盟军。酿酒人也没有将自己组建的军事力量保留到20世纪。当1907年朗格多克成千上万的酿酒人站起来提出自己的诉求时，勃艮第的从业者却在照管自己的葡萄藤。

回到勃艮第

但情况也不总是这样。在17世纪20年代，第戎和勃艮第的繁荣足以引起枢机主教黎塞留和路易十三的注意。他们对法国各省的城市和贵族重新施行王权统治的举措取得了成功，例如朗格多克许多新教徒据点就被剥夺了之前所享有的自治权。接着他们就开始计划与邻国开战，以抢夺土地。这肯定比国内军事行动需要更多的资金支持。

自1628年起，国王的首要大臣就试图通过两种相关方式来提高勃艮第的税收缴纳，以增加王室收入。一种是直接要求拨款支付特殊费用，例如在勃艮第驻军，由地方负责军队费用；另一种是用积极配合王室的财政区取代不情愿收税的地方三级会议。从王室的观点来看，成立财政区还有一个优点，就是可以提供许多高价官职以供出售。对于第一种方式，一些社区的民众不断申诉，表示他们已经穷尽资源为军队提供住宿、食品和交通，就不应该再被征税。三级会议［在王室总督贝勒加德公爵（duke of Bellegarde）的配合之下］对社区民众施压。但他们也会通过一些合法手段来拒绝王室要求支付军队费用的命令，例如对这种要求的形式或传达要求的方式提出质疑等。

关于财政区这点，虽说三级会议在1629年1月31日路易十三和黎塞留抵达第戎时表示了欢迎，但之后还是试图阻止这项王室法令的实施。例如在1630年2月，他们就坚持要看法令的原件，而不是经核准的复本。他们还号召召开勃艮第诸城市大会，共同抵制财政区的设置。但法令的执行看似已经迫在眉睫。有消息说新官员可能要对葡萄酒开始征税。

1630年第戎的封斋前狂欢正好发生在勃艮第与王室抗争期间。2月19日，民众聚集抱怨即将增加的税收，遭到市民兵队的驱散。第戎民众选举出了酿酒从业者阿纳托瓦·尚热内来扮演愚人王，由他来

领导整个节庆。根据一份18世纪的叙述，庆典结束时，

  1630年2月28日晚，第戎城内发生骚乱。一群酿酒人砸毁一座私人房屋的大门，离开时还威胁着第二天上午会再来。3月1日周五，这群人攻击了国王许多官员的房屋，其中包括高等法院第一主席的房屋。整个过程没遭到任何抵抗，轻易就完成了。他们强制打开大门，焚烧了屋内的家具，直到高等法院法官、主要官员和其他公民察觉到危险后，鼓起勇气采取行动，才制止了这场骚乱。他们行动得太晚，其实很久之前他们就能够预见这场骚乱，因为之前他们已经收到有关前一天晚上发动攻击的预警，并知道了骚乱的计划。（AMD I 118）

那座被酿酒人砸毁的"私人房屋"是一个王室财政官员的房子。

  尚热内穿着花哨的愚人王服装就投入到骚乱当中。他率领自己的临时部下，敲着鼓，拿着削尖的葡萄藤，行进到攻击对象的房屋前。他们边走边唱着朗丢尔吕。第二天早晨，他们在工人居住区敲响了警钟，协助从城外来的盟军翻墙进入城内。这时，对王室官员房屋的攻击才开始。之后，民众包围了市府官员的房屋——这些市府官员拥有的葡萄园正是酿酒农工作的场所。政府当局的确收到了很多预警，说民众抗争正朝着暴力冲突升级。

  酿酒人及其工人阶级盟军在叛乱中坚守，直到3月8日。市政府在国王的严厉指示下开始强力镇压。几天内，酿酒人的领袖们都跑了，街上又恢复了宁静。

  事情过后，第戎的官员们明显对自己之前未能及时采取行动而忧心忡忡，所以等军队一平息骚乱，他们就采取措施严惩罪犯，并向国王乞求宽恕。黎塞留和路易十三发现这是个大好时机，肯定不会放

过。贝勒加德公爵宣布,国王会接受第戎市的致歉,但有以下几个条件:一是城中所有大炮都要锁在城堡里;二是该城在国王入城时不得敲钟;三是第戎不得派代表出城迎接国王;四是城市大门由王室军队把守,而不是市警卫队;五是所有酿酒人必须离开第戎市。

还有一个重要条件就是,王室正式设立财政区的法令几乎当即生效。从那时起,三级会议不停地派遣代表团去请求取消该法令。他们的协商开始一直没什么成果,直到 1631 年 5 月,终于以 160 万里弗尔的价格将此法令买断。这可是一大笔钱,因为当时一蒲式耳小麦的售价是 1 里弗尔,一个劳动力工作一天只能赚 0.5 里弗尔,160 万蒲式耳小麦可以养活一大批军士呢。

与此同时,王室代理人坚持施压榨取税收。1630 年 8 月 17 日,贝勒加德公爵拒绝让军队从勃艮第转移至皮埃蒙特(Piedmont),反而威胁说军队要驻扎在勃艮第。三级会议当即同意借 2 万里弗尔以供军队开支。这种做法在 17 世纪才是标准的协商方式,朗丢尔吕只是惯常做法的极端例子而已。城市里的资产阶级竭尽所能摆脱王室的索求,或者将这种索求转嫁到穷人头上。

第戎的普通民众直接感受到了王室扩张的压力。他们竭尽所能与之对抗。王室财政、省行政管理、城市治安、酿酒人的日常生活以及民众骚乱都汇聚到同一个事件之上。通过分析法国的重要转型与普通民众的群体行动之间的关系,我们可以证实,将"暴力""抗议"或"失序"看作孤立的、与高层政治完全无关的现象,或仅仅是对压力的一种反弹,完全是谬误。这里其实包含了民众群体运动最重要的经验教训:这并不是偶发的附带现象,它与重要的政治问题有着直接并紧密的关联。通过当局所谓的失序行动,普通民众反抗不公、挑战剥削,并在权力结构中宣示自己的地位。

资料说明

　　这本书的大部分工作都是一些传统的做法，比如挖掘档案，浏览当代学术期刊和文献，按时间和地点重新整理材料等。但是在准备部分资料的过程中，我似乎过分沉迷于这些传统做法。进入研究阶段后，我建立了描述"抗争性集会"的文档。抗争性集会就是指一部分民众聚集在某一公共场所，明确表达诉求，这些诉求一旦实现，会影响到他们之外某些人的利益。

　　比较理想的状态是，关于本书中所讨论的五个地区，自1600年到1984年的每一年，我能找到至少两套规整地涵盖一段时期内抗争性集会所有信息的连续性资料（不管其中还会有什么别的内容）。我偏好有关法国全国情况的资料，但也会将之与地方和地区的资料进行对比参照，并竭力评估资料当中可能出现的偏见和不完整程度。我从头到尾仔细浏览每一份资料，对抗争性集会的所有报告进行摘要整理；为每个地区建立一份编年体文档，核对提到同一事件的各种材料。最后将这些文档作为这五个地区有关抗争的最核心资料来源。对于其他资料来源，以及关于安茹、勃艮第、佛兰德、法兰西岛和朗格多克以外之事件的描述，我将其作为背景材料，还可用作参照资料或作为核心资料的补充。

我从不奢望可以完整且不带任何偏颇地整理出这五个地区的抗争性集会的所有资料。（应用于英国全境的类似研究得出的结果是，在 19 世纪 30 年代英国每年发生近 1,000 起抗争性集会——显然这是不完整的数字。）尽管编辑整理的资料难免有偏颇和不完整之处，但我还是希望从中可以描述在不同时期和不同地区民众参与抗争的不同形式。

不过以上都是我的理想。在实践过程中，我还是会遭遇资料不足和精力有限的困难。例如，关于 1680—1720 年这段时期，我的主要连续性资料来源是勃艮第、佛兰德、滨海佛兰德、埃诺、朗格多克、巴黎大区及图尔大区的监察官所写的信件（Archives Nationales, series G^7）。阅读和提炼这些通信就几乎占用了几年以来我花在法国档案馆里的所有时间。监察官的通信涵括了许多有关抗争的信息，但也省略了一些小事件及其他权力机构处理的事件。

在浏览 G^7 档案时，我掌握了一项不可或缺的工具。从 1874 年到 1896 年，亚蒂尔·德·布瓦利勒（Arthur de Boislisle）编辑出版了三册厚厚的总督通信集，这三册书基本上都采自 G^7 档案。布瓦利勒摘录整理或选用的信件，涵盖了五分之一我所感兴趣的部分。另外，他的通信集还提供了大量交互参考的内容以及我还没来得及考察的总督的文件材料。我影印了他书中所有有关安茹、勃艮第、佛兰德、法兰西岛和朗格多克的内容，还影印了有关财政政策、食物供应及其他我的分析中所涉及议题的内容。我将这些影印资料带入档案馆，在浏览相关卷宗时进行参照核对。

至于 1680—1720 年这段时期，我知道还有一个可能有用的全国性资料来源，就是军事历史档案（Archives Historiques de l'Armée）

A^1 系列中战争部部长的通信。我在花费了大量精力阅读 1630—1671 年的军队资料后，就再没有时间浏览 1680—1720 年期间的材料了。

的确，我还在市档案馆、省档案馆、国家图书馆和国家档案馆翻阅了许多其他关于这一时期的零散档案资料。我的 1680—1720 年文档中的一些事件和背景信息，来自克莱芒（Clément）编辑整理的科尔贝的文件，德平（Depping）整理的国家文件，《法兰西公报》，国家档案馆中 AD^{xi}、H^1、K 和 Z^{1a} 系列，国家图书馆中警察局局长拉雷尼的文件，各省、市档案馆中找到的材料，以及参考书目中列出的当代文章、学位论文和专著。然而，我所描述的 1680—1720 年期间民众抗争的形式和变化，最主要的资料来源还是监察官选送给远在巴黎的财政总监——他们的上级和庇护者——的情报。

相反，关于自 1830 年以后的时期，我的相当一部分资料源自期刊。我并未试图对抗争性集会做一份连续性列表。但我的确尝试着对两种事件做一致性描述，这两种事件就是群体性暴力事件和罢工。群体性暴力事件是指一次聚集了 50 名以上民众的事件，而且有人抢夺或侵害了他人或物品。

为了实现上述目的，我的许多合作者和我一起翻阅了 1830—1860 年和 1930—1974 年期间两份全国性报纸的每一期内容，对 1861—1929 年期间的全国性报纸，则每年随机抽取三个月的报纸进行浏览。我们还抄录了《罢工和调解性请愿数据统计》(*Statistique des Grèves et des Recours à la Conciliation*) 中 1890—1935 年期间所有有关罢工或停业的内容，以及其他专著和连续性刊物中的相关内容。我浏览了 19 和 20 世纪各种档案中的几千份报告，查询了许多期刊，并广泛阅读第二手文献。只要有资料提及抗争性集会，我就一头扎进去。但所有这些资料中没有一项可以称得上长期的、连续的、同质的系列报告。

所以说，理想无法完全实现。虽然我手边关于自 1830 年以后其他抗争性集会的资料很丰富，但不如有关罢工和大规模暴力事件的资料那般具有连续性和完整性。下列手稿和期刊来源可以提供具体细节。

手　稿

没有特别标注的连续数字表示我浏览了其中每一期每一页内容，后面标注"多处出现"（passim）的连续数字则表示我跳读并忽略了部分内容。

Archives Départementales de l'Ariège (Foix). 1 CC 6, 38, rebellions and conflicts over food supply, 1691-1777.

Archives Départementales de la Côte d'Or (Dijon). B^2 335, Maréchaussée de Sémur, 1661-1788; C 80-81, food supply, 1694-1789; C 112-114, military affairs, 1697-1789; C 396-543 passim, police, 1667-1790; C 3079-3140 passim, registers of Estates, 1628-1695; L 373-486 passim, general police, 1790-Year VIII; M^8 II 1-5, food supply, 1816-1848; 8 M 10-51 passim, surveillance, Year VIII-1922; SM 2996-3530 passim, surveillance, 1913-1938.

Archives Départementales de l'Eure-et-Loir (Chartres). M 193, 216, 799, political police, 1848-1851.

Archives Départementales de la Haute-Garonne (Toulouse). C 91, police, 1702-1787; C 303-316 passim, administration, 1740-1790; L 262-275 passim, surveillance, 1789-Year VIII; 4 M 49-50, surveillance, 1832-1833.

Archives Départementales de la Haute-Vienne (Limoges). 4 M 7-8, prefectoral reports, 1831-1910; 4 n 16-21, gendarmerie reports, 1824-1848; 4 M 105-128 passim, surveillance, 1830-1871; 15 M 93, strikes, 1853-1858.

Archives Départementales de l'Hérault (Montpellier). C 162, Roure rebellion, 1670; C 234, prosecution of Protestants, 1752; C 626 battle between grenadiers and municipal watch, 1690; C 1178-1319 passim, Royal Council dispatches to the intendant, 1712-1763; C 2875, grain trade, 1678-1734; C 6564-6889 passim, military government, 1730-1789.

Archives Départementales de l'Indre-et-Loire (Tours). C 97-744 passim, provincial administration, 1761-1789.

Archives Départementales de l'Isère (Grenoble). 52 M 27, political police, 1831-1847; 52

M 55, political police, 1874-1875; 52 M 61, political police, 1901-1906; 52 M 83-89 passim, political police, 1909-1934.

Archives Départementales de la Loire-Atlantique (Nantes). L 165-1508 passim, revolutionary administration, 1790-1799.

Archives Départementales de Maine-et-Loire (Angers). 1 B 203, judicial affairs, 1720-1736; 1 B 1112-1113, criminal affairs, 1713; II B unnumbered, elections to Estates General, 1788; VII B passim, fiscal affairs, 1742-1790; VIII B passim, seigneurial justice, eighteenth century; C 20-343 passim, provincial administration, 1695-1790; 1 L 202-1310 bis passim, 2 L 45-85 passim, 6 L 19-27 passim, 7 L 97-237 passim, 9 L 32-88 passim, 142 L 1, 147 L 1, 148 L 1, 151 L 1, 152 L 1, revolutionary administration and political control, 1789-1799; 20 M 2-50 passim, 21 M 14-217 passim, political surveillance, Year VIII-1896; 24 M 230, armed gatherings, 1815; 54 M 1, description of Maine-et-Loire, 1802; 59 M 4-34 passim, reports on economic activity, 1811-1880; 67 M 1 & 5, industry and trade, 1811.

Archives Départementales de la Mayenne (Laval). M 892-940 passim, surveillance, 1827-1870.

Archives Départementales de Morbihan (Vannes). M 680-681, political police, 1847-1853; M 780, political police, 1841-1846; M 1526, strikes, 1880-1904; M 2151, commerce and industry, 1876-1935; M 2517, political affairs, 1850-1890; U 655-673 passim, correspondence of prosecutor, 1830-1854.

Archives Départementales du Nord (Lille). C 3750, surveillance, 1790; C 11226-20104, passim, police, 1680-1790; Placards 8505-8509 passim, decrees and pamphlets, 1695-1793; M 619, 625, 626, strikes, 1862-1906.

Archives Départementales des Pyrénées-Orientales (Perpignan). C 1270-1273, police, 1757-1789; C 1366-1395 passim, police, 1669-1671; 3 M^1 50-161 passim, surveillance, 1819-1833.

Archives Départementales de la Seine (Paris; now incorporated in Archives de la Ville de Paris). VK^3 26-65 passim, compensation, Revolutions of 1830 and 1848.

Archives Départementales de la Somme (Amiens). Mf 80793-107027 passim, policing, 1815-1851; Mfv 80926, police, 1825-1840; Mh 80344, food supply, 1830-1834.

Archives Départementales de la Vendée (La Roche-sur-Yon). L 138-1727 passim, revolutionary administration, 1790-1799.

Archives Historiques de l'Armée (Vincennes). A^1 11-163 passim, correspondence of Ministry of War, 1600-1660; A^1 237-265, correspondence, 1669-1671; A^1 3834-3843, inventories of correspondence, 1630-1672; AA A, B, June Days of 1848; E^1-E^5 159, general correspondence, 1830-1849; F^1 1-55 passim, general correspondence, 1848-1851; G^8 1-190 passim, routine reports and general correspondence, 1851-1860; X^d 385-386, Revolution of 1848; X^m 42, National Guard, 1848-1849; MR 1047-1303 passim, reconnaissances militaires, 1675-1851.

Archives Municipales, Amiens. BB 64, municipal deliberations, 1638-1642; FF 910-912, police, 1645-1649; FF 1275, 1289, police ordinances, 1601-1608; FF 1289, police ordinances, 1766.

Archives Municipales, Angers. BB 53-134 passim, municipal deliberations, 1607-1790; FF 7-37 passim, municipal police, 1784-1789; I 146, political policing, 1798-1913.

Archives Municipales, Dijon. B 337-426 passim, municipal deliberations, 1698-1790; 1

D, extracts from municipal deliberations, 1789-1800, I 37-119 passim, policing, 1524-1789.

Archives Municipales, Lille. 385-18098 passim, (especially 385-403, 412, 413, 701, 14336, 14337, 17470, 17763, 17883, 17887, 17888, 17896, 17973, 17982, 18008, 18023, 18040, 18098), general administration, 1599-1817.

Archives Municipales, Toulouse. 1 I 1-2 I 63 passim, policing, 1756-1858; BB 40-43, municipal deliberations, 1673-1697; BB 181-188 passim, provincial administration, 1631-1791; FF 613-614, police, 1656-1789; FF 692, affaire Combécaut, 1724; GG 784, religious affairs, 1789-1814.

Archives Nationales (Paris). AD^{xi} 25, communautés d'arts et métiers, 1676-1773; AD^{xi} 48, pamphlets from Anjou, 1789-1791; BB^3 167, surveillance, 1834-1835; BB^{18} 993-1816 passim, repression and surveillance, 1819-1890; BB^{30} 360-460 passim, surveillance, 1847-1860; C 936^B, surveillance, 1848; C 3019, industrial survey, 1872-1875; D IV 1-67 passim, revolutionary reorganization of communities 1790-91; D IV bis 9-97 passim, revolutionary creation of departments, 1790-91; D xxix 22-58 passim and D xxix bis 21-39 passim, revolutionary reorganization of the church; F^{1a} 548, "Etat des Sociétés Populaires de la République, acheté en juillet 1849," 1790-91; F^{1C} I* 39-F^{1C} III Maine-et-Loire 10 passim, departmental administration, 1790-1870; F^{1d} III 33-37, compensation for participants in Revolution of 1830; F^2 I 1201-1206, rural police, 1790-1834; F^7 2585-13268 passim, political police, 1782-1938; F^9 1154-1182 passim, military police, 1830-1851; F^{12} 12-4689 passim, trade and industry, 1670-1914; G^7 156-170, correspondence of intendant of Burgundy with contrôleur général, 1678-1740; G^7 257-268, correspondence of intendant of Flanders with contrôleur général, 1678-1738; G^7 269-275, correspondence of intendant of Maritime Flanders with contrôleur général, 1681-1715; G^7 294-336, correspondence of intendant of Languedoc with contrôleur général, 1669-1739; G^7 425-447, correspondence of intendant of Paris with contrôleur général, 1681-1732; G^7 518-531, correspondence of intendant of Tours with contrôleur général, 1678-1730; G^7 1630-1728 passim, correspondence on food supply; G^7 1902, memoirs by intendants, 1716-1728; G^7 1905, plans of Paris, eighteenth century; H^1 53-1588^{47} passim, provincial administration, 1600-1793; K 1002-1719 passim, administration of Paris, 1600-1791; M 669 memoirs on insurrections in the West, 1793; Y 10530, policing of Paris, 1786-1790; Z^{1a} 884-890, criminal procedures, 1663-1790.

Archives de la Préfecture de Police (Paris): Aa 366-434 passim, political police, 1830-1851.

Bibliothèque Nationale (Paris): Fonds Français [Fr] 4152, miscellaneous essays, 1645-1664; Fr 6595, police of First Empire; Fr 6680-6687, memoirs of Hardy, 1753-1789; Fr 6731, papers of prince of Condé, 1649-1659; Fr 6732, autograph memoirs of Louis XIV; Fr 6791, Paris police, 1708-1791; Fr 6828, papers of duke of Fitz-James, 1763-1764; Fr 6877-6879, papers of President Lamoignon, 1762-1782; Fr 6880-6907 passim, papers of Michel Le Tellier, 1640-1678; Fr 8118, deliberations of Paris Conseil de Police, 1666-1668; Fr 8121-8125 passim, policing of Paris, 1666-1721; Fr 10273-10274, anonymous journal on events of 1648-1651; Fr 10281, journal of Jean Brivat, 1715-1723; Fr 10285-10291, journal of Barbier, 1718-1763; Fr 10329, autograph memoirs of Louis XIV; Fr 11347, memoirs on trade, eighteenth century; Fr

11356, minutes of Paris Police assemblies, 1728-1740; Fr 11357-11360, Paris police reports, 1759-1777; Fr 11870, description of Saumur, c. 1723; Fr 12498, songs, satires, and epigrams, c. 1700; Fr 13679-13690, anonymous journal, 1711-1722; Fr 13713, anonymous journal, 1789; Fr 15596, miscellaneous papers on seventeenth-century rebellions; Fr 17355-18938 passim, papers of Chancelier Séguier, 1633-1660; Fr 21545-21722 passim, papers of Delamare, c. 1680-1720; Fr 22200, memoirs on provinces, 1697-1698; Fr 22387, description of Paris, 1684; Nouvelles Acquisitions Françaises [NA] 3573, police papers from Consulate and Empire; NA 5222, miscellaneous historical essays, 1636-1642; NA 5247-5249, papers of la Reynie, 1689-1698; NA 13003, journal of Godard, 1789-1817; Collection Languedoc-Bénédictins 2, descriptions of Languedoc, eighteenth century; Collection Vexin 64, policing, 1725-1790; Vexin 65, correspondence with parlement, 1778-1790; Collection Dupuy 467, papers on Burgundy, 1636; Dupuy 754, papers, 1649-1650; Mélanges Colbert 101-172 bis, papers of Colbert, 1649-1675; Cinq Cents de Colbert 3, letters and memoirs on French history, 1648-1665; Cinq Cents 103, Poitou insurrection, 1643; Cinq Cents 219, seventeenth-century rebellions; Collection Joly de Fleury [JF] 1074, policing, 1674-1776; JF 1103, crowds and riots in Paris, 1788-1789; JF 1159-1165, conflicts over food, 1775-1787.

当时的期刊和政府出版物

Almanache de Gotha. 1844, 1847, 1849-1854, 1856-1858, 1860-1870, 1872, 1874-1877, 1891-1901.
L'Année Politique. 1874-1960.
L'Année Politique Française et Etrangère. 1925-1932.
Annuaire des Deux Mondes. 1850-1932.
Annuaire Diplomatique. 1852, 1871.
Annuaire de l'Economie Politique. 1844, 1869, 1883, 1889.
Annuaire Historique. 1825-1861.
Annuaire Statistique de la France. 1872-1982.
Annuaire des Syndicats Professionels, Industriels, Commerciaux, et Agricoles. 1889-1914.
Le Combat. All issues, 1941-1947.
Le Constitutionnel. All issues, 1830-1835, 1848-1860; selected months, 1861-1873.
Le Droit. All issues, 1836-1841.
La Gazette de France. All issues, 1631-1651.
La Gazette des Tribunaux. All issues, 1830.
L'Humanité. Selected months, 1920-1929; all issues, 1930-1974; selected issues, 1975-1984.
International Labor Organization Year Book of Labor Statistics. 1951-52, 1957, 1966, 1969.
Le Journal des Débats. All issues, 1830; selected months, 1874-1915.
Le Mercure de France. All issues, 1721-1731.
Le Mercure François. All issues, 1605-1644.

Le Mercure Galant. Selected issues, 1679-1715.
Le Monde. All issues, 1946-1974; selected issues, 1975-1984.
Le Moniteur Universel. All issues, 1830-1860.
La Muze Historique. All issues, 1650-1665. Edited by M. Ravenel and Ed. V. de la Pelouze. 4 vols. Paris: Janet, 1857.
Revue Française du Travail. 1945-1967. Paris: Ministère du Travail. Statistics on strike activity.
Le Siècle. All issues, 1848.
Statistique Annuelle. 1885-1890. Paris: Imprimerie Nationale.
Statistique des Grèves et des Recours à la Conciliation. 1893-1935. Paris: Imprimerie Nationale. Strike figures for 1890-1892 come from France, Direction du Travail, *Notices et Comptes Rendus*, nos. 3 (1891) and 7 (1893).
Le Temps. All issues, three randomly selected months per year, 1861-1929; all issues, 1930-1942.

除了上述列表中的年度政府出版物，我还广泛使用了1801—1982年的人口普查数据。这些数据在1936年之前由统计总局（Bureau de la Statistique Générale）、自1946年之后由全国统计和经济研究所（Institut National de la Statistique et des Etudes Economiques）不定期地以各种标题出版发行。至于工资收入的资料，我使用的是每年由劳工部（BMT: Ministère du Travail）发布的公报或1894—1939年的同性质出版物，尤其是1904年（被编入1906年卷）、1916年、1929年和1931年的。这类公报还提供了1914年之后罢工方面的信息，虽然这些信息不如《罢工和调解性请愿数据统计》多，但劳工部提供的官方数据是1936—1938年期间唯一的资料来源。至于罪犯方面，我使用了1831—1961年期间司法部出版的《刑事司法部年度总统计》[*Compte Général de l'Administration de la Justice Criminelle pendant l'Année*，一般是每年单独出版，但有时作为《民事、商业暨刑事司法部总统计》（*Compte Général de l'Administration de la Justice Civile et Commericale et de la Justice Criminelle*）的一部分出版]。

参考文献

Adam, Gérard, and Jean-Daniel Reynaud. 1978. *Conflits du travail et changement social.* Paris: Presses Universitaires de France.
Ado, A. V. 1971. *Krest'ianskoe dvijhenie vo frantsii vo vremiia velikoi burjhuaznoi revoliutsii kontsa XVIII veka* [The peasant movement in France in the time of the great French bourgeois revolution at the end of the eighteenth century]. Moscow: Izdatel'stvo Moskovskovo Universiteta.
Aguet, Jean-Pierre. 1954. *Contribution à l'étude du mouvement ouvrier français. Les grèves sous la Monarchie de Juillet.* Geneva: Droz.
Agulhon, Maurice. 1950. "L'opinion politique dans une commune de banlieue sous la Troisième République. Bobigny de 1850 à 1914." In Pierre George, M.
Agulhon, L. A. Lavandeyra, N. D. Elhai, and R. Schaeffer, eds., *Etudes sur la banlieue de Paris: Essais méthodologiques.* Cahiers de la Fondation Nationale des Sciences Politiques, 12. Paris: Colin.
―――― 1970. *La république au village. Les populations du Var de la Révolution à la Seconde République.* Paris: Plon.
―――― 1977. "Fête spontanée et fête organisée à Paris, en 1848." In *Les Fêtes de la Révolution. Colloque de Clermont-Ferrand (juin 1974)*, edited by Jean Ehrard and Paul Viallaneix. Paris: Société des Etudes Robespierristes.
Alatri, Paolo. 1977. *Parlamenti e lotta politica nella Francia dell'700.* Bari: Laterza.
Alberoni, Francesco. 1968. *Statu nascenti.* Bologna: Il Mulino.
d'Aldéguier, J. B. A. 1830-1835. *Histoire de la ville de Toulouse depuis la conquête des romains jusqu'à nos jours.* 4 vols. Toulouse: Paya.
Aminzade, Ronald. 1981. *Class, Politics, and Early Industrial Capitalism: A Study of Mid-Nineteenth-Century Toulouse, France.* Albany: State University of New York Press.
Amiot, Michel, et al. 1968. *La violence dans le monde actuel.* Paris: Desclée de Brouwer for Centre d'Etudes de la Civilisation Contemporaine.
Antoine, Michel. 1970. *Le Conseil du Roi sous le règne de Louis XV.* Geneva: Droz.
Appolis, Emile. 1945. "Les biens communaux en Languedoc au XVIIIe siècle." In *Assemblée Générale de la Commission Centrale et des Comités Départementaux, 1939,* 2. Paris: Tepac.
Aragon, J.-M. 1972. "Un village de Gascogne toulousaine au XVIIIe siècle: Leguévin." *Annales du Midi* 84: 439-458.

Ardant, Gabriel. 1965. *Théorie sociologique de l'impôt*. 2 vols. Paris: SEVPEN.
——— 1975. "Financial Policy and Economic Infrastructure of Modern States and Nations." In *The Formation of National States in Western Europe*, edited by Charles Tilly. Princeton: Princeton University Press.
Marquis d'Argenson. 1859-1867. *Journal et mémoires du marquis d'Argenson*, edited by E. J. F. Rathéry. 9 vols. Paris: Renouard.
Armengaud, André. 1954. "La question du blé dans la Haute-Garonne au milieu du XIXe siècle." *Bibliothèque de la Révolution de 1848* 16: 109-123.
——— 1961. *Les populations de l'Est-Aquitain au début de l'époque contemporaine*. Paris: Mouton.
Armogathe, Jean-Robert, and Philippe Joutard. 1972. "Bâville et la guerre des Camisards." *Revue d'Histoire Moderne et Contemporaine* 19: 44-67.
Aron, Robert. 1954. *Histoire de Vichy*. 2 vols. Paris: Fayard.
——— 1959. *Histoire de la libération de la France, juin 1944-mai 1945*. Paris: Fayard.
Asher, Eugene L. 1960. *The Resistance to the Maritime Classes: The Survival of Feudalism in the France of Colbert*. Berkeley: University of California Press.
Aubert, G. 1923. "Le problème des subsistances et le Maximum à Douai (1792-1794)." *Revue du Nord* 9: 233-254.
Audiat, Pierre. 1946. *Paris pendant la guerre (juin 1940-aout 1944)*. Paris: Hachette.
Augustin, Jean-Marie. 1972. "Les capitouls, juges des causes criminelles et de la police à la fin de l'Ancien Régime." *Annales du Midi* 84: 183-211.
Auvray, E. 1945. "L'administration municipale de Dourdan (Seine-et-Oise) et les boulangers, de 1788 à l'an IV." *Assemblée Générale de la Commission Centrale et des Comités Départementaux, 1939*, vol. 2. Paris: Tepac.
Babelon, Jean-Pierre. 1965. *Demeures parisiennes sous Henri IV et Louis XIII*. Paris: Editions du Temps.
Babou, Didier; Pierre Davy; Jean-Pierre François; Alain Imhof; Michel Tarrius; and Jean-Pierre Trail. 1981. *Myrys, usine occupée*. Villelongue-d'Aude: Atelier du Gué.
Badie, Bertrand. 1972. "Les grèves du Front Populaire aux usines Renault." *Le Mouvement Social* 81: 69-109.
——— 1976. *Pour une approche fonctionnaliste du parti communiste français. Stratégie de la grève*. Paris: Presses de la Fondation Nationale des Sciences Politiques.
Badie, Bertrand, and Pierre Birnbaum. 1979. *Sociologie de l'état*. Paris: Bernard Grasset.
Baker, Robert P. 1967. "Socialism in the Nord, 1880-1914: A Regional View of the French Socialist Movement." *International Review of Social History* 12: 357-389.
Barbier, Edmond-Jean-François. 1847-1856. *Journal d'un bourgeois de Paris sous le règne de Louis XV*. 4 vols. Paris: Renouard.
Barennes, Jean. 1913. "Un document sur les troubles survenus en 1789 à Aire-sur-la-Lys." *Revue du Nord* 4: 236-238.
Barral, Pierre. 1968. *Les agrariens français de Meline à Pisani*. Cahiers de la Fondation Nationale des Sciences Politiques, 164. Paris: Colin.
Barrière-Flavy, Casimir. 1926. *La chronique criminelle d'une grande province sous Louis XIV*. Paris: Editions Occitania.
Bastier, Jean. 1975. *La féodalité au siècle des Lumières dans la région de Toulouse (1730-1798)*. Commission d'Histoire Economique et Sociale de la Révolution Française, Mémoires et Documents, 30. Paris: Bibliothèque Nationale.

Baudrillart, H. 1888. *Les populations agricoles de la France.* Paris: Gillaumin.
Baulant, Micheline. 1968. "Le prix des grains à Paris de 1431 à 1788." *Annales: Economies, Sociétés, Civilisations* 23: 520-540.
——— 1971. "Le salaire des ouvriers du bâtiment à Paris, de 1400 à 1726." *Annales: Economies, Sociétés, Civilisations* 26: 463-483.
Baxter, Douglas Clark. 1976. *Servants of the Sword: Intendants of the Army, 1630-70.* Urbana: University of Illinois Press.
Bazin, A. 1838. *Histoire de France sous Louis XIII.* 4 vols. Paris: Chamerot.
Beaubernard, R. 1981. *Montceau-les-Mines. Un "laboratoire social" au XIXe siècle.* Avallon: Civry.
Beaujeu-Garner, Jacqueline. 1976. *La population française.* Rev. ed. Paris: Colin.
Beaujot, E. 1939-1943. "Le département du Nord sous la Restauration. Rapport du préfet de Villeneuve-Bargemont en 1828." *Revue du Nord* 25: 243-277; 26: 21-45.
Beik, William H. 1974a. "Magistrates and Popular Uprisings in France before the Fronde: The Case of Toulouse." *Journal of Modern History* 46: 583-608.
——— 1974b. "Two Intendants Face Popular Revolt: Social Unrest and the Structure of Absolutism in 1645." *Canadian Journal of History* 9: 243-262.
Beloff, Max. 1959. "The Sixth of February." In *The Decline of The Third Republic,* edited by James Joll. London: Chatto & Windus.
Bercé, Yves-Marie. 1964. "De la criminalité aux troubles sociaux: La noblesse rurale du sud-ouest de la France sous Louis XIII." *Annales du Midi* 76: 41-60.
——— 1974a. *Croquants et Nu-Pieds. Les soulèvements paysans en France du XVIe au XIXe siècle.* Paris: Gallimard/Julliard.
——— 1974b. *Histoire des Croquants. Etude des soulèvements populaires au XVIIe siècle dans le sud-ouest de la France.* 2 vols. Paris: Droz.
Berger, Patrice. 1978. "French Administration in the Famine of 1693." *European Studies Review* 8: 101-128.
Birnbaum, Pierre. 1982. *La logique de l'ètat.* Paris: Fayard.
Blanchard, Raoul. 1906. *La Flandre. Etude géographique de la plaine flamande en France, Belgique, et Hollande.* Lille: Danel.
Blin, Ernest. 1945. "Le prix du blé à Avallon, de 1756 à 1790." *Assemblée Générale de la Commission Centrale et des Comités Départementaux, 1939,* vol. 2. Paris: Tepac.
——— 1968. "Notes sur une disette de grains en Bourgogne (1770-1771)." *93e Congrès National des Sociétés Savantes, Tours, 1968. Histoire Moderne* 1: 245-266.
——— 1976. "La face administrative d'une crise frumentaire en Bourgogne (1747-1749)." *Annales de Bourgogne* 48: 5-43.
Bloch, Marc. 1952. *Les caractères originaux de l'histoire rurale française.* Paris: Colin.
Boislisle, Arthur de. 1873. *Note sur les mémoires dressés par les intendants en 1697 pour l'instruction du duc de Bourgogne.* Paris: Lahure.
———, ed. 1874-1896. *Correspondance des contrôleurs généraux des finances avec les intendants des provinces.* 3 vols. Paris: Imprimerie Nationale.
———, ed. 1881. *Mémoires des intendants sur l'état des généralités dressés pour l'instruction du duc de Bourgogne.* Paris: Lahure.
——— 1903. "Le grand hiver et la disette de 1709." *Revue des Questions Historiques,* n.s. 29: 442-509 and 30: 486-542.
Bois, Paul. 1954. "Dans l'ouest, politique et enseignement primaire." *Annales: Economies, Sociétés, Civilisations* 9: 356-367.
——— 1960. *Paysans de l'ouest.* Le Mans: Imprimerie Vilaire.

——— 1961. "Réflexions sur les survivances de la Révolution dans l'ouest." *Annales Historiques de la Révolution Française* 33: 177-186.

——— 1981. "Aperçu sur les causes des insurrections de l'ouest à l'époque révolutionnaire." In *Vendée-Chouannerie*, edited by J.-C. Martin. Nantes: Reflets du Passé.

Bonnefous, Edouard, and Georges Bonnefous. 1956-1967. *Histoire politique de la Troisième République*. 7 vols. Paris: Presses Universitaires de France.

Bonney, Richard. 1978a. "The French Civil War, 1649-53." *European Studies Review* 8: 71-100.

——— 1978b. *Political Change under Richelieu and Mazarin, 1624-1661*. Oxford: Oxford University Press.

——— 1981. *The King's Debts: Finance and Politics in France, 1589-1661*. Oxford: Clarendon Press.

Bonnier, Jean-Claude. 1980. "Esquisse d'une évolution sociale: Roubaix sous le Second Empire (1856-1873)." *Revue du Nord* 62: 619-636.

Bordes, Maurice. 1949. *Deux mouvements populaires en Gascogne au milieu de XVIIIe siècle*. Auch: Cocharaux.

Bosher, John. 1968. "French Administration and Public Finance in Their European Setting." In *The New Cambridge Modern History*. Vol. 8: *The American and French Revolutions, 1763-93*, edited by A. Goodwin. Cambridge: Cambridge University Press.

——— 1970. *French Finances, 1770-1795: From Business to Bureaucracy*. Cambridge: Cambridge University Press.

Bouju, Paul M.; Georges Dupeux; Claude Gérard; Alain Lancelot; Jean-Alain Lesourd; and René Rémond. *Atlas historique de la France contemporaine, 1800-1965*. Collection U. Paris: Colin.

Bourderon, H. 1953. "Recherches sur les mouvements populaires dans la généralité de Languedoc au XVIIIe siècle." *Actes du 78e Congrès des Sociétés Savantes, Toulouse*, 103-118.

——— 1954. "La lutte contre la vie chère dans la généralité de Languedoc au XVIIIe siècle." *Annales du Midi* 25-28: 155-170.

Bourdé, Guy. 1977. *La défaite du Front Populaire*. Paris: Maspéro.

Boutier, Jean. 1979. "Jacqueries en pays croquant. Les révoltes paysannes en Aquitaine (décembre 1789-mars 1790)." *Annales: Economies, Sociétés, Civilisations* 34: 760-786.

Bouvier, Jean. 1964. "Mouvement ouvrier et conjonctures économiques." *Le Mouvement Social* 48: 3-28.

Braure, Maurice. 1932. *Lille et la Flandre wallonne au XVIIIe siècle*. 2 vols. Lille: Raoust.

Brécy, Robert. 1969. *La grève générale en France*. Paris: Etudes et Documentation Internationales.

Brelot, J. 1932. *La vie politique en Côte-d'Or sous le Directoire*. La Révolution en Cote-d'Or, n.s. 8. Dijon: Rebourseau. [La Révolution en Côte d'Or sometimes functions like a series, as here, sometimes like a periodical, as in Delaby 1926, using consecutive volume numbers throughout.]

Briggs, Robin. 1977. *Early Modern France, 1560-1715*. Oxford: Oxford University Press.

B[rocher], Victorine. 1976. *Souvenirs d'une morte vivante*. Paris: Maspéro.

Bron, Jean. 1968-1970. *Histoire du mouvement ouvrier français*. 2 vols. Paris: Editions Ouvrières.

Brower, Daniel R. 1968. *The New Jacobins: The French Communist Party and the Popular Front*. Ithaca: Cornell University Press.

Bruchet, Max. 1925. "Le coup d'état de 1851 dans le Nord." *Revue du Nord* 11: 81-113.

Brunet, Jean-Paul. 1980. *Saint-Denis, la ville rouge. Socialisme et communisme en banlieue ouvrière, 1890-1939.* Paris: Hachette.
Brunet, Roger. 1965. *Les campagnes toulousaines, étude géographique.* Toulouse: Boisseau.
Brustein, William. 1983. "French Political Regionalism, 1849-1978. In *The Microfoundations of Macrosociology,* edited by Michael Hechter. Philadelphia: Temple University Press.
Bruyelle, Pierre. 1976. *Lille et sa communauté urbaine.* Notes et Etudes Documentaires, 4297, 4298, and 4299. Paris: Documentation Française.
Caillard, Michel. 1963. "Recherches sur les soulèvements populaires en Basse-Normandie (1620-1640) et spécialement sur la révolte des Nu-Pieds." In *A travers la Normandie des XVIIe et XVIIIe siècles,* edited by Michel Caillard, Marcel Duval, Philippe Guillot, and Mary Claude Gricourt. Caen: Annales de Normandie.
Caire, Guy. 1978. *La grève ouvrière.* Paris: Editions Sociales.
Cameron, Iain A. 1977. "The Police of Eighteenth-Century France." *European Studies Review* 7: 47-75.
Canfora-Argadona, Elsie, and Roger-H. Guerrand. 1976. *La répartition de la population, des conditions de logement des classes ouvrières à Paris au 19e siècle.* Paris: Centre de Sociologie Urbaine.
Cantaloube, C. 1951. *La réforme en France, vue d'un village cévenol.* Paris: Editions du Cerf.
Carré, Jean-Jacques; Paul Dubois; and Edmond Malinvaud. *La croissance française. Un essai d'analyse économique causale de l'après-guerre.* Paris: Seuil.
Castan, Nicole. 1980a. *Les criminels de Languedoc. Les exigences d'ordre et les voies du ressentiment dans une société pré-révolutionnaire (1750-1790).* Association des Publications de l'Université de Toulouse-Le Mirail, series A, 47. Toulouse.
——— 1980b. *Justice et répression en Languedoc à l'époque des Lumières.* Paris: Flammarion.
——— 1981 "Contentieux social et utilisation variable du charivari à la fin de l'Ancien Régime en Languedoc." In *Le Charivari,* edited by Jacques Le Goff and Jean-Claude Schmitt. Paris: Ecole des Hautes Etudes en Sciences Sociales and Mouton.
Castan, Yves. 1974. *Honnêteté et relations sociales en Languedoc (1715-1780).* Paris: Plon.
Castells, Manuel; Eddy Cherki; Francis Godard; and Dominique Mehl. 1974. *Sociologie des mouvements sociaux urbains. Enquête sur la région parisienne.* 2 vols. Paris: Centre d'Etude des Mouvements Sociaux, Ecole des Hautes Etudes en Sciences Sociales.
Cazals, Rémy. 1978. *Avec les ouvriers de Mazamet dans la grève et l'action quotidienne, 1909-1914.* Paris: Maspéro.
——— 1983. *Les révolutions industrielles à Mazamet, 1750-1900.* Paris: La Découverte/Maspéro; Toulouse: Privat.
Cella, G. P., ed. 1979. *Il movimento degli scioperi nel XX secolo.* Bologna: Il Mulino.
Centre d'Etudes de Lille. 1956. "Aspects industriels de la crise: Le département du Nord." In *Aspects de la crise et de la dépression de l'économie française au milieu du XIXe siècle, 1846-1851,* edited by Ernest Labrousse. Bibliothèque de la Révolution de 1848, 19. La Roche-sur-Yon: Imprimerie Centrale de l'Ouest.
Chaleur, Andrée. 1964. "Le rôle des traitants dans l'administration financière de la France de 1643 à 1653." *XVIIe Siècle* 65: 16-49.
Challamel, Augustin. 1879. *Les revenants de la Place de Grève.* Paris: Lemerre.
Chanut, A. 1956. "La crise économique à Tourcoing (1846-1850)." *Revue du Nord* 38: 77-105.

Châtelain, Abel. 1956. "Evolution des densités de population en Anjou (1806-1936)." *Revue de Géographie de Lyon* 31: 43-60.
Chaunu, Pierre, and Richard Gascon. 1977. *L'etat et la ville. Histoire économique et sociale de la France,* edited by Fernand Braudel & Ernest Labrousse. Paris: Presses Universitaires de France.
Chesnais, Jean-Claude. 1976. *Les morts violentes en France depuis 1826. Comparaisons internationales.* Institut National d'Etudes Démographiques, Travaux, et Documents, Cahier 75. Paris: Presses Universitaires de France.
——— 1981. *Histoire de la violence en Occident de 1800 à nos jours.* Paris: Laffont.
Chevrier, Monique. 1974. *Structures sociales des quartiers de Grève, St. Avoye, la Verrerie, et Saint-Antoine, 1738-1740.* Mémoire de maîtrise, University of Paris. Paris: Hachette. Microfiche.
Chirot, Daniel. 1977. *Social Change in the Twentieth Century.* New York: Harcourt Brace Jovanovich.
Cholvy, Gérard. 1974. "Recrutement militaire et mentalités languedociennes au XIXe siècle. Essai d'interprétation." In Centre d'Histoire Militaire et d'Etudes de Défense Nationale, *Recrutement, mentalités, sociétés. Colloque international d'histoire militaire.* Montpellier: Université Paul Valéry.
Chombart de Lauwe, Paul-Henry. 1965. *Paris. Essais de sociologie, 1952-1964.* Paris: Editions Ouvrières.
Christman, William J.; William R. Kelly; and Omer R. Galle. 1981. "Comparative Perspectives on Industrial Conflict." In *Conflict and Change.* Vol. 4 of *Research in Social Movements,* edited by Louis Kriesberg. Westport, Conn.: JAI.
Christophe, Robert. 1960. *Les Sanson. Bourreaux de père en fils pendant deux siècles.* Paris: Arthème Fayard.
Clamagéran, J.-J. 1867-1876. *Histoire de l'impôt en France.* 3 vols. Paris: Guillaumin.
Claverie, Elisabeth. 1979. " 'L'honneur': Une société de défis au XIXe siècle." *Annales: Economies, Sociétés, Civilisations* 34: 744-759.
Clément, Pierre, ed. 1861-1869. *Lettres, instructions, et mémoires de Colbert.* 6 vols. Paris: Imprimerie Nationale.
——— 1866. *La police sous Louis XIV.* Paris: Didier.
Cléray, Edmond. 1932. *L'affaire Favras.* Paris: Editions des Portiques.
Clout, Hugh D. 1977a. "Agricultural Changes in the Eighteenth and Nineteenth Centuries." In *Themes in the Historical Geography of France,* edited by Hugh D. Clout. New York: Academic.
——— 1977b. "Industrial Development in the Eighteenth and Nineteenth Centuries." In *Themes in the Historical Geography of France,* edited by Hugh D. Clout. New York: Academic.
Cobb, Richard. 1965. *Terreur et subsistances, 1793-1795.* Paris: Clavreuil.
Cochin, Augustin. 1921. *Les sociétés de pensée et la démocratie.* Paris: Plon-Nourrit.
Codaccioni, Félix-Paul. 1976. *De l'inégalité sociale dans une grande ville industrielle. Le drame de Lille de 1850 à 1914.* Lille: Université de Lille III.
Collot, Jean. 1934-1935. "L'affaire Reveillon." *Revue des Questions Historiques* 121: 35-55; 122: 239-254.
Combe, Paul. 1956. *Niveau de vie et progrès technique en France (1860-1939). Contribution à l'étude de l'économie française contemporaine. Postface (1939-1949).* Paris: Presses Universitaires de France.

Communay, A., ed. 1893. *Audijos. La Gabelle en Gascogne*. Paris: Champion.
Constant, Jean-Marie. 1974. *Structures sociales des quartiers de Saint-Avoie, du Marais, de Saint-Antoine, et de la Grève, à l'époque du système de Law*. Mémoire de maîtrise, University of Paris. Paris: Hachette. Microfiche.
Convert, Bernard; Pierre Jakubowski; and Michel Pinet. 1976. "Mobilité professionnelle, mobilité spatiale, et restructuration économique. Le cas du bassin minier Nord-Pas-de-Calais." *La Vie Urbaine*, nos. 52-54: 115-124.
Coppolani, Jean. 1963. *Toulouse au XXe siècle*. Toulouse: Privat.
Coquelle, P. 1908. "La sédition de Montpellier en 1645, d'après les documents inédits des Archives des Affaires Etrangères." *Annales du Midi* 20: 66-78.
Cordani, Yves. 1974. *Structures sociales des quartiers de la Grève, Saint-Avoie, de la Verrerie, et de Saint-Antoine, 1660-1662*. Mémoire de maîtrise, University of Paris. Paris: Hachette. Microfiche.
Courthéoux, Jean-Paul. 1957. "Naissance d'une conscience de classe dans le prolétariat textile du Nord, 1830-1870." *Revue Economique* 8: 114-139.
Crapet, A. 1920. "La vie à Lille, de 1667 à 1789, d'après le cours de M. de Saint-Léger." *Revue du Nord* 6: 126-322.
Croquez, Albert. 1912. *La Flandre wallonne et les pays de l'intendance de Lille sous Louis XIV*. Paris: Champion.
Crozier, Michel. 1970. *La société bloquée*. Paris: Seuil.
Crubellier, Maurice. 1974. *Histoire culturelle de la France, XIXe-XXe siècle*. Paris: Colin.
Dakin, D. 1968. "The Breakdown of the Old Regime in France." In *The New Cambridge Modern History*. Vol. 8: *The American and French Revolutions*, edited by A. Goodwin. Cambridge: Cambridge University Press.
Dalotel, Alain; Alain Faure; and Jean-Claude Freiermuth. 1980. *Aux origines de la Commune. Le mouvement des réunions publiques à Paris, 1868-1870*. Paris: Maspéro.
Dansette, J. L., and J. A. Roy. 1955-1958. "Origines et évolution d'une bourgeoisie. Le patronat textile du bassin lillois (1789-1914)." *Revue du Nord* 37: 199-216; 39: 21-42; 40: 49-69; 41: 23-38.
Daumard, Adeline. 1963. *La bourgeoisie parisienne de 1815 à 1848*. Paris: SEVPEN.
———. 1975. "Le peuple dans la société française à l'époque romantique." *Romantisme* 9: 21-28.
Daumard, Adeline, ed. with Felix Codaccioni; Georges Dupeux; Jacqueline Herpin; Jacques Godechot; and Jean Sentou. 1973. *Les fortunes françaises au XIXe siècle. Enquête sur la répartition et la composition des capitaux privés à Paris, Lyon, Lille, Bordeaux, et Toulouse d'après l'enregistrement des déclarations de succession*. Paris: Mouton.
Daumas, Maurice. 1982. "La géographie industrielle de Paris au XIXe siècle." In *Villes en mutation XIXe-XXe siècles. 10e Colloque International*. Brussels: Crédit Communal de Belgique.
Daumas, Maurice; Caroline Dufour; Claudine Fontanon; Gérard Jigaudon; Dominique Larroque; and Jacques Payen. *Evolution de la géographie industrielle de Paris et sa proche banlieue au XIXe siècle*. 3 vols. Paris: Centre de Documentation d'Histoire des Techniques.
Davies, C. S. L. 1973. "Peasant Revolt in France and England: A Comparison." *Agricultural History Review* 21: 122-134.
Dawson, Philip. 1972. *Provincial Magistrates and Revolutionary Politics in France, 1789-1795*. Cambridge: Harvard University Press.

Débidour, Antonin. 1877. *La Fronde angevine. Tableau de la vie municipale au XVIIe siècle.* Paris: Thorin; Angers: Lachèse, Belleuvre & Dolbeau.

Delaby, Raymond. 1926. "La survivance des dîmes et des droits féodaux en Côte-d'Or pendant la Révolution." *La Révolution en Côte d'Or*, n.s. 2: 21-35.

Delale, Alain, and Gilles Ragache. 1978. *La France de 68.* Paris: Seuil.

Delefortrie, Nicole, and Janine Morice. 1959. *Les revenus départementaux en 1864 et en 1954.* Recherches sur l'Economie Française, 1. Paris: Colin.

Delsalle, Paul. 1982. "Les tisserands à domicile de la région de Roubaix (France). Relations professionnelles et conflits du travail au XIXe siècle." In *La protoindustrialisation: Théorie et réalité. Rapports*, edited by Pierre Deyon and Franklin Mendels. Lille: Université des Arts, Lettres, et Sciences Humaines.

Dent, Julian. 1973. *Crisis in Finance: Crown, Financiers, and Society in Seventeenth-Century France.* Newton Abbot: David & Charles.

Depping, G. B., ed. 1850-1855. *Correspondance administrative sous le règne de Louis XIV.* 4 vols. Paris: Imprimerie Nationale.

Derode, Victor. 1975. *Histoire de Lille et de la Flandre wallonne.* 4 vols. Marseille: Laffite Reprints. First published in 1848-1877.

Deschuytter, Joseph. 1959-1961. *L'esprit public et son évolution dans le Nord de 1791 au lendemain de Thermidor an II.* 2 vols. Gap: Imprimerie Louis-Jean.

―――― 1964. "Cambrai sous la Révolution." *Revue du Nord* 46: 525-543.

Dessert, Daniel. 1984. *Argent, pouvoir, et société au Grand Siècle.* Paris: Fayard.

Dessert, Daniel, and Jean-Louis Journet. 1975. "Le lobby Colbert: Un royaume ou une affaire de famille?" *Annales: Economies, Sociétés, Civilisations* 30: 1303-1336.

Devic, Claude, and J. Vaissète. 1872-1896. *Histoire générale de Languedoc.* 17 vols. Toulouse: Privat.

Deyon, Pierre. 1964. "A propos des rapports entre la noblesse française et la monarchie absolue pendant la première moitié du XVIIe siècle." *Revue Historique* 88: 341-356.

―――― 1967. *Amiens capitale provinciale.* Paris: Mouton.

―――― 1979. "La diffusion rurale des industries textiles en Flandre française à la fin de l'Ancien Régime et au début du XIXe siècle." *Revue du Nord* 61: 83-96.

―――― 1981. "Un modèle à l'épreuve, le développement industriel de Roubaix de 1762 à la fin du XIXe siècle." *Revue du Nord* 63: 59-66.

Deyon, Pierre, and Jean-Pierre Hirsch. 1980. "Entreprise et association dans l'arrondissement de Lille 1830-1862." *Revue du Nord* 62: 603-618.

D'Hollander, P. 1970. "La composition sociale de l'échevinage lillois sous la domination française, 1667-1789." *Revue du Nord* 52: 5-15.

Dieudonné, Christophe. 1804. *Statistique du département du Nord.* 3 vols. Douai: Marlier.

Diné, Henri. 1976. "Quelques paniques postérieures à 'la grande peur' de 1789." *Annales de Bourgogne* 48: 44-51.

Dion, Roger. 1934. *Le val de Loire. Etude de géographie régionale.* Tours: Arrault.

Druot, H., and J. Calmette. 1928. *Histoire de Bourgogne.* Paris: Boivin.

Dubois, Pierre. 1970. "Nouvelles pratiques de mobilisation dans la classe ouvrière." *Sociologie du Travail* 12: 338-344.

―――― 1971. "La séquestration." *Sociologie du Travail* 15: 410-427.

―――― 1978. "New Forms of Industrial Conflict, 1960-1974." In *The Resurgence of Class Conflict in Western Europe since 1968*, edited by Colin Crouch and Alessandro Pizzorno. Vol. 2. London: Macmillan.

Dubois, Pierre; Renaud Dulong; Claude Durand; Sabine Erbès-Seguin; and Daniel Vidal. 1971. *Grèves revendicatives ou grèves politiques? Acteurs, pratiques, sens du mouvement de mai*. Paris: Anthropos.

Duby, Georges, ed. 1980-1983. *Histoire de la France urbaine*. 4 vols. Paris: Seuil.

Duby, Georges, and Armand Wallon, eds. 1973-1976. *Histoire de la France rurale*. 4 vols. Paris: Seuil;.

Dugrand, Raymond. 1963. *Villes et campagnes en Bas-Languedoc. Le réseau urbain du Bas-Languedoc méditerranéen*. Paris: Presses Universitaires de France.

Dumas, F. 1907. "Une émeute d'étudiants à Toulouse en 1740." *Revue des Pyrénées* 1907: 23-43.

Dumay, Jean-Baptiste. 1976. *Mémoires d'un militant ouvrier du Creusot (1841-1905)*, edited by Pierre Ponsot. Paris: Maspéro.

Dupâquier, Jacques. 1979. *La Population rurale du Bassin Parisien à l'époque de Louis XIV*. Paris: Ecole des Hautes Etudes en Sciences Sociales.

Dupeux, Georges. 1959. *Le Front Populaire et les élections de 1936*. Cahiers de la Fondation Nationale des Sciences Politiques, 99. Paris: Colin.

—— 1972. *La société française, 1789-1970*. Paris: Colin.

—— 1981. *Atlas historique de l'urbanisation de la France (1811-1975)*. Paris: Editions du Centre National de la Recherche Scientifique.

Durand, Claude. 1971. "Revendications explicites et revendications latentes." *Sociologie du Travail* 15: 394-409.

Durand, Claude, and Pierre Dubois. 1975. *La grève. Enquête sociologique*. Paris: Colin.

Durand, Michelle. 1977. *Les conflits du travail. Analyse structurelle*. Sceaux: Centre de Recherches en Sciences Sociales du Travail, Université "Paris-Sud."

Durand, Michelle, and Yvette Harff. 1973. "Panorama statistique des grèves." *Sociologie du Travail* 15: 356-375.

Durand, Robert. 1971. *La lutte des travailleurs de chez Renault racontée par eux-mêmes, 1912-1944*. Paris: Editions Sociales.

Duranthon, Marc. 1978. *La carte de France. Son histoire, 1678-1978*. Paris: Solar.

Durost, H. 1960. "Un récit de l'émeute dijonnaise de 1775." *Annales de Bourgogne* 32: 191-192.

Edwards, Stewart. 1971. *The Paris Commune, 1871*. London: Eyre & Spottiswoode.

Egret, Jean. 1962. *La pré-Révolution française*. Paris: Presses universitaires de France.

—— 1970. *Louis XV et l'opposition parlementaire, 1715-1774*. Paris: Colin.

Elkaïm, Jean. 1970. "Les subsistances à Auxonne de 1788 à l'an V. Dijon: Archives Départementales de la Côte d'Or." *La Révolution en Côte-d'Or*, n.s. 12: 1-69.

Erbès-Seguin, Sabine. 1970a. "Relations entre travailleurs dans l'entreprise en grève: Le cas de mai-juin 1968." *Revue Française de Sociologie* 11: 339-350.

—— 1970b. "Le déclenchement des grèves de mai: Spontanéités des masses et rôle des syndicats." *Sociologie du Travail* 12: 177-189.

Erpeldinger, Manne, and Claudine Lefebvre. 1974. "Les misérables sous la Révolution (districts de Lille et de Douai)." *Annales Historiques de la Révolution Française* 46: 164-186.

Esmonin, Edmond. 1964. *Etudes sur la France des XVIIe et XVIIIe siècles*. Paris: Presses Universitaires de France.

Evenson, Norma. 1979. *Paris: A Century of Change, 1878-1978*. New Haven: Yale University Press.

Evrard, Fernand. 1947. "Les paysans du Mâconnais et les brigandages de juillet 1789." *Annales de Bourgogne* 19: 7-39, 97-121.

Fallachon, Philippe. 1972. "Les grèves de la Régie Renault en 1947." *Le Mouvement Social* 81: 111-142.

Farge, Arlette. 1979. *Vivre dans la rue à Paris au XVIIIe siècle.* Paris: Gallimard/Julliard.

Farge, Arlette, and André Zysberg. 1979. "Les théâtres de la violence à Paris au XVIIIe siècle." *Annales: Economies, Sociétés, Civilisations* 34: 984-1015.

Faure, Alain. 1974. "Mouvements populaires et mouvement ouvrier à Paris (1830-1834)." *Le Mouvement Social* 88 :51-92.

―――― 1978. *Paris Carême-Prenant. Du Carnaval à Paris au XIXe siècle.* Paris: Hachette.

Fizaine, Simone. 1931. *La vie politique dans la Côte-d'Or sous Louis XVIII. Les élections et la presse.* Paris: Les Belles Lettres.

Flonneau, Jean-Marie. 1966. "Crise de vie chère 1910-1914. Réactions populaires et réactions syndicales." Diplóme d'études supérieures, Institut d'Histoire Economique et Sociale, Université de Paris.

Fohlen, Claude. 1951. "Esquisse d'une évolution industrielle. Roubaix au XIXe siècle." *Revue du Nord* 33: 92-102.

―――― 1953. "Crise textile et troubles sociaux: Le Nord à la fin du Second Empire." *Revue du Nord* 35: 107-123

―――― 1963. "La décadence des forges comtoises." In *Mélanges d'histoire économique et sociale en hommage au professeur Antony Babel*, vol. 1. Geneva: Privately published.

Foisil, Madeleine. 1970. *La révolte des Nu-Pieds et les révoltes normandes de 1639.* Paris: Presses Universitaires de France.

Fondation Nationale des Sciences Politiques. 1967. *Léon Blum chef de gouvernement, 1936-1937.* Cahiers de la Fondation Nationale des Sciences Politiques, 155. Paris: Colin.

Fontvieille, Louis. 1978. "Dépenses publiques et problématiques de la dévalorisation du capital." *Annales: Economies, Sociétés, Civilisations* 33: 240-254.

Forbonnais, F. Veron Duverger de. 1758. *Recherches et considérations sur les finances de France depuis l'année 1595 jusqu'à l'année 1721.* Basel: Frères Cramer.

Forestier, Henri. 1941. "Le 'droit des garçons' dans la communauté villageoise aux XVIIe et XVIIIe siècles." *Annales de Bourgogne* 13: 109-114.

―――― 1945. "Les villageois et les milices paroissiales (1692-1771)." *Annales de Bourgogne* 17: 268-274.

Form, William. 1981. "Working-Class Divisions and Political Consensus in France and the United States." *Comparative Social Research* 4: 263-296.

Forster, Robert. 1960. *The Nobility of Toulouse in the Eighteenth Century.* Baltimore: Johns Hopkins University Press.

Fourastié, Jean. 1969. *L'évolution des prix à long terme.* Paris: Presses Universitaires de France.

Fournier, Georges. 1975. "Traditions municipales et vie politique en 1789." In *Droite et Gauche de 1789 à nos jours.* Montpellier: Centre d'Histoire Contemporaine du Languedoc Méditerranéen et du Roussillon, Université Paul Valéry.

France. 1889-1914. *Les associations professionnelles ouvrières.* 4 vols.

France. Documentation Française. 1982. *La France en mai 1981. Forces et faiblesses.* Paris: Documentation Française.

France. Institut National de la Statistique et des Etudes Economiques [INSEE]. 1966. *Annuaire statistique de la France, 1966. Résumé retrospectif.* Paris.

——— 1973. *Données sociales.* Paris.

——— 1977. *Principaux résultats du recensement de 1975.* Collections de l'INSEE, 238. Paris.

——— 1980. *Tableaux de l'économie française, édition 1980.* Paris.

France. Ministère du Commerce. Office du Travail. 1894-1904. *Les associations professionnelles ouvrières.* 4 vols. Paris: Imprimerie Nationale.

Franchomme, Georges. 1969. "L'évolution demographique et economique de Roubaix de 1870 à 1900." *Revue du Nord* 51: 201-248.

Frêche, Georges. 1974. *Toulouse et la région Midi-Pyrénées au siècle des Lumières (vers 1670-1789).* Paris: Cujas.

Freyssenet, Michel. 1979. *Division du travail et mobilisation quotidienne de la main-d'oeuvre. Le cas Renault et Fiat.* Paris: Centre de Sociologie Urbaine.

Fridenson, Patrick. 1972. *Histoire des usines Renault.* Vol. 1: *Naissance de la grande entreprise, 1898/1939.* Paris: Seuil.

Friedmann, Georges, ed. 1970. *Villes et campagnes. Civilisation urbaine et civilisation rurale en France.* 2d ed. Paris: Colin.

Gabory, Emile. 1923. *Les Bourbons et la Vendée d'après des documents inédits.* Paris: Perrin.

Gaillard, Jeanne. 1971. *Communes de province, Commune de Paris.* Paris: Flammarion.

——— 1977. *Paris, la ville, 1852-1870.* Paris: Champion.

Gamson, William A. 1968. *Power and Discontent.* Homewood, Ill.: Dorsey.

Gamson, William A.; Bruce Fireman; and Steven Rytina. 1982. *Encounters with Unjust Authority.* Homewood, Ill.: Dorsey.

Garidou, Jean-François. 1970. "Les mouvements ouvriers agricoles dans l'Aude (1900-1910)." In *Carcassonne et sa région. Actes des XLIe et XXIVe congrès d'études régionales tenus par la Fédération historique du Languedoc méditerranéen et du Roussillon et par la Fédération des Sociétés académiques et savantes de Languedoc-Pyrénées-Gascogne, Carcassonne, 17-19 mai 1968.* Montpellier: Centre d'Histoire Contemporaine du Languedoc Méditerranéen et du Roussillon, Université Paul Valéry.

Garlan, Yvon, and Claude Nières. 1975. *Les révoltes bretonnes de 1675. Papier Timbré et Bonnets Rouges.* Paris: Editions Sociales.

Garnot, Benoît. 1981. "Délits et châtiments en Anjou au XVIIIe siècle." *Annales de Bretagne et des Pays de l'Ouest (Anjou, Maine, Touraine)* 88: 283-304.

Gaudin, Gilbert. 1973. *Géopolitique et structures urbaines à Narbonne.* Paris: Maisonneuve & Larose.

Gauthier, Florence. 1977. *La voie paysanne dans la révolution française. L'exemple picard.* Paris: Maspéro.

——— 1978. "Sur les problèmes paysans de la Révolution." *Annales Historiques de la Révolution Française* 232: 305-314.

Gendarme, René. 1954. *La région du Nord. Essai d'analyse économique.* Paris: Colin.

Georges, Bernard. 1966. "La C.G.T. et le gouvernement Léon Blum." *Le Mouvement Social* 54: 49-68.

George, Pierre; Pierre Randet; and Jean Bastié. 1964. *La région parisienne.* 2d ed. Paris: Presses Universitaires de France.

Gibert, Urbain. 1970. "Quelques aspects populaires des manifestations viticoles de 1907." In *Carcassonne et sa région.* See Garidou 1970.

Gillet, Marcel. 1973. *Les charbonnages du Nord de la France au XIXe siècle.* Paris: Mouton.

———, ed. 1975. *La qualité de la vie dans la région Nord-Pas-de-Calais au 20e siècle*. Villeneuve d'Ascq: Université de Lille III.
——— 1979. "Industrie et société à Douai au XIXème siècle." *Revue du Nord* 61: 417-426.
Girard, Georges. 1921. "Le logement des gens de guerre à Montpellier à la fin du XVIIe siècle." *Carnet de la Sabretache*, 3d s., 4: 369-403.
Girod, P.E. 1906. *Les subsistances en Bourgogne et particulièrement à Dijon à la fin du XVIIIe siècle*. Dijon: La Revue Bourguignonne.
Godechot, Jacques. 1965. *La prise de la Bastille*. Paris: Gallimard.
——— 1966. "L'histoire sociale et économique de Toulouse au XVIIIe siècle." *Annales du Midi* 78: 363-376.
——— 1978. "Aux origines du régime représentatif en France: Des Conseils politiques languedociens aux conseils municipaux de l'époque révolutionnaire." In *Vom Ancien Régime zur Französischen Revolution. Forschungen und Perspektiven*, edited by Ernst Hinrichs, Eberhard Schmitt, and Rudolf Vierhaus. Göttingen: Vandenhoeck & Ruprecht.
Godechot, Jacques, and Suzanne Moncassin. 1965. *Démographie et subsistances en Languedoc (du XVIIIe au début du XIXe siècle)*. Paris: Imprimerie Nationale.
——— 1967. "Structures et relations sociales à Toulouse en 1749 et en 1785." *Annales Historiques de la Révolution Française* 37:129-306.
Goetz-Girey, Robert. 1965. *Le mouvement des grèves en France, 1919-1962*. Paris: Sirey.
Gossez, A.M. 1904. *Le département du Nord sous la Deuxième République, 1848-1852*. Lille: Leleu.
Gossez, Rémi. 1953. "La résistance à l'impôt: les quarante-cinq centimes." *Bibliothèque de la Révolution de 1848* 15: 89-132.
——— 1956. "A propos de la carte des troubles de 1846-1847." In *Aspects de la crise et de la dépression de l'économie française au milieu du XIXe siècle, 1846-1851*, edited by Ernest Labrousse. Bibliothèque de la Révolution de 1848, 19. La Roche-sur-Yon: Imprimerie Centrale de l'Ouest.
——— 1967. *Les ouvriers de Paris*. Vol. 1: *L'organisation, 1848-1851*. Bibliothèque de la Révolution de 1848, 24. La Roche-sur-Yon: Imprimerie Centrale de l'Ouest.
Goubert, Pierre. 1960. *Beauvais et le Beauvaisis de 1600 à 1730*. Paris: SEVPEN.
——— 1967. *L'avènement du roi-soleil*. Paris: Julliard.
——— 1969-1973. *L'Ancien Régime*. 2 vols. Paris: Colin.
——— 1982. *La vie quotidienne des paysans français au XVIIe siècle*. Paris: Hachette.
Gratton, Philippe. 1971. *Les luttes de classes dans les campagnes*. Paris: Anthropos.
Greenberg, Louis M. 1971. *Sisters of Liberty: Marseille, Lyon, Paris, and the Reaction to a Centralized State, 1868-1871*. Cambridge: Harvard University Press.
Grundy, Kenneth W., and Michael A. Weinstein. 1974. *The Ideologies of Violence*. Columbus, Ohio: Charles E. Merrill.
Guérin, Daniel. 1970. *Front Populaire, révolution manquée. Témoignage militant*. Paris: Maspéro.
Guéry, Alain. 1978. "Les finances de la monarchie française sous l'Ancien Régime." *Annales: Economies, Sociétés, Civilisations* 33: 216-239.
Guignet, Philippe. 1973. "L'émeute de quatre sous, ou les voies de la protestation sociale à Anzin (mai 1833)." *Revue du Nord* 55: 347-364.
——— 1977. *Mines, manufactures, et ouvriers du valenciennois au XVIIIe siècle*. 2 vols. New York: Arno Press.
——— 1979. "Adaptations, mutations, et survivances proto-industrielles dans le textile

du Cambrésis et du Valenciennois du XVIIIe au début du XXe siècle." *Revue du Nord* 61: 27-60.
Gurr, Ted Robert, ed. 1980. *Handbook of Political Conflict*. New York: Free Press.
Guthrie, Christopher. 1983. "Reaction to the Coup d'Etat in the Narbonnais: A Case Study of Popular Political Mobilization and Repression during the Second Republic." *French Historical Studies* 13: 18-46.
Halebsky, Sandor. 1976. *Mass Society and Political Conflict: Toward a Reconstruction of Theory*. Cambridge: Cambridge University Press.
Hamscher, Albert N. 1976. *The Parlement of Paris after the Fronde, 1653-1673*. Pittsburgh: University of Pittsburgh Press.
Hanagan, Michael P. 1980. *The Logic of Solidarity: Artisans and Industrial Workers in Three French Towns, 1871-1914*. Urbana: University of Illinois Press.
Hardin, Russell. 1983. *Collective Action*. Baltimore: John Hopkins University Press for Resources for the Future.
Harding, Robert R. 1978. *Anatomy of a Power Elite: The Provincial Governors of Early Modern France*. New Haven: Yale University Press.
Hardy, S. P. 1912. *"Mes loisirs." Journal d'évènements tels qu'ils parviennent à ma connaissance (1764-1789)*. Edited by Maurice Tourneaux and Maurice Vitrac. Paris: Picard.
Hasquin, Hervé, ed 1975. *L'intendance du Hainaut en 1697*. Paris: Bibliothèque Nationale.
Haumont, Antoine. 1973. *Paris. La vie quotidienne*. Notes et Etudes Documentaires, 3982, 3983. Paris: Documentation Française.
Hauser, Henri. 1907. *Les compagnons d'arts et métiers à Dijon aux XVIIe et XVIIIe siècles*. Dijon: Damidot, Nourry. Reprinted from *Revue Bourguignonne* 17.
Hausser, Elisabeth. 1968. *Paris au jour le jour. Les évènements vus par la presse, 1900-1919*. Paris: Editions du Minuit.
Haut, Michèle. 1974. *Structures sociales des quartiers de la Grève, Saint-Avoye, Saint-Antoine à la fin du 17e s., 1697-1700*, Mémoire de maîtrise, University of Paris. Paris: Hachette. Microfiche.
Héliot, Pierre. 1935. "La guerre dite du Lustucru et les privilèges du Boulonnais." *Revue du Nord* 21: 265-318.
Henriot, Marcel. 1933. *Le Club des Jacobins de Sémur, 1790-1795*. La Révolution en Côte d'Or, *n.s.* 9. Dijon: Rebourseau.
——— 1947. "Le partage des biens communaux en Côte d'Or sous la Révolution. L'exemple du district d'Arnay-sur-Arroux." *Annales de Bourgogne* 19: 262-274.
Herbert, Edward. 1976. *The Life of Edward, First Lord Herbert of Cherbury, Written by Himself*. Edited by J. M. Shuttlesworth. London: Oxford University Press.
Hesse, Ph.-J. 1979. "Géographie coutumière et révoltes paysannes en 1789." *Annales Historiques de la Révolution Française* 51: 280-306.
Heylyn, Peter. 1652a. *Cosmographie, in four Bookes. Containing the Chorographie and Historie of the Whole World and all the principall Kingdomes, Provinces, Seas, and Isles thereof*. London: Henry Seile.
——— 1652b. *Cosmographie: the Second booke: Containing the Chorographie and Historie of Belgium, Germanie, Denmark, Swethland, Russia, Poland, Hungarie, Sclavonia, Dacia, and Greece, with the* ISLES *thereof*. London: Henry Seile.
——— 1656. *France Painted to the Life by a Learned and Impartial Hand*. London: William Leake.

Heywood, Colin. 1981. "The Role of the Peasantry in French Industrialization, 1815-80." *Economic History Review*, 2d ser. 34: 359-376.
Hibbs, Douglas A., Jr. 1978. "On the Political Economy of Long-Run Trends in Strike Activity." *British Journal of Political Science* 8: 153-175.
Higonnet, Patrice L.-R. 1971. *Pont-de-Montvert: Social Structure and Politics in a French Village, 1700-1914*. Cambridge: Harvard University Press.
Hilaire, Yves-Marie. 1966. "Les ouvriers de la région du Nord devant l'église catholique (XIXe et XXe siècle)." *Le Mouvement Social* 57: 181-201.
Hillairet, Jacques. 1970. *La rue Saint-Antoine*. Paris: Editions de Minuit.
Hinrichs, Ernest; Eberhard Schmitt; and Rudolf Vierhaus, eds. 1978. *Vom Ancien Régime zur französischen Revolution. Forschungen und Perspektiven*. Göttingen: Handenhoeck & Ruprecht.
Hirschman, Albert O. 1970. *Exit, Voice, and Loyalty: Responses to Decline in Firms, Organizations, and States*. Cambridge: Harvard University Press.
Hobsbawm, E. J. 1971. "Class Consciousness in History." In *Aspects of History and Class Consciousness*, edited by Istvan Meszaros. London: Routlege & Kegan Paul.
—— 1974. "Peasant Land Occupations." *Past & Present* 62: 120-152.
Hoffmann, Stanley. 1956. *Le mouvement Poujade*. Cahiers de la Fondation Nationale des Sciences Politiques, 81. Paris: Colin.
Holton, Robert J. 1978. "The Crowd in History: Some Problems of Theory and Method." *Social History* 3: 219-233.
Hood, James N. 1971. "Protestant-Catholic Relations and the Roots of the First Popular Counterrevolutionary Movement in France." *Journal of Modern History* 43: 245-275.
—— 1979. "Revival and Mutation of Old Rivalries in Revolutionary France." *Past & Present* 82: 82-115.
Houssel, J.-P., ed. 1976. *Histoire des paysans français du XVIIIe siècle à nos jours*. Roanne: Horvath.
Huard, Raymond, 1975. "Montagne rouge et Montagne blanche en Languedoc-Roussillon sous la Seconde République." In *Droite et Gauche en Languedoc-Rousillon, Actes du Colloque de Montpellier, 9-10 juin 1973*. Montpellier: Centre d'Histoire Contemporaine du Languedoc Méditerranéen et du Roussillon, Université Paul Valéry.
—— 1979. "La préhistoire des partis. Le parti républicain dans le Gard de 1848 à 1881." *Le Mouvement Social* 107: 3-14.
—— 1982. *Le mouvement républicain en Bas-Languedoc, 1848-1881*. Paris: Presses de la Fondation Nationale des Sciences Politiques.
Huber, Michel; Henri Bunle; and Fernand Boverat. 1965. *La population de la France, son évolution et ses perspectives*. 4th ed. Paris: Hachette.
Hunt, David. 1984. "Peasant Politics in the French Revolution." *Social History* 9: 277-299.
Hunt, Lynn A. 1976a. "Committees and Communes: Local Politics and National Revolution in 1789." *Comparative Studies in Society and History* 18: 321-346.
—— 1976b. "Local Elites at the End of the Old Regime: Troyes and Reims, 1750-1789." *French Historical Studies* 9: 379-399.
—— 1978. *Revolution and Urban Politics in Provincial France: Troyes and Reims, 1786-1790*. Stanford: Stanford University Press.
—— 1984. *Politics, Culture, and Class in the French Revolution*. Berkeley: University of California Press. 1984.

Index-atlas des départements français. 1968. Rennes and Paris: Oberthur.
Isherwood, Robert M. 1978. "Popular Musical Entertainment in Eighteenth-Century Paris." *International Review of the Aesthetics and Sociology of Music* 9: 295-310.
———— 1981. "Entertainment in the Parisian Fairs in the Eighteenth Century." *Journal of Modern History* 53: 24-47.
Jacotin, A. 1941. "Notes sur le coup d'état du 2 décembre 1851 en Côte d'Or." *Annales de Bourgogne* 13: 73-96.
Jacquart, Jean. 1956. "Une paroisse rurale de la région parisienne: Morangis aux XVIe et XVIIe siècles." *Mémoires de la Fédération des Sociétés Historiques et Archéologiques de Paris et de l'Ile-de-France* 8: 187-211.
———— 1960. "La Fronde des princes dans la région parisienne et ses conséquences materielles." *Revue d'Histoire Moderne et Contemporaine* 7: 257-290.
Jaurès, Jean. 1976. *La classe ouvrière*, edited by Madeleine Rebérioux. Paris: Maspéro.
Jeanneau, Jacques. 1974. *Angers et son agglomération*. Notes et Etudes Documentaires, 4065, 4066, 4067. Paris: Documentation Française.
Jehan de la Cité [F. Lavergne]. n.d. *L'Hôtel de Ville de Paris et la Grève à travers les âges*. Paris: Firmin-Didot.
Johnson, Christopher H. 1982. "Proto-industrialization and De-industrialization in Languedoc: Lodève and its Region, 1700-1870." In *La protoindustrialisation: Théorie et réalité. Rapports*, edited by Pierre Deyon and Franklin Mendels. Lille: Université des Arts, Lettres, et Sciences Humaines.
Josse, Raymond. 1962. "La naissance de la Résistance à Paris et la manifestation étudiante du 11 novembre 1940." *Revue d'Histoire de la Deuxième Guerre Mondiale* 12: 31.
Jousselin, Mathurin. 1861. "Journal de M. Jousselin, curé de Sainte Croix d'Angers." In *Inventaire analytique des archives anciennes de la mairie d'Angers*, edited by Célestin Port. Paris: Dumoulin.
Joutard, Philippe. 1965. *Journaux camisards, 1700/1715*. Paris: Union Centrale d'Editions.
———— ed. 1976. *Les Camisards*. Paris: Gallimard/Julliard.
———— 1977. *La légende des Camisards. Une sensibilité au passé*. Paris: Gallimard.
Julliard, Jacques. 1965. *Clémenceau briseur de grèves*. Paris: Julliard.
Kaplan, Steven. 1979. "Réflexions sur la police du monde du travail, 1700-1815." *Revue Historique* 261: 17-77.
———— 1981. "Note sur les commissaires de police de Paris au XVIIIe siècle." *Revue d'Histoire Moderne et Contemporaine* 28: 669-686.
———— 1984. *Provisioning Paris: Merchants and Millers in the Grain and Flour Trade during the Eighteenth Century*. Ithaca: Cornell University Press.
Kergoat, Danièle. 1970. "Une experience d'autogestion en mai 1968 (émergence d'un système d'action collective)." *Sociologie du Travail* 12: 274-292.
Kettering, Sharon. 1978. *Judicial Politics and Urban Revolt in Seventeenth-Century France: The Parlement of Aix, 1629-1659*. Princeton: Princeton University Press.
———— 1982. "The Causes of the Judicial Fronde." *Canadian Journal of History* 17: 275-306.
Kleinclausz, Arthur Jean. 1909. *Histoire de Bourgogne*. Paris: Hachette.
Korpi, Walter. 1974. "Conflict, Power, and Relative Deprivation." *American Political Science Review* 68: 1569-1578.
Korpi, Walter, and Michael Shalev. 1980. "Strikes, Power, and Politics in the Western

Nations, 1900-1976. In *Political Power and Social Theory*, edited by Maurice Zeitlin. Greenwich, Conn.: JAI Press.

Kossmann, Ernst Heinrich. 1954. *La Fronde*. Leiden: Pers Leiden.

Kozhokin, E. V. 1982. "K probleme stanovlieniia klassovo soznaniia frantsuzskovo prolieteriata" [On the problem of the growth of class consciousness of the French proletariat]. *Vopros' i Istorii* January: 57-66.

Kravetz, Marc. ed. 1968. *L'insurrection étudiante, 2-13i mai 1968*. Paris: Union Générale d'Editions.

Kriegel, Annie. 1966. "Structures d'organisation et mouvement des effectifs du parti communiste français entre les deux guerres." *International Review of Social History* 11: 335-361.

Labrousse, Ernest; Pierre Léon; Pierre Goubert; Jean Bouvier; Charles Carrière; and Paul Harsin. 1970. *Des derniers temps de l'âge seigneurial aux préludes de l'âge industriel (1660-1789)*. Vol. 2 of *Histoire économique et sociale de la France*, edited by Fernand Braudel and Ernest Labrousse. Paris: Presses Universitaires de France.

Lachiver, Marcel. 1982. *Vin, vigne, et vignerons en région parisienne du XVIIe au XIXe siècles*. Pontoise: Société Historique et Archéologique de Pontoise, du Val d'Oise, et du Vexin.

La Mare, Nicolas de. 1792. *Traité de la police*. 3d ed. 4 vols. Paris: Brunet. See also BN Fr 21545-21722 for inventories, notes, sources, and original manuscript.

Lamorisse, René. 1975. *Recherches géographiques sur la population de la Cévenne languedocienne*. Montpellier: Imprimerie du "Paysan du Midi."

Landes, David S. 1976. "Religion and Enterprise: The Case of the French Textile Industry." In *Enterprise and Entrepreneurs in Nineteenth- and Twentieth-Century France*, edited by Edward C. Carter II, Robert Forster, and Joseph N. Moody. Baltimore: Johns Hopkins University Press.

Lane, Frederic. 1958. "Economic Consequences of Organized Violence." *Journal of Economic History* 18: 401-417.

Langeron, Geneviève. 1929. "Le Club des Femmes de Dijon pendant la Révolution." *La Révolution en Côte d'Or*, n.s. 5: 5-71.

Lasserre, André. 1952. *La situation des ouvriers de l'industrie textile dans la région lilloise sous la Monarchie de Juillet*. Lausanne: Nouvelle Bibliothèque de Droit et Jurisprudence.

Laurent, Robert. 1931. *L'agriculture en Côte-d'Or pendant la première moitié du XIXe siècle*. La Révolution en Côte-d'Or, n.s. 7. Dijon: Rebourseau.

——— 1957. *Les vignerons de la "Côte d'Or" au dix-neuvième siècle*. 2 vols. Paris: Les Belles Lettres.

——— 1975. "Droite et Gauche en Languedoc. Mythe ou réalité." In *Droite et Gauche*. See Huard 1975.

Lebrun, François. 1965. "Les grandes enquêtes statistiques des XVIIe et XVIIIe siècles sur la généralité de Tours (Maine, Anjou, Touraine)." *Annales de Bretagne* 72: 338-345.

——— 1966. "Les soulèvements populaires à Angers aux XVIIe et XVIIIe siècles." *Actes du quatre-vingt-dixième Congrès National des Sociétés Savantes. Nice 1965*, I, 119-140. Paris: Bibliothèque Nationale.

——— 1971. *Les hommes et la mort en Anjou aux 17e et 18e siècles*. Paris: Mouton.

———ed. 1975. *Histoire d'Angers*. Toulouse: Privat.

Le Clère, Marcel. 1979. "La police politique sous la IIIe République." In Jacques Aubert et al., *L'état et sa police en France (1789-1914)*. Centre de Recherches d'Histoire et de Philologie de la IVe Section de l'Ecole Pratique des Hautes Etudes Médiévales et Modernes, 33. Geneva: Droz.

Lecouturier, Henri. 1848. *Paris incompatible avec la République. Plan d'un nouveau Paris où les révolutions seront impossible*. Paris: Desloges.

Ledrut, Raymond. 1968. *L'espace social de la ville. Problèmes de sociologie appliquée a l'aménagement urbain*. Paris: Anthropos.

Lefebvre, Bernard. 1979. "Argent et révolution: Esquisse d'une étude de la fortune à Douai (1748-1820)." *Revue du Nord* 61: 403-416.

Lefebvre, Bernard, and Louis Thbaut. 1979. "Evolution démographique et développement industriel: Le douaisis de 1750 à 1870." *Revue du Nord* 61: 165-180.

Lefebvre, Georges. 1914-1921. *Documents relatifs à l'histoire des subsistances dans le district de Bergues pendant la Révolution (1788-an V)*. Lille: Robbe.

——— 1959. *Les paysans du Nord pendant la Révolution Française*. Bari: Laterza. First published in 1924.

——— 1970. *La Grande Peur de 1789*. Paris: Colin. First published in 1932.

Lefebvre, Pierre. 1973. "Aspects de la 'fidélité' en France au XVIIe siècle: Le cas des agents des princes de Condé." *Revue Historique* 250: 59-106.

Lefevre, Pierre. 1925. *Le commerce des grains et la question du pain à Lille de 1713 à 1789*. Lille: Robbe.

Lefranc, Georges 1963. *Le mouvement socialiste sous la Troisième République (1875-1940)*. Paris: Payot.

——— 1965. *Histoire du Front Populaire (1934-1938)*. Paris: Payot.

——— 1966a. *Juin 36: L'explosion du Front Populaire*. Paris: Juilliard.

——— 1966b. "Problématique des grèves françaises de 1936: Bilan provisoire d'une quête de témoignages." *Bulletin de la Société d'Histoire Moderne* 65: 2-8.

——— 1967. *Le mouvement syndical sous la Troisième République*. Paris: Payot.

——— 1969. *Le mouvement syndical sous la Troisième République*. Paris: Payot.

——— 1969. *Le mouvement syndical de la Libération aux évenements de mai-juin 1968*. Paris: Payot.

Le Goff, T. J. A., and D. M. G. Sutherland. 1974. "The Revolution and the Rural Community in Eighteenth-Century Brittany." *Past & Present* 62: 96-119.

——— 1983. "The Social Origins of Counter-Revolution in Western France." *Past & Present* 99: 65-87.

Leguai, A. 1965. "Les 'émotions' et séditions populaires dans la généralité de Moulins aux XVIIe et XVIIIe siècle." *Revue d'Histoire Economique et Sociale* 43: 44-65.

Lehoreau, René. 1967. *Cérémonial de l'Eglise d'Angers (1692-1721)*. Edited by François Lebrun. Paris: Klincksieck for Institut de Recherches Historiques de Rennes.

Lemoine, Annick. 1974. *Structures sociales des quartiers de Grève, Saint-Avoye, Saint-Antoine, 1684-1688*. Mémoire de maîtrise, University of Paris. Paris. Hachette. Microfiche.

Lentacker, Firmin. 1974. *La frontière franco-belge. Etude géographique des effets d'une frontière internationale sur la vie des relations*. Lille: Imprimerie Morel & Corduant.

Léon, Pierre; Maurice Lévy-Leboyer; André Armengaud; André Broder; Jean Bruhat; Adeline Daumard; Ernest Labrousse; Robert Laurent; and Albert Soboul. 1976. *L'avènement de l'ère industrielle (1789-années 1880)*. Vol. 3, pt. 1 of *Histoire économique et sociale de la France*, edited by Fernand Braudel and Ernest Labrousse. Paris: Presses Universitaires de France.

Lequeux, André. 1933. "L'industrie du fer dans le Hainaut français au XVIIIe siècle." *Revue du Nord* 19: 5-28.
Le Roy Ladurie, Emmanuel. 1966. *Les paysans de Languedoc.* 2 vols. Paris: SEVPEN.
―――― 1974. "Révoltes et contestations rurales en France de 1675 à 1788." *Annales: Economies, Sociétés, Civilisations* 29: 6-22.
―――― ed. 1975. *L'âge classique des paysans.* Vol. 2 of *Histoire de la France rurale,* edited by Georges Duby and Armand Wallon. Paris: Seuil.
―――― 1981. *La ville classique.* Vol. 3 of *Histoire de la France urbaine,* edited by Georges Duby. Paris: Seuil.
Le Roy Ladurie, Emmanuel, and Michel Morineau. *Paysannerie et croissance.* Vol. 2 of *Histoire économique et sociale de la France,* edited by Fernand Braudel and Ernest Labrousse. Paris: Presses Universitaires de France.
Letellier, Gabriell; Jean Perrett; and H. E. Zuber. 1938. *Le chômage en France de 1930 à 1936.* Institut Scientifique de Recherches Economiques et Sociales, Enquête sur le Chômage, 1. Paris: Sirey.
Lettres sur l'agriculture du Bas-Languedoc. 1787. Nîmes: Castor Belle.
Levasseur, Emile. 1907. *Questions ouvrières et industrielles en France sous la Troisième République.* Paris: Rousseau.
Lévêque, Pierre. 1980. *La Bourgogne de la Monarchie de Juillet au Second Empire.* 5 vols. Lille: Service de Reproduction des Thèses, Université de Lille III.
Lewis, Gwynne. 1978. *The Second Vendée: The Continuity of Counter-Revolution in the Department of the Gard, 1789-1815.* Oxford: Clarendon Press.
Liagre, Charles. 1934. "Les hostilités dans la région de Lille." *Revue du Nord* 20: 111-130.
Linhart, Robert. 1978. *L'établi.* Paris: Minuit.
Lissagaray, Prosper-Olivier. 1969. *Histoire de la Commune de 1871.* Paris: Maspéro.
Liublinskaya, A.D. 1966. *Vnutriennaya politika frantsuskovo absolutismo* [The domestic policy of French absolutism]. Moscow and Leningrad: Izdatel'stvo "Nauka."
Locke, John. 1953. *Locke's Travels in France, 1675-1679, as related in his Journals, Correspondence, and Other Papers.* Edited by John Lough. Cambridge: Cambridge University Press.
Lofland, John. 1981. "Collective Behavior: The Elementary Forms." In *Social Psychology: Sociological Perspectives,* edited by Morris Rosenberg and Ralph Turner. New York: Basic Books.
Loirette, F. 1966. "Une émeute paysanne au début au gouvernement personnel de Louis XIV: La sédition de Benauge (déc. 1661-janv. 1662)." *Annales du Midi* 78: 515-536.
Lorwin, Val R. 1954. *The French Labor Movement.* Cambridge: Harvard University Press.
Lottin, Alain. 1979a. "Les vivants et les morts au XVIIIe siècle. Les incidents de Lille (1779) et de Cambrai (1786) lors des translations de cimetière." *Actes du XVIIIe Congrès de la Fédération des Sociétés Savantes du Nord de la France.* Lille: Commission Historique du Nord.
―――― 1979b. *Chavatte, ouvrier lillois. Un contemporain de Louis XIV.* Paris: Flammarion.
Louvet, Jehan. 1854-1856. "Journal, ou récit véritable de tout ce qui est advenu digne de mémoire tant en la ville d'Angers, pays d'Anjou et autres lieux (depuis l'an 1560 jusqu'à l'an 1634)." *Revue d'Anjou* 3, pt. 1: 257-304; 3, pt. 2: 1-64, 129-192, 257-320; 4, pt. 1: 1-65, 129-192, 257-320; 4, pt. 2: 1-64, 29-192, 257-320; 5, pt. 1: 1-64, 129-192, 285-332; 5, pt. 2: 1-64, 133-196, 281-370.

Lucas, Colin. 1973. *The Structure of the Terror: The Example of Javogues and the Loire.* London: Oxford University Press.

Lüdtke, Alf. 1980. "Genesis und Durchsetzung des modernen Staates: Zur Analyse von Herrschaft und Verwaltung." *Archiv für Sozialgeschichte* 20: 470-491.

Luxardo, Hervé; Jean Sandrin; and Claude-Catherine Ragache. 1979. *Courrières—1906, 1,100 morts: Crime ou catastrophe?* Evreux: Floréal.

Lyons, Martyn. 1980. *Révolution et Terreur à Toulouse.* Toulouse: Privat.

Machiavelli, Nicolò. 1969. "Sopra la primi deca di Tito Livio." In *Opere,* edited by Ezio Raimondi, Milan: Mursia.

Machu, Léon. 1949. "L'importance du banquet de Lille dans la campagne de réforme (7 novembre 1847)." *Revue du Nord* 31: 5-12.

――― 1956. "La crise de l'industrie textile à Roubaix au milieu du XIXe siècle." *Revue du Nord* 38: 65-75.

――― 1964. "Deux aspects de la répression policière dans le Nord à l'époque du Second Empire." *Revue du Nord* 46: 385-394.

Magne, Emile. 1960. *Paris sous l'échevinage au XVIIe siècle.* Paris: Editions Emile-Paul.

Maier, Charles S, and Dan S. White, eds. 1968. *The Thirteenth of May: The Advent of de Gaulle's Republic.* New York: Oxford University Press.

Malotet, A. 1910-1912. "L'industrie et le commerce des toiles fines à Valenciennes dans les temps modernes." *Revue du Nord* 1: 281-320; 3: 329-394.

Mandrou, Robert. 1973. *Louis XIV en son temps, 1661-1715.* Paris: Presses Universitaires de France.

Mann, Michael. 1973. *Consciousness and Action among the Western Working Class.* London: Macmillan.

Marcet, Alice. 1974. "Les conspirations de 1674 en Roussillon. Villefranche et Perpignan." *Annales du Midi* 86: 275-296.

――― 1977a. "Une révolte antifiscale et nationale: Les Angelets du Vallespir, 1663-1672." *Actes du 102e Congrès National des Sociétés Savantes, Limoges 1977. Histoire Moderne* 1: 35-48.

――― 1977b. "Le Roussillon, une province à la fin de l'Ancien Régime." In *Régions et régionalisme en France du XVIIIe siècle à nos jours,* edited by Christian Gras and Georges Livet. Paris: Presses Universitaires de France.

Marczewski, Jean. 1965. "Le produit physique de l'économie française de 1789 à 1913 (comparaison avec la Grande-Bretagne)." In *Histoire quantitative de l'économie française.* Cahiers de l'Institut de Science Economique Appliquée, no. 163, series AF, 4. Paris.

Margadant, Ted. 1979. *French Peasants in Revolt: The Insurrection of 1851.* Princeton: Princeton University Press.

Markovitch, T. J. 1966. *L'industrie française de 1789 à 1964. Conclusions générales.* Cahiers de l'Institut de Science Economique Appliquée, no. 179, series AF, 7. Paris: L'Institut de Science Economique Appliquée.

――― 1976. *Les industries lainières de Colbert à la Révolution.* Geneva: Droz.

Marres, Paul. 1935-1936. *Les grands Causses. Etude de géographie physique et humaine.* 2 vols. Tours: Arrault.

Marseille, Jacques, and Martine Sassier. 1982. *Si ne veulent point nous rinquérir in va bientôt tout démolir! Le nord en grève, avril/mai 1880.* Paris: Privately published.

Martin, A. 1929. *Les Milices provinciales en Bourgogne, 29 novembre 1688-4 mars 1791.* Dijon: Pernigaud & Privat.

Martin, Germain, and Paul Martinot. 1909. *Contribution à l'histoire des classes rurales en France au XIXe siècle. La Côte d'Or. Etude d'économie rurale.* Paris: Rousseau.

Martinage, Renée, and Jacques Lorgnier. n.d. [1980?]. "La répression des séditions et émotions populaires de 1789 par la Maréchaussée de Flandres." Reprint from *Collection des Travaux de la Faculté des Sciences Juridiques, Politiques, et Sociales de Lille.*

Marty, Laurent. 1982. *Chanter pour survivre. Culture ouvrière, travail, et techniques dans le textile. Roubaix 1850-1914.* Liéven: Atelier Ethno-Histoire et Culture Ouvrière Léo Lagrange.

Marwell, Gerald. 1981. "Altruism and the Problem of Collective Action." In *Cooperation and Helping Behavior,* edited by V. Derlega and J. Grzelak. New York: Academic Press.

Masanelli, J. C. 1981. *En Languedoc sous l'Ancien Regime. Gaujac à l'époque de Louis XIV.* Nîmes: Imprimerie Bernier.

Mathias, Peter, and Patrick O'Brien. 1976. "Taxation in Britain and France, 1715-1810: A Comparison of the Social and Economic Incidence of Taxes Collected for the Central Governments." *Journal of European Economic History* 5: 601-650.

Mathiez, Albert. 1926. "Dijon en 1789 d'après les lettres inédites de François Nicolas Bertheley, Commis aux Etats de Bourgogne." *La Révolution en Côte d'Or,* n.s. 2: 1-20.

Mayeur, Jean-Marie. 1966a. "Religion et politique: Géographie de la résistance aux inventaires (février-mars 1906)." *Annales: Economies, Sociétés, Civilisations* 21: 1259-1272.

——— 1966b. *La séparation de l'église et de l'état* (1905). Paris: Julliard.

Mazoyer, Louis. 1947. "Les origines du prophétisme cévenol (1700-1702)." *Revue Historique* 197: 23-54.

McPhail, Clark, and Ronald T. Wohstein. "Individual and Collective Behavior within Gatherings, Demonstrations, and Riots." *Annual Review of Sociology* 9: 579-600.

Mendras, Henri, and Yves Tavernier. 1962. "Les manifestations de juin 1961." *Revue Française de Science Politique* 12: 647-671.

Menétra, Jacques-Louis. 1982. *Journal de ma vie.* Edited by Daniel Roche. Paris: Montalba.

Mercier, Louis Sebastien. 1906. *Tableau de Paris.* 3 vols. Paris: Bibliothèque Nationale. First published in 1783.

Meuvret, Jean. 1977. *Le problème des subsistances à l'époque de Louis XIV.* 2 vols. Paris: Mouton.

Meyer, Jean. 1975. "Le XVIIe siècle et sa place dans l'évolution à long terme." *XVIIe Siècle* 106-107: 23-57.

Michel, Georges. 1891. *Histoire d'un centre ouvrier (les concessions d'Anzin).* Paris: Guillaumin.

Michel, Henri. 1981. *Paris allemand.* Paris: Albin Michel.

Michel, Louise. 1970. *La Commune, histoire et souvenirs.* 2 vols. Paris: Maspéro.

Millot, H. 1925. *Le comité permanent de Dijon, juillet 1789-février 1790.* La Révolution en Côte d'Or, n.s., 1. Dijon: Rebourseau.

Minces, Juliette. 1967. *Le Nord.* Paris: Maspéro.

Mitchell, Harvey. 1968. "The Vendée and Counterrevolution: A Review Essay." *French Historical Studies* 5: 405-429.

Mollat, Michel, ed. 1971. *Histoire de l'Ile-de-France et de Paris.* Toulouse: Privat.

Mommsen, Wolfgang J., and Gerhard Hirschfeld, eds. 1982. *Social Protest, Violence, and Terror in Nineteenth- and Twentieth-Century Europe.* New York: St. Martins.

Monchicourt, Marie-France. 1974. *Structures sociales des quartiers de Grève, Saint-Avoye, Saint-Antoine, la Verrerie, 1670-1675*. Mémoire de maîtrise, University of Paris. Paris: Hachette. Microfiche.
Monin, Henri. 1884. *Essai sur l'histoire administrative du Languedoc pendant l'intendance de Basville (1685-1719)*. Paris: Hachette.
Monin, Hippolyte. 1889. *L'état de Paris en 1789. Etudes et documents sur l'Ancien Régime à Paris*. Paris: Jouanot, Noblet & Quantin.
Monnier, Raymond. 1981. *Le faubourg Saint-Antoine (1789-1815)*. Paris: Société des Etudes Robespierristes.
Montchrestien, Antoine. 1889. *Traité de l'économie politique*. Paris: Plon. First published in 1615.
Moore, Barrington, Jr. 1966. *Social Origins of Dictatorship and Democracy*. Boston: Beacon.
Moote, A. Lloyd. 1971. *The Revolt of the Judges: The Parlement of Paris and the Fronde, 1643-1652*. Princeton: Princeton University Press.
Morineau, Michel. 1971. *Les faux-semblants d'un démarrage économique: Agriculture et démographie en France au XVIIIe siècle*. Paris: Colin.
Mottez, Bernard. 1966. *Systémes de salaire et politiques patronales. Essai sur l'évolution des pratiques et des idéologies patronales*. Paris: Editions du Centre National de la Recherche Scientifique.
Mousnier, Roland. 1951. "L'évolution des finances publiques en France et en Angleterre pendant les guerres de la Ligue d'Augsbourg et de la Succession d'Espagne." *Revue Historique* 205: 1-23.
—— ed. 1964. *Lettres et mémoires adressés au Chancelier Séguier (1633-1649)*. 2 vols. Paris: Presses Universitaires de France.
—— 1971. *La vénalité des offices sous Henri IV et Louis XIII*. 2d ed. Paris: Presses Universitaires de France.
—— 1978. *Paris capitale au temps de Richelieu et de Mazarin*. Paris: Pédone.
Müller, Klaus-Jurgen. 1980. "Protest—Modernisierung—Integration. Bemerkungen zum Problem faschistischer Phänomene in Frankreich 1924-1934." *Francia* 8: 465-524.
Musée Carnavalet. 1975. *L'ancien Hôtel de Ville de Paris et la Place de Grève*. Paris: Imprimerie Municipale.
—— 1982. *De la Place Louis XV à la Place de la Concorde*. Paris.
Nadaud, Martin. 1976. *Léonard, maçon de la Creuse*. Paris: Maspéro.
Napo, Felix. 1971. *1907: La révolte des vignerons*. Toulouse: Privat.
Nef, John U. 1940. *Industry and Government in France and England, 1540-1640*. Ithaca: Cornell University Press.
Neveux, Hugues. 1983. "Dimension idéologique des soulèvements paysans français au XVIIe siècle." *Bulletin de la Société d'Histoire Moderne* 82: 2-8.
Nicolas, Charles. 1883. *Les budgets de la France depuis le commencement du XIXe siècle*. Paris: Berger-Lévrault.
Nicolas, Jean. 1980. "Le tavernier, le juge, et le curé." *Histoire* 25: 20-28.
—— 1981. "La rumeur de Paris: Rapts d'enfants en 1750." *Histoire* 40: 48-57.
Noin, Daniel. 1973. *Géographie démographique de la France*. Paris: Presses Universitaires de France.
Oberschall, Anthony. 1978. "Theories of Social Conflict." *Annual Review of Sociology* 4: 291-315.

Olson, Mancur. 1965. *The Logic of Collective Action*. Cambridge: Harvard University Press.
O'Reilly, E. 1882. *Mémoires sur la vie publique et privée de Claude Pellot*. 2 vols. Paris: Champion.
Ozouf, Mona. 1971. "Le cortège et la ville: Les itinéraires parisiens des fêtes révolutionnaires." *Annales: Economies, Sociétés, Civilisations* 26: 889-916.
────── 1975. "Du mai de liberté à l'arbre de la liberté: Symbolisme révolutionnaire et tradition paysanne." *Ethnologie Française* 5: 9-32.
────── 1976. *La fête révolutionnaire, 1789-1799*. Paris: Gallimard.
────── 1977. "Innovations et traditions dans les itinéraires des fêtes révolutionnaires: L'exemple de Caen." *Ethnologie Française* 7: 45-54.
Pagès, Georges. 1937. "Autour du grand orage, Richelieu et Marillac: Deux politiques." *Revue Historique, Mémoires et Etudes,* January-March: 67-73.
Patouillet, Xavière. 1971. "L'émeute des Lanturelus à Dijon en 1630." Mémoire de maîtrise, Unité d'Enseignement et de Recherche, Sciences Humaines, Dijon.
Paul-Levy, Françoise. 1984. *La ville en croix. De la révolution de 1848 à la rénovation haussmannienne. Eléments pour une problématique générale*. Paris: Librairie des Méridiens.
Pavie, Eusèbe. 1899. *La guerre entre Louis XIII et Marie de Médicis, 1619-1620*. Angers: Germain & Grassin.
Pech, Rémy. 1975. "Les thèmes économiques et sociaux du socialisme ferrouliste à Narbonne (1880-1914)." In *Droite et Gauche. See* Huard 1975.
────── [1976]. *Entreprise viticole et capitalisme en Languedoc Roussillon du phylloxéra aux crises de mévente*. Association des Publications de l'Université de Toulouse-Le Mirail, series A, 27. Toulouse.
Perrot, Michelle. 1974. *Les ouvriers en grève. France 1871-1890*. 2 vols. Paris: Mouton.
Perrot, Michelle and Annie Kriegel. 1966. *Le socialisme français et le pouvoir*. Paris: Etudes et Documentation Internationale.
Péter, J. 1925. "Le pays d'Avesnes pendant les années d'invasion, 1793-1794." *Revue du Nord* 11: 161-212.
Péter, J., and Ch. Poulet. 1930-1933. *Histoire réligieuse du département du Nord pendant la Révolution (1789-1802)*. 2 vols. Lille: Facultés Catholiques.
Petitfrère, Claude. 1974. *Blancs et Bleus d'Anjou (1789-1793)* 2 vols. Lille: Atelier de Reproduction des Thèses, Université de Lille III.
Peyrefitte, Alain, and Comité d'Etudes sur la Violence, la Criminalité, et la Délinquance. 1977. *Réponses à la violence*. 2 vols. Paris: Presses Pocket.
Pickles, Dorothy. 1965. *The Fifth French Republic*. 3d ed. London: Methuen.
Pierrard, Pierre. 1965. *La vie ouvrière à Lille sous le Second Empire*. Paris: Bloud & Gay.
────── 1967. *Lille et les lillois. Essai d'histoire collective contemporaine (de 1815 à nos jours)*. Paris: Bloud & Gay.
────── 1975. "Habitat ouvrier et démographie à Lille au XIXe siècle et particulièrement sous le Second Empire." *Annales de Démographie Historique* 1975: 37-48.
────── 1976. *La vie quotidienne dans le Nord au XIXe siècle*. Paris: Hachette.
────── 1978. *Histoire du Nord. Flandre-Artois-Hainaut-Picardie*. Paris: Hachette.
Pierreuse, Robert. 1969. "L'ouvrier roubaisien et la propagande politique (1890-1900)." *Revue du Nord* 51: 249-273.
────── 1972. "La situation économique et sociale à Roubaix et à Tourcoing de 1900-1914." Thesis, Université de Lille III.

Pieyre, Adolphe. 1982. *Histoire de la ville de Nîmes depuis 1830 jusqu'à nos jours*. Marseille: Laffite Reprints.
Pilbeam, Pamela. 1976. "Popular Violence in Provincial France after the 1830 Revolution." *English Historical review* 91: 278-297.
Pillorget, René. 1975. *Les mouvements insurrectionnels de Provence entre 1596 et 1715*. Paris: Pédone.
Pinchemel, Philippe. 1969. *La France*. 2 vols. Paris: Colin.
Pinkney, David. 1972. *The French Revolution of 1830*. Princeton: Princeton University Press.
Pinol, Marc. 1975. "Dix ans de manifestations paysannes sous la Cinquième République (1962-1971)." *Revue de Géographie de Lyon* 50: 111-126.
Platelle, Henri. 1964. "Un village du Nord sous Louis XIV: Rumégies." *Revue du Nord* 46: 489-516.
Plouin, Renée. 1953. "L'Hôtel de Ville de Paris sous Haussmann." *La Vie Urbaine/Urbanisme et Habitation*, n.s., nos. 3-4: 241-250.
Plumyène, J., and R. Lasierra. 1963. *Les fascismes français 1923-63*. Paris: Seuil.
Poëte, Marcel. 1931. *Une vie de cité. Paris de sa naissance à nos jours*. Vol. 3 of *La spiritualité de la cité classique, les origines de la cité moderne (XVIe-XVIIe siècles)*. Paris: Picard.
Poggi, Gianfranco. 1978. *The Development of the Modern State: A Sociological Introduction*. Stanford: Stanford University Press.
Poirier, Louis. 1934. "Bocage et plaine dans le sud de l'Anjou." *Annales de Géographie* 43: 22-31.
Poitrineau, Abel. 1961. "Aspects de la crise des justices seigneuriales dans l'Auvergne du dix-huitième siecle." *Revue Historique du Droit Français et Etranger*, 4th s. 38-39: 552-570.
Polet, Jean. 1969. "Les militants anarchistes dans le département du Nord au début du XXe siecle." *Revue du Nord* 51: 629-640.
Porchnev, Boris. 1963. *Les soulèvements populaires en France de 1623 à 1648*. Paris: SEVPEN.
Porot, Jean-François. 1974. *Structures sociales des quartiers de Grève, Saint-Avoye, et Saint-Antoine, 1789-1795*. Mémoire de maîtrise, University of Paris. Paris: Hachette. Microfiche.
Port, Célestin. 1861. *Inventaire analytique des archives anciennes de la Mairie d'Angers*. Paris: Dumoulin; Angers: Cosnier & Lachèse.
——— 1874-1878. *Dictionnaire historique, géographique, et biographique de Maine-et-Loire*. 3 vols. Paris: J.-B. Moulin; Angers: Lachèse & Dolbeau.
Pouget, Emile. 1976. *Le père peinard*. Edited by Roger Langlais. Paris: Editions Galilée.
Price, Roger D. 1973. "The French Army and the Revolution of 1830." *European Studies Review* 3: 243-267.
——— 1982. "Techniques of Repression: The Control of Popular Protest in Mid-Nineteenth-Century France." *Historical Journal* 25: 859-887.
Prost, Antoine. 1964. *La C.G.T. à l'époque du Front Populaire, 1934-1939. Essai de description numérique*. Cahiers de la Fondation Nationale des Sciences Politiques, 129. Paris: Colin.
——— 1966. "Les manifestations du 12 fevrier 1934 en province." *Le Mouvement Social* 54: 7-28.
——— 1967. "Les grèves de juin 1936, essai d'interpretation." In *Léon Bum chef de gou-*

vernement, 1936-1937. Cahiers de la Fondation Nationale des Sciences Politiques, 155. Paris: Colin.

Prouteau, Henri. 1938. *Les occupations d'usines en Italie et en France (1920-1936).* Paris: Librairie Technique et Economique.

Przeworski, Adam. 1977. "Proletariat into a Class: The Process of Class Formation from Karl Kautsky's *The Class Struggle* to Recent Controversies." *Politics and Society* 7: 343-401.

Przeworski, Adam; Barnett R. Rubin; and Ernest Underhill. "The Evolution of the Class Structure of France, 1901-1968." *Economic Development and Cultural Change* 28: 725-752.

Puls, Detlev, ed. 1979. *Wahrnehmungsformen und Protestverhalten. Studien zur Lage der Unterschichten im 18. and 19. Jahrhundert.* Frankfurt am Main: Suhrkamp.

Rancière, Jacques. 1981. *La nuit des prolétaires. Archives du rêve ouvrier.* Paris: Fayard.

Rascol, Pierre. 1961. *Les paysans de l'Albigeois à la fin de l'Ancien Régime.* Aurillac: Imprimerie Moderne.

Reardon, Judy. 1981. "Belgian and French Workers in Nineteenth-Century Roubaix." In *Class Conflict and Collective Action,* edited by Louise A. Tilly and Charles Tilly. Beverly Hills, Calif.: Sage.

Rebouillat, Marguerite. 1964. "Les luttes sociales dans un village du Mâconnais. Sercy pendant la Révolution." *Annales de Bourgogne* 36: 241-269.

Reboul, Pierre. 1954. "Troubles sociaux à Roubaix en juillet 1819." *Revue du Nord* 36: 339-350.

Reinhard, Marcel. 1971. *Nouvelle histoire de Paris. La Révolution 1789-1799.* Paris: Hachette.

Reinhard, Marcel; André Armengaud; and Jacques Dupâquier. 1968. *Histoire générale de la population mondiale.* Paris: Editions Montchrestien.

Relation de tout ce qui s'est passé à la Réception de Monseigneur le duc de Bourgogne et de Monseigneur le duc de Berry et pendant leur séjour à Toulouse et de leur navigation sur le Canal de communication des deux Mers. 1701. Toulouse: Boude.

Rémond, André. 1957. "Trois bilans de l'économie française au temps des théories physiocrates." *Revue d'Histoire Economique et Sociale* 35: 416-456.

Restif de la Bretonne, N. E. 1930. *Les nuits de Paris, la semaine nocturne, vingt nuits de Paris.* Edited by Henri Bachelin. L'Oeuvre de Restif de la Bretonne, 1. Paris: Editions du Trianon.

―――― 1931. *Le paysan et la paysanne pervertie.* Edited by Henri Bachelin. L'Oeuvre de Restif de la Bretonne, 2. Paris: Editions du Trianon.

Reynaud, Jean-Daniel, and Yves Grafmeyer, eds. 1981. *Français, qui êtes-vous? Des essais et des chiffres.* Paris: Documentation Française.

Richard, Jean. 1956. "Le 'droit des garçons' dans la région de Saint-Jean-de-Rosne." *Annales de Bourgogne* 28: 264-266.

―――― 1961. "La levée des 300,000 hommes et les troubles de mars 1793 en Bourgogne." *Annales de Bourgogne* 33: 213-251.

Rioux, Jean-Pierre. 1980-1983. *La France de la Quatrième République.* 2 vols. Paris: Seuil.

Robbe, Marie-Agnès. 1937."La milice dans l'intendance de la Flandre wallonne au XVIIIe siècle." *Revue du Nord* 23: 5-50.

Robert, Daniel. 1967. "Louis XIV et les Protestants." *XVIIe Siècle* 76-77: 39-52.

Robin, Régine. 1970. *La société française en 1789: Sémur-en-Auxois.* Paris: Plon.

Roche, Daniel. 1978. *Le Siècle des Lumières en province. Académies et académiciens provinciaux, 1680-1789.* 2 vols. Paris: Mouton & Ecole des Hautes Etudes en Sciences Sociales.
——— 1981. *Le peuple de Paris.* Paris: Aubier Montaigne.
Rokkan, Stein, and Derek W. Urwin. 1982. "Centres and Peripheries in Western Europe." In *The Politics of Territorial Identity: Studies in European Regionalism,* edited by Stein Rokkan and Derek Urwin. Beverly Hills, Calif.: Sage.
Roubaud, François. 1983. "Partition économique de la France dans la première moitié du XIXe siècle (1830-1840)." *Institut d'Histoire Economique et Sociale de l'Université de Paris I (Panthéon-Sorbonne), Recherches et Travaux* 12, 33-58.
Rougerie, Jacques. 1964. "Composition d'une population insurgée. L'exemple de la Commune." *Le Mouvement Social* 48: 31-47.
——— 1971. *Paris libre 1871.* Paris: Seuil.
——— 1972. "L'A.I.T. et le mouvement ouvrier à Paris pendant les évènements de 1870-1871." *International Review of Social History* 17: 3-101.
——— 1977. "Recherche sur le Paris du XIXe siècle. Espace populaire et espace révolutionnaire: Paris 1870-1871." *Institut d'Histoire Economique et Sociale de l'Université de Paris I (Panthéon-Sorbonne), Recherches et Travaux* 5, 48-83.
Roupnel, Gaston. 1955. *La ville et la campagne au XVIIe siècle. Etude sur les populations du pays dijonnais.* Paris: Colin.
Royer, Jean-Michel. 1958. "De Dorgères à Poujade." In *Les paysans et la politique,* edited by Jacques Fauvet and Henri Mendras. Cahiers de la Fondation Nationale des Sciences Politiques, 94. Paris: Colin.
Ruault, Nicolas. 1976. *Gazette d'un parisien sous la Révolution. Lettres à son frère 1783-1796.* Paris: Perrin.
Rudé, George. 1959. *The Crowd in the French Revolution.* Oxford: Clarendon Press.
——— 1964. *The Crowd in History: A Study of Popular Disturbances in France and England, 1730-1848.* New York: Wiley.
Ruttan, Vernon W. 1978. "Structural Retardation and the Modernization of French Agriculture: A Skeptical View." *Journal of Economic History* 38: 714-728.
Saché, Marc. 1930-1931. "Trente années de vie provinciale d'après le journal de Toisonnier. Angers (1683-1713)." *La Province d'Anjou* 5: 167-177, 224-239, 262-272, 301-311; 6: 19-34.
Sagnes, Jean. 1980. *Le mouvement ouvrier en Languedoc. Syndicalistes et socialistes de l'Hérault de la fondation des bourses du travail à la naissance du Parti Communiste.* Toulouse: Privat.
Saint-Germain, Jacques. 1962. *La Reynie et la police au Grand Siècle.* Paris: Hachette.
Saint-Jacob, Pierre de. 1947. "La fin des impositions directes d'Ancien Régime en Bourgogne." *Annales de Bourgogne* 19: 249-259.
——— 1948. "La situation des paysans de la Côte d'Or en 1848." *Etudes d'Histoire Moderne et Contemporaine* 2: 231-242.
——— 1960. *Les paysans de la Bourgogne du Nord.* Paris: Les Belles Lettres.
——— 1962. *Documents relatifs à la communauté villageoise en Bourgogne du milieu du XVIIe siècle à la Révolution.* Paris: Les Belles Lettres.
Saint-Léger, Alexandre de. 1900. *La Flandre maritime et Dunkerque sous la domination française (1659-1789).* Paris and Lille: Cassette.
——— 1942. *Histoire de Lille des origines à 1789.* Lille: Raoust.
Duc de Saint-Simon. 1873. *Mémoires du duc de Saint-Simon.* Edited by Mm. Chéruel and Ad. Régnier fils. 21 vols. Paris: Hachette.

Salert, Barbara, and John Sprague. 1980. *The Dynamics of Riots.* Ann Arbor: Inter-University Consortium for Political and Social Research.

Sanson, Rosemonde. 1976. *Les 14 juillet, fête et conscience nationale, 1789-1975.* Paris: Flammarion.

Sauvageot, Jacques; Alan Geismar; Daniel Cohn-Bendit; and Jean-Pierre Duteil. 1968. *La révolte étudiante. Les animateurs parlent.* Edited by Hervé Bourges. Paris: Seuil.

Sauvy, Alfred. 1965-1972. *Histoire économique de la France entre les deux guerres.* 3 vols. Paris: Fayard.

Schmid, Alex P., and Janny de Graaf. 1982. *Violence as Communication: Insurgent Terrorism and the Western News Media.* Beverly Hills, Calif.: Sage.

Schneider, Robert A. 1982. "Urban Sociability in the Old Regime: Religion and Culture in Early Modern Toulouse." Ph.D. diss., University of Michigan.

Schnerb, Robert. 1923-1924. "La Côte d'Or et l'insurrection de juin 1848." *La Révolution de 1848* 20: 155-170, 205-221.

——— 1973. *Deux siècles de fiscalité française, XIXe-XXe siècle. Histoire, économie, politique.* Paris: Mouton.

Schultz, Patrick. 1982. *La décentralisation administrative dans le département du Nord (1790-1793).* Lille: Presses Universitaires de Lille.

Schwarz, Salomon. 1937. "Les occupations d'usines en France de mai et juin 1936." *International Review of Social History* 2: 50-100.

Seale, Patrick, and Maureen McConville. 1968. *Drapeaux rouges sur la France.* Translated by Jean-René Major. Paris: Mercure de France.

Ségrestin, Denis. 1975. "Du syndicalisme de métier au syndicalisme de classe: Pour une sociologie de la CGT." *Sociologie du Travail* 17: 152-173.

Seidman, Michael. 1981. "The Birth of the Weekend and the Revolts against Work: The Workers of the Paris Region during the Popular Front (1936-38)." *French Historical Studies* 12: 249-276.

Sentou, Jean. 1969. *Fortune et groupes sociaux à Toulouse sous la Révolution (1789-1799), Essai d'histoire statistique.* Toulouse: Privat.

Shapiro, Gilbert, and Philip Dawson. 1972. "Social Mobility and Political Radicalism: The Case of the French Revolution of 1789." In *The Dimensions of Quantitative Research in History,* edited by William O. Aydelotte, Allan G. Bogue, and Robert William Fogel. Princeton: Princeton University Press.

Siauve, Gustave. 1896. *Roubaix socialiste, ou quatre ans de gestion municipale ouvrière (1892-1896).* Lille: Delory.

Siegfried, André. 1911. "Le régime et la division de la propriété dans le Maine et l'Anjou." *Annales du Musée Social* 1911: 195-215.

Singer-Kérel, Jeanne. 1961. *Le coût de la vie à Paris de 1840 à 1954.* Recherches sur l'Economie Française, 3. Paris: Colin.

Small, Melvin, and J. David Singer. 1982. *Resort to Arms: International and Civil Wars, 1816-1980.* Beverly Hills, Calif.: Sage.

Smith, J. Harvey. 1978. "Agricultural Workers and the French Wine-Growers' Revolt of 1907." *Past & Present* 79: 101-125.

Snyder, David. 1976. "Theoretical and Methodological Problems in the Analysis of Government Coercion and Collective Violence." *Journal of Political and Military Sociology* 4: 277-293.

Soboul, Albert. 1958. *Les campagnes montpelliéraines à la fin de l'Ancien Régime. Propriété et cultures d'après les compoix.* La Roche-sur-Yon: Potier.
——— 1962. *Précis d'histoire de la Révolution française.* Paris: Editions Sociales.
——— 1970. *La civilisation et la Révolution française.* Vol. 1: *La crise de l'Ancien Régime.* Paris: Arthaud.
Sonenscher, Michael. 1983. "Work and Wages in Paris in the Eighteenth Century." In *Manufacture in Town and Country before the Factory,* edited by Maxine Berg, Pat Hudson, and Michael Sonenscher. Cambridge: Cambridge University Press.
Spuhler, Hans. 1975. *Der Generalstreik der Eisenbahner in Frankreich von 1910. Das Scheitern des Revolutionären Syndikalismus und die repressive Politik Briands.* Berlin: Duncker & Humblot.
Stearns, Peter N. 1968. "Against the Strike Threat: Employer Policy toward Labor Agitation in France, 1900-1914." *Journal of Modern History* 40: 474-500.
Stevenson, Robert Louis. 1926. *Travels with a Donkey in the Cévennes.* New York: Scribner's.
Stone, Bailey. 1981. *The Parlement of Paris, 1774-1789.* Chapel Hill: University of North Carolina Press.
Strong, Ann Louise. 1971. *Planned Urban Environments: Sweden, Finland, Israel, the Netherlands, France.* Baltimore: Johns Hopkins University Press.
Tapié, Victor L. 1952. *La France de Louis XIII et de Richelieu.* Paris: Flammarion.
Tarrow, Sidney. 1983. *Struggling to Reform: Social Movements and Policy Change during Cycles of Protest.* Western Societies Program Occasional Papers, 15. Ithaca: Center for International Studies, Cornell University.
Tavernier, Yves. 1962. "Le syndicalisme paysan et la politique agricole du gouvernement (juin 1958-avril 1962)." *Revue Française de Science Politique* 12: 599-646.
Thbaut, Louis. 1979. "Les voies navigables et l'industrialisation du Nord de la France." *Revue du Nord* 61: 149-164.
Théry, Louis. 1923. "Une commune rurale de la Flandre française au début de la Révolution: Frelinghien." *Revue du Nord* 9: 193-205.
Thomas, Alexandre. 1844. *Une province sous Louis XIV. Situation politique et administrative de la Bourgogne de 1661 à 1715.* Paris: Joubert.
Thompson, Edward P. 1972. "'Rough Music': Le charivari anglais." *Annales: Economies, Sociétés, Civilisations* 27: 285-312.
Thompson, J. K. J. 1982. *Clermont-de-Lodève, 1633-1789: Fluctuations in the Prosperity of a Languedocian Cloth-Making Town.* Cambridge: Cambridge University Press.
——— 1983. "Variations in Industrial Structure in Pre-Industrial Languedoc." In *Manufacture in Town and Country before the Factory,* edited by Maxine Berg, Pat Hudson, and Michael Sonenscher. Cambridge: Cambridge University Press.
Tilly, Louise A. 1972. "La révolte frumentaire, forme de conflit politique en France." *Annales: Economies, Sociétés, Civilisations* 27: 731-757.
Tocqueville, Alexis de. 1978. *Souvenirs.* Paris: Gallimard. Written in 1850-1851, first published in 1893.
Torsvik, Per, ed. 1981. *Mobilization, Center-Periphery Structures, and Nation-Building: A Volume in Commemoration of Stein Rokkan.* Bergen: Universitetsforlaget.
Toulemonde, Jacques. 1966a. "Notes sur l'industrie roubaisienne et tourquennoise dans la première moitié de XIXe siècle." *Revue du Nord* 48: 321-336.

―――― 1966b. *Naissance d'une métropole. Histoire économique et sociale de Roubaix et Tourcoing au XIXe siècle*. Tourcoing: Frère.
Touraine, Alain. 1955. *L'évolution du travail ouvrier aux usines Renault*. Paris: Centre National de la Recherche Scientifique.
―――― 1968. *Le mouvement de mai ou le communisme utopique*. Paris: Seuil.
―――― 1981. *The Voice and the Eye: An Analysis of Social Movements*. Cambridge: Cambridge University Press.
Touraine, Alain; Michel Wieviorka; and François Dubet. 1984. *Le mouvement ouvrier*. Paris: Fayard.
Toutain, J.-C. 1963. *La population de la France de 1700 à 1959*. Cahiers de l'Institut de Science Economique Appliquée, no. 133, series AF, 3. Paris: L'Institut de Science Economique Appliquée.
Traugott, Mark. 1978. "Reconceiving Social Movements." *Social Problems* 26: 38-49.
Trénard, Louis. 1972. "Pauvreté, charité, assistance à Lille, 1708-1790." *97e Congrès National des Sociétés Savantes, Nantes 1972. Histoire Moderne* 1: 473-498.
―――― 1974. "La crise révolutionnaire dans les pays-bas français. Etat des recherches." *Annales Historiques de la Révolution Française* 46: 292-316.
―――― 1975. *Les mémoires des intendants pour l'instruction du duc de Bourgogne (1698). Introduction générale*. Paris: Bibliothèque Nationale.
――――, ed. 1977a. *Histoire d'une métropole. Lille-Roubaix-Tourcoing*. Toulouse: Privat.
―――― 1977b. "Provinces et départements des Pays-Bas français aux départements du Nord et du Pas-de-Calais." In *Régions et régionalisme en France du XVIIIe siècle à nos jours*, edited by Christian Gras and Georges Livet. Paris: Presses Universitaires de France.
――――, ed. 1977c. *L'intendance de Flandre wallonne en 1698*. Paris: Bibliothèque Nationale.
―――― 1977d. "Les fêtes révolutionnaires dans une région frontière. Nord-Pas-de-Calais." In *Les fêtes de la Révolution*, edited by Jean Ehrard and Paul Viallaneix. Paris: Société des Etudes Robespierristes.
―――― 1978. "Lille au siècle des Lumières." *De Franse Nederlanden* 1978: 193-207.
―――― 1981. "Notables de la région lilloise au seuil du XIXème siècle." *Revue du Nord* 63: 169-187.
―――― 1983. "D'une culture régionale à une culture française: Lille de 1667 à 1715." In *Pouvoir, ville, et société en Europe 1650-1750*, edited by Georges Livet and Bernard Vogler. Paris: Ophrys.
Truquin, Norbert. 1977. *Mémoires et aventures d'un prolétaire à travers la révolution*. Paris: Maspéro.
Tudesq, André-Jean. 1964. *Les grands notables en France (1840-1849). Etude historique d'une psychologie sociale*. 2 vols. Paris: Presses Universitaires de France.
―――― 1967. "Les influences locales dans l'administration centrale en France sous la Monarchie de Juillet." *Annali della Fondazione Italiana per la Storia Amministrativa* 4: 367-386.
Tulard, Jean. 1976. *Paris et son administration (1800-1830)*. Paris: Commission des Travaux Historiques, Ville de Paris.
Union National des Etudiants de France and Syndicat National de l'Enseignement Supérieur. 1968. *Le livre noir des journées de mai*. Paris: Seuil.
Urlanis, B. Ts. 1960. *Voin'i i narodo-naselienie Evrop'i. Liudskie poteri vooruzhienn'ix sil evro-*

peiiskix stran v voinax XVII–XX vv (Wars and European populations: Losses of life in the armed forces of European countries, seventeenth to twentieth centuries). Moscow: Izdatel'stvo Sotsial'no-ekonomicheskoi literatur'i.

Vallès, Jean. 1975. *L'insurgé*. Paris: Gallimard. First published as articles in 1883–1884, and as a book in 1886.

Van Doersen, Arie Theodorus. 1960. *Professions et métiers interdits. Un aspect de l'histoire de la révocation de l'Edit de Nantes*. Groningen: J. B. Wolters.

Vauthier, Gabriel, 1921. "Cérémonies et fêtes nationales sous la Seconde République." *La Révolution de 1848 et les Révolutions du XIXe Siècle* 18: 51–63.

Vermander, Dominique. 1978. *Un siècle d'histoire ouvrière à Halluin (1840–1940)*. Halluin: La Maison pour Tous.

——— 1982. "La cité pré-industrielle d'Halluin au milieu du XIXe siècle." *De Franse Nederlanden* 1982: 33–61.

Viala, Louis. 1909. *La question des grains à Toulouse au dix-huitième siècle (de 1715 à 1789)*. Toulouse: Privat.

Vidal de la Blache, Paul. 1908. *La France, tableau géographique*. Paris: Hachette.

Viennot, J.-P. 1969. "La population de Dijon d'après le recensement de 1851." *Annales de Démographie Historique* 1969: 241–260.

Walton, John. 1984. *Reluctant Rebels: Comparative Studies of Revolution and Underdevelopment*. New York: Columbia University Press.

Weber, Eugen. 1962. *Action Française: Royalism and Reaction in Twentieth-Century France*. Stanford: Stanford University Press.

Weir, David R. 1976. "Collective Action in Winegrowing Regions: A Comparison of Burgundy and the Midi." Working Paper 137, Center for Research on Social Organization, University of Michigan.

Wemyss, Alice. 1961. *Les Protestants du Mas-d'Azil. Histoire d'une résistance (1680–1830)*. Toulouse: Privat.

Willard, Claude. 1965. *Le mouvement socialiste en France (1893–1905). Les Guesdistes*. Paris: Editions Sociales.

Williams, Philip. 1958. *Politics in Post-War France: Parties and the Constitution in the Fourth Republic*. 2d ed. London: Longmans.

Wilson, Kenneth L., and Anthony Orum. 1976. "Mobilizing People for Collective Political Action." *Journal of Political and Military Sociology* 4: 187–202.

Wolfe, Martin, 1972. *The Fiscal System of Renaissance France*. New Haven: Yale University Press.

Wolff, Philippe, ed. 1967. *Histoire du Languedoc*. Toulouse: Privat.

——— 1974. *Histoire de Toulouse*. Toulouse: Privat.

Wood, James L., and Maurice Jackson. 1982. *Social Movements: Development, Participation, and Dynamics*. Belmont, Calif.: Wadsworth.

Wright, Gordon. 1964. *Rural Revolution in France: The Peasantry in the Twentieth Century*. Stanford: Stanford University Press.

Young, Arthur. 1976. *Voyages en France. 1787, 1788, 1789*. Translated and edited by Henri Sée. 3 vols. Paris: Colin.

Zeeuw, J. W. de. 1978. "Peat and the Dutch Golden Age. The Historical Meaning of Energy-Attainability." *A.A.G. Bijdragen* 21: 3–32.